在线社交网络分析与信息传播丛书

虚拟社区发现与演化

吴 斌 张云雷 著

科学出版社

北 京

内 容 简 介

本书系统介绍虚拟社区发现与演化相关的基本概念，重点介绍近 10 年来社区发现算法的研究进展；并介绍与其相关的社区演化分析算法；同时对社区发现与演化分析相关算法在其他研究方向如社会化推荐、知识图谱构建、链接预测等问题的应用进行梳理和总结；针对超大规模社交网络分析问题，专门介绍基于当前主流大数据图计算平台的并行社区分析算法；最后，针对如何简单、快捷地评价社区发现算法的优劣问题，从不同角度介绍社区分析算法评测平台的设计思路，并演示相关示例，方便用户理解。

本书是一部关于网络社区结构分析的、内容全面的参考书，可以作为网络科学等相关专业高年级本科生和研究生的教材，也可供社交网络、复杂网络结构等相关问题的科研、技术人员参考。

图书在版编目 (CIP) 数据

虚拟社区发现与演化/吴斌，张云雷著. —北京：科学出版社，2018.9

（在线社交网络分析与信息传播丛书）

ISBN 978-7-03-058475-5

Ⅰ．①虚⋯ Ⅱ．①吴⋯ ②张⋯ Ⅲ．①互联网络－应用－心理交往－研究 Ⅳ．①C912.11-39

中国版本图书馆 CIP 数据核字 (2018) 第 180521 号

责任编辑：赵艳春 / 责任校对：郭瑞芝
责任印制：张　伟 / 封面设计：迷底书装

科学出版社 出版

北京东黄城根北街 16 号
邮政编码：100717
http://www.sciencep.com

北京九州迅驰传媒文化有限公司 印刷
科学出版社发行　各地新华书店经销

*

2018 年 9 月第　一　版　　开本：720×1 000 B5
2019 年 1 月第二次印刷　　印张：19 1/2
字数：420 000

定价：108.00 元

（如有印装质量问题，我社负责调换）

《在线社交网络分析与信息传播丛书》编委会

前　　言

社交网络和社交媒体已经成为人们生活的一部分，社交网络的本身结构、网络上的行为以及信息传播规律也成为值得研究的重要科学问题。社交网络是一种复杂网络。复杂网络是网络科学研究的基本对象。而社区结构的分析是网络科学研究的基础问题。它的研究随着 20 世纪末网络科学的兴起而受到众多学者的关注。社区结构分析对深入理解社交网络的结构特征、进一步分析社交网络中的群体行为、认识和建模社交网络上信息的传播过程有着重要意义。本书就是针对这个问题，从问题分类、方法及技术多方面总结社区结构发现与演化分析的研究成果。

本书包括四个方面的内容：第一，基础知识，是全书基础性章节，对相关章节涉及的基础知识和核心技术进行初步介绍与总结，包括第 1、2、9 章，分别是引言、基础知识和总结。第二，相关算法，以时间为序介绍社区发现算法和演化分析方法的研究成果，包括第 3、4、5 章。第三，相关具体技术，介绍社区结构分析算法在大数据技术框架下的快速实现技术以及相关的评测技术，包括第 7、8 章。第四，扩展性介绍，介绍社区结构分析算法在社交网络分析其他相关问题的扩展与应用，包括第 6 章。

基础知识：第 1 章介绍在网络科学兴起的大背景下，虚拟社区发现与演化问题研究的简要发展过程，介绍虚拟社区发现与演化主要涉及的研究问题以及研究方法。并解析本书的各章结构与关联。第 2 章介绍本书涉及的一些基础知识，主要是图论中的基础概念和网络科学的一些基础知识，包括图的分类与表示、图的性质与路径、复杂网络模型、社区发现基本概念、算法分类、算法评估方法与标准数据集等。第 9 章针对社区发现与演化问题总结全书内容，并展望未来的相关研究。

相关算法：第 3 章和第 4 章介绍各类社区发现算法。第 3 章介绍的是早期的算法，从图聚类、模块度目标优化、概率论与信息论、物理模型等角度归纳社区发现的研究成果。第 4 章介绍近 5 年的算法，分别从重叠社区发现、异质网络社区发现、属性网络社区发现等角度总结近年来社区发现的研究进展。第 5 章介绍社区演化分析方法，包括问题定义、典型分析算法与框架以及评估方法。

相关具体技术：第 7 章在介绍目前主流的图计算并行框架的基础上，总结大数据技术背景下复杂网络数据快速社区发现计算方法。第 8 章是应用与开发章节，介绍专门用于社区发现算法评价的评测平台，涉及平台的框架、主要功能模块以及应用方法等。

扩展性介绍：第 6 章介绍与社区分析相关的网络科学领域其他问题求解的研究

进展，即引入社区分析角度对社会化推荐问题（排名）、知识图谱构建问题、链接预测、网络视频数据分析等问题的研究成果。

本书系统全面地总结复杂网络研究兴起以来社区发现与演化问题的研究进展。本书不仅详细介绍经典的分析算法，而且综述近年来新的研究进展。一方面介绍传统的单机运行算法，另一方面介绍基于当前主流图并行计算框架的快速大规模图分析方法。本书以社区分析算法为核心，扩展介绍相关方法的交叉应用以及评测系统平台。本书是一本兼顾社区分析算法基础理论和方法实际应用的、内容丰富的参考书。

国家重点基础研究发展计划（973 计划）于 2013 年设立了"社交网络分析与网络信息传播的基础研究"项目。项目从社交网络本身的结构特性、社交网络中的群体及其行为、社交网络中的信息及其传播三方面展开研究。虚拟社区发现与演化是其中一个重要研究课题。本书的写作主要由承担此项目课题"虚拟社区发现与演化"研究任务的相关单位教师与学生完成。该课题由北京邮电大学、国防科技大学、中国科学院计算技术研究所、北京大学四个单位共同承担。书中介绍了此课题研究过程中的一些成果。

由衷感谢为本书写作及出版提供实质性贡献的诸位老师和同学。北京邮电大学的数据科学与服务中心的老师和同学为本书的出版提供了基础材料和初稿。他们是：石川教授、贾丙静、吕金娜、郑玉艳、陈晓纪、张孟昊、王琳、孟琳、尹丁艺、郭谦、吴心宇、张子兴、佟雪松、戴唯、彭程程、曹桢、庄楠、周尧棋、王耀和林文鼎。特别感谢国防科技大学的周斌教授、黄久鸣老师，中国科学院计算技术研究所的余智华高级工程师、刘盛华副研究员，北京大学的许进教授、蒋飞博士对本书提供的指导与帮助。本书得到了国家重点基础研究发展计划（项目名称：社交网络分析与网络信息传播的基础研究）的支持，在此特别感谢项目首席科学家方滨兴院士和各位专家的指导与帮助。

由于作者水平有限，书中难免存在不足之处，恳请广大读者批评指正。

作　者

2018 年 8 月

目　　录

第 1 章　引　言

20 世纪末，网络科学悄然兴起。由于网络科学可能将成为物理、生物、社会等众多科学的基础，有专家将其称为 21 世纪的元科学[1]。在网络科学研究的众多问题中，虚拟社区发现与演化是一个典型问题。随着互联网、移动网络、物联网、社交网等技术的迅猛发展，人们有机会获得庞大的、真实的网络数据，也称为复杂网络，无论它是以机器、物品为节点，还是以用户为节点，这些复杂网络真实地出现在我们面前。如何分析这些网络，在人们发现这些网络共有的、宏观的基本统计特征之后，更深入的结构分析方法之一就是划分网络，从中观层面理解网络组成。而虚拟社区发现与演化就是从不同粒度和时间角度进一步认识网络。显然，对复杂网络结构的认识有助于人们理解网络上事物发生的过程，从而指导人们设计网络、控制网络，并最终服务于网络无处不在的社会。

严格地讲，虚拟社区发现与演化的研究并非起步于 20 世纪末。从图论的观点看，网络基本表示方式就是图。网络结构的分析在图论中总是能找到更早的起源。社区发现问题形式化以后可以认为是图的一种分割。主要的目标是分割在同一簇中的节点间连接的边数远大于节点在簇间连接的边数。在社会网络中，则体现在同一社区内的用户间的联系紧密程度远高于用户在社区间的联系。由于在线社交网络中用户的身份并不是与现实生活中一一对应的，针对在线社交网络的社区分析也称为虚拟社区分析，本书采用了虚拟社区发现与演化的名称，以在线社交网络分析为主，由于图结构的通用性，本书同时也涵盖了更广泛的复杂网络场景中社区分析的方法与技术。

社区发现(community detection)是网络科学的典型问题。众多学者运用各自不同学科的理论与方法针对这个问题展开了研究。Fortunato 于 2010 年对此做了一个很好的综述[2]。社区发现的历史可以追溯到 1927 年，Rice 基于投票模式的相似性发现小的政治团体中的社群[3]。20 年后，Homans 证明社交团体可以通过社交关系矩阵交换行列产生大致块主对角的形式而显露出来[4]。最早提出与现代的社区发现算法思路相似方法的学者应该是 Weiss 和 Jacobson。他们通过删除桥接社区间的边来发现社区。这一思路与现代的许多社区发现算法相似[5]。在计算机领域，图分割问题研究也比较早。研究来源于电路设计和计算机内存管理等实际问题。如 1970 年提出的 Kerighan-Lin 算法[6]。1998 年 Watts 和 Strogatz 在 *Nature* 杂志上发表文章，引入了小世界(small-world)网络模型，以描述从完全规则网络到完全随机网络的转变。小世界网络[7]既具有与规则网络类似的聚类特性，又具有与随机网络类似的较小的平均路径长度。1999 年，Barabási 和 Albert 在 *Science* 上发表文章指出，许多实际的复杂网络的连接度分布具有幂律形式。由于幂律分布没有明显的特征长度，该类网络又被称为无标度(scale-free)网络[8]。这两篇论文成为现代复杂网络研究的标志性事件，也被认为是网络科学的诞生。由此，社区发现作为网络科学的一个重要问题，伴随着社交网络这一重要的应用背景兴起和发展，其引起了众多学者的研究兴趣。

网络科学知名学者 Girvan 和 Newman 于 2002 年从每个社区内连边数与期待值之差的角度提出了一种评估网络中社区结构的指标模块度(modularity)[9]。有了评估指标后，众多学者提出了一系列的以目标优化为手段的社区发现方法。虽然 2007 年，Fortunato 等指出了模块度倾向于发现大社区的解析度限制[10]，但是模块度还是一种常用的社区评价指标。由于图可以用矩阵表示，使用图拉普拉斯矩阵的性质可以形成谱划分(Spectral partitioning)方法，基于矩阵的图谱分析方法也被用于社区发现。当数据挖掘领域的学者对社区发现产生兴趣时，他们的研究角度有所改变，直接将社区发现问题看作图结构聚类问题。聚类是数据挖掘的一个重要研究方向，从基于划分、基于层次、基于密度、基于模型等方面提出了大量聚类方法。这些思想都被学者用于社区发现，也提出了一系列社区发现方法[11]。随着深度学习的发展，有些学者将深度学习思想与网络结合，产生了很多表示学习的成果[12]。网络表示学习的主要思想是将网络中的节点表示成低维空间中的向量，使得传统的机器学习方法能够应用到网络数据上。DeepWalk[13]使用随机游走策略生成节点序列，通过节点序列生成节点的向量表示。LINE[14]考虑了一阶和二阶相似性生成节点的向量表示。Node2Vec[15]引入更多的节点采样策略，进而生成节点的向量表示。MNMF[16]通过保持社区属性生成节点的向量表示。Metapath2vec[17]结合元路径概念将异质信息网络中的节点生成向量表示。而这些节点的表示学习方法为社区发现提供了新思路。

第 1 章介绍在网络科学兴起的大背景下，虚拟社区发现与演化问题研究的简要发展过程，介绍虚拟社区发现与演化主要涉及的研究问题以及研究方法，并解析本书的各章结构与关联。第 2 章主要介绍社区分析的基础知识，方便读者了解一些基础概念和问题，为理解社区发现的技术和方法打下基础。第 3 章主要介绍社区发现的经典方法，虽然社区发现及演化方法已经过长足的发展，但是经典方法是社区发现的最原始和最基础的方法，掌握经典方法之后，才能更好地理解社区发现的问题，做出进一步的创新。第 4 章介绍社区发现的新兴方法，经过梳理近三年发表的社区发现论文，整理出近期社区发现主要论文的算法思想和发展方向。第 5 章介绍虚拟社区发现与演化的方法，该章节给出了虚拟社区演化的基本概念和方法及最近的演化模型和框架，解决了时序网络中的社区发现及社区演化的问题。第 6 章介绍虚拟社区发现与演化和其他学科的交叉研究，该章介绍虚拟社区发现技术在推荐系统、链路预测、情感分析、异质网络及实体消歧等领域的应用研究。第 7 章介绍社区发现与演化分析快速计算方法，介绍在大数据背景下，如何发现社区及其演化的技术方法和框架，包括基于 Spark、MapReduce 的并行化方法。第 8 章介绍社区分析算法评测平台，给出一种评价社区发现算法的评测平台，使不同算法在同一平台进行比较成为可能，解决了社区发现算法评测问题。第 9 章总结全书。希望本书能帮助读者了解社区发现及演化的背景及已有的技术，能使读者在"人工智能"的时代背景下获得更深刻的认识。在编写过程中，作者已努力完善每一章节，但也可能存在一些不妥之处，还请读者见谅并予以指正。

参 考 文 献

[1] 李国杰. 网络科学: 21 世纪的元科学[J]. 中国计算机学会通讯, 2016, 12(4): 7.

[2] Fortunato S. Community detection in graphs[J]. Physics Reports, 2010, 486(3-5): 75-174.

[3] Rice S A. The identification of blocs in small political bodies[J]. Am. Polit. Sci. Rev., 1927, 21(3): 619-627.

[4] Homans G C. The human group[J]. Harcourt Brace & World, 1950, 54(2): 261-263.

[5] Weiss R S, Jacobson E. A method for the analysis of the structure of complex organizations[J]. American Sociological Review, 1955, 20(6): 661-668.

[6] Kernighan B W, Lin S. An efficient heuristic for partitioning graphs[J]. Bell System Technical Journal, 1970, 49(2): 291-307.

[7] Watts D J, Strogatz S H. Collective dynamics of 'small-world' networks[J]. Nature, 1998, 393(6684): 440-442.

[8] Barabási A L, Albert R. Emergence of scaling in random networks[J]. Science, 1999, 286(5439): 509.

[9] Girvan M, Newman M E J. Community structure in social and biological networks[J]. Proceedings of the National Academy of Sciences, 2002, 99(12): 7821-7826.

[10] Fortunato S, Barthelemy M. Resolution limit in community detection[J]. Proceedings of the National Academy of Sciences, 2007, 104(1): 36-41.

[11] 杨博, 刘大有, Liu J M, 等. 复杂网络聚类方法[J]. 软件学报, 2009, 20(1): 54-66.

[12] Zhang D, Yin J, Zhu X, et al. Network representation learning: A survey[J]. IEEE Transactions on Big Data, 2018.

[13] Perozzi B, Al-Rfou R, Skiena S. Deepwalk: Online learning of social representations[C]//Proceedings of the 20th ACM SIGKDD International Conference on Knowledge Discovery and Data Mining. ACM, 2014: 701-710.

[14] Tang J, Qu M, Wang M, et al. Line: Large-scale information network embedding[C]//Proceedings of the 24th International Conference on World Wide Web. International World Wide Web Conferences Steering Committee, 2015: 1067-1077.

[15] Grover A, Leskovec J. Node2vec: Scalable feature learning for networks[C]//Proceedings of the 22nd ACM SIGKDD International Conference on Knowledge Discovery and Data Mining. ACM, 2016: 855-864.

[16] Wang X, Cui P, Wang J, et al. Community preserving network embedding[C]// Proceedings of the AAAI, 2017: 203-209.

[17] Dong Y, Chawla N V, Swami A. Metapath2vec: Scalable representation learning for heterogeneous networks[C]//Proceedings of the 23rd ACM SIGKDD International Conference on Knowledge Discovery and Data Mining. ACM, 2017: 135-144.

第 2 章　社区分析基本知识

2.1　社区发现的原理

2.1.1　社区的定义

现实中的很多系统都可以用复杂网络来描述。复杂网络中的节点可表示为复杂系统中的个体，节点之间的边则是系统中个体之间按照某种规则而自然形成的一种关系。现实世界中包含着各种类型的复杂网络，如社交网络(朋友关系网络及合作网络等)、技术网络(Internet、万维网及电力网等)、生物网络(神经网络、食物链网络以及新陈代谢网络等)。这些网络都具有一种普遍的特性——社区结构(community structure)。大量实证研究表明，许多网络是异构的，即复杂网络不是一大批性质完全相同的节点随机地连接在一起，而是许多类型的节点的组合。相同类型的节点之间连接紧密，不同类型的节点之间的连接稀疏。把同一类型的节点以及这些节点之间的边所构成的子图称为网络社区(community)[1]。

在复杂网络中搜索或发现社区，有助于人们理解和开发网络，具有重要的社会价值，由此出现了许多社区发现算法。目前的大多算法将一个节点仅归属于一个社区。然而在现实自然界中，事物具有多样性的特点，一种事物往往可归属到不同的类别中，社区间必定存在重叠的现象，即一个节点可属于多个社区。例如，某个体有多种喜好，根据不同的喜好可归属于不同的群体(社区)中。因此，将每个节点仅归属于一个社区的社区称为非重叠社区，而每个节点可能属于多个社区的社区称为重叠社区。非重叠社区发现识别出的社区之间互不重叠，每个节点仅属于一个社区[2]。

下面介绍另外一种社区的概念，也是本书的重点概念，即虚拟社区。虚拟社区，又称电子社区或在线网络社区，是互联网用户交互后，产生的一种社会群体，由各式各样的网络社区所构成。虚拟社区一词在 Rheingold 于 1993 年出版的《虚拟社区》一书中有介绍。Rheingold 在其著作中指出虚拟社区系源自于计算机，基于传播所建构而成的虚拟空间(cyberspace)，是一种社会集合体(social aggregation)，它的发生来自于虚拟空间上有足够的人、足够的情感与人际关系在网络上长期发展。社区发现相关算法、方法，大部分都是基于虚拟社区的。

社区的定义往往依赖于特定的系统或实际应用。从直觉上，社区内部的边必须比社区之间的边连接得更加稠密。大多数情况，社区是算法上的一个定义，即社区仅是算法的最终结果，不具有一个精确的预定义[3,4]。

假设图 G 的一个子图 C，其中 $|C| = n_C$，$|G| = n$。定义节点 $v \in C$ 的内度和外度分别为 k_v^{int}、k_v^{ext}，分别表示子图 C 内连接节点 v 的边数和其他连接节点 v 的边数。如果 $k_v^{\text{ext}} = 0$，该节点的邻居节点只在子图 C 内，其对于节点 v 可能是一个好的群集；如果 $k_v^{\text{int}} = 0$，则相反，该节点脱离了 C 且最好把该节点分配到其他群集中。子图 C 的内度 k_{int}^C 是其内部所有节点的内度之和。同样，子图 C 的外度 k_{ext}^C，是其内部所有节点的外度之和。全度 k^C 是 C 中节点的度之和。明显地，$k^C = k_{\text{int}}^C + k_{\text{ext}}^C$。

定义子图 C 群内密度 $\delta_{\text{int}}(C)$ 为 C 的内部边数与所有可能的内部边数的比，即

$$\delta_{\text{int}}(C) = \frac{C\text{的内部边数}}{n_C(n_C-1)/2} \tag{2-1}$$

同样的，群外密度 $\delta_{\text{ext}}(C)$ 是从 C 内节点引出到其余节点边的边数与群外可能的最大边数的比，即

$$\delta_{\text{ext}}(C) = \frac{C\text{内节点与}C\text{外节点相连的边数}}{n_C(n-n_C)} \tag{2-2}$$

对于 C 成为一个社区，期望 $\delta_{\text{int}}(C)$ 明显地大于图 G 的平均连接密度 $\delta(G)$，$\delta(G)$ 为图 G 的边数与可能的最大边数 $n(n-1)/2$ 的比。另外，$\delta_{\text{ext}}(C)$ 应远小于 $\delta(G)$。大多数算法的目标都是寻找到一个大的 $\delta_{\text{int}}(C)$ 和小的 $\delta_{\text{ext}}(C)$ 的最佳平衡点。一个简单的方法是，最大化所有划分的 $\delta_{\text{int}}(C) - \delta_{\text{ext}}(C)$ 之和。

连通性是社区的一个必需属性。对于 C 成为一个社区，期望其内部的每一对节点间都有一条路径相通。该特征简化了非连通图的社区检测，这种情况只需要分析每个连通的部分，除非在结果群集上添加特殊的约束。下面分别给出社区的局部定义、全局定义和基于节点相似度的定义。

局部定义主要包含完全交互度、连接性、节点度数、社区内部跟社区之间边的紧密度的差别。

全局定义主要是将真实的网络图与人工生成的伪随机网络对比，这个人工生成的伪随机网络，满足这样的条件，即其中每个节点的度数与对应的原始网络中每个节点的度数相同，在满足这个限制条件的基础上，每个节点再随机与其他节点连接，最终人工生成一个伪随机网络，而通常用的模块度 Q 这一指标，也是基于这一差异而定义的。

(1) 基于节点相似度的主要思想是，如果能将节点映射到 n 维欧氏空间中，则可以用欧氏距离来表示节点间的距离。若网络不能映射到空间中，则使用指标 d_{ij} 作为节点 i 和 j 之间的距离。

$$d_{ij} = \sqrt{\sum_{k \neq i,j}(A_{ik} - A_{jk})^2} \tag{2-3}$$

其中，A 是网络对应的邻接矩阵。

(2)另一个节点间的相似度用两个节点间的独立路径的数目来衡量,所谓独立路径,是指两条路径之间没有共同节点。还有一种衡量节点间的相似度的指标是用从一个节点出发,按照随机游走的规则,到达目标节点的平均步数来衡量。

2.1.2　社区发现的方法分类

1. 非重叠社区发现

早期的研究工作大部分都围绕非重叠社区发现展开[5]。近年来,基于对社区结构的不同理解,研究者在对节点集划分时采用的标准和策略不同,产生了许多风格不同的新算法,典型算法分类为模块度优化算法(包含聚类)、谱分析法、信息论方法等。

(1)基于模块度优化的社区发现算法。基于模块度优化的社区发现算法是目前研究最多的一类算法,其思想是将社区发现问题定义为优化问题,然后搜索目标值最优的社区结构。在此基础上,模块度优化算法根据社区发现时的计算顺序大致可分为三类。第一类采用聚合思想,也就是分层聚类中的自底向上的方法。第二类采用分裂思想,也就是分层聚类中自顶向下的方法。第三类为直接寻优法。此外,还有一些基于遗传算法、蚁群算法等智能算法的社区发现算法也可归为此类。

总的来说,模块度优化的社区发现算法是目前应用最为广泛的一类算法,但是在具体分析中,很难确定一种合理的优化目标,这使得分析结果难以反映真实的社区结构,尤其是分析大规模复杂网络时,搜索空间非常大,使得许多模块度优化的社区发现算法的结果变得更不可靠。

(2)基于谱分析的社区发现算法。谱分析法建立在谱图理论基础上,其主要思想是根据特定图矩阵的特征向量导出对象的特征,利用导出特征来推断对象之间的结构关系。通常选用的特定图矩阵有拉普拉斯矩阵和随机矩阵两类。图的拉普拉斯矩阵定义为 $L = D - W$,其中 D 为以每个节点的度为对角元的对角矩阵,W 为图的邻接矩阵;随机矩阵则是根据邻接矩阵导出的概率转移矩阵 $P = D^{-1}W$。这两类矩阵有一个共同性质,同一社区节点对应的特征分量近似相等,这成为目前谱分析方法实现社区发现的理论基础。

基于谱分析的社区发现算法是将节点对应的矩阵特征分量看作空间坐标,将网络节点映射到多维特征向量空间中,运用传统的聚类方法将节点聚成社区。应用谱分析法不可避免地要计算矩阵特征值,计算开销大,但由于能够通过特征谱将节点映射至欧拉空间,并能够直接应用传统向量聚类的众多研究成果,灵活性较大。

(3)基于信息论的社区发现算法。从信息论的角度出发,网络的模块化描述可以看作对网络拓扑结构的一种有损压缩,从而将社区发现问题转换为信息论中的一个基础问题:寻找拓扑结构的有效压缩方式。以信息论的观点来看,互信息 $I(X, Y)$

最大时, 即最能反映原始结构 X 的 Y 是最优的。在该框架下, 互信息 $I(X, Y)$ 最大等价于求条件信息 $H(X|Y)$ 最小。有文献测试表明 Rosvall 等提出的通过模拟退火优化基于信息论的社区发现算法是目前非重叠社区发现算法里准确度最高的一类方法。

2. 重叠社区发现

对于非重叠社区的划分算法已经相对成熟, 但是真实世界的网络和这种理想状态相去甚远, 经常有某些节点同时具有多个社区的特性, 属于多个社区, 在这种状况之下, 对于重叠社区的划分明显更有意义、更贴近真实世界, 也因此成为近年来新的研究热点。重叠社区划分算法可以分为以下几类。

(1) 基于团渗透改进的重叠社区发现算法。由 Palla 等提出的团渗透算法是首个能够发现重叠社区的算法, 该类算法认为社区是由一系列相互可达的 k-团(即大小为 k 的完全子图)组成的, 即 k-社区。算法通过合并相邻的 k-团来实现社区发现, 而那些处于多个 k-社区中的节点即社区的"重叠"部分。基于团渗透思想的算法需要以团为基本单元来发现重叠, 这对于很多真实网络尤其是稀疏网络而言, 限制条件过于严格, 只能发现少量的重叠社区。

(2) 基于模糊聚类的重叠社区发现算法。另一观点认为, 可将重叠社区发现归于传统模糊聚类问题加以解决, 以计算节点到社区的模糊隶属度来揭示节点的社区关系。这类算法通常从节点距离出发, 再结合传统模糊聚类求解隶属度矩阵。

(3) 基于种子扩展思想的重叠社区发现算法。此类算法的基本思想是以具有某种特征的子网络为种子, 通过合并、扩展等操作向邻接节点扩展, 直至获得评价函数最大的社区。该类算法近两年来得到了迅速发展。

(4) 基于混合概率模型的重叠社区发现。前述的很多算法都是自己给出了社区结构的定义, 然后相应给出算法, 但这样的划分必须对社区先作出符合结构定义的假设。针对此问题, 社区结构的混合概率模型(mixture models and exploratory analysis in networks)被建立, 以概率方法对复杂网络的社区结构进行探索, 以求得期望最大的社区结构, 从而避开社区定义的问题。通过该算法能够识别重叠社区, 并得到隶属程度大小。然而, 该方法基于最大期望(expectation maximization, EM)算法来估计未知参数, 收敛速度较慢, 计算复杂度较高, 一定程度上制约了算法的应用规模。

(5) 基于边聚类的重叠社区发现。以往社区发现算法的研究均以节点为对象, 考虑如何通过划分、聚类、优化等技术将节点归为重叠或不重叠的社区。而以边为研究对象来划分社区的算法也被提出。虽然节点属于多重社区, 但边通常只对应某一特定类型的交互(真实网络中的某种性质或功能)。因此, 以边为对象使得划分的结果更能真实地反映节点在复杂网络中的角色或功能。

具体的社区发现的经典和新兴算法将在第 3 章和第 4 章详细介绍。

2.1.3　计算复杂度

在当前实际网络中，数据量日益增大，网络规模日益扩大。这导致社区发现的效率成为一大问题。在维基百科"Computational complexity theory"条目的定义中，计算复杂度是指在计算机科学与工程领域完成一个算法所需要的时间，是衡量一个算法优劣的重要参数。它研究的资源中最常见的是时间(要通过多少步演算才能解决问题)和空间(在解决问题时需要多少内存)，还有其他资源。

计算复杂度一般由与系统大小相关的可测量性的方法来表示。在网络中，大小通常由节点数量 n 和边的数量 m 决定。计算复杂度往往很难被计算出来，甚至不可能做到。但是算法在最坏情况下复杂度的最低估算却很重要，即在一个系统中，在最坏的情况下运行该算法所需计算资源的数量。

符号 $O(n^{\alpha}m^{\beta})$ 表示与节点和边数相关的计算时间，指数分别为 α 和 β 幂增长。因此应该尽可能降低指数。在 Web 中，有成千上万的节点和数以亿计的边，时间复杂度不可能降得比 $O(m)$ 和 $O(n)$ 更低。

多项式复杂性的算法的形成类 P。对于一些重要的决策和优化问题，并没有已知的多项式算法。要解决这些问题，在最坏的情况下可能需要穷举搜索，它需要的时间的增长比系统的任何多项式函数增长都要快，如指数增长。非确定性多项式(non-deterministic polynomial, NP)时间复杂性类，包含了可以在多项式时间内，对一个判定性算法问题的解是否正确的算法问题。而 NP 困难(non-deterministic polynomial-time hard, NP-hard)问题是计算复杂性理论中最重要的复杂性类之一。当所有 NP 问题可以在多项式时间图灵归约到某个问题时，这个问题称作 NP 困难问题。

因为 NP 困难问题未必可以在多项式的时间内验证一个解的正确性(即不一定是 NP 问题)，所以即使 NP 完全问题有多项式时间内的解，NP 困难问题依然可能没有多项式时间内的解。因此 NP 困难问题"至少与 NP 完备(NP-Complete)问题一样难"。

许多聚类算法及相关问题都是 NP 困难问题。在这种情况下使用精确的算法是没有意义的，它仅应用在非常小的系统中。然而，即使一个算法有多项式时间复杂度，它仍然很难处理一个大型复杂系统。所有的这些情况通常使用近似算法，即该方法不能得到一个问题的精确解，只是一个近似解，这样一来复杂度可以很低。近似算法通常是非确定性的，因为对于同一个问题的不同条件或参数会得到不同的解。这类算法的目的是得到关于最优解常数因子的一个解决方案。在任何情况下，算法都应该给出关于最优解的一个可证明的上限。在许多情况下，不是任何常量都能得到最优解，最优解依赖于特定的问题。近似算法通常用于优化问题，在任何可能的系统配置中求解出价值函数的最大值或最小值。

计算复杂度是复杂网络社区发现研究面临的最主要的问题之一，目前，在不知道社区数目的情况下，最快的算法时间复杂度大约为 $O(n\log_2^2 n)$。网络信息资源的不断增加，也提高了对社区发现算法的时间复杂度的要求。

2.2　数据集与算法的评价指标

评价一个社区发现的算法主要从以下两点来考虑：一是能否在允许的时间内得到社区的发现结果，即时间复杂性；二是能否给出优质的社区划分结果，即社区划分的质量。

2.2.1　经典数据集

在用一个算法进行社区划分时，若没有一个评价指标，事先也不知道正确的社区划分结果，则需要用一个公认的已知网络来作为标准，通过衡量算法检测出的该基准网络的社区划分来判断算法的优劣。

1) 空手道俱乐部网络

近年来最常用的一个基准网络是 Zachary 空手道俱乐部网络[6]，如图 2.1 所示。该网络一共包含 34 个节点和 78 条边，每个节点表示一个俱乐部的成员，节点之间的边表示两个成员经常出现在俱乐部活动之外的场合，表示两个成员之间私下的亲密关系，由于管理者和教练产生意见冲突，该俱乐部渐渐一分为二，该网络自然地划分成了两个社区。

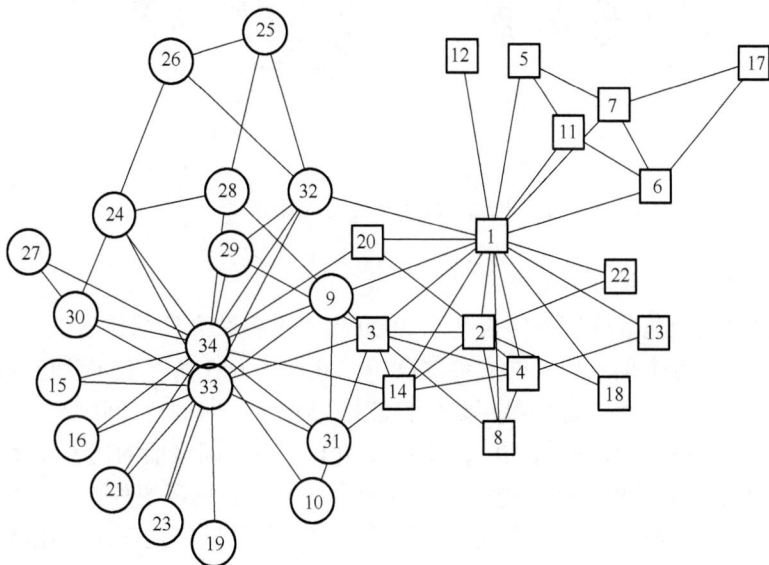

图 2.1　Zachary 空手道俱乐部网络的社区结构

除个别真实网络经过社会学家的研究和跟踪，基本统一认可了某种划分结果，而大多数真实网络依然不存在一致和客观的划分结果的统一认识。本节将介绍几个典型的真实网络数据集。其中除了 Zachary 空手道俱乐部网络这一标准数据集，海豚关系网络和美国大学生橄榄球联赛网络也经过社会学家的广泛研究，基本有一致的划分结果真相，而 Lesmis 网络和 PGP 网络虽然不具备比较认可的社区划分，但是可以使用模块度度量标准来衡量划分的优劣程度。

2) 海豚社会关系网络

海豚社会关系网络是由 Lusseau 对生活在新西兰神奇湾的海豚进行了为期 7 年的跟踪研究所构建的。该网络中共 62 个顶点，每个顶点代表了一只宽吻海豚；共有 159 条边，每条边代表了两个宽吻海豚之间具有频繁联系。经 Lusseau 研究发现，该网络自然地分成了两个相对紧密的团体，分别代表了雌性海豚社区和雄性海豚社区。另外，较大的社区可以继续分成 4 个较小的社区，代表了不同年龄段的海豚群组[7]。海豚社会关系网络如图 2.2 所示。

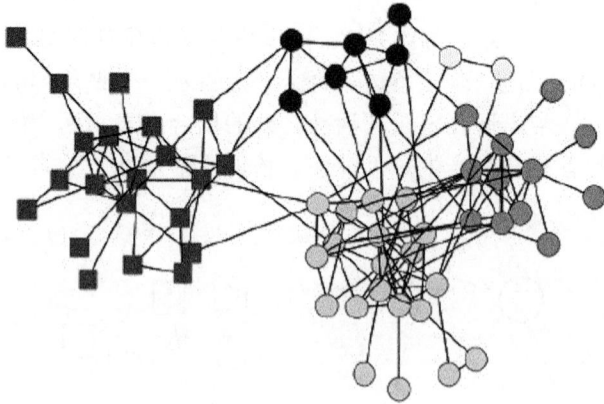

图 2.2   海豚社会关系网络

3) 美国大学生橄榄球联赛网络

美国大学生橄榄球联赛网络表达了 2000 年赛季各队之间的比赛情况。该网络共有顶点 115 个，每个顶点代表一支参赛队伍；共有边 613 条，表示队伍和队伍之间在正规赛季进行过比赛。这些参赛队伍自然地划分为不同的运动联盟，每个联盟有 8~12 支队伍。每一个联盟内的队伍比赛较频繁，而不同联盟的比赛频率较稀疏。在 2000 年赛季，每支队伍平均进行 7 场联盟内部赛和 4 场联盟外部赛。外部赛不满足均匀分布，更倾向于与其地理位置较近的不同联盟的队伍之间进行比赛。该网络的社区结构如图 2.3 所示。

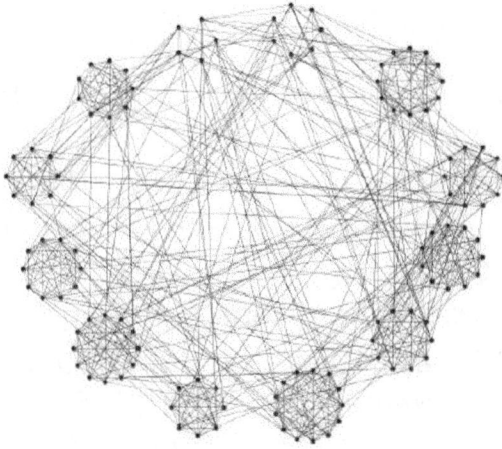

图 2.3　美国大学生橄榄球联赛网络社区结构图

4）Lesmis 网络

Lesmis 网络是雨果的长篇巨著《悲惨世界》中的主要人物之间的社会关系所构成的网络，它是由 Knuth 根据《悲惨世界》戏剧中人物的出场场次列表而构建的。网络中共有 77 个顶点，每个顶点代表一个人物；共有 254 条边，每条边代表人物和人物至少出现在一个场次。该网络呈现了清晰的、以主角为社区中心的社区结构。网络的社区结构如图 2.4 所示。

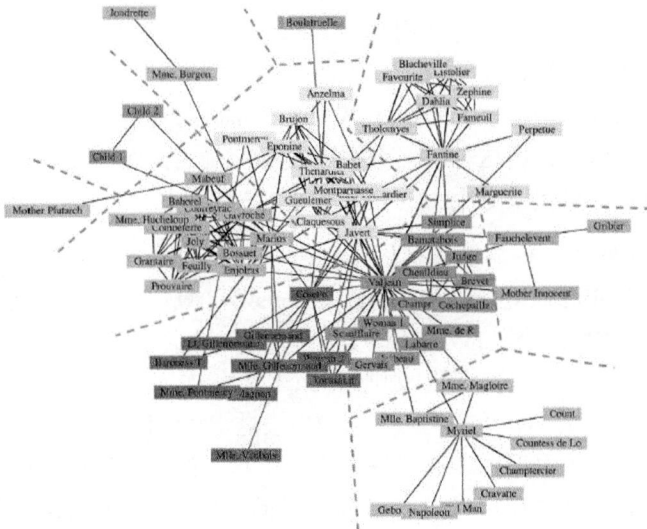

图 2.4　　Lesmis 网络的社区结构示意图[8]

5) PGP 网络

PGP 网络是一类以 Pretty-Good-Privacy 算法为基础的信任网络，采用 RSA 公匙加密体系。即一个用户发布的消息只能让授权者阅读，这个授权的过程即用户之间建立边的过程。在本书中，使用的 PGP 网络共有 10680 个顶点，每个顶点代表一个用户；共有 24316 条边，每条边表示两个用户之间具有授权关系。该网络没有真实的社区划分，但是可以通过模块度度量方法来评价算法社区划分的性能。

6) 纽曼科学合作网络

纽曼科学合作网络的数据集是基于 1995～1999 年电子预印本文库的凝聚态物质部分的预印本所构建的合著者关系网络。这个数据集可以被划分成双模式网络或者从属关系网，因为在这个网络中只有两种类型的节点(作者和论文)，并且关系只会在不同类型的节点之间建立。把双模式映射到单模式网络的步骤，可以把这个双模式网络映射成单模式网络。除这个网络的数据，作者的名字(369KB)也是可获得的。该数据集一共有四个网络：二元静态双模式网络、二元静态单模式网络、加权静态单模式网络(所有的合作论文)、加权静态双模式网络(纽曼映射方法)。

还有一些常用的人工数据集，如 SNAP 上给出的公开数据集，包括社交网络、通信网络、引用网络、网页图、在线社区网络、公路网络等诸多方面的数据集。本章选几个为例介绍一下。

7) Facebook 社交网络数据集

这个数据集是由 Facebook 上的圈子(朋友列单)组成的，Facebook 数据从使用 Facebook App 的参与者调查收集而来。数据集包括节点特征(档案)、圈子和个体网络。该数据集中的数据已经把每个用户的 Facebook 的内部 ID 匿名替换成了一个新值。当然，当得到这个数据集的特征向量时，这些特征的解释都被模糊了。例如，原始数据中可能包含一个特征"政治的=民主党"，而新的数据可能会简单替换成"政治=匿名特征 1"。这样，用这种匿名数据就有可能确定两个人是否有相同的政治背景，但是不能判断具体代表每个人的什么政治背景。

8) DBLP 合作网络和标注数据社区

DBLP(digital bibliography and library project)计算机科学参考文献提供了一个广泛的计算机科学领域的论文的列单。该平台建立了一个合著者关系网，在这个网络中，如果两个作者至少共同发表过一篇论文则这两个作者相连。杂志和会议的出版集合地定义了一个个体真实数据社区，在杂志或者会议发表过文章的作者组成了这个社区。

该平台把一个群体中每个连通分量看作一个独立的真实数据社区，剔除节点数少于三个的社区。该平台还提供了有最高质量的 5000 个社区和该网络的最大连通分量。

9) 谷歌网络图

节点表示网页，有向边表示它们之间有一个超链接。谷歌在 2002 年把这个数据作为谷歌编程竞赛的一部分发布出来，如表 2.1 所示。

表 2.1　数据集统计信息

数据集统计信息	Facebook 社交网络数据集	DBLP 合作网络和标注数据社区	谷歌网络图
节点	4039	317080	875713
边	88234	1049866	5105039
最大 WCC 中的节点	4039(1.000)	317080(1.000)	855802(0.977)
最大 WCC 中的边	88234(1.000)	1049866(1.000)	5066842(0.993)
最大 SCC 中的节点	4039(1.000)	317080(1.000)	434818(0.497)
最大 SCC 中的边	88234(1.000)	1049866(1.000)	3419124(0.670)
平均聚集系数	0.6055	0.6324	0.5143
三角形的个数	1612010	2224385	13391903
闭合三角形的比率	0.2647	0.1283	0.01911
网络直径	8	21	21
90%有效直径	4.7	8	8.1

注：WCC：weakly connected component；

SCC：strongly connected component

2.2.2　人工数据集产生

1. GN 基准网络

GN(Girvan-Newman)基准网络的理论基础是嵌入 l 分割模型[9]。该模型将拥有顶点个数为 $n=g×l$ 的网络分为 l 个分组且每组有且只有 g 个顶点。在同一组的顶点相连的概率为 $p(in)$，而不同分组顶点相连的概率为 $p(out)$，如果 $p(in)>p(out)$，则说明每组内部节点之间的连边相对更密而不同组之间的连接程度相对较稀疏，因此呈现出社团结构[10]，不同参数的 GN 基准网络如图 2.5 所示。

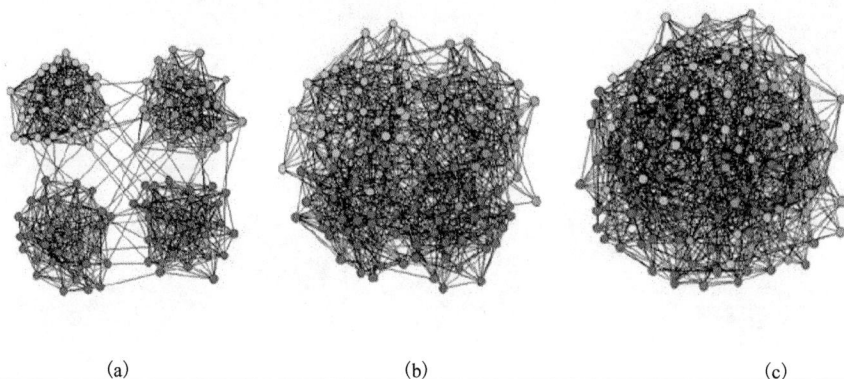

　　　　(a)　　　　　　　　　　　　(b)　　　　　　　　　　　　(c)

图 2.5　不同参数下 GN 基准网络的实现

2. LFR 基准网络

另一个人工网络是 LFR(Lancichinetti Fortunato Radicchi)基准网络:假设网络中度的分布和社区大小的分布符合幂律分布,分别用参数 t_1 和 t_2 表示其幂律分布的指数。每一个顶点在社区内部的边是其度数的 $1-u$ 倍,而与外社区顶点相连的边是其度的 u 倍,称 $0<u<1$ 为混合参数。该模型还有若干其他参数:平均度 $<k>$、最小度 K_{min}、最大度 K_{max}、网络顶点个数 N、最小社区顶点个数 C_{min}、最大社区顶点个数 C_{max}。该基准网络的构建规则如下。

(1)依据符合 t_1 的幂律分布为每个顶点附上一个度数,并满足最小度 K_{min},最大度为 K_{max} 以及平均度为 $<k>$;

(2)每一个顶点与其社区内部顶点相连的边保证符合其度的 $1-u$ 倍,与外部相连的边为其度的 u 倍;

(3)保证社区大小序列符合 t_2 的幂律分布,并满足所有社区大小的和 N,社区大小大于 C_{min} 并小于 C_{max};

(4)首先,所有的顶点都是孤立的,不属于任何社区,在第一次迭代过程中,一个顶点被随机分配到一个社区,如果这个社区的大小比这个顶点的内部度要大,则分配成功,否则继续保持孤立。在随后的迭代中,继续将孤立顶点随机分配到一个社区。直到没有孤立顶点存在。

$N=500$ 个顶点的 LFR 基准网络的实现,如图 2.6 所示。

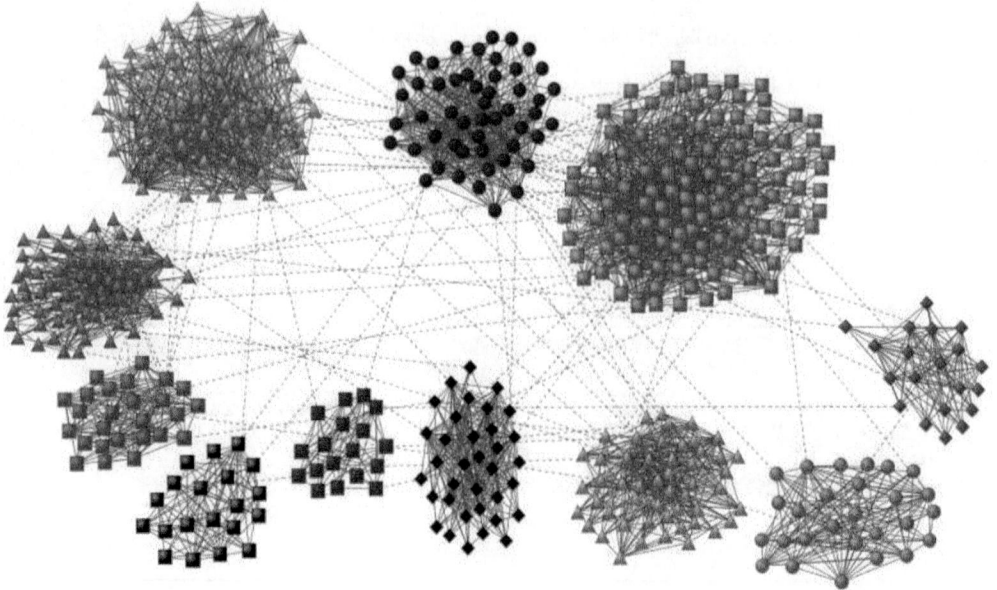

图 2.6　$N=500$ 个顶点的 LFR 基准网络的实现

2.2.3　评价指标

1. 基于模块度 Q 的评价

可靠的算法应该可以识别好的社区结构。但什么样的才是好的社区结构？必须要给出一个衡量标准。普遍接受的是由 Newman 和 Girvant 提出的模块度函数[11]，它也是目前常用的一种衡量网络中社区稳定度的方法。

模块度函数是基于同类匹配来定义的。对于一个网络中一种社团划分结果，假设该划分结果包含 k 个社区。定义 $k \times k$ 维的对称矩阵 $e = (e_{ij})$，其中矩阵元素 e_{ij} 表示第 i 个社团和第 j 个社团之间连接的边数与网络总的边数的比例。值得注意的是，这里总边数是指原网络中包含的所有边的总数，被社区发现算法移除的边数不计在内。因此，该网络划分的衡量标准是应用原始的整体网络来计算的。

设 $\text{Tre} = \sum_i e_{ii}$ 为矩阵中对角线上各元素之和，它表示的是网络中社区内部节点之间相连的边数在网络总的边数中所占的比例。设 $a_i = \sum_j a_{ij}$ 为每行（或者列）中各元素之和，它表示与第 i 个社区中的节点相连的边在所有边中所占的比例。在此基础上，用式(2-4)来定义模块度的衡量标准：

$$Q = \sum_i (e_{ii} - a_i^2) = \text{Tre} - \| e^2 \| \tag{2-4}$$

其中，$\| * \|$ 为矩阵 $*$ 中所有元素之和。式(2-4)的物理意义是：网络中连接两个同种类型的节点的边（即社区内部边）比例减去在同样的社区结构下任意连接这两个节点的边的比例的期望值。如果社区内部边的比例不大于任意连接时的期望值，则有 $Q = 0$。Q 的上限为 $Q = 1$，而 Q 越接近 1 这个值，就说明社区结构越明显。在实际网络中，该值通常为 0.3～0.7。

对比发现，计算模块度时，并不需要与网络已知的社区结构对照，因为大多数网络的社区结构是未知的，所以与其他评价指标相比，模块度的适用范围最广。

2. 基于信息度量的评价

标准互信息(normalized mutual information，NMI)是另一个评价社区发现算法效果的经典方法。下面先介绍互信息。

在概率论和信息论中，两个随机变量的互信息(mutual information，MI)或转移信息(transinformation)是变量间相互依赖性的量度。不同于相关系数，互信息并不局限于实值随机变量，它更加一般且决定联合分布 $p(X,Y)$ 和分解的边缘分布的乘积

$p(X)p(Y)$的相似程度。互信息是点间互信息(pointwise mutual information,PMI)的期望值。

正式地,两个离散随机变量X和Y的互信息可以定义为

$$I(X;Y) = \sum_{y \in Y} \sum_{x \in X} p(x,y) \log_2 \left[\frac{p(x,y)}{p(x)p(y)} \right] \tag{2-5}$$

其中,$p(x,y)$是X和Y的联合概率分布函数;$p(x)$和$p(y)$分别是X和Y的边缘概率分布函数。如果对数以2为基底,互信息的单位是bit。

标准化互聚类信息是用熵作分母将MI值调整到0与1之间。如式(2-6)所示:

$$U(X,Y) = 2R = 2\frac{I(X;Y)}{H(X)+H(Y)} \tag{2-6}$$

其中,$H(X)$和$H(Y)$分别为X和Y的熵。

$$H(X) = \sum_{i=1}^{n} p(x_i)I(x_i) = \sum_{i=1}^{n} p(x_i) \log_2 \frac{1}{p(x_i)} = -\sum_{i=1}^{n} p(x_i) \log_2 p(x_i) \tag{2-7}$$

设变量X为划分结果,Y为标准结果。衡量社区发现结果的准确性时,结果越准确,标准化互信息值$U(X,Y)$越接近1。

除了模块度与信息度量这两个基本的评价指标,社区发现算法还有一些其他的评价指标[12]。

3. 正确率

正确率(accuracy)的定义式[13]为

$$A = \frac{\sum_{v=1}^{n} \text{equal}(l_{tv}, l_{pv})}{n} \tag{2-8}$$

$$\text{equal}(x,y) = \begin{cases} 1, & x = y \\ 0, & x \neq y \end{cases}$$

其中,标签l_{tv}和l_{pv}分别为节点i的真实社区标号和社区发现算法D划分所得的社区标号。显而易见,准确度取值范围是[0,1],值越大表明社区发现算法得到的结果越好。

正确率A的优点是计算简单,只考虑被评价网络分区的标签,参数少;缺点是将每个节点看作独立的节点,没有把社区作为整体来考虑,更没有考虑社区之间的关系。

4. Rand 系数

Rand 系数 (rand index, RI)[14] 是起源于聚类分析的统计工具, 用于衡量两个社区的重叠程度, 其定义式为

$$RI = a + \frac{d}{a+b+c+d} = a+d \bigg/ \binom{n}{2} \tag{2-9}$$

其中

$$\begin{cases} a = \sum \forall(i,j), & \text{s.t } l_{ti} = l_{tj}; l_{pi} = l_{pj} \\ b = \sum \forall(i,j), & \text{s.t } l_{ti} = l_{tj}; l_{pi} \neq l_{pj} \\ c = \sum \forall(i,j), & \text{s.t } l_{ti} \neq l_{tj}; l_{pi} = l_{pj} \\ d = \sum \forall(i,j), & \text{s.t } l_{ti} \neq l_{tj}; l_{pi} \neq l_{pj} \end{cases} \tag{2-10}$$

RI 的取值范围是 [0, 1], 其值越大表示重合程度越好, 即算法性能越优异。

与正确率的评价指标相比, 指标 RI 从节点对之间的关系来评估不可重叠社区发现算法的性能, 但 RI 指标同样有其缺点, 即当节点对 i、j 的真实社区标签和预测的分区标签都不相等时, d 的取值较大, RI 也可能会得到较大的值, 此时较大的 RI 值并不能表明该算法的社区发现效果较好。

5. Jaccard 系数

Jaccard 系数 (jaccard index) 的定义式[15] 为

$$J = \frac{a}{a+b+c} = 1 - \frac{b+c}{a+b+c} \tag{2-11}$$

Jaccard 系数更多地关注被正确划分的节点对的数目。当计算结果与真实情况一致时, b、c 均为 0, $J=1$; 当计算结果与真实情况完全不一致时, $a=0$, $J=0$。所以 Jaccard 系数的取值范围是 [0,1], 其值越大表明算法性能越好。

6. RI 的调整形式

指标 ARI (adjusted rand index) 由 Hubert 和 Arabie 基于随机网络不具有社区结构即其期望值为 0 而提出[16], 可被描述为 (指标–指标的期望值) / (指标的最大值–指标的期望值)。ARI 的定义式为

$$ARI = \frac{RI - E(RI)}{1 - E(RI)} = \frac{\sum_{i,j} \binom{n_{ij}}{2} - \left[\sum_i \binom{n_{i.}}{2} \sum_j \binom{n_{.j}}{2} \right] \bigg/ \binom{n}{2}}{\frac{1}{2} \left[\sum_i \binom{n_{i.}}{2} + \sum_j \binom{n_{.j}}{2} \right] - \left[\sum_i \binom{n_{i.}}{2} \sum_j \binom{n_{.j}}{2} \right] \bigg/ \binom{n}{2}} \tag{2-12}$$

　　若一个社区发现算法的计算结果与公认的实际分区情况一致，ARI=1，由此可知，其取值范围是[0,1]。ARI 指标拥有和 RI 相同的优点，同时又有更强的健壮性。

　　Jaccard 系数的评价指标重点关注被正确划分的节点对数，但是把它应用到任意网络的随机分区时，其计算结果的期望值均不是固定的。而由指标 ARI 的定义式可以看出，这一缺点已经被规避。

　　经实验表明，ARI、NMI 和模块度 Q 的区分度好于其他指标。

　　7. Omega 指数

　　Omega 指数(omega index)[17]是 ARI 的重叠版本。它基于两个覆盖中具有一致性的节点对。在这里，如果一对节点聚集在相同数量的社区中(可能没有)，那它们被认为具有一致性。也就是说，Omega 指数考虑到了有多少节点对没有聚集在社区中，有多少节点对正好聚集在一个社区中，有多少节点对正好聚集在两个社区中等。

　　让 K_1 与 K_2 分别为覆盖 C_1 与 C_2 的社区数目，Omega 指数定义如下[18, 19]：

$$\omega(C_1,C_2) = \frac{\omega_u(C_1,C_2) - \omega_e(C_1,C_2)}{1 - \omega_e(C_1,C_2)} \tag{2-13}$$

　　未调整的 Omega 指数 ω_u 定义如下：

$$\omega_u(C_1,C_2) = \frac{1}{M} \sum_{j=0}^{\max(K_1,K_2)} |t_j(C_1) \bigcap t_j(C_2)| \tag{2-14}$$

其中，M 等于 $n(n-1)/2$，代表了节点对的数目；$t_j(C)$ 是覆盖 C 中恰好出现 j 次的节点对的集合。在一个空模型 ω_e 中 Omega 指数的期望值为

$$\omega_e(C_1,C_2) = \frac{1}{M^2} \sum_{j=0}^{\max(K_1,K_2)} |t_j(C_1)| \cdot |t_j(C_2)| \tag{2-15}$$

　　式(2-13)中的期望值相减只考虑到了偶然情况下的一致性。Omega 指数越大，两个覆盖之间的匹配越好。值为 1 表示完全匹配。当没有重叠时，Omega 指数降低到 ARI。

　　下面给出各重叠社区发现算法在指标 NMI 与指标 Omega 指数下的性能比较与最新成果[20]。

　　该实验选取了十几种当下流行的重叠社区发现算法，以 LFR 为数据集。算法的出处在参考文献的后面。

　　统一的参数设置与实验结果如下。

　　图 2.7 给出了以 LFR 网络为数据的重叠社区发现算法的评估。重叠密度取较低

值 On = 10%。在图 2.7(a) 和 (c) 中，NMI 为成员数量 Om 的函数；在图 2.7(b) 和 (d) 中，Omega 指数为成员数量 Om 的函数。图 2.7(a) 和 (b) 的结果为小规模社区范围，图 2.7(c) 和 (d) 的结果为大规模社区范围。所有结果都以网络规模 n 为 5000 与社区内强度 μ 为 0.3 作为参数设置。

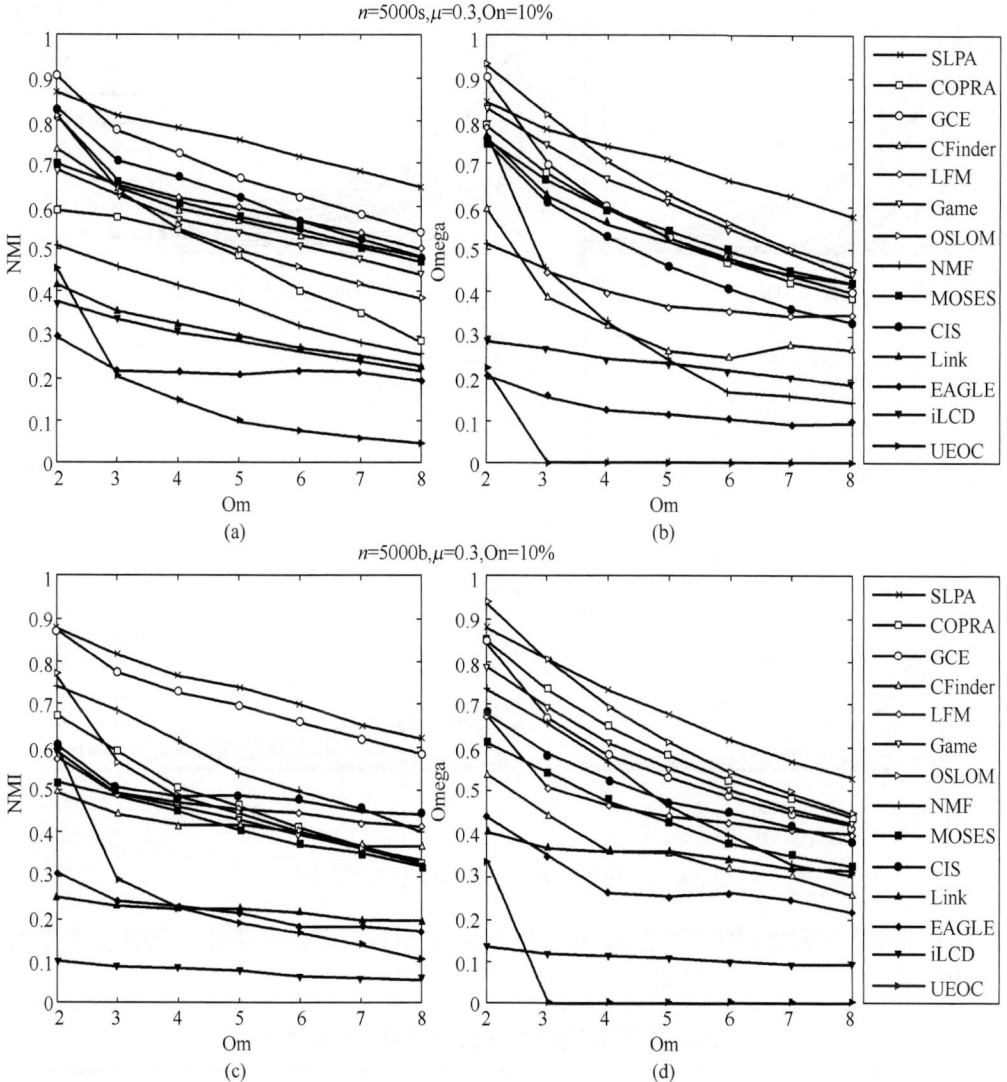

图 2.7　低重叠密度时重叠社区发现算法评估

　　图 2.8 给出的评估取了较高的重叠密度值 On =50%。其他设置均与图 2.7 相同。

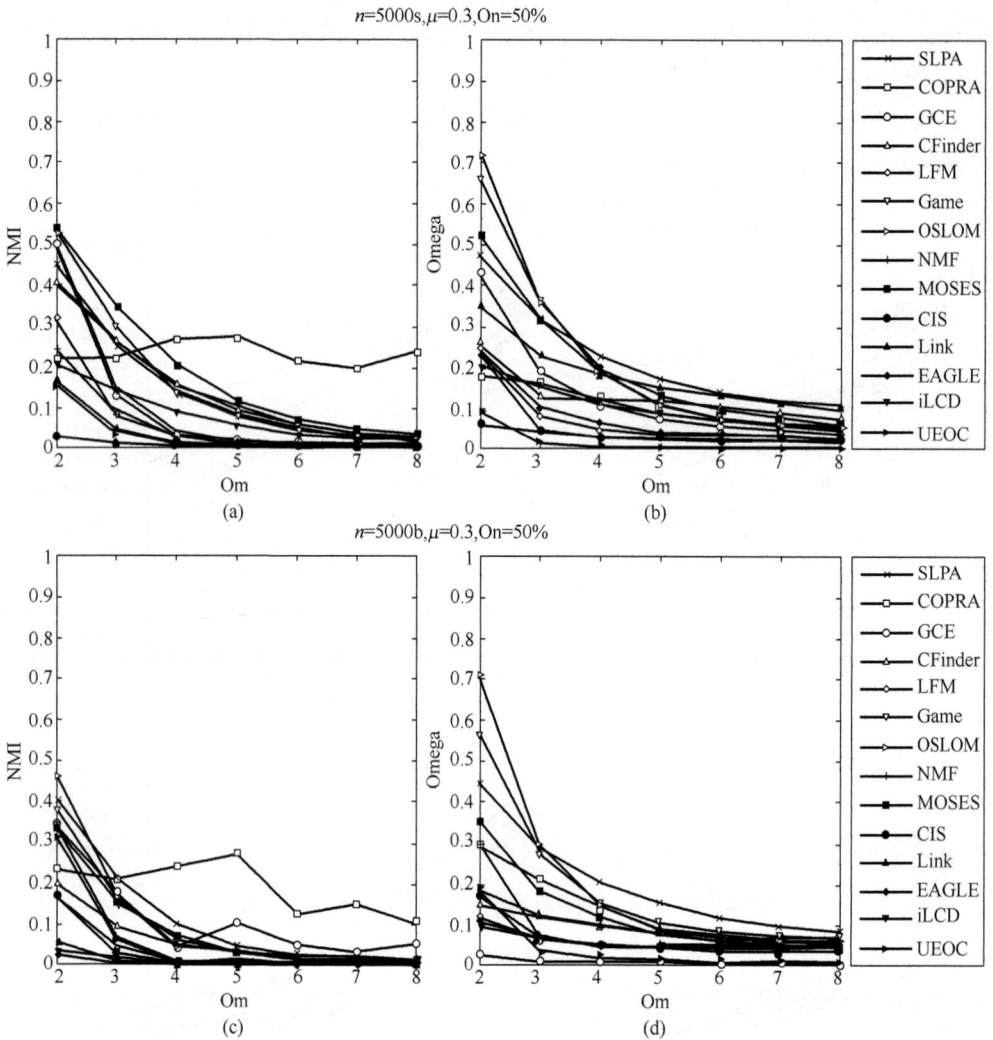

图 2.8　高重叠密度时重叠社区发现算法评估

从表 2.2 与表 2.3 中可以看出 NMI 与 Omega 指数的评估结果在一定程度上是大致相似的。

表 2.2　在图 2.7 参数设置下社区检测性能排名

Rank	RS_{NMI}^{s}	RS_{Omega}^{s}	RS_{NMI}^{s}	RS_{Omega}^{b}	$RS_{NMI,Omega}^{*}$
1	SLPA	SLPA	SLPA	SLPA	SLPA
2	GCE	OSLOM	GCE	OSLOM	GCE
3	CIS	Game	NMF	COPRA	OSLOM
4	LFM	GCE	CIS	Game	CIS

续表

Rank	RS_{NMI}^s	RS_{Omega}^s	RS_{NMI}^b	RS_{Omega}^b	$RS_{NMI,Omega}^*$
5	MOSES	MOSES	COPRA	GCE	Game
6	CFinder	COPRA	OSLOM	CIS	COPRA
7	Game	Link	LFM	NMF	LFM
8	OSLOM	CIS	Game	LFM	MOSES
9	COPRA	LFM	CFinder	MOSES	NMF
10	NMF	CFinder	MOSES	CFinder	CFinder
11	Link	NMF	Link	Link	Link
12	iLCD	iLCD	EAGLE	EAGLE	EAGLE
13	EAGLE	EAGLE	UEOC	iLCD	iLCD
14	UEOC	UEOC	iLCD	UEOC	UEOC

表 2.3　在图 2.8 参数设置下社区检测性能排名

Rank	RS_{NMI}^s	RS_{Omega}^s	RS_{NMI}^b	RS_{Omega}^b	$RS_{NMI,Omega}^*$
1	MOSES	SLPA	COPRA	SLPA	SLPA
2	COPRA	Link	SLPA	Game	MOSES
3	CFinder	Game	GCE	OSLOM	Game
4	Game	MOSES	MOSES	Link	COPRA
5	SLPA	CFinder	CFinder	MOSES	CFinder
6	GCE	OSLOM	Game	CFinder	OSLOM
7	iLCD	COPRA	OSLOM	COPRA	Link
8	OSLOM	GCE	LFM	LFM	GCE
9	CIS	iLCD	CIS	NMF	LFM
10	LFM	LFM	NMF	EAGLE	CIS
11	NMF	CIS	UEOC	CIS	iLCD
12	Link	NMF	iLCD	iLCD	NMF
13	EAGLE	EAGLE	Link	UEOC	EAGLE
14	UEOC	UEOC	EAGLE	GCE	UEOC

　　在评价算法性能时，除了上述介绍的硬指标，算法的运行时间、效率，以及可以处理的数据规模量等也应该考虑在内。

参 考 文 献

[1]　Schweitzer F, Fagiolo G, Sornette D, et al. Economic networks: The new challenges [J]. Science, 2009, 325(5939):422.

[2] 万雪飞, 陈端兵, 傅彦. 一种重叠社区发现的启发式算法[J]. 计算机工程与应用, 2010, 46(3):36-38.

[3] Fortunato S. Community detection in graphs[J]. Physics Reports, 2010, 486(3-5):75-174.

[4] 汪洋. 复杂网络的社团发现算法研究[D]. 合肥: 安徽大学, 2014.

[5] 骆志刚, 丁凡, 蒋晓舟, 等. 复杂网络社团发现算法研究新进展[J]. 国防科技大学学报, 2011, 33(1):47-52.

[6] Zachary W W. An information flow model for conflict and fission in small groups[J]. Journal of Anthropological Research, 1977, 33(4):452-473.

[7] 刘栋. 复杂网络社区发现方法以及在网络扰动中的影响[D]. 天津: 天津大学, 2013.

[8] Lancichinetti A, Fortunato S, Radicchi F. Benchmark graphs for testing community detection algorithms[J]. Physical Review E Statistical Nonlinear & Soft Matter Physics, 2008, 78(2): 046110.

[9] Condon A, Karp R M. Algorithms for graph partitioning on the planted partition model[J]. Random Structures & Algorithms, 2001, 18(2):221-232.

[10] Guimerà R, Amaral L A N. Functional cartography of complex metabolic networks[J]. Nature, 2005, 433: 895-900.

[11] Newman M E J, Girvan M. Finding and evaluating community structure in networks[J]. Physical Review E Statistical Nonlinear & Soft Matter Physics, 2004, 69(2):026113.

[12] 赵丽娜, 李慧. 不可重叠社区发现算法的评价指标分析[C]. 中国计算机用户协会网络应用分会 2014 年网络新技术与应用年会, 2014.

[13] Steinhaeuser K, Chawla N V. Identifying and evaluating community structure in complex networks[J]. Pattern Recognition Letters, 2010(31): 413-42l.

[14] Rand W. Objective criteria for the evaluation of clustering methods[J]. Journal of the American Statistical Association, 1971(66): 846-850.

[15] Ben-Hur A, Elisseeff A, Guyon I. A stability based method for discovering structure in clustered data[J]. Pacific Symposium on Biocomputing, 2002(7): 6-17.

[16] Hubert L, Arabie P. Comparing partitions[J]. Journal of Classification, 1985, 2(1):193-218.

[17] Collins L M, Dent C W. Omega: A general formulation of the rand index of cluster recovery suitable for non-disjoint solutions[J]. Multivariate Behavioral Research, 1988, 23(2):231.

[18] Gregory S. Fuzzy overlapping communities in networks[J]. Journal of Statistical Mechanics Theory & Experiment, 2011, 2(2): 2486-2495.

[19] Havemann F, Heinz M, Struck A, et al. Identification of overlapping communities and their hierarchy by locally calculating community-changing resolution levels[J]. Computer Science, 2011, 2011(01):1-25.

[20] Xie J, Kelley S, Szymanski B K. Overlapping Community Detection in Networks: The State-of-the-Art and Comparative Study[M]. New York: ACM, 2013.

[21] Newman M E. Fast algorithm for detecting community structure in networks [J]. Physical Review E Statistical Nonlinear & Soft Matter Physics, 2004, 69:066133.

[22] Raghavan U N, Albert R, Kumara S. Near linear time algorithm to detect community structures in large-scale networks[J]. Physical Review E Statistical Nonlinear & Soft Matter Physics, 2007, 76(2):036106.

第3章　社区发现经典算法

如第2章所述，社区发现问题从本质上还是可以从图论角度定义，即点或者边的分组。社区发现在早期图论中归属于图分割问题。它已经有数十年的研究历史，学者提出了大量的社区发现方法，同时针对这些方法也有不同分类。本章兼顾社区发现方法研究过程和研究方法，将经典社区发现算法分为以下五大部分。第一是早期的图分割算法以及较为传统的基于谱分析的社区发现方法，这一大类方法源自经典图论和矩阵论。第二是图聚类方法，聚类是数据分析的一种重要手段，将图数据中的点和边作为聚类对象，大量的聚类算法则可以派生出众多的社区分析算法，特别是聚类本身有几大类聚类思想，如基于划分、基于层次、基于密度聚类等，这些思路都可以运用于图数据聚类，而且适当扩展相似度计算方式，还可以将单纯结构聚类扩展至基于点和边属性的聚类，因而这是一大类社区发现方法。第三是基于目标优化的社区发现，它的基础是最优化理论，将社区发现的评价指标作为优化的对象，无论是单目标优化还是多目标优化方法都可应用于社区发现，最著名的社区评价指标是模块度，基于模块度最大化的目标，众多优化算法被研究和尝试，产生出大量的社区发现算法。第四是基于信息论和概率的社区发现方法，此类方法的理论基础是信息论和概率论。社区发现问题也可看作判定问题，通过将其转化为点边社区归属概率判定或者随机游走最优信息编码问题，信息论和各种概率模型都可运用于求解此类问题，这样也衍生出一批社区发现方法。第五是基于物理模型的社区发现方法，社区发现也可以认为是复杂网络研究的一个重要问题。复杂网络研究吸引了从数学、物理、计算机、管理到社会学等众多领域的研究人员，不少学者将一些物理过程模型运用于社区发现问题的分析，提出了基于自旋模型、传播和扩散模型等的社区发现算法，也获得了不错的效果。

本章主要内容是梳理社区发现的经典算法。各章节按照上述五大类算法安排。3.1节介绍早期的图分割算法和图矩阵的谱分析社区发现方法；3.2节介绍图聚类算法，简单介绍聚类常见思路，然后展开各种相关的社区发现算法；3.3节介绍以目标优化为主线的社区发现方法，将以社区评估指标为基础，介绍经典单目标和多目标优化思想如何运用于求解此类问题；3.4节介绍基于信息论和概率论的社区发现方法，将介绍著名的基于信息编码的社区发现算法以及各类基于概率判定的社区发现方法；3.5节介绍基于物理模型的社区发现方法，以各类相关物理模型介绍为基础，介绍它们与社区发现问题的关联以及相应的问题解决方法。

3.1 传统基于图分割和谱分析的社区发现算法

本节主要介绍早期两大类与社区发现相关的算法，社区发现的名称源于近 10 多年社交网络和社会媒体的发展，而从图论本身，可以找到更早期的图分割方法。图分割(graph partitioning)问题是计算机科学中的一个典型问题，其研究始于 20 世纪 60 年代。它是指将网络顶点划分为指定规模、指定数量的非重叠群组，使得群组之间的边数最小。一般是将一个网络分解成若干顶点数基本相等的子网，使得不同子网中的顶点之间的连接数最少。图分割问题可应用于对并行计算机处理器作进程的合理分配。其中，比较著名的算法是 Kernighan-Lin 算法[1]。本节还将介绍基于谱分析的社区发现算法。其主要思路是采用图的矩阵特征进行图划分。

虽然图分割的思想可以用于社区发现，但也有专家将图分割和社区发现进行了严格区别[2]。他们认为两者的根本区别在于，图划分得到的群组数量和规模是确定的，而社区发现是不确定的。另一区别在于两者目的不同，图划分是把网络划分成多个更小、更容易管理的碎片，如用于数值计算。社区发现则用于理解网络结构，使得大规模网络更容易直接观察。但两者这些不同从算法上看，并没有本质的区别。由于图分割起源是并行处理器分配等实际问题，当时需要解决的问题就是将网络划分为若干大小相近的顶点集合，而从发展的观点看，只是现在社交网络分析等实际并不强调集合大小相近，更重要是从问题数学形式化看，两者可以统一表示。因此，在本书中并不严格将两者区别开。

3.1.1 Kernighan-Lin 算法

Kernighan-Lin 算法(简称 KL 算法)，是由 Kernighan 和 Lin 在 1970 年提出的，是图分割问题中最简单、最著名的启发式算法之一。该算法如图 3.1 所示。

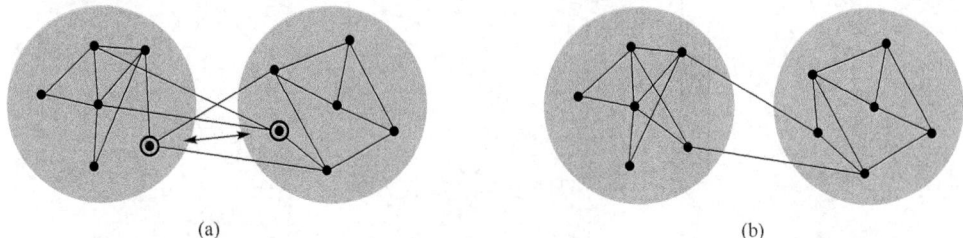

图 3.1 KL 算法示意图

整个算法可描述如下：首先，将网络中的节点随机地划分为已知大小的两个社区。对于任何由分属于不同社区的顶点 i 和顶点 j 组成的顶点对 (i,j)，交换 i、j 的位置，并计算交换前后两个社区之间割集规模的变化量，在所有 i、j 对中，找到使割集规模减小最多的顶点对；若不存在规模减小的情况，则选择使割集规模增加最小的顶点对，交换这两个顶点。在这个过程中，两个社区顶点的数量都不变，因此该算法能够保证社区的规模与初始划分规模一致。要注意的是，在顶点对交换的过程中，规模并不一定是单调减小的，即使某一步的交换会使规模有所增大，仍然可能在其后的步骤中出现一个更小的规模。规定每个顶点只能交换一次。然后重复上述交换过程，直到这个社区内所有的顶点都被交换一次。此时本轮算法停止。

在交换中，有可能因为初始划分规模不相等而产生在较大规模社区中存在未被交换过的顶点的情况，其数量等于社区规模的差值。

一旦将一个网络分成两个特定大小的网络后，可以通过重复将其分割成更多的网络。例如，如果要将网络分成对等的三份，可以先将其分为两份，其中一份规模是另一份的两倍，再将规模大的一份分成相同的两份。要注意的是，即使算法能够在这两步中找到每一步的最优解，也不能保证得到将网络分成三份的最优解。但是能够找到合理的典型解，这样已经是足够好的解法了。

需要注意的是，两组不同的随机起始状态很有可能导致不同的社区划分。因此有时会重复运行 KL 算法多次，在多次结果中选取割集规模最小的划分。

下面我们用一个实例来说明 KL 算法。

图 3.2 表示算法在网格中的应用。网格是一种二维网络，经常运用于有限元的并行计算中。假设要把该网络划分成规模相等的两部分，观察图 3.2(a) 中的网络，可以看出该网络没有明显的划分。图 3.2(b) 中给出了由 KL 算法求解的最优划分，其中包括 40 条分割网络的边。正如上面提到的，虽然它并不是最优的划分，但对于实际应用来说已经足够好了。

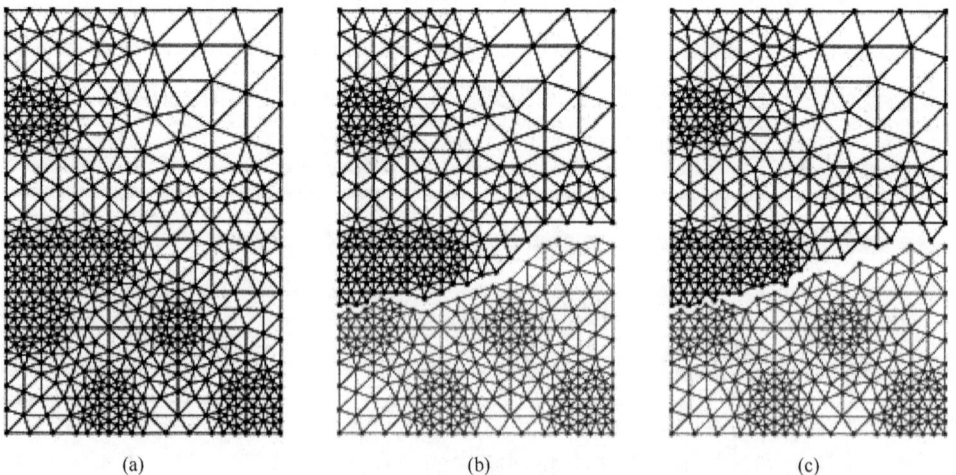

(a)　　　　　　　　　　(b)　　　　　　　　　　(c)

图 3.2　KL 算法在网格中的应用

KL 算法的主要缺陷是运算速度缓慢，在算法的每一轮中交换的次数等于两个社区中规模较小的社区的规模，在具有 n 个顶点的网络中，其值为 $0 \sim n/2$。因此在最坏情况下其交换次数为 $1/2n$ 即 $O(n)$。对于每一次交换，需要检查不同社区之间的所有顶点对，在最坏情况下，其数量为 $1/4n^2$ 即 $O(n^2)$。并且每次都需要计算在两个顶点交换前后的网络割集规模的变化量。

在图 3.2(a) 中，给出了有限元分析中常用的一种有 547 个顶点的网格网络；在图 3.2(b) 中社区之间的边被删除，它表示了用 KL 算法得到的最优社区划分，即把网络划分成分别包括 273 个和 274 个顶点的两部分；图 3.2(c) 为谱划分(3.1.2 节将详细讨论谱划分算法)得到的最优划分。

当一个顶点 i 从一个社区移动到另一个社区时，该顶点与当前社区中其他顶点直接相邻的任何边在交换后，都成了社区之间的边。假设有 S_i 条这样的边，同样，假设顶点 i 与另一社区中顶点直接相连的边有 O_i 条，这些边在交换后处于本社区内，但有一个例外，如果 i 与 j 交换而 i、j 之间有直接相连的边，则 i 的移动给割集规模带来的变化量为 $O_i - S_i - A_{ij}$，对顶点 j 也存在类似的表达式，因此，顶点交换带来的割集规模的变化量是 $O_i - S_i + O_j - S_j - 2A_{ij}$。如果网络以邻接表的形式存储，该表达式的计算包含依次遍历 i 和 j 的所有邻居顶点。因此其时间复杂度与网络中顶点的平均度的数量级相同，为 $O(m/n)$，m 为网络中的总边数。因此一轮算法的时间复杂度为 $O(n \times n^2 \times m/n) = O(mn^2)$。在 m 正比于 n 的系数网络中，其时间复杂度为 $O(n^3)$。而在密集网络中，其时间复杂度为 $O(n^4)$。这样的时间复杂度已经很糟糕了，何况还不止如此。总的时间必须乘以割集规模停止减小之前算法所执行的轮数，不过执行轮数与网络规模之间的关系是未知的，一般情况下这个数很小，对于不超过数千个顶点的网络，轮数可能是 5 次或 10 次。但是由上述情况来看，即使算法时间复杂度仍为 $O(mn^2)$，也已经非常缓慢了。

对于 KL 算法的改善，有一些技巧。如果算法在初始化时就计算并存储每个顶点在社区内和社区之间的邻居顶点的数量，并且当一个顶点移动时就更新一次，那么就能在算法的每一步中节省重新计算这些变量的时间。如果用邻接矩阵的形式存储网络，那么在 $O(1)$ 时间就可以判断两个顶点是否直接相连，从而将时间复杂度改善为 $O(n^3)$。虽然对于稀疏图，该值与 $O(mn^2)$ 相同，但在密集网络中减少了一个额外因子 n。

因此，如此缓慢的算法仅适用于那些只有几百或几千个顶点的网络，不适用于更大规模的网络。

3.1.2　谱划分

下面将介绍一种比 KL 算法更快的网络划分，但是这种算法也相对更加费力。谱划分方法由 Fiedler[3] 提出，该方法使用图拉普拉斯矩阵的性质。我们将在图对分问题中描述谱划分方法，图对分问题是把一个图划分成指定大小的两部分。多次使用对分方法，可以将其划分成两个以上的社区，重复该过程从而将网络划分成指定数量和规模的社区。

算法如下。

(1)计算图拉普拉斯矩阵的第二小特征值λ_2及其对应的特征向量V_2。

(2)按从大到小的顺序对特征向量的元素进行排序。

(3)把前n_1个最大元素对应的顶点放入社区1，其余放入社区2，计算割集规模。

(4)把前n_1个最大元素对应的顶点放入社区2，其余放入社区1，重新计算割集规模。

(5)在两种网络划分中选择割集规模较小的划分。

下面详细介绍谱划分算法的得出过程。

对于具有n个顶点和m条边的网络，划分为社区1和社区2，可将该划分的两个社区之间的边数表示为

$$R = \frac{1}{2}\sum A_{ij} \quad (i、j \text{ 分别位于不同社区}) \tag{3-1}$$

对于每个网络划分，定义由参数s_i组成的集合，集合中的每个元素对应于一个顶点i，于是有

$$s_i = \begin{cases} +1, & \text{顶点}i\text{在社区1中} \\ -1, & \text{顶点}i\text{在社区2中} \end{cases} \tag{3-2}$$

那么

$$\frac{1}{2}(1 - s_i s_j) = \begin{cases} 1, & \text{顶点}i\text{和}j\text{在相同的社区中} \\ 0, & \text{顶点}i\text{和}j\text{在不同的社区中} \end{cases} \tag{3-3}$$

因此式(3-1)可以改写成

$$R = \frac{1}{4}\sum_{ij} A_{ij}(1 - s_i s_j) \tag{3-4}$$

式(3-4)是对i和j的所有值进行求和。求和的第一项：

$$\sum_{ij} A_{ij} = \sum_i k_i = \sum_i k_i s_i^2 = \sum_{ij} k_i \delta_{ij} s_i s_j \tag{3-5}$$

其中，k_i为顶点i的度；δ_{ij}为克罗内克δ函数。其中利用了$\sum_j A_{ij} = k_i$和$s_i^2 = 1$，将其代回式(3-4)，得到

$$R = \frac{1}{4}\sum_{ij}(k_i\delta_{ij} - A_{ij})s_i s_j = \frac{1}{4}\sum_{ij} L_{ij} s_i s_j \tag{3-6}$$

其中，$L_{ij} = k_i \delta_{ij} - A_{ij}$ 是图拉普拉斯矩阵的第 ij 个元素。

将式(3-6)写成矩阵形式为

$$R = \frac{1}{4} s^{\mathrm{T}} L s \qquad (3\text{-}7)$$

其中，s 为以 s_i 为元素的向量。该公式给出了图划分问题的一个矩阵表达式。矩阵 L 确定了网络结构，向量 s 定义了网络中的某种划分，而目标是求解式(3-7)中的向量 s，使得给定 L 时，其割集规模最小。

若允许 s_i 取任意实数值，就简化了问题，也为解决最小化问题提供了一种可能的近似方法，即所谓的松弛法(relaxation method)，它是向量优化问题近似求解的一种标准方法。松弛法允许 s_i 取任意值，然后找到使 R 最小的值。这些值只是近似正确，但它们已经足够好了。

松弛法算法如下。

s_i 的取值实际上受限于两个约束条件。第一，每个 s_i 只能取+1 或–1，如果把 s 当成欧氏空间里的一个向量，那么该约束条件表示向量 s 总是指向 n 维超立方体的 2^n 个顶角之一，且具有相同长度 $\sqrt{n}$，放松对向量方向的约束，使得它可以指向 n 维空间中的任意方向，但必须保持向量长度不变。因此，允许 s 取任意值，但需要满足约束条件$|s| = \sqrt{n}$,即

$$\sum_i s_i^2 = n \qquad (3\text{-}8)$$

第二个约束是其中+1 和–1 的数量必须分别等于社区的指定规模，可以写成

$$\sum_i s_i = n_1 - n_2 \qquad (3\text{-}9)$$

或用向量表示为

$$\mathbf{1}^{\mathrm{T}} s = n_1 - n_2 \qquad (3\text{-}10)$$

其中，n_1、n_2 分别为两个社区的规模；$\mathbf{1}$ 为向量$(1, 1, 1, 1, \cdots)$，其元素都是 1。在松弛计算中，保持第二个约束条件不变，因此松弛形式的划分问题是由式(3-7)描述的割集规模最小化问题，该问题满足式(3-8)和式(3-9)两个约束条件。

该问题被简化成代数问题。对 s_i 求微分，并用两个拉格朗日算子λ和 2μ 对其进行约束可得

$$\frac{\partial}{\partial s_i} \left\{ \sum_{jk} L_{jk} s_j s_k + \lambda \left(n - \sum_j s_i \right) + 2\mu \left[(n_1 - n_2) - \sum_j s_j \right] \right\} = 0 \qquad (3\text{-}11)$$

通过求导运算，可得

$$\sum_j L_{ij} s_j = \lambda s + \mu 1 \tag{3-12}$$

或者用矩阵表示为

$$Ls = \lambda s + \mu 1 \tag{3-13}$$

回顾一下，1 是拉普拉斯矩阵的特征值零对应的特征向量，也就是 $L \cdot 1 = 0$，从而可以计算出 μ 的值。将式(3-13)左乘 1^T，并结合式(3-10)，可以得到 $\lambda(n_1 - n_2) + \mu n = 0$，即

$$\mu = -\frac{n_1 - n_2}{n} \lambda \tag{3-14}$$

如果定义一个新的向量

$$x = s + \frac{\mu}{\lambda} 1 = s - \frac{n_1 - n_2}{n} 1 \tag{3-15}$$

则根据式(3-13)可知：

$$Lx = L\left(s + \frac{\mu}{\lambda} 1\right) = Ls = \lambda s + \mu 1 = \lambda x \tag{3-16}$$

这里再次用到 $L \cdot 1 = 0$。

也就是说，x 是拉普拉斯矩阵的特征值 λ 对应的特征向量。选择满足式(3-16)的任意特征向量，也就是应该选择使割集规模 R 最小的向量。需注意：

$$1^T = 1^T s + \frac{\mu}{\lambda} 1^T 1 = (n_1 - n_2) - \frac{n_1 - n_2}{n} n = 0 \tag{3-17}$$

其中，用到式(3-10)。因此，x 与 1 正交，这表示虽然它应是 L 的一个特征向量，但不能是特征值零对应的特征向量$(1，1，1，1，\cdots)$。

求解该向量需注意：

$$R = \frac{1}{4} s^T L s = \frac{1}{4} x^T L x = \frac{1}{4} \lambda x^T x \tag{3-18}$$

由式(3-15)可得

$$\begin{aligned}
x^T x &= s^T s + \frac{\mu}{\lambda}(s^T 1 + 1^T s) + \frac{\mu^2}{\lambda^2} 1^T 1 \\
&= n - 2\frac{n_1 - n_2}{n}(n_1 - n_2) + \left(\frac{n_1 - n_2}{n}\right)^2 n \\
&= 4\frac{n_1 n_2}{n}
\end{aligned} \tag{3-19}$$

$$R = \frac{n_1 n_2}{n} \lambda \tag{3-20}$$

因此割集规模和特征值 λ 成正比。我们的目标是使 R 最小，表示应选择拉普拉斯矩阵可取的最小特征值对应的特征向量 x。拉普拉斯矩阵的所有特征值都是非负的，最小特征值为 0，对应的特征向量为 $(1, 1, 1, 1, \cdots)$，但我们已经将它排除在外(因为 x 和最小特征值向量正交)。因此最好是选择和特征向量 V_2 成正比的 x，其中 V_2 是第二小特征值 λ_2 对应的特征向量，其模由式(3-19)给出。

最后根据式(3-15)求解向量 s，即有

$$s = x + \frac{n_1 - n_2}{n} 1 \tag{3-21}$$

也就是

$$s_i = x_i + \frac{n_1 - n_2}{n} \tag{3-22}$$

这里得到 s 的最优松弛解。

然而，实向量 s 受到一些约束条件的限制，即元素取值为+1 或−1，且只能有 n_1 个+1，n_2 个−1。通常情况下这些约束条件使 s 不能直接取由式(3-22)计算出的值。然而，为了在约束条件下尽可能地接近理想值 s，可以通过使式(3-23)的乘积最大化来实现。

$$s^\mathrm{T}\left(x + \frac{n_1 - n_2}{n} 1\right) = \sum_i s_i \left(x_i + \frac{n_1 - n_2}{n}\right) \tag{3-23}$$

将 $x_i + \frac{n_1 - n_2}{n}$ 值最大，即正数最大的 n_1 个顶点赋值 $s_i = +1$，把其余的 n_2 个顶点赋值 $s_i = -1$，就能得到该表达式的最大值。

但是需注意，$x_i + \frac{n_1 - n_2}{n}$ 的最大值也是 x_i 的最大值，所以也是特征向量 V_2 的最大元素。因此，经过上述一系列的推导，最终得到网络划分的简单方法。计算出有 n 个元素的特征向量 V_2。其中每一个元素对应网络中的一个顶点，将前 n_1 个最大元素所对应的顶点放入第一个社区，将其余的放入第二个社区。还有一点需要注意，可以随意指定社区 1 和社区 2。

拉普拉斯的第二小特征值有时称为网络的代数连通度(algebraic connectivity)。如果网络不连通且第二小特征值为零，两个最小特征值是相等的，且对应的特征向量是不确定的。如果网络不连通并且有多个分支，那么通常对划分一个特殊分支感兴趣或者对划分每个连通分支都感兴趣，所以通常分别将这些连通分量当成连通网络并应用上述算法。

代数连通度本身也出现在割集规模的表达式中，即 $R = \frac{n_1 n_2}{n} \lambda$，事实上它是割集规模的一个直接测度，与割集规模成正比，至少在用松弛法推导出的近似公式中是如此的。因此，代数连通度是网络划分的难易度的测度。对于易划分的网络代数连通度小，反之代数连通度大。从某种意义上讲，这是先前结果(对于连通网络，其代

数连通度为非零,对于非连通网络来说,其代数连通度为零)的推广。代数连通度是对网络连通程度的度量。

图 3.1(c)表示出应用该方法对上述使用 KL 算法研究过的网格网络进行划分得到的结果。在这种情况下,谱方法得到的网络划分类似于 KL 算法给出的网络划分,但是割集规模比其略大。在该例中,谱方法划分得到的两个社区之间有 46 条边,而 KL 算法只有 40 条边。该方法往往能找到一个不错的网络划分,但结果可能没有其他方法好。

然而谱方法的优点在于其速度较快,该方法最耗时的部分在于计算特征向量 V_2,无论是使用正交化方法还是 Lanczos,其时间复杂度均为 $O(mn)$,在 m 正比于 n 的稀疏网络上的时间复杂度为 $O(n^2)$,这比 KL 算法的 $O(n^3)$ 少一个因子 n,从而使该算法能应用于更大规模的网络。谱划分方法可推广到具有几十万个顶点的网络,而 KL 算法只适用于几千个顶点的网络。

3.2　基于图聚类的社区发现算法

2.2 节介绍了一些衡量数据之间相似度的标准,本节要介绍的社区发现算法基于图聚类的观点,其中许多算法的效果与相似度计算方式的选取有很强的联系。首先简单阐述不同类别的聚类方法,之后在不同聚类方式中介绍拉普拉斯矩阵的 k-means 聚类、Radicchi 算法、信息集中性算法和 SCAN(structural clustering algorithm for network)算法。

3.2.1　主要聚类方法分类

算法的选择取决于数据的类型、聚类的目的和应用。大体上,主要的聚类算法可以划分为如下几类[4-5]。

1. 基于划分的方法

给定一个包含 n 个对象或者元组的数据库,一个划分方法构建数据的 k 个划分,每个划分表示一个聚类,且 $k \leqslant n$。也就是说,它将数据划分为 k 个组,同时满足每个组至少包含一个对象及每个对象必须属于且只属于一个组的要求。在某些模糊划分技术中,后者可以放宽条件。数据集中每个数据点被嵌入一个可度量的空间中,并且每对数据点在空间之间的距离被定义,该距离是衡量数据点之间相似度的标准。基于划分聚类的目标是将所有的数据点划分到 k 个社区中,使基于相似度的目标函数取得最大或最小值。常使用的代价函数有以下几种。

(1)最小 k-聚类:该函数对应的是社区的直径,即社区中两点之间的最大距离。采用此代价函数的划分聚类算法期望选择一种使 k 个社区所具有的最大直径在所有可能划分中最小,其目的是保持社区的紧凑。

(2)和 k-聚类：该函数与最小 k-聚类类似，但对应的是社区内部所有节点对之间距离的均值。

(3)中心 k-聚类：假设为每个社区 i 指定一个中心点作为参考点，该函数对应的是社区 i 中所有节点到中心点的最大距离。

(4)中值 k-聚类：该函数与中心 k-聚类类似，但对应的是社区 i 内部所有节点到中心点距离的均值。

给定要构建的划分的数目，首先创建一个初始划分，然后采用一种迭代的重定位技术，尝试通过对象在划分间移动来改进划分。除了使上述几个基于相似度的目标函数达到极值，还有许多其他划分质量的评判准则。

2．基于层次的方法

在一些场景下，如社交网络，图可能含有层次结构，这个结构呈现为低层的节点形成的小社区被包含在高层的大社区中。对于分级聚类，首先要定义一个节点间的相似度计算方法，并计算每对节点间(无论连通与否)的相似度，保存在一个 $n×n$ 的相似度矩阵 X 中。分级聚类的目的在于将具有高相似度的节点归入同一个社区，通常可以分为以下两类算法。

(1)凝聚算法，该算法将具有高相似度的社区迭代合并。

(2)分裂算法，该算法将社区迭代划分，具有低相似度的节点间的边将被移除。

在 3.3 节将要介绍的 Newman 算法和 GN 算法分别属于凝聚算法和分裂算法，它们同时也基于模块度的最优化目标进行划分。这两类算法的执行过程恰好相对：凝聚算法为自底向上计算，每个社区初始时都是单个节点，算法结束时所有的节点凝聚为一个大社区；分裂算法自顶向下计算，初始时所有节点归入一个大社区，并逐步分裂为多个社区，该类算法在过去很少使用，但现在较为流行，因此本节讨论的分级聚类主要关注凝聚算法。图 3.3 展示了凝聚算法和分裂算法的执行过程。

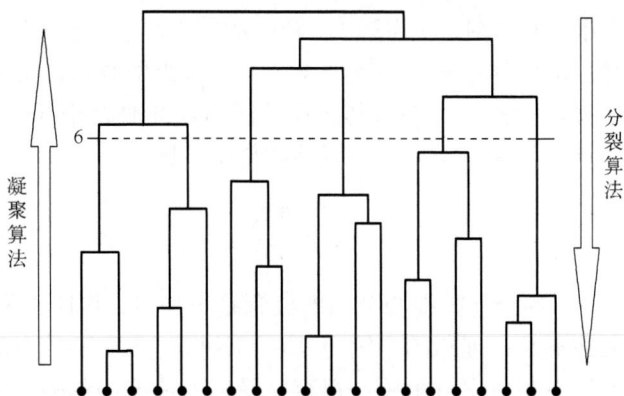

图 3.3 两种层次聚类过程

　　层次方法的缺陷是，一旦一个步骤(合并或分裂)完成，就不能撤销，因此错误的决定不能被更正。通过在每层划分中分析对象间的连接，或者使用综合层次凝聚和迭代的重定位方法，可以改进层次聚类的结果。

　　3. 基于密度的方法

　　绝大多数划分方法基于对象之间的距离进行聚类，这样的方法只能发现球状的簇，而很难发现任意形状的簇。基于密度聚类方法的主要思想是：只要邻近区域的密度(对象或者数据点的数目)超过了某个阈值，就继续聚类。也就是说，对给定类中的每个数据点，在一个给定范围的区域中必须包含至少某个数目的点。这样的方法可以用来过滤"噪声"数据，发现任意形状的簇。3.2.4 节将介绍的 SCAN 算法是一个有代表性的基于密度的方法，它根据一个密度阈值来控制簇的规模和增长。

　　除了上述几种主流聚类算法，其他类型的如基于网格或基于模型的方法，分别适用于各自对应的具体问题。一些基于聚类的社区发现算法集成了多种聚类方法的思想，所以有时将某个给定的算法划分为某种聚类方法是很困难的。此外，某些应用可能有特定的聚类标准，会综合多个聚类技术。

3.2.2　基于划分聚类的社区发现算法

　　1. k-means 聚类算法

　　当前最流行的划分聚类算法是 k-means 聚类算法，将其应用在社区发现时，其代价函数式(3-24)定义为社区内部节点到各自中心点距离的平方和，即

$$\mathrm{cost}(\varepsilon) = \sum_{i=1}^{k} \sum_{x_j \in S_i} \left\| x_j - c_i \right\|^2 \tag{3-24}$$

其中，ε 为已划分好社区的图，S_i 为第 i 个社区的节点集合，c_i 为第 i 个社区的中心节点。算法开始时随机选择相距足够远的 k 个节点作为中心点，第 α 次迭代时，每个中心点将与其距离最近的节点归入其所属社区内，此时每个社区中有 $\alpha +1$ 个节点，更新每个中心点为社区中现有节点属性的均值，即

$$x_i = \frac{1}{\alpha+1} \sum_{j=1}^{\alpha} x_j \tag{3-25}$$

　　经过多次迭代后，各个社区中心节点的位置趋于稳定，并且社区不再发生改变。该算法得到的结果并不是最理想的，因为其对初始时 k 个中心节点的选择有很强的依赖性，并且对于噪声和孤立点敏感，很容易受例外情况的影响。尽管如此，该算法至今仍然因为其快速收敛、适合处理大数据集的特性而流行。在实际使用该算法

时，可以通过运行多次、每次选择不同的初始节点并最终选取具有最小社区内部距离的划分来修正可能的偏差。

另一个流行的技术是模糊 k-means 聚类算法，其算法与 k-means 聚类算法类似。该算法基于一个事实：一个节点可能同时属于两个或者更多的社区。这个性质在模式识别中广泛使用，与该性质相关的代价函数是

$$J_m = \sum_{i=1}^{n}\sum_{j=1}^{k} u_{ij}^m \left\| x_i - c_j \right\|^2 \tag{3-26}$$

其中，m 为一个大于 1 的实数；c_j 为社区 j 的中心节点，其公式为

$$c_j = \frac{\sum_{i=1}^{n} u_{ij}^m x_i}{\sum_{i=1}^{n} u_{ij}^m} \tag{3-27}$$

矩阵 u 是规格化的隶属度矩阵，元素与社区 j 的中心点到节点 i 的距离有关，该距离越大，隶属度越小，可以用下面的关系表示：

$$u_{ij} = \frac{1}{\sum_{l=1}^{k}\left(\dfrac{\left\| x_i - c_j \right\|}{\left\| x_j - c_l \right\|}\right)^{\frac{2}{m-1}}} \tag{3-28}$$

基于划分的聚类的局限性和图分割相同，都必须事先指定划分的社区数目。此外，每对数据点在空间之间的距离被定义的假设仅在少部分情况下存在，更多情况下要划分的图结构并不具有该性质。

2. 用 k-means 聚类拓展拉普拉斯矩阵谱二分法

假设有 n 个对象组成的集合和一个用于计算每对对象间相似度的函数 S。类似分级聚类，由 S 计算的相似度也可以构建一个 $n \times n$ 的相似度矩阵 X。谱聚类可以通过使用与这 n 个对象相关的一个矩阵的特征向量，将这个集合划分成不同的社区。这个矩阵可以是 X 自身，或者是从 X 衍生出的其他矩阵。在特别的情况下，这 n 个对象可能是一些可度量空间内的点，或者是图中的某些节点，而更多情况下，这些对象并不具有这些性质。谱聚类实现了一种将原始集合对象迁移到空间中点集的转换方法，且转换后得到的点的坐标是使用矩阵的特征向量。不适用相似度矩阵，而是通过特征向量的方式进行聚类，可以让原始数据集中各个社区的特性更加明显，并且让谱聚类能够从原本不能直接应用 k-means 聚类算法的数据中发现社区。

3.1 节介绍的基于拉普拉斯矩阵的谱平分算法是谱聚类的一种，可以将其与 k-means 聚类算法结合，使其能够适用于多社区的需求。在基于拉普拉斯矩阵的谱二分法中，

根据复杂网络的拉普拉斯矩阵次小特征值对应的特征向量，将所有正元素对应的节点都划分为同一社区，所有的负元素对应的节点划分为另一社区。当网络的确是近似地分成两个社区时，用谱二分法可以得到非常好的效果。可以作为衡量谱二分法效果的标准，其值越小，平分的效果就越好。但是，大部分网络是不满足近似由两个社区组成的这样的假设条件。

基于拉普拉斯矩阵的多社区发现算法流程如下。

(1) 根据复杂网络的邻接矩阵计算得到拉普拉斯矩阵；

(2) 计算拉普拉斯矩阵的所有特征值，并排序；

(3) 取前 k 个非 0 特征值，求出其对应的特征向量；

(4) 将这 k 个特征向量按列组成 $N×k$ 的矩阵，每一行为 k 维空间中的一个向量；

(5) 使用 k-means 聚类算法对(4)中构造出的矩阵进行聚类，聚类结果中每一行的类别作为对应的原始数据的类别。

该流程可以在步骤(5)之前做一些优化。以拉普拉斯矩阵的次小特征值对应的特征向量作为纵轴，再次小的特征值对应的特征向量作为横轴，将数据点绘制在该坐标轴上，图 3.4 的数据集显示出网络结构在该特征向量空间上具有明显的聚类特征。

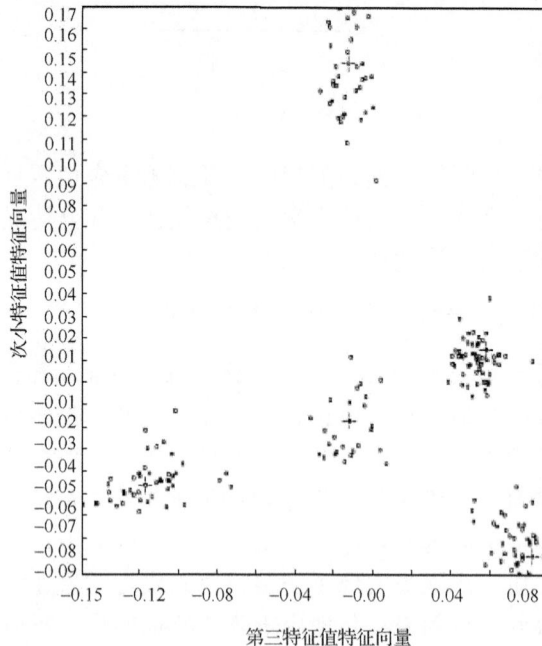

图 3.4　由次小特征值和第三特征值对应的特征向量构成的聚类样本

在执行步骤(5)前，在可视化的基础上，由决策者确定初始时的 k 个中心点，之后再运用 k-means 聚类算法。

3.2.3　基于层次聚类的社区发现算法

考虑 3.1 节介绍的 KL 算法和 3.2.2 节介绍的 k-means 聚类算法，这些算法的实现需要社区的数目已知，或者提供一个假设的社区数目。然而大部分情况下，社区结构和数目都是未知的，并且假设的社区数目通常不正确。

在使用分层聚类中的凝聚算法汇集到树根后，通过选择层次结构中某一层或多层划分，或者根据某个评估函数，如社区之间相似度均值最低等，选取划分最优的层次作为最终的社区发现结果。基于分级聚类的社区发现优势在于它不需要关于图中待发现社区的任何先验知识，如社区的数目和规模。其缺陷在于算法的结果非常依赖相似度计算方法的选择，同时算法构建出的分级结构在很多情况下并不正确，因为许多图不具有分级结构。另一个问题是对于只有一个邻接节点的悬垂节点通常会被归入独立的社区，这种做法没有意义。最后，分级聚类的一个很严重的弱点在于其复杂度过高。

下面要介绍的两种算法分别基于边聚集系数和点聚集系数发现社区，其中 Radicchi 算法是基于边聚集系数的分裂算法，而信息集中性算法则是基于点聚集系数的凝聚算法[6]。

1．Radicchi 算法

一条边的边聚集系数定义为网络中包含该边的实际三角环数目与可能包括该边的所有三角环数目之比，即

$$C_{ij} = \frac{z_{ij} + 1}{\min(k_i - 1, k_j - 1)} \tag{3-29}$$

其中，k_i, k_j 分别为节点 i 和 j 的度，表示网络中实际包含该边的三角环的个数。由于社区内部节点间的连接比较稠密，所以处于社区内部的连边有更大可能被较多的三角环所包含，而社区间的连边被较少的实际三角环或者不被任何实际三角环包含。为了在当包含某边的实际三角环个数为 0 时仍能体现出结构的差异，将分子增加一个常数。边聚集系数的定义可以进一步推广到更大的环，如网络中的四边环、五边环等。

Radicchi 算法的具体过程如下。

(1)确定要研究的环的种类(三角环、四边环……)；

(2)移除网络中边聚集系数最小的边，并更新每条边的边聚集系数。更新时只需要考虑与被移除的边邻接的边；

(3)重复步骤(2)，直至网络中的社区数目达到约定的 k 值，或者网络中不存在任何边。

该算法非常依赖网络中的三角环,例如,在社交网络中的三角环数量比较大,算法执行效果较好,而在非社交网络等三角环数量相对较少的网络中效果一般。

2. 信息集中性算法

一个节点的点聚集系数定义为该节点的不同邻接点互为邻接点的概率,即

$$C(i) = \frac{E(i)}{k_i(k_i-1)/2} \tag{3-30}$$

$$C(\varepsilon) = \frac{1}{N}\sum_{i=1}^{n}C(i) \tag{3-31}$$

其中,$C(i)$为节点 i 的点聚集系数;$E(i)$为节点 i 的邻接点之间的实际连边数量;k_i为节点 i 的度。整个网络 ε 的聚集系数为所有节点点聚集系数的均值。

算法认为,如果社区 ε 的一个邻接点 j 与 j 的邻接点之间主要通过社区 ε 进行通信,则社区 ε 对该节点 j 具有重要影响,j 趋向于成为社区 ε 的一员。因此连接相关度用于衡量社区 ε 对节点 j 的影响力大小。算法提出以下四个约定。

(1)如果一个节点的邻接点中有 1/2 以上在社区 ε 中,则该节点属于社区;

(2)如果该社区的聚集系数为 1,则社区的所有邻接点属于该社区,此时对应该社区为一个连通分量;

(3)如果该社区的一个邻接点的点聚集系数为 1,则该节点和该节点的所有邻接点属于社区;

(4)如果一个社区 ε 邻接点 j 的点聚集系数大于 ε 的聚集系数,并且是该社区所有邻接点中的最大非负值,则节点 j 属于社区 ε。

依照上述四个约定,由网络中的某点作为局部社区的初始状态,通过在社区的邻接点集合中不断寻找符合上面约定的节点加入社区中,并更新社区的邻接点集合,直到没有符合条件的邻接点加入,此时局部社区形成。

信息集中性算法具有局部算法的优点,不需要获得网络的全局信息,只要了解邻接点的连接情况,并且运用的参数只有点聚集系数,加入一个节点的时间复杂度为 $O(e \times d)$,其中 e 是社区内连接的边数,d 是邻接点的平均度数,时间复杂度较低。但该算法受初始节点选择的影响较大,并且因为邻接点的加入,社区的聚集系数不断增大,加入新节点的标准不断提高,导致所发现的局部社区规模较小。

3.2.4 基于密度聚类的社区发现算法

上面的几种方法都基于节点或社区之间的边来寻找最佳社区划分。直接相连的边在分析中占据重要地位,但仅仅展示了网络结构的一部分。SCAN 算法是基于密度聚类的社区发现算法,它通过检索两个相邻节点的共同近邻来划分社区[7]。

定义节点 v 的结构。定义一对节点 (v, w) 间的结构相似度如下：

$$\sigma(v, w) = \frac{\left|\Gamma(v) \bigcap \Gamma(w)\right|}{\sqrt{\left|\Gamma(v)\right|\left|\Gamma(w)\right|}} \tag{3-32}$$

当社区中一个节点 v 和它的某个邻接点有着相似的结构时，它们的结构相似度较大。定义节点 v 的 ε-邻居为 $N_\varepsilon(v) = \{w \in \Gamma(v) \,|\, \sigma(v, w) \geqslant \varepsilon\}$。当一个节点与周围的很多邻接点都具有较大的结构相似度时，它将成为自身所在社区的核，称为核点。核点是一类特殊的节点，即一个核点至少有 μ 个邻接点且结构相似度超过阈值 ε，即算法围绕核点来扩充社区，假如一个节点是某个核点 ε-邻居中的一员，则它应当和这个核点属于同一社区。对于一个给定的 ε 值，每个社区的最小规模由 μ 决定。

定义节点 v 和 w 之间的直接结构可达性为与核点相连的 ε-邻居集合，记为 $\text{DirREACH}_{\varepsilon,\mu}(v, w)$，直接结构可达性仅当 v 和 w 均为核点时具有对称性。结构可达性是对直接结构可达性的拓展：当存在一系列节点且是从核点直接可达的，则称节点是从节点结构可达的，即

$$\text{REACH}_{\varepsilon,\mu}(v, w)$$

$$\Leftrightarrow \exists v_1, \cdots, v_n \in V : v_1 = v \wedge v_n = w \wedge \forall i \in \{1, \cdots, n-1\} : \text{DirREACH}_{\varepsilon,\mu}(v_i, v_{i+1})$$

结构可达性的实质是直接结构可达性的传递闭包，其具有传递性，但对非核点不具有对称性。根据结构可达性的定义可知，同一社区内的两个非核节点之间不具有结构可达性，但它们都从该社区的核点可达。由此衍生出一对节点间结构连接性的定义，即

$$\text{CONNECT}_{\varepsilon,\mu}(v, w) \Leftrightarrow \exists u \in V : \text{REACH}_{\varepsilon,\mu}(u, v) \wedge \text{REACH}_{\varepsilon,\mu}(u, w)$$

结构连接性具有对称性，并且对于结构可达的节点具有自反性。

定义相连结构社区为一个非空节点子集 $C \subseteq V$，其内部所有节点都具备结构连接性，且 C 在此条件下尽可能大。即

$$\text{Connectivity} : \forall v, w \in C : \text{CONNECT}_{\varepsilon,\mu}(v, w)$$

$$\text{Maximality} : \forall v, w \in V : v \in C \wedge \text{REACH}_{\varepsilon,\mu}(v, w) \Rightarrow w \in C$$

定义图 $G = <V, E>$ 的聚集为图 G 中所有相连结构社区的集合。在多个相连结构社区之间可能出现一个孤立的、不属于任何社区的节点，它的邻接点可能分属于不同的相连结构社区，称这样的点为中心点，公式化表述为

$$\text{HUB}_{\varepsilon,\mu}(v) \Leftrightarrow$$

$$\forall C \in P : v \notin C$$

$$\exists p, q \in \Gamma(v) : \exists X, Y \in P : X \neq Y \wedge p \in X \wedge q \in Y$$

图 G 中的每个节点要么属于某个相连结构社区，要么是中心点或孤立点。孤立点与中心点相对，不属于任何社区，且不存在邻接点分属不同社区。在实际操作中，中心点和鼓励点的定义是灵活的，因为这两类节点都独立于社区存在，所以有时将这两类节点都定义为非成员节点会更有效。

SCAN 算法的表述为，给定一个图 $G = <V,E>$ 和参数 ε、μ，通过以下步骤可以寻找图 G 中的相连结构社区。

(1)从节点集合 V 中任取一个核点；

(2)检索从该核点结构可达的节点并加入该核点代表的社区，更新周边节点的 ε-邻居；

(3)重复步骤(1)、(2)，直到图中没有节点可供选取。

下面两个引理用于证明 SCAN 算法的正确性。

引理 1　令 $v \in V$，假如 v 是核点，则从 v 结构可达的节点组成的集合为一个相连结构社区。即

$$\text{CORE}_{\varepsilon,\mu}(v) \wedge C = \{w \in V \mid \text{REACH}_{\varepsilon,\mu}(v,w)\} \Rightarrow \text{PARTITION}_{\varepsilon,\mu}(C)$$

引理 2　令 $C \subseteq V$，C 是一个相连结构社区，令 $P \in C$ 为一个核点。则 C 等价于从核点 p 结构可达的节点组成的集合。即

$$\text{CLUSTER}_{\varepsilon,\mu}(C) \wedge p \in C \wedge \text{CORE}_{\varepsilon,\mu}(p) \Rightarrow C = \{v \in V \mid \text{REACH}_{\varepsilon,\mu}(p,v)\}$$

算法 3.2.1 是 SCAN 算法的伪代码。SCAN 算法对图做一次遍历并且对给定的 ε 和 μ 找出所有相连结构社区。算法开始时所有节点被标识为未分类，对于一个尚未分类的节点，算法检查该节点是否为核点(步骤 1)，若为核点则围绕该点展开一个新社区(步骤 2.1)，否则将其标注为非成员节点(步骤 2.2)。为了找到一个新的社区，SCAN 算法将从核点开始检索其结构可达的周边节点，根据引理 2，这将构建一个完整的相连结构社区。检索的过程采用队列实现，队列成员初始时为核点 ε-邻居中的节点，之后对队列中的每个元素检索其结构可达节点并加入队列，直到队列为空。最后算法将所有非成员节点分为中心点和孤立点(步骤 3)。

算法 3.2.1　ALGORITHM SCAN(G=<V,E>, ε, μ)

```
// 所有节点被标识为未归类
for each unclassified vertex v∈V do
// 步骤 1 检查节点 v 是否为核点
    Ifthen
// 步骤 2.1 若 v 为核点则展开一个新的社区
        generate new clusterID;
        insert all  into queue Q;
        while Q0 do
            y = first vertex in Q;
```

```
                for each x∈R do
                    if x is unclassified or non-member then
                        assign current clusterID to x;
                    if x is unclassified then
                        insert x into Q;
                remove y from Q;
        else
// 步骤 2.2 若 v 不是核点，则将其标注为非成员节点
        label v as non-member;
end for
// 步骤 3 对非成员节点分类
for each non-member vertex v do
    if ( then
        label v as hub
    else
        label v as outlier;
end for
end SCAN
```

使用邻接表存储图结构可以降低 SCAN 算法的复杂度。在完全图中，SCAN 算法的时间复杂度最差为 $O(|V|^2)$，而在现实的社会网络或生物网络中，SCAN 算法的复杂度趋于与图中节点数目 $|V|$ 线性相关。

3.3　社区评估指标及目标优化常用方法

迄今为止，出现了多种多样的社区发现算法。不同算法在同一个网络上可能会划分出不同的社区结构，如何评价不同的算法划分出的社区结构是一个需要面对的问题。为此，人们提出了模块度、NMI 等一些衡量社区发现算法准确度的数字评价指标。基于目标优化的社区发现，以最优化理论为基础，将社区发现的评价指标作为优化的对象，采用传统的评价函数、交互规划、分层求解的方法以及改进的遗传算法、粒子群优化方法等。

无论是单目标优化方法还是多目标优化方法都可应用于社区发现，最著名的社区评价指标是模块度，基于模块度最大化的目标，众多优化算法都有所研究和尝试，产生出大量的社区发现算法。以下先给出模块度的定义。

模块度[8]指标最早由 Newman 提出，其通过比较现有网络结构与基准网络(随机网络)的连接密度差来衡量网络社区结构的差异。假设 A 是复杂网络的邻接矩阵，k_v 表示节 v 点的度数，即 $k_v = \sum_w A_{vw}$。在随机图中，一条边 (v,w) 存在的概率可以用 $\dfrac{k_v k_w}{2m}$

来表示，其中，m 表示网络图 A 中连边的数目，c_v 表示节点 v 所属的社区。模块度的完整数学表达式为

$$Q = \frac{1}{2m} \sum_{vw} \left(A_{vw} - \frac{k_v k_w}{2m} \right) \delta(c_v, c_w) \tag{3-33}$$

其中，$\delta(i,j) = 1$，如果 $i = j$；反之，$\delta(i,j) = 0$。该公式的数学意义为，网络中连接两个同种类型的节点的边(即同一社区内部的边)的比例减去在同样社区结构下任意连接这两个节点的边的比例的期望值。模块度值越高，则复杂网络中社区划分的结果越好。为了能够方便地计算模块度 Q 的值，借助如下数学推导修改式(3-33)。假设复杂网络被划分成了 k 个社区结构，定义一个 $k \times k$ 的对称矩阵 $e = (e_{ij})$，其中，e_{ij} 表示网络中连接两个不同社区 i 和 j 节点的连边在所有边中所占的比例。该矩阵中对角线上的各元素之和表示了网络中两端点属于同一社区的连边占网络中所有连边的比例，用 Tre=$\sum_i e_{ij}$ 表示。每行中各元素之和为 $a_i = \sum_j e_{ij}$，它表示与第 i 个社区中的节点相连的网络连边占网络中所有连边的比例。

基于以上符号定义，式(3-33)等价式(3-34)。

$$Q = \sum_i (e_{ii} - a_i^2) = \text{Tre} - \| e^2 \| \tag{3-34}$$

其中，$\|x\|$ 为矩阵 x 中所有元素之和。当复杂网络中社区内部的连边比例不大于任意连接的期望值时，有 $Q = 0$。复杂网络中的社区结构越明显，模块度 Q 越大。在实际网络中，模块度通常的取值为 0.3～0.7。

以示例图 3.5 为例，说明模块度计算过程。该图是从名著《悲惨世界》中抽象出来的，用来反映部分人物关系图。其中，节点 1～节点 4 是关于 Champmathieu 案件中的相关人员。而节点 6～节点 9 对应以主人公 Valjean 养女的母亲 Fantine 为中心的相关人员。该图对应的邻接矩阵为

$$A = \begin{pmatrix} 0 & 1 & 1 & 1 & 0 & 0 & 0 & 0 & 0 \\ 1 & 0 & 1 & 1 & 0 & 0 & 0 & 0 & 0 \\ 1 & 1 & 0 & 1 & 1 & 0 & 0 & 0 & 0 \\ 1 & 1 & 1 & 0 & 1 & 0 & 0 & 0 & 0 \\ 0 & 0 & 1 & 1 & 0 & 1 & 1 & 0 & 0 \\ 0 & 0 & 0 & 0 & 1 & 0 & 1 & 1 & 0 \\ 0 & 0 & 0 & 0 & 1 & 1 & 0 & 1 & 0 \\ 0 & 0 & 0 & 0 & 0 & 1 & 1 & 0 & 1 \\ 0 & 0 & 0 & 0 & 0 & 0 & 0 & 1 & 0 \end{pmatrix}$$

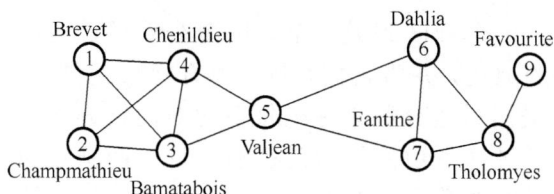

图 3.5 悲惨世界部分人物关系图

假设通过某算法得到的社区划分为 c_1={1, 2, 3, 4}，c_2={5}，c_3={6, 7, 8, 9}三个社区结构。针对三个社区，$m = 14$ 表示图中边的数目。社区 c_1 计算得到的模块度的分量为 0.1786，社区 c_2 计算得到的模块度分量为−0.204，c_3 计算得到的模块度的分量为 0.1581。

虽然 Newman 提出的模块度概念可以很好地衡量社区划分的好坏，被很多专家和学者认可，但是后续研究发现，模块度指标依然存在若干问题。例如，Fortunato 等通过数学工具研究模块度定义发现，模块度的最大值对应的社区划分结构并非一定是最佳的社区划分结果。在很多情况下，模块度定义潜在要求了一个最小社区尺度，任何尺度小于该值的社区结构均会对模块度的优化造成负面的影响。

3.3.1 单目标优化——模块度最优化算法

前面提到，为了衡量网络划分出的社区结构的社区强度，Newman 提出了模块度的概念。

模块度值的大小主要取决于网络中节点的社区分配 C，即网络的社区划分情况，可以用来定量地衡量网络社区划分质量，其值越接近于 1，表示网络划分出的社区结构的强度越强，也就是划分质量越好。因此可以通过最大化模块度 Q 来获得网络最优的社区划分。但是网络所有可能的划分数量是巨大的，假设网络的节点数和边数分别为 n 和 m，则所有可能的社区划分数是一个以 n 为指数的数。因此，在所有可能的划分中找出最优划分是一个 NP 困难问题。针对这一问题，目前一些相应算法已被提出，其可以在合理的时间内找出模块度最大化的近似最优划分。下面介绍几种模块度最优化算法。

1. 采用分裂思想的算法

1) GN 算法[9]

Girvan 和 Newman 于 2002 年提出的分裂算法已经成为探索网络社区结构的一种经典算法，简称 GN 算法。由网络中社区的定义可知，所谓社区就是指其内部顶点的连接稠密，而与其他社区内的顶点连接稀疏。这就意味着社区与社区之间联系的通道比较少，一个社区到另一个社区至少要通过这些通道中的一条。如果能找到这些重要的通道，并将它们移除，那么网络就自然而然地分出了社区。Girvan 和 Newman 提出用边介数来标记每条边对网络连通性的影响。某条边的边介数是指网络中通过这条边的最短路径的数目。两顶点间的最短路径在无权网中为连接该顶点对的边数最少的路径。由此定义可知，社区间连边的边介数比较大，因为社区间顶点对的最短路径必然通过它们，而社区内部边的边介数则比较小。

GN 算法的基本流程如下。

(1)计算网络中各条边的边介数；

(2)找出边介数最大的边，并将它移除(如果最大边介数的边不唯一，那么既可以随机挑选一条边断开也可以将这些边同时断开)；

(3)重新计算网络中剩余各条边的边介数；

(4)重复第(2)、(3)步，直到网络中所有的边都被移除。

算法中重复计算边介数值的环节是十分必要的。因为当断开边介数值最大边后，网络结构发生了变化，原有的数值已经不能代表断边后网络的结构，各条边的边介数需要重新计算。举一个形象的例子：假如网络中有两个社团，它们之间只有两条边相连。起初其中一条边的边介数最大，而另外一条边介数较小，则第一条边被断开。如果不重新计算各条边的边介数，那么第二条边依据其原有边介数值可能不会被立即断开。如果重新计算各条边的边介数，那么第二条边的边介数可能成为最大值，会被立即断开。这显然会对社区结构的划分产生重大的影响。

GN 算法分析网络的整个过程也可以用树状图表示。当沿着树状图逐步下移时，每移一步，就对该截取位置对应的网络社区结构计算其 Q 值，并找到它的局部峰值。该峰值即对应着比较好的截取位置。通常，这样的局部峰值仅有 1~2 个。对一些社区结构已知的网络用该标准进行分析，Newman 等发现这些峰值的位置与所期望的划分位置密切相关，而峰值的高度即可作为该社区划分方法的强度判断标准，如图 3.6 所示。

对于由 n 个顶点、m 条边构成的网络，按照广度优先的法则，计算某个顶点到其他所有顶点的最短路径对网络中每条边边介数的贡献最多耗时为 $O(n)$，因为网络中共有 n 个顶点，所以计算网络中每条边的边介数总共耗时为 $O(m)$，又因为每次断边后需要重新计算每条边的边介数，因此总体上讲，这种算法的复杂度为 $O(nm^2)$；对于稀疏网，算法的复杂度为 $O(n^3)$。复杂度较高是 GN 算法的显著缺点。

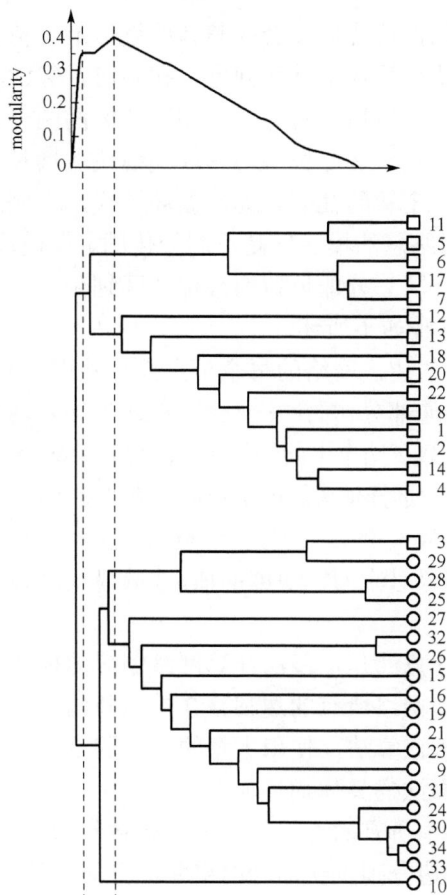

图 3.6　Zachary 网络社区结构的树状图及相应的 Q 值分布

2) 在 GN 算法上改进的一些算法

为了改进 GN 算法，Tyler 等提出了采用节点集的 GN 算法，利用某个节点集内的一部分节点代替 GN 算法中的所有节点来作为源节点，计算边介数。显然，当节点集取得比较少时，它可以显著地提高计算速度，但同时也降低了计算的准确性。2004 年，Radicchi 等又提出了自包含 GN 算法，这个算法比起 GN 算法速度上提高不少，而且效果也没有削弱。

2. 采用聚合思想的算法

1) 经典贪心算法 FN[10]

模块度最大化问题是一个典型的最优化问题，Newman 基于贪心思想提出了模块度最大化的贪心算法 FN(fast Newman)。贪心思想的目标是找出目标函数的整体最优值或者近似最优值，它将整体最优化问题分解为局部最优化问题，找出每个小的局部最优值，最终将局部最优值整合成整体的近似最优值。贪心算法 FN 将模块度最优化问题分解为模块度局部最优化问题，初始时，算法将网络中的每个节点都单独地看作独立的小社区。然后，考虑所有相连社区两两合并的情况，计算每种合并带来的模块度的增量。基于贪心原则，选取使模块度增长最大或者减小最少的两个社区，将它们合并成一个新的社区。如此循环迭代，直到所有节点合并成一个社区。随着迭代的进行，网络总的模块度是不断变化的，在模块度的整个变化过程中，其最大值对应的网络的社区划分即近似的最优社区划分。

贪心算法 FN 具体步骤如下所述。

(1)去掉网络中所有的边，网络的每个节点都单独作为一个社区。

(2)网络中的每个连通部分作为一个社区，将还未加入网络的边分别重新加回网络，如果加入网络的边连接了两个不同的社区，即合并了两个社区，则计算形成的新的社区划分的模块度的增量。选择使模块度增长最大或者减小最少的两个社区进行合并。

(3)如果网络的社区数大于 1，则返回步骤(2)继续迭代，否则转到步骤(4)。

(4)遍历每种社区划分对应的模块度的值,选取模块度最大的社区划分作为网络的最优划分。

在该算法中，需要注意的是，每次计算网络划分的模块度时，都是在网络完整的拓扑结构上进行的，即网络所有的边都存在的拓扑结构上。

为了更加清楚地理解该算法，使用本章的示例图 3.7 加以说明。按照算法的具体步骤，对该示例使用算法的具体描述如下。

(1)初始时去掉网络中所有的边，每个节点单独作为一个社区，共有 9 个社区；

(2)将未加入网络的边分别重新加回网络并计算新的社区划分的模块度的增量，发现当边 (8, 9) 被加回网络时，形成的新的社区划分的模块度增量最大，为 $\Delta Q = 0.064$。因此，算法第一步合并社区{8}和社区{9}形成社区{8, 9}；

(3)接下来对新的 8 个社区继续上述过程，直到最终网络所有节点合并成一个社区，整个过程得到 9 种不同的社区划分，算法划分出的社区生成树如图 3.7 所示；

(4)遍历每种社区划分对应的模块度的值，当网络被划分成两个社区{1, 2, 3, 4}和{5, 6, 7, 8, 9}时，模块度取得最大值 $Q = 0.36$，这个社区划分即网络的最优划分。

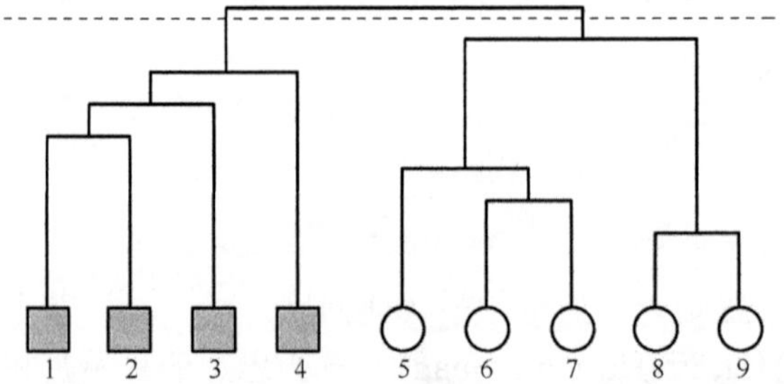

图 3.7　贪心算法 FN 在示例图上划分的社区生成树

对于该算法，下面说明其计算性能。假设网络具有 n 个节点和 n 条边，则在算法整个过程中，网络正好经历 n 种不同的社区划分，每种划分都对应着不同的社区数量，社区数量按照顺序正好从 n 减小到 1。因此，该算法总共需要 n 次社区合并。每次合并时，最多需要计算 m 条边分别重新加入网络时模块度的增量情况，因此这部分计算需要时间为 $O(n)$。然后选择模块度增量最大的两个社区合并，合并社区需要对网络的邻接矩阵进行操作，这部分操作最坏情况下需要时间 $O(n)$。所以，该算法总的时间复杂度是 $O(mn+n^2)$，在稀疏网络上是 $O(n^2)$。尽管 Newman 利用这个算法成功分析了包含 56276 个节点的科研合作网络，但是通过上述分析可见，该算法的时间复杂度仍然比较大，只能适合较小规模社交网络中的虚拟社区发现。

最优化模块度的启发式算法还有模拟退火法和极值优化算法等。模拟退火法得到的模块度的最优值更加接近真实的最大值，但是其时间复杂度较高。极值优化算法获得的模块度略低于模拟退火法的结果，但是时间复杂度有了较大的改善。

2) 改进的贪心算法——CNM 算法[11]

在贪心算法 FN 的基础上，Clauset 等采用堆的数据结构来计算和更新网络的模块性，提出了一种新的贪心算法，这里称为 CNM (clauset Newman moore) 算法，该算法的复杂度只有 $O(n\log^2 n)$，已接近线性复杂度。

贪心算法 FN 通过初始的连接矩阵计算模块度的增量 ΔQ，而 CNM 算法直接构造一个模块度的增量矩阵 ΔQ，然后通过对它的元素进行更新来得到模块性最大的一种社区结构。显然，如果合并两个不相连的社区，模块度 Q 的值是不会变的。因此，只需要存储那些有边相连的社区 i 和 j 相应的元素，从而节省了存储空间。

此算法一共用到以下三种数据结构。

(1) 模块性增量矩阵 ΔQ。它与网络的连接矩阵 A 一样，是一个稀疏矩阵。将它的每一行都存为一个平衡二叉树 (这样就可以在 $O(md\log n)$ 时间内找到需要的某个元素) 以及一个最大堆 (这样可以在最短的时间内找到每一行的最大元素)。

(2) 最大堆 H。该堆中包含了模块性增量矩阵 ΔQ 中每一行的最大元素，同时包括该元素相应的两个社区的编号 i 和 j。

(3) 辅助向量 a。

在这三种数据结构的基础上，该算法的流程如下。

(1) 初始化。这一步与贪心算法是一样的。初始化网络为 n 个社区，即每个节点就是一个独立的社区。初始的模块性 $Q=0$。初始的 Q 满足

$$e_{ij}=\begin{cases}\dfrac{1}{2m}, & \text{如果节点} i \text{和} j \text{之间有边相连}\\ 0, & \text{其他}\end{cases} \tag{3-35}$$

$$a_i = k_i / 2m \tag{3-36}$$

其中，k_i 为节点 i 的度；m 为网络中总的边条数。这样，初始的模块度增量矩阵的元素满足：

$$\Delta Q_{ij} = \begin{cases} \dfrac{1}{2m} - \dfrac{k_i k_j}{(2m^2)}, & \text{如果节点 } i \text{ 和 } j \text{ 相连} \\ 0, & \text{其他} \end{cases} \tag{3-37}$$

得到了初始的模块性增量矩阵以后，就可以得到由它每一行的最大元素构成的最大堆 H。

（2）从最大堆 H 中选择最大的，合并相应的社区 i 和 j，标记合并后的社区的标号为 j；更新模块性增量矩阵 ΔQ、最大堆 H 和辅助向量 a。

① ΔQ 的更新：删除第 i 行和第 i 列的元素，更新第 j 行和第 j 列的元素：

$$\Delta Q'_{jk} = \begin{cases} \Delta Q_{ik} + \Delta Q_{jk}, & \text{如果社区 } k \text{ 同时与社区 } i \text{ 和社区 } j \text{ 都相连} \\ \Delta Q_{jk} - 2a_j a_k, & \text{如果社区 } k \text{ 仅与社区 } i \text{ 相连, 不与社区 } j \text{ 相连} \\ \Delta Q_{jk} - 2a_i a_k, & \text{如果社区 } k \text{ 仅与社区 } j \text{ 相连, 不与社区 } i \text{ 相连} \end{cases} \tag{3-38}$$

② 最大堆 H 的更新：每一次更新后，就要更新最大堆中相应的行和列的最大元素。
③ 辅助向量 a 的更新：

$$a'_j = a_i + a_j, \quad a'_i = 0 \tag{3-39}$$

同时，记录合并以后的模块性值。

（3）重复步骤（2），直到网络中所有的节点都归到一个社区内。

值得一提的是，在整个算法的过程中，Q 仅有一个峰值（最大值）。因为当模块性增量矩阵中最大的元素都小于零以后，Q 的值就只可能一直下降。所以，只要模块性增量矩阵中最大的元素由正变到负以后，就可以停止合并，并认为此时的社区结构就是网络的社区结构（因为此时的模块性 Q 有最大值）。

由于采用了堆数据结构，这种算法相比原来的贪心算法，计算速度上有很大的提高。Clauset 等利用这个算法成功地分析了 Amazon 网上书店中网页的链接关系网络（包含 40 万个节点和 200 多万条边）。

3）快速模块度优化算法[12]

为了降低算法的时间复杂度，Blondel 等提出了另一种层次性贪心算法（BGLL（Blondel Guillaume lambiotte lefebvre）算法）。该算法包括两个阶段（图 3.8），这两个阶段重复迭代运行，直到网络社区划分的模块度不再增长。第一阶段合并社区，算法将每个节点当作一个社区，基于模块度增量最大化标准决定哪些邻居社区应该被合并。经过一轮扫描后开始第二阶段，算法将第一阶段发现的所有的社区重新看作节点，构建新的网络，在新的网络上迭代地进行第一阶段。当模块度不再增长时，得到网络的社区近似最优划分。

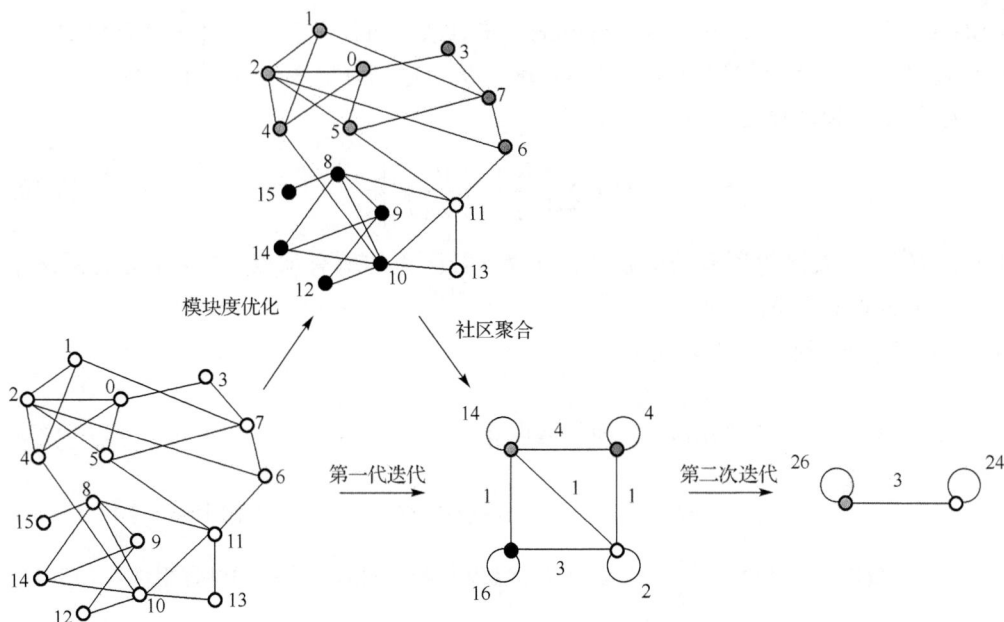

图 3.8　Fast Unfolding 算法示意图

算法的基本步骤如下。

(1)初始化，将每个节点划分在不同的社区中。

(2)逐一选择各个节点，根据式(3-38)计算将它划分到它的邻居社区中得到的模块度增益 ΔQ。如果最大增益大于 0，则将它划分到对应的邻居社区；否则，保持归属于原社区。

(3)重复步骤(2)，直到节点的社区不再发生变化。

(4)构建新图。新图中的点代表上一阶段产生的不同社区，边的权重为两个社区中所有节点对的边权重之和。重复步骤(2)，直到获得最大的模块度值。

这个简单的算法具有几个优点：第一，算法的步骤比较直观并且易于实现；第二，算法不需要提前设定网络的社区数，并且该算法可以呈现网络完整的分层社区结构，能够发现在线社交网络的分层的虚拟社区结构，获得不同分辨率的虚拟社区；第三，计算机模拟实验显示，在稀疏网络上，算法的时间复杂度是线性的，在合理的时间内可以处理节点数超过 10^9 的网络，因此，十分适合在线社交网络这样超大规模的复杂网络中虚拟社区的发现。

4)MSG-VM 算法[13]

Newman 等提出的基于贪婪算法思想的模块度最大化算法，每次迭代中选择模块度增量最大的社区对进行合并，但是该算法容易过早地形成非常大的几个社区。为了避免过早地形成大的社区，2008 年 Schuetz 和 Caflisch 提出了多级贪婪算法

MSG-VM(multistep greedy vertex mover)，该算法中每次迭代将合并多个社区对，最后还通过移动网络中的顶点来提高模块度，从而达到有效发现社区的目的。

该算法将模块度定义为

$$Q = \sum_{i=1}^{N_C} \left[\frac{I(i)}{L} - \left(\frac{d_i}{2L} \right)^2 \right] \tag{3-40}$$

其中，$I(i)$ 为 i 社区里所有边的权值；d_i 为 i 社区里的所有顶点度之和；L 为网络中所有边的权值和；N_C 为所有社区数。

该算法的详细过程描述如下。

(1)每个顶点视为一个社区。

(2)计算模块度变化矩阵 ΔQ 和社区度 d_i。

$$\Delta Q_{jk}^{new} = \begin{cases} \Delta Q_{ik} + \Delta Q_{jk}, & \text{如果社区} k \text{同时与社区} i \text{和社区} j \text{都相连} \\ \Delta Q_{jk} - \dfrac{d_j d_k}{2L^2}, & \text{如果社区} k \text{仅与社区} i \text{相连, 不与社区} j \text{相连} \\ \Delta Q_{jk} - \dfrac{d_i d_k}{2L^2}, & \text{如果社区} k \text{仅与社区} j \text{相连, 不与社区} i \text{相连} \end{cases} \tag{3-41}$$

(3)矩阵 ΔQ 的元素相对应的类型为 $(i, j, \Delta Q)$ 的元素，按 ΔQ_{ij} 递减且 (i, j) 递增进行排序。

(4)在 l 层中，满足条件 $\Delta Q_{ij} > 0$ 的社区对 (i, j) 被合并，其中社区 i 和社区 j 之前都没有参与其他社区合并过程。其中 l 表示层次参数，在整个算法过程中是固定值。

(5)重复步骤(2)~(4)，直到没有一对社区满足条件 $\Delta Q_{ij} > 0$。

(6)通过调整错放的顶点，进一步提高模块度。尝试把每个顶点放到相邻的社区中，把顶点放到使 ΔQ 为最大的社区中，计算顶点 u 从社区 i 放到社区 j 时模块度的变化 ΔQ。

$$\Delta Q = \frac{\text{links}(u \leftrightarrow j) - \text{links}(u \leftrightarrow i)}{L} - \frac{k_u(d_j - d_{i \setminus u})}{2L^2} \tag{3-42}$$

其中，k_u 为顶点 u 的度；d_j 为被包含在社区 j 的所有顶点度之和；$d_{i \setminus u} = d_i - d_u$ 为从社区 i 去掉顶点 u 之和的社区度；L 为所有边的权值之和；$\text{links}(u \leftrightarrow j)$ 为顶点 u 与社区 j 相连的边数，$\text{links}(u \leftrightarrow i)$ 为顶点 u 与社区 i 相连的边数。

3. 直接寻优算法[14]

极值优化(extremal optimization，EO)算法的思想类似于生物系统演化中的断续平衡问题，之后用于离散和连续的 NPC 问题，解决如图分割、伊辛模型、原子最优团簇结构等问题。Duch 和 Arenas 将该思想引入网络社区结构划分问题当中，以最大化 Q 函数为目标，判断网络中的连边是否被断开，通过调整局部极值来优化全局的变量，提高了运算效率。首先定义极值优化算法中的局部变量，它被定义为在一种社区划分下顶点 i 对总体 Q 函数值的贡献，表达式为

$$q_i = \kappa_{r(i)} - k_i a_{r(i)} \tag{3-43}$$

其中，$\kappa_{r(i)}$ 为社团 r 中的顶点 i 与社区 r 内的顶点构成连边的数目；k_i 为顶点 i 的度；$a_{r(i)}$ 为至少一端在顶点 i 所属的 r 社区中的边的比例。若用 m 表示网络中的总边数，则全局变量 Q 与局部变量 q_i 的关系为 $Q = \left(\dfrac{1}{2m}\right)\sum_i q_i$，因为 Q 函数的取值范围为[-1, 1]，所以对 q_i 进行标准化，使其取值范围与 Q 函数相同，从而得到更为合理的变量，表示顶点 i 对 Q 函数的贡献：

$$\lambda_i = \frac{q_i}{k_i} = \frac{\kappa_{r(i)}}{k_i} - a_{r(i)} \tag{3-44}$$

λ_i 越大表明顶点 i 对 Q 函数的贡献越大，λ_i 越小表明顶点 i 对 Q 函数的贡献越小。针对最大化 Q 函数这一目标而言，λ_i 也反映出顶点 i 归于 r 社区的适合性，λ_i 值小说明顶点被归于 r 社区不太合适。根据这一理解，极值优化算法的具体过程如下。

(1)任意将网络中的顶点分成相等的两部分，每部分中相互连通的顶点形成一个社区，从而形成一个初始的社区结构。如图 3.9(a)所示分别用圆形和方形代表随机分成的两部分，图 3.9(b)表示这种任意等分得到的初始社区结构，其中一种形状代表一个社区。可见，初始的等分并不将网络划分成相等的两个社区。

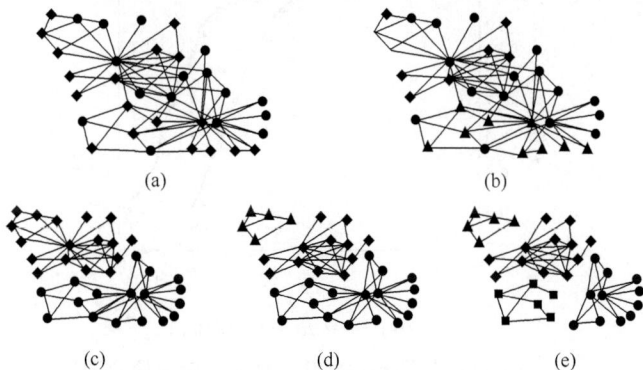

(a)　　　　(b)

(c)　　　(d)　　　(e)

图 3.9　EO 算法的划分过程示意图

(2)根据社区结构计算每个顶点的适合度 λ_i，并将适合度最低的顶点归入另一部

分中(如从初始的圆形变为方形),这可能使得社区结构发生巨大的变化。计算新社区结构的 Q 函数值,并按照新的社区结构重新计算每个顶点的适合度。

(3)重复(2)过程,直到得到最大的 Q 函数值。断开两部分之间的所有连边,从而将网络划分成两个社区,即由圆形和方形代表的两个社区,如图 3.9(c)所示。

(4)对得到的社区递归地重复上述(1)~(3)操作,当 Q 函数值不能被进一步增大时,就得到了网络社区的最优划分。如图 3.9(c)~(e)所示,逐步将网络划分成 4 个社区。

上述方法可能导致搜索陷入局部极值,因此用 τ-EO 方法进行改进。每个顶点被选到的概率为 $P(q) \propto q^{-\tau}$。其中 q 值为顶点按照适合度排列的序号,$\tau \sim 1+1/\ln(N)$ 与网络的规模有关。

本方法的基本思想是:逐步达到最优划分。首先以将网络划分成两个社区为目标,并以顶点的适合度值判别需要调整的顶点,通过调整顶点的属性,达到将网络划分成两个社区的最优划分;再逐步增加社区数目,并分别达到对应社区数的最优划分;直到 Q 值不能被进一步提高,便确定了最优社区数目及对应的划分方法。

应用极值优化算法对经典人造网进行分析,顶点划分正确率与 Z_{out} 取值的关系如图 3.10 所示。当 Z_{out} 小于等于 6 时,顶点划分的正确率都为 100%;当 Z_{out} 等于 8 时,划分的正确率仍有 80%,但 Z_{out} 进一步增大时,划分的正确率迅速下降;当 Z_{out} 等于 10 时,正确率仅为 40%。由此可知,若社区间的连边平均占所有连边 50% 或以下,极值优化算法都能较好地进行分析,说明此算法也适用于混乱的网络。这种算法的复杂度为 $O(n\log_2 n)$。推广到加权网时,只需相应地调整成加权网中的 Q 函数。

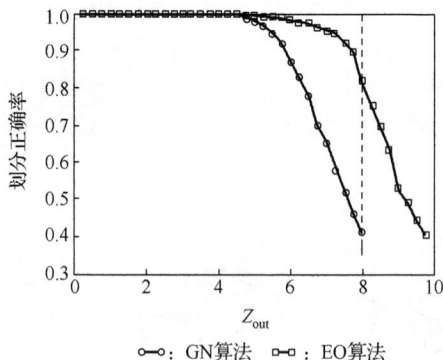

图 3.10 EO 算法和 GN 算法划分正确率检验图

虽然 Newman 提出的模块度概念可以很好地衡量社区划分的好坏,被很多专家和学者认可,但是后续研究发现,模块度指标依然存在着若干问题。即使网络具有

较大的模块度 Q 值也不能保证网络具有清晰的社区结构，随机网络的社区结构检测也可能具有较大的 Q 值。在很多情况下，模块度定义潜在要求了一个最小社区尺度，任何尺度小于该值的社区结构均会对模块度的优化造成负面的影响，即模块度函数 Q 存在分辨率极限问题。

进一步分析模块度的定义，记社区中节点的度值之和为

$$A(S_i, S_j) = \sum_{l \in S_i, k \in S_j} a_{lk}$$

这样有 $\mathrm{Tre} = \dfrac{\displaystyle\sum_{i=1}^{n} A(S_i, S_j)}{D}$，这里 D 是指网络中所有节点的度值之和。模块度可表示为

$$Q = \frac{\displaystyle\sum_{i=1}^{n} A(S_i, S_i)}{D} - \sum_{i=1}^{n} \left(\frac{D_i}{D}\right)^2 = 1 - \frac{\displaystyle\sum_{i \neq j} A(S_i, S_j)}{D} - \sum_{i=1}^{n} p_i^2$$

其中，$p_i = \dfrac{D_i}{D}$ 并且有 $\displaystyle\sum_{i=1}^{n} p_i = 1$：$\dfrac{\displaystyle\sum_{i=1}^{n} A(S_i, S_i)}{D}$ 表示社区间的边所占的比例。可以看出，当 p_i 近似相等时，即社区是均质的时候，$\displaystyle\sum_{i=1}^{n} p_i^2$ 逼近于它的最小值。要获得最大的模块度，必须尽量减少社区间边的数目。因此，在每个社区的节点度值之和近似相等的情况下，模块度可以得到合理的结果。

然而，当 p_2 彼此差异较大时，模块度却达不到预期的效果。下面通过一个简单的例子来说明：考虑由两个社区构成的网络，其中，S_1 是由 100 个节点构成的完全子图，S_2 是由 4 个节点构成的环，并且 S_2 与 S_1 仅有一边相连，如图 3.11 所示。

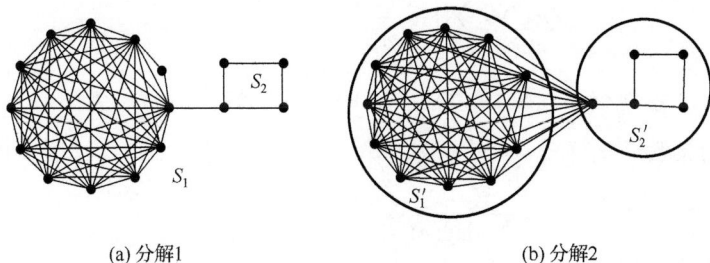

(a) 分解1　　　　　　　　　　　　　　　(b) 分解2

图 3.11　模块度的局限性示例

很明显，网络自然地被分割成两个社区，但是对于这种分割，模块度值仅是

0.0016。这里存在另一种不太合理的分割方法，如图 3.11(b)所示，它的模块度是 0.0018(大于前面的分割)。

通过理论分析和举例可以看出，模块度不利于度量社区大小差异较大的情形。然而，绝大多数实际网络的社区大小差异较大，因而使用模块度可能达不到预期的效果。

3.3.2　多目标优化算法

以模块度最优化算法为代表的优化算法将虚拟社区结构的发现问题转换为极值优化问题，从而借助模拟退火等启发式算法解决该问题。在线社交网络作为真实社交网络在互联网中的抽象，其中的虚拟社区结构通常具有多种结构和属性特征，很难通过单一的特征进行完整的刻画。针对此问题，诸多领域的专家学者在借鉴传统模块度最优化算法的基础上，采用多目标优化理论来发现在线社交网络中的虚拟社区结构。常见的基于模块度的多目标优化算法主要可分为以下两种思路。

(1)将传统的模块度函数划分为两部分作为两个互补的指标进行优化；

(2)模块度指标再加上其他评价标准优化。

以下基于这两种思路分别介绍相应的算法。

1. 基于进化多目标优化的社区发现算法[15]

MOCD(multi-objective community detection)算法采用了遗传算法作为程序的主框架。遗传算法(genetic algorithm，GA)是一种由生物进化理论指导搜索的算法。通过搜索来找到最优或者接近最优的解。

首先，回顾模块度的数学意义，即网络中连接两个同种类型的节点的边(即同一社区内部的边)的比例减去在同样社区结构下任意连接这两个节点的边的比例的期望值。在此为方便说明，在意义不变的情况下将模块度 Q 写成：

$$Q(C) = \sum_{c \in C} \left[\frac{|E(c)|}{m} - \left(\frac{\sum_{v \in C} \deg(v)}{2m} \right)^2 \right] \tag{3-45}$$

其中，C 为社区划分结果；$E(c)$ 为社区 c 的内部边集；$\deg(v)$ 为节点 v 的度；m 为网络所有边的条数。为了让 Q 值最大，第一个子式的值(即 $\sum_{c \in C} \frac{|E(c)|}{m}$)应尽可能大，同时第二个子式的值(即 $\sum_{c \in C} \left(\frac{\sum_{v \in C} \deg(v)}{2m} \right)^2$)应尽可能小。

第一个子式的值变大使得每个社区内部的边数尽可能多，同时第二个子式的值变小使得网络尽可能划分为很多度较少的社区。这两个相互冲突的子目标反映了一个好的社区划分中两个不同的方面：内部链接紧密(即第一个子式)，外部链接稀疏(即第二个子式)。模块度 Q 本质上就是这两个目标的折中。

现在选择上面两个子式作为目标函数。为了将问题进一步统一为最小化优化问题，将第一个子式加以修改。第一个目标函数为 1 减去第一个子式，它反映了一个划分中每个社区内部的连接情况，称其为"intra"目标。

$$\text{intra}(C) = 1 - \sum_{c \in C} \frac{|E(c)|}{m} \tag{3-46}$$

第二个目标函数反映了一个划分中社区之间的连接情况，称其为"inter"目标：

$$\text{inter}(C) = \sum_{c \in C} \left(\frac{\sum_{v \in C} \deg(v)}{2m} \right)^2 \tag{3-47}$$

根据以上两个定义，模块度 Q 可以表示为

$$Q(C) = 1 - \text{intra}(C) - \text{inter}(C) \tag{3-48}$$

当采用进化算法解决社区发现问题时，需要用基因型(genotype)来表示一个社区划分，即为该划分进行编码。同样，也需要对基因型进行解码，即表示它的划分结果。在此，使用邻接点表示法，每个基因型包含 n 个基因 $g_1, g_2, \cdots, g_n$ (n 为网络中节点个数)，每个基因 g_i 表示了节点 i 的一个邻接点编号。因此，第 i 个基因的值 j 表示了节点 i 和 j 之间有边相连，从社区划分结果来看，即节点 i 和 j 被划分到了同一社区。解码过程需要对图中每一个连通分量进行识别，隶属于同一个连通分量的所有节点被划分到同一个社区，如图 3.12 所示。

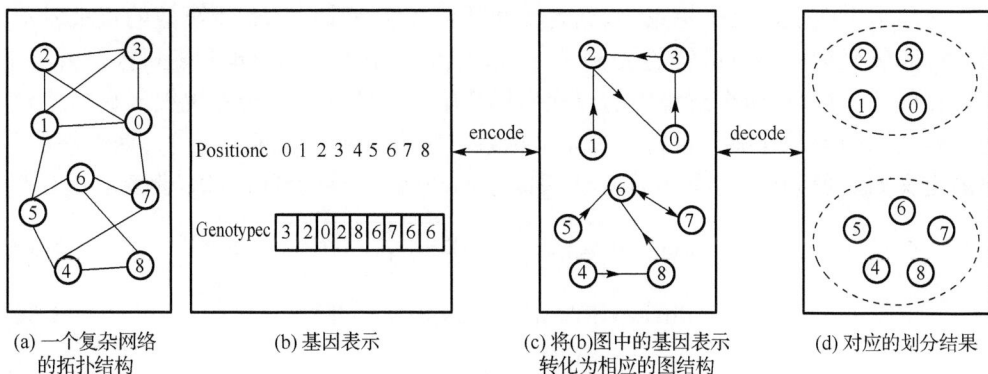

(a) 一个复杂网络　　　　　(b) 基因表示　　　　(c) 将(b)图中的基因表示　　(d) 对应的划分结果
的拓扑结构　　　　　　　　　　　　　　　　　转化为相应的图结构

图 3.12　邻接点表示法示意图

遗传算法的每一次迭代中，通过遗传操作产生新的个体，通过个体之间的比较，淘汰最差的个体。在此我们选择交叉和变异作为主要的遗传操作。对于交叉操作，

选择标准的单点杂交算子，即两个父个体在某一随机点进行交换。该算子有下面两点好处：①能从父代产生任意组合的后代，这样能有效避免陷入局部最优；②由于采用了邻接点表示法，杂交算子不会产生无效解。而对于变异操作，在一个个体中随机地选择一些基因，并对它们随机地赋予其他邻接点的编号。

有了以上两种遗传操作，就可以将它们应用在进化多目标社区发现算法中。在初始化阶段，算法随机产生一些个体，每个个体的每个基因 g_i 随机指向节点 i 的一个邻接点。每一次迭代过程中，每个个体以一定的概率进行交叉或变异，产生新的个体。

MOCD 算法主要分为两个阶段：第一阶段是算模型的产生，返回一组非占优的解；第二阶段是解模型的选择，在第一阶段返回的解集中寻找一个最优解。

第一阶段首先随机产生一个初始化种群 p_0，种群中的个体根据占优树排序算法产生一棵占优树。在进化过程中的每一代，计算每个个体的适应度值，并随机地选出一些个体进行遗传操作（交叉、变异）来产生新的个体，新个体则用于下一代的迭代。每次迭代都会根据优胜劣汰的原则，在加入新个体后，淘汰种群中最差的个体（个体的优劣用适应度值来衡量）。算法的结束条件有两个：一种是达到了预先设定的迭代次数，另一种是达到了预先要求的适应度值。

MOCD 算法的第一阶段返回一组非占优解集。这些解是在这两个目标函数之间折中的结果，它们包含了不同社区个数的划分结果。在第二阶段，往往有多种方法来确定不同角度的最优解，在此，基于上面介绍的 intra 和 inter 指标介绍最大-最小距离选择模型。

注意到，对于每一个社区划分，它的 intra 目标和 inter 目标分别反映了社区内部与外部的拓扑结构特征，也是最直接能够反映出该网络与同等规模随机网络差异的地方。于是，寻找差异性问题转化为一个几何问题。

在二维平面上建立坐标系，候选解集和随机控制解集中的解用离散的点来表示。横坐标和纵坐标分别对应解的 intra 值和 inter 值。由于候选解集和随机控制解集本身存在的差异性，这两个解集中的点在坐标系中构成的曲线也会呈现很明显的差异。两个解之间的差异性随之也转化成在坐标系中对应的两点之间的距离。两个解的距离的定义如式 (3-49) 所示，它实际上反映了两个解在目标空间的欧氏距离。

$$\mathrm{dis}(s_1, s_2) = \sqrt{(s_1 \cdot \mathrm{intra} - s_2 \cdot \mathrm{intra})^2 + (s_1 \cdot \mathrm{inter} - s_2 \cdot \mathrm{inter})^2} \tag{3-49}$$

$$\mathrm{diff}(s, \mathrm{CF}) = \min\{\mathrm{dis}(s, c) \mid c \in \mathrm{CF}\} \tag{3-50}$$

$$s_{\mathrm{best}} = \max_{s \in \mathrm{SF}} \arg\{\mathrm{diff}(s, \mathrm{CF})\} \tag{3-51}$$

式 (3-50) 和式 (3-51) 表示了模型选择过程，$s \cdot \mathrm{intra}$ 和 $s \cdot \mathrm{inter}$ 分别表示解 s 的 intra 和 inter 目标值，CF 和 SF 分别表示随机控制解集和候选解集。

　　具体实现时,首先对 SF 中的每个候选解计算它到 CF 中每个随机控制前沿解的距离,选出最小的值作为该候选解到随机控制前沿解集的最小距离 min_dis,并记录。在计算出 SF 中每个候选解 min_dis 后,选出一个最大值作为 max_dis,对应的候选解也作为最优解。

　　从上述 min_dis 的定义可知,它表示该候选解对应的社团划分结果与同等规模随机网络的社区结构的差异性,在候选解中选择 min_dis 最大的解作为最优解,也就是选择了划分社区结构与随机网络社区结构差异性最大的解。

　　2. 基于元胞自动学习机的社区发现算法[16]

　　Zhao 提出的一种基于元胞自动学习机的优化算法(CLA-net 算法),通过借用非规则元胞自动学习机,将每个网络节点看作一个自动学习机,每个自动学习机从网络整体社区结构和节点局部社区结构两个方面刻画社区结构,从而实现虚拟社区结构的挖掘。非规则的元胞自动学习机参照生物自繁殖现象,设计一种时间维度和空间维度均离散化的局部动力学模型。该模型的演化并不遵循严格的数学方程或函数,而是通过定义一系列的元胞状态变化规则,将一些看似简单的规则通过反复计算演化,发展出极其复杂的动态模型。赵郁忻等将在线社交网络映射为非规则的元胞自动学习机,通过自定义的演化规则,每次动态调整各节点的状态,使得整个网络中的社区结构逐渐合理。

　　为了更好地介绍算法的具体流程,对于每个节点 i 对应的自动学习机 L_i 定义以下变量。α_i:自动学习机 L_i 的行为集合,每个可以选择的行为对应节点 i 的一个邻接点的序号;p_i:自动学习机 L_i 的行为概率向量,p_{ij} 表示选择行为 j 的概率;$\alpha_i(t)$:在第 t 次迭代中,自动学习机 L_i 选择的行为;$\beta_i(t)$:在第 t 次迭代中,自动学习机 L_i 获得的反馈信号。$\beta_i(t)=0$ 表示奖励信号,$\beta_i(t)=1$ 表示惩罚信号;$W_{ij}(t)$:至第 t 次迭代时,自动学习机 L_i 奖励行为 j 的次数;$Z_{ij}(t)$:至第 t 次迭代时,自动学习机 L_i 选择行为 j 的次数;Q_{best}:当前查找到的社区结构中模块度的最优值。

　　在每次迭代 t 中,自动学习机 L_i 的学习与更新过程可以描述如下。

　　(1)根据行为概率向量 p_i 随机选择一个行为 $\alpha_i(t)$。

　　(2)与局部环境(相邻的其他节点)以及全局环境(整个网络)进行交互,获取反馈信号 $\beta_i(t)$。如果满足节点 i 与其大部分邻居节点属于同一个社区,并且该次迭代获得的模块度 $Q(t) \geqslant Q_{best}$,则获得的反馈信号 $\beta_i(t)=0$;反之,$\beta_i(t)=1$。

　　(3)假设 $\alpha_i(t)=\alpha_{iq}$,根据反馈信号 $\beta_i(t)$ 更新 $W_{iq}(t)$ 和 $Z_{iq}(t)$:

$$\begin{cases} W_{iq}(t)=W_{iq}(t-1)+(1-\beta_i(t)) \\ Z_{iq}(t)=Z_{iq}(t-1)+1 \end{cases} \tag{3-52}$$

(4)根据式(3-53)更新当前自动学习机 L_i 的最优行为，$D_{ij}(t)$ 值最大的行为即当前自动学习机 L_i 的最优行为。

$$D_{ij}(t) = \frac{W_{ij}(t)}{Z_{ij}(t)} \tag{3-53}$$

(5)假设当前自动学习机 L_i 的最优行为是 α_{im}，则根据式(3-54)更新当前自动机 L_i 的行为概率向量 p_i，其中，α 为奖励系数。

$$p_j(t+1) = \begin{cases} p_j(t) + \alpha[1 - p_j(t)], & j = m \\ (1-\alpha)p_j(t), & j \neq m \end{cases} \tag{3-54}$$

算法的具体流程如下。

(1)随机初始化网络中每个节点内的自动学习机。

(2)网络中的所有自动学习机根据自身的行为概率向量选择自己的行为，经过解码后获得相应的社区结构。

(3)网络中的所有自动学习机与局部环境和全局环境进行交互，进行学习与更新。

(4)重复步骤(2)，直到获得的社区结构不再变化。

从本质上讲，CLA-net 算法是一种多目标优化算法，该算法的目标函数为模块度函数以及 $k_i[c_i(t)] \geq k_i(c')$，其中，$c_i(t)$ 表示在第 t 次迭代后，节点所属的社区编号，$k_i(C) = \sum\limits_{j \in C} A_{ij}$，$A$ 为网络邻接矩阵。

将该算法应用于图 3-2 中的示例图，社区发现过程如下。

在算法初始化阶段，根据该邻接矩阵计算状态转移矩阵 P，其中各元素取值为节点度数的倒数：

$$P = \begin{pmatrix} 0 & 1/3 & 1/3 & 1/3 & 0 & 0 & 0 & 0 & 0 \\ 1/3 & 0 & 1/3 & 1/3 & 0 & 0 & 0 & 0 & 0 \\ 1/4 & 1/4 & 0 & 1/4 & 1/4 & 0 & 0 & 0 & 0 \\ 1/4 & 1/4 & 1/4 & 0 & 1/4 & 0 & 0 & 0 & 0 \\ 0 & 0 & 1/4 & 1/4 & 0 & 1/4 & 1/4 & 0 & 0 \\ 0 & 0 & 0 & 0 & 1/3 & 0 & 1/3 & 1/3 & 0 \\ 0 & 0 & 0 & 0 & 1/3 & 1/3 & 0 & 1/3 & 0 \\ 0 & 0 & 0 & 0 & 0 & 1/3 & 1/3 & 0 & 1/3 \\ 0 & 0 & 0 & 0 & 0 & 0 & 0 & 1 & 0 \end{pmatrix}$$

奖励矩阵 W 和选择矩阵 Z 分别如下所示：

$$W = \begin{pmatrix} 0 & 3 & 4 & 0 & 0 & 0 & 0 & 0 & 0 \\ 5 & 0 & 1 & 1 & 0 & 0 & 0 & 0 & 0 \\ 3 & 4 & 0 & 0 & 0 & 0 & 0 & 0 & 0 \\ 1 & 3 & 3 & 0 & 0 & 0 & 0 & 0 & 0 \\ 0 & 0 & 0 & 0 & 0 & 5 & 1 & 0 & 0 \\ 0 & 0 & 0 & 0 & 4 & 0 & 0 & 2 & 0 \\ 0 & 0 & 0 & 0 & 2 & 2 & 0 & 2 & 0 \\ 0 & 0 & 0 & 0 & 0 & 3 & 3 & 0 & 1 \\ 0 & 0 & 0 & 0 & 0 & 0 & 0 & 7 & 0 \end{pmatrix}$$

$$Z = \begin{pmatrix} 0 & 16 & 21 & 13 & 0 & 0 & 0 & 0 & 0 \\ 18 & 0 & 16 & 16 & 0 & 0 & 0 & 0 & 0 \\ 13 & 15 & 0 & 10 & 12 & 0 & 0 & 0 & 0 \\ 16 & 11 & 13 & 0 & 10 & 0 & 0 & 0 & 0 \\ 0 & 0 & 16 & 13 & 0 & 13 & 8 & 0 & 0 \\ 0 & 0 & 0 & 14 & 0 & 13 & 23 & 0 \\ 0 & 0 & 0 & 0 & 19 & 11 & 0 & 20 & 0 \\ 0 & 0 & 0 & 0 & 0 & 17 & 14 & 0 & 19 \\ 0 & 0 & 0 & 0 & 0 & 0 & 0 & 50 & 0 \end{pmatrix}$$

根据矩阵 W 和 Z 计算出矩阵 D 的值，使得 $D_i(t) = W_i(t) / Z_i(t)$。经过该初始化之后，初始状态的社区最优值即 Q_{best} 为 0.3571。

经过一次迭代后，社区结构的划分见表 3.1。

表 3.1　社区结构的划分

节点编号	1	2	3	4	5	6	7	8	9
相邻节点	4	4	1	1	6	7	8	6	8

以上编码意味着，节点 1 与节点 4 属于同一社区，节点 2 与节点 4 属于同一社区，节点 3 与节点 1 属于同一社区，节点 4 和节点 1 属于同一社区，以此类推。解码后社区结构的划分见表 3.2。

表 3.2　解码后社区结构的划分

节点编号	1	2	3	4	5	6	7	8	9
社区编号	1	1	1	1	2	2	2	2	2

此时，Q_{best} 的值为 0.3571。由于 Q_{best} 的值并未减少，且各节点均满足

$k_i[c_i(t)] \geqslant k_i(c')$，所有节点均被奖励。根据式(3-52)可得更新后的奖励矩阵 W 和选择矩阵 Z，具体如下：

$$W = \begin{pmatrix} 0 & 3 & 4 & 1 & 0 & 0 & 0 & 0 & 0 \\ 5 & 0 & 1 & 2 & 0 & 0 & 0 & 0 & 0 \\ 4 & 4 & 0 & 0 & 0 & 0 & 0 & 0 & 0 \\ 2 & 3 & 3 & 0 & 0 & 0 & 0 & 0 & 0 \\ 0 & 0 & 0 & 0 & 0 & 6 & 1 & 0 & 0 \\ 0 & 0 & 0 & 0 & 4 & 0 & 1 & 2 & 0 \\ 0 & 0 & 0 & 0 & 2 & 2 & 0 & 3 & 0 \\ 0 & 0 & 0 & 0 & 0 & 4 & 3 & 0 & 1 \\ 0 & 0 & 0 & 0 & 0 & 0 & 0 & 8 & 0 \end{pmatrix}$$

$$Z = \begin{pmatrix} 0 & 16 & 21 & 14 & 0 & 0 & 0 & 0 & 0 \\ 18 & 0 & 16 & 17 & 0 & 0 & 0 & 0 & 0 \\ 14 & 15 & 0 & 10 & 12 & 0 & 0 & 0 & 0 \\ 17 & 11 & 13 & 0 & 10 & 0 & 0 & 0 & 0 \\ 0 & 0 & 16 & 13 & 0 & 14 & 8 & 0 & 0 \\ 0 & 0 & 0 & 0 & 14 & 0 & 14 & 23 & 0 \\ 0 & 0 & 0 & 0 & 19 & 11 & 0 & 21 & 0 \\ 0 & 0 & 0 & 0 & 0 & 18 & 14 & 0 & 19 \\ 0 & 0 & 0 & 0 & 0 & 0 & 0 & 51 & 0 \end{pmatrix}$$

进而，根据式 $D_i(t) = W_i(t) / Z_i(t)$ 更新矩阵 D。根据式(3-52)可知更新后的状态转移矩阵 P 为

$$P = \begin{pmatrix} 0 & 0.2667 & 0.4667 & 0.2667 & 0 & 0 & 0 & 0 & 0 \\ 0.2667 & 0.4667 & 0.2667 & 0.2667 & 0 & 0 & 0 & 0 & 0 \\ 0.4 & 0.2 & 0 & 0.2 & 0.2 & 0 & 0 & 0 & 0 \\ 0.2 & 0.4 & 0.2 & 0 & 0.2 & 0 & 0 & 0 & 0 \\ 0 & 0 & 0.2 & 0.2 & 0 & 0.4 & 0.2 & 0 & 0 \\ 0 & 0 & 0 & 0 & 0.4667 & 0 & 0.2667 & 0.2667 & 0 \\ 0 & 0 & 0 & 0 & 0.2667 & 0.4667 & 0 & 0.2667 & 0 \\ 0 & 0 & 0 & 0 & 0 & 0.4667 & 0.2667 & 0 & 0.2667 \\ 0 & 0 & 0 & 0 & 0 & 0 & 0 & 0.2667 & 0 \end{pmatrix}$$

重复上述迭代过程，经过多次迭代后，最终输出结果见表 3.3。

表 3.3　最终输出结果

节点编号	1	2	3	4	5	6	7	8	9
社区编号	1	1	1	1	2	2	2	2	2

3. 重叠结构的多目标优化算法[17]

在线社交网络中，虚拟社区结构的特征呈现多样性的特点，重叠社区结构就是其中的典型代表。为了能够从在线社交网络中发现重叠结构的虚拟社区，Du 等改进了已有的多目标社区优化算法，将其扩展到重叠社区结构的发现领域。该算法为了能够表示同一节点属于多个社团的情况，采用基于边的映射方式，将网络拓扑结构编码为基因序列，利用网络连边聚类的方式允许一个网络节点同时隶属于多个虚拟社区结构。在此基础上，利用划分密度函数式(3-55)和 Shen 等提出的重叠社区中的模块度函数式(3-56)作为目标函数，其定义为

$$D = \frac{2}{M} \sum_c m_c \frac{m_c - (n_c - 1)}{(n_c - 2)(n_c - 1)} \tag{3-55}$$

$$Q_{OL} = \frac{1}{2m} \sum_{k=1}^{c} \sum_{i,j \in C_k} \frac{1}{O_i O_j} \left(A_{ij} - \frac{k_i k_j}{2m} \right) \tag{3-56}$$

通过基于边轨迹的邻接关系将网络拓扑结构编码为基因序列，并借助遗传算法对该基因序列进行迭代优化。仿真实验显示，该算法可以很好地发现复杂网络中的重叠社区结构。

4. 非支配邻域免疫算法(NNIA-Net 算法)[18]

NNIA-Net 算法引入社区评分(community score，CS)和社区适应度(community fitness，CF)作为目标函数，其中 CS 的计算公式如下：

$$\mu_i = \frac{1}{|S|} k_i^{in}(S) \tag{3-57}$$

其中，$k_i^{in}(S)$ 为 i 节点的内度；$|S|$ 为模块 S 的基数，因此，$0 \leqslant \mu_i \leqslant 1$。

$$M(S) = \frac{\sum_{i \in S} (\mu_i)^r}{|S|} \tag{3-58}$$

其中，r 是参数。已知 μ_i 时，因此，指数增加了在模块内有较多连接边的节点的权重，而减小了在模块内有较少连接边的节点的权重。

模块 S 的定义为与模块 S 内的节点连接的边总数。

$$v_s = \sum_{i,j \in S} A_{ij} \tag{3-59}$$

模块 S 的 score 被定义为

$$\text{score}(S) = M(S) \times v_s \tag{3-60}$$

网络若被划分为 k 个模块，CS 被定义为

$$\text{CS} = \sum_{i=1}^{k} \text{score}(S_i) \tag{3-61}$$

CS 是网络每个模块的值之和，是对网络全局的度量。

CF 的计算公式如下：

$$CF(S) = \sum_{i \in S} \frac{k^{\text{in}}(S)}{[k^{\text{in}}(S) + k^{\text{out}}(S)]^{\alpha}} \tag{3-62}$$

其中，α 是一个控制社区规模的正值参数；$k^{\text{in}}(S)$ 和 $k^{\text{out}}(S)$ 分别是节点的内度和外度，内度是指节点与其所在社区内部所有节点的连接边数；外度是指节点与其所在社区以外所有节点的连接边数。

该算法应用 locus-based 基因表示方法。该表示方法，种群中的每个个体都包含 N 个基因位，每个基因位都有一组值域在的等位基因，其中 N 是网络中节点总个数。如果基因位 i 上的值是 j，则意味着节点 i 和节点 j 相连接。种群中的一个个体就形成了对一个网络旳一种划分。

NNIA-Net 输入的是网络的邻接矩阵，从邻接矩阵可以统计出与每个节点有连接的节点，这些连接均有效。初始化时要注意初始化种群中的个体都是"安全个体"，无论进行交叉变异还是选择，都要确保个体安全。NNIA-Net 算法流程图如图 3.13 所示。

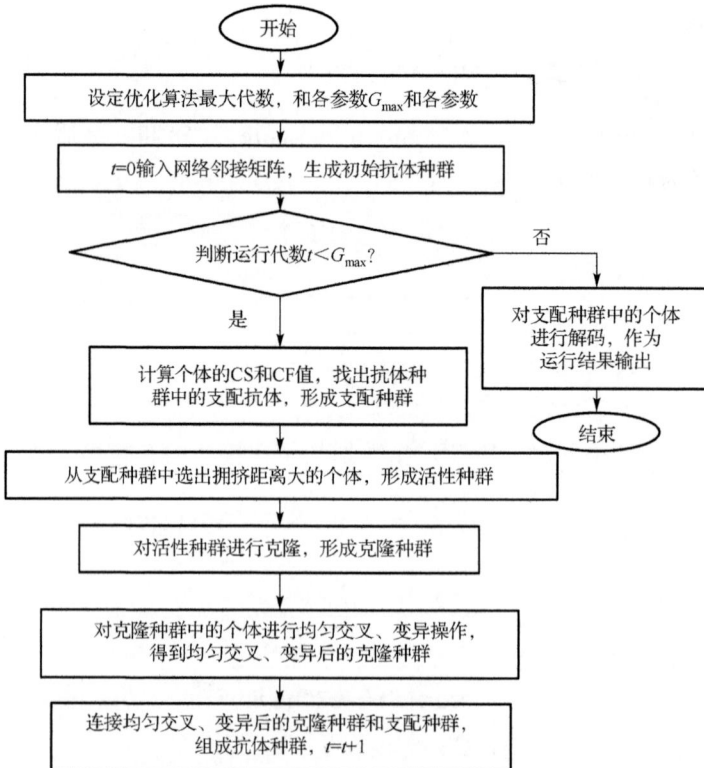

图 3.13　NNIA-Net 算法流程图

NNIA-Net 的具体实现步骤如下。

(1)设定优化算法的最大代数、支配种群最大规模、活性种群规模、克隆种群规模、Community Score 目标函数中的参数 r、Community Fitness 目标函数中的参数 α。

(2)输入原始网络的邻接矩阵，并根据该网络的邻接矩阵，生成规模为 n_D 的初始化抗体种群，设置优化算法运行代数 $t=0$，并设定支配种群 $D_0=\varnothing$，活性种群 $A_0=\varnothing$，临时支配种群 DT_t 和克隆种群 $C_0=\varnothing$，其中 $\varnothing$ 表示空集。

(3)判断终止条件：如果优化算法运行代数 t 大于或等于优化算法最大运行代数，则对 t 代时的支配种群 DT_t 中的个体进行解码，作为运行结果输出；否则，执行步骤(4)。

(4)更新支配种群：对 t 代时抗体种群中的每个个体进行解码，并计算其 CS 目标函数值和 CF 目标函数的值，找出 t 代时抗体种群中的支配抗体，并把 t 代时抗体种群中的所有支配抗体复制到 t 代临时支配种群中，如果 t 代临时支配种群规模不大于设定的支配种群最大规模，则令 t 代支配种群等于 t 代临时支配种群；否则，计算 t 代临时支配种群中每个抗体的拥挤距离值，并将 t 代临时支配种群中的抗体依照其拥挤距离值按降序进行排列，选择 t 代临时支配种群中的前 n_D 个抗体形成 t 代支配种群。

(5)基于非支配邻域选择：如果 t 代支配种群的规模不大于设定的活性种群规模，则令 t 代活性种群等于 t 代支配种群；否则，计算 t 代支配种群中每个抗体的拥挤距离值，并按照降序排列，选择前 n_A 个抗体形成 t 代活性种群。

(6)等比例克隆：对 t 代活性种群进行等比例克隆，得到 t 代克隆种群。

(7)交叉和变异：对 t 代克隆种群进行交叉和变异操作，得到交叉变异后的克隆种群。

(8)连接交叉变异后的克隆种群和 t 代支配种群，组成抗体种群，设置 $t=t+1$，返回步骤(3)。

3.4 基于信息论和概率的社区发现算法

3.4.1 标签传播算法

标签传播算法(label propagation algorithm，LPA)是由 Zhu 等在 2002 年提出的，它是一种基于图的半监督学习算法，基本思路是用已标记节点的标签信息预测未标记节点的标签信息。由于该算法实施简单，时间复杂度低，Raghavan[19]等将标签传播算法推广应用到网络的社区发现领域。这种算法不需要设定具体的目标函数，而是根据直观的启发式规则来定义社区结构。以下是几种标签传播算法。

1. LPA 算法

LPA 算法的基本思想是为网络中所有的节点赋予不同的标签，设计一个传播规则，标签根据这个规则在网络上迭代传播，直到所有节点的标签传播达到稳定，最后将具有相同标签的节点划分到一个社区中。在每次迭代传播时，每个节点的标签都更新为最多数量的邻接点拥有的标签。这个传播规则定义了网络的社区结构，即网络中每个节点选择加入的社区是它最多数量的邻接点属于的社区。

该算法具体的步骤如下。

(1)开始时，所有节点使用独一无二的标签初始化。

(2)按照随机的顺序扫描所有的节点，每个节点的标签被更新为其最大数量的邻居所具有的标签。如果同时有多个标签被最多的邻接点使用，则随机的选择一个标签。

(3)当所有节点的标签与其最大数量的邻居拥有的标签相同时，进行步骤(4)，否则返回步骤(2)。

(4)最后，将网络中每一个具有相同标签的连通部分作为一个社区。

在本节示例图上使用标签传播算法，一种可能的标签传播过程如图 3.14 所示，具体描述如下。

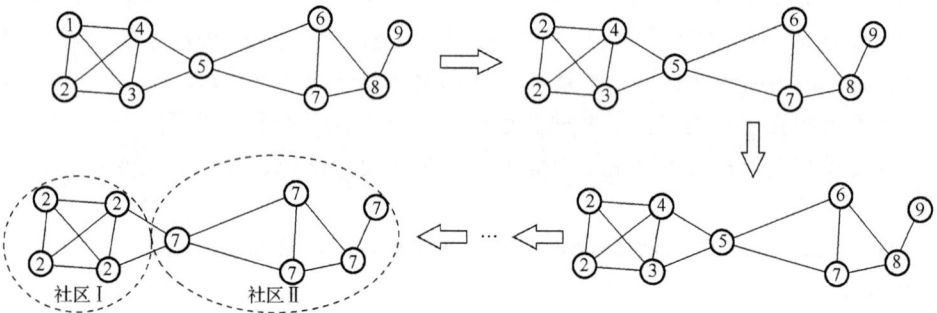

图 3.14　图上的标签传播过程

(1)开始时，所有节点使用自己的节点序号作为初始标签；

(2)生成节点的一种随机的顺序{1, 8, 6, 5, 7, 3, 2, 4, 9}，按照这个随机顺序扫描所有节点，根据节点标签更新规则更新节点标签；

(3)按照这个顺序进行一次扫描后发现，网络上所有节点的标签都已经与其最大数量的邻居的标签相同了，即网络上的标签传播达到了稳定状态；

(4)根据稳定时网络上节点标签的不同,该网络被自然地划分成了两个社区{1, 2, 3, 4}和{5, 6, 7, 8, 9}。

在该算法中，为了避免算法出现循环和保证算法收敛，每次标签迭代传播前都要对节点重新进行随机排序，并异步更新节点的标签，这种随机排序机制导致标签传播算法发现的社区结构可能是不唯一的。对于同样的初始条件，可能会有多种社区结构满足算法的停止条件。但是这些不同的社区结构之间是相近的，图 3.15 显示了示例图的两种可能的社区结构，节点 5 在两个社区中均有两个邻接点，因此它既可能被划分到社区 Ⅰ 中，也可能被划分到社区 Ⅱ 中。通过将节点在不同社区结构中的标签合并成一个标签，可以整合多个不同的社区结构，形成一个包含更多有用信息的社区结构。

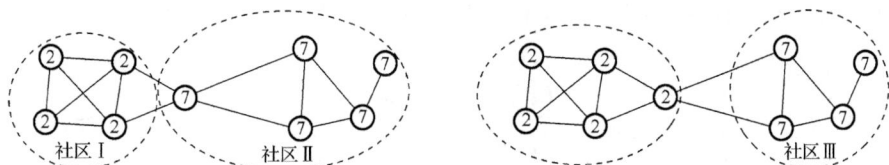

图 3.15　图的两种可能的社区结构

该算法不需要提前知道社区的数量和规模，并且不需要任何参数，仅根据网络的拓扑结构自然地发现社区。另外，这个算法具有近似线性的时间复杂度。初始化每个节点的标签需要时间 $O(n)$。在每次迭代时，对每个节点 x，首先根据它的邻接点的标签对邻接点进行分组，然后选择规模最大的一组邻接点的标签更新 x 的标签，这个过程需要时间 $O(d_x)$，d_x 是节点 x 的度。对所有的节点重复这个过程，因此，一次迭代的时间复杂度是 $O(n\bar{d})$，即 $O(m)$。实验显示，算法收敛需要的迭代次数通常独立于网络的规模，一般在 5 次迭代后，超过 95%的节点会被正确划分。所以，本算法的时间复杂度很低，在稀疏网络上近似为 $O(n)$。另外，该算法发现社区的核心思想与在线社交网络中社区的形成过程在一定程度上相似，在线社交网络中，用户倾向于参与其大部分邻居用户参与的话题，形成虚拟社区，社区的涌现仅依赖于网络的局部信息，因此，标签传播算法适合大规模在线社交网络上虚拟社区结构的发现。

2. 面向重叠社区的 LPA 算法扩展

原 LPA 算法在标签传播过程中，节点只能有一个标签，因此最终节点只能属于一个社区，算法发现的社区结构是非重叠的。为了适合在线社交网络的重叠虚拟社区结构，Gregory[20]将 LPA 算法进行了推广，提出了 COPRA(community overlap propagation algorithm)。

COPRA 扩展了标签传播的过程，使节点可以同时具有多个标签，从而可以包含多个社区的信息。为了让节点更准确地具有多个标签，Gregory 在每个标签 c 后面附上节点对这个标签的属于系数 b，组成关系对 (c, b)。属于系数 b 同时表示节点对社区 c 的属于强度，因此每个节点的所有的属于系数需要进行归一化，以便于继续衡量该节点包含多个社区的信息比重。该算法在标签迭代传播时，将每个节点的标签更新为其所有邻居标签集合的并集，并对并集中所有标签的属于系数归一化。如图 3.16 所示，选取示例图中的一部分节点{3, 4, 5, 6, 7}组成网络进行标签传播，初始时每个节点具有唯一的标签，属于系数为 1。一次迭代传播后，节点标签更新为其所有邻居标签集合的并集，并将每个节点标签的属于系数归一化。此时，每个节点会保留所有的标签。为了去除某些不重要的标签，可以设置一个门限 v，删去每个节点上属于系数小于 $1/v$ 的标签，这样每个节点最多只能有 v 个标签，也就是最多只能属于 v 个社区，因此门限 v 也表示节点最多属于的社区数。

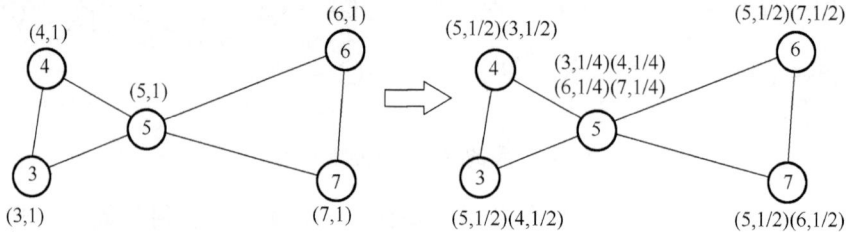

图 3.16　{3, 4, 5, 6, 7}组成网络的标签一次迭代传播过程

在稀疏网络上，该算法每次迭代的时间复杂度为 $O[v^3 n + vn\log_2(v)]$。对于在线社交网络，节点最多属于的社区数 v 是一个远小于网络规模 n 的常数，因此算法每次迭代的时间复杂度是近似线性的。

3. LPA 算法的稳定性提升

尽管 LPA 的时间复杂度低，并且实施过程简单，但是它是不确定性算法。Leung[21]等发现对同一在线社交网络多次采用异步更新的 LPA 算法会得到多种虚拟社区结构，有些结构中，存在规模特别巨大的社区，该社区可能包含网络中超过 50%的节点。这是因为当某些社区内部的边密度不够高时，其内部标签有可能被其他社区的标签侵入，形成巨大的社区。

针对这个问题，Leung 等提出了改进 LPA 算法的方法。LPA 算法原始的更新规则不考虑标签的传播距离，不管标签传播多远，它对其他标签更新的影响都不变，这样可能导致某个社区中的标签可以传播很远，侵入到其他社区中，形成巨大的社区。在改进的方法中，Leung 等为每个标签分配了一个分数，该分数随着标签传播距离的增大而降低。使用该分数对标签在传播过程中的影响力进行加权，随着标签传播距离的增大，其对其他标签更新的影响力将逐渐变小，这样可以有效地控制某个标签由于传播过远而侵入其他社区，从而有效地阻止巨大社区的形成。

LPA 算法不稳定的另一个重要原因是算法过程中的随机性。例如，在异步更新标签时，算法每次迭代都需要采取一个新的随机顺序。所以，当对同一数据集多次运行算法时，节点的更新顺序是不同的，这就可能导致最终生成多个不一样的社区结构。Zhao[22]等设计了基于熵顺序的标签传播算法 LPA-E，该算法在每次标签迭代传播时采用标签熵从小到大的顺序，去除了原算法中顺序的随机性，使发现的社区结构更加健壮。

为了使发现的社区结构更加健壮合理，Lou[23]等提出了一种基于相干邻居亲近度（coherent neighborhood propinquity，CNP）的 LPA 改进算法。他们在更新节点标签时，引入了节点之间的 CNP，用来度量网络中任意一对节点之间的亲近程度。在更新标签时，使用节点之间的 CNP 对节点的标签进行加权。两个节点的 CNP 值越大，表示它们越亲近，它们的标签对对方的影响也就越大。在更新节点标签时，选择总的 CNP 值最大的标签进行更新。在标签传播时，亲近度较大的节点对对方的影响更大的思想同样符合在线社交网络的情况：与某个用户更加亲密的用户对这个用户选择社区的影响更大，用户倾向于选择其亲密伙伴参与的社区。

3.4.2　信息编码算法

为了压缩网络的拓扑结构信息，研究者引入了信息论中的信息编码思想，并且利用该思想设计了新的社区发现算法。在信息论中，信息编码方法根据最小描述长度（minimum description length，MDL）原理，用尽可能短的码字编码尽可能多的信息，压缩原来的信息容量。最小描述长度原理的主要思想是，数据中包含的任何规律性都可以用来压缩数据。在线社交网络数据的一个重要的规律性是其具有内聚的虚拟社区结构，因此，可以使用在线社交网络的虚拟社区结构对网络上的信息流进行压缩编码描述。下面介绍几种信息编码算法。

1. Infomap 算法

Rosvall[24]等基于信息论提出了 Infomap 算法。该算法使用随机游走作为网络上信息传播的代理，网络上的随机游走会产生相应的数据流。随机游走产生的信息量使用平均一步随机游走产生的码字长度衡量，即平均码字长度。为了最大限度地压缩平均码字长度，需要开发有效的编码方法。霍夫曼编码是一种常用的编码方式，在示例图上使用该编码，分配较短的码字给随机游走经常访问的节点，结果如图 3.17 所示。香农信源编码理论给出了霍夫曼编码码字长度的理论界限：每一步的平均码字长度不低于变量 X 的熵，即 $H(X) = -\sum_1^n p_i \log_2(p_i)$。其中，变量 X 的样本空间是网络所有节点的集合，X 的概率分布为网络所有节点被随机游走访问的频率分布。由于霍夫曼编码没有利用网络结构的规律性，所以该平均码字长度仍然比较长。为了进一步压缩信息流的编码长度，可以考虑使用突出网络社区结构的二级编码。

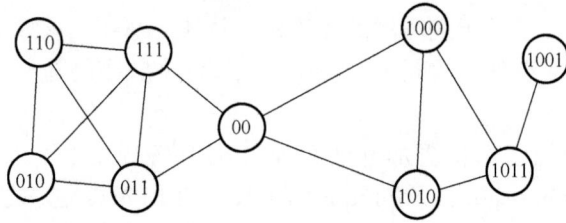

图 3.17　仅使用霍夫曼编码时示例图的编码情况

示例图的二级编码情况如图 3.18 所示，为网络中的所有社区分配唯一的码字，为同一个社区内部的节点分配不同的码字，且不同的社区之间节点的码字可以重复使用。这个规则类似于地图上的命名规则，社区类似于城市，节点类似于城市里的街道，不同的城市里的街道可以同名，同一个城市里的街道不能同名。和图 3.17 中的编码情况相比，利用这个规则可以有效地减小节点的编码长度。同样，将随机游走访问社区或者节点的频率分布作为变量的概率分布，社区的码字和每个社区内部节点的码字都使用霍夫曼编码。每次随机游走跨越不同的社区时，需要在描述中加上前一个社区的离开码和后一个社区的码字，以表示随机游走所处的社区发生了变化。直观上看，如果社区的划分较好，则随机游走者在某个社区内部游走的概率较大，跨越社区的概率较小，因此使用社区编码和离开码的概率较小，同时由于两级编码降低了每个节点的码字长度，信息流的平均码字长度将会被压缩。二级编码方法将网络的社区划分问题转化成了最优编码问题：寻找网络的一个最优划分，使无限随机游走的平均描述长度最小。这里，描述长度包括两个部分：随机游走者在社区内部游走时节点的码字长度和跨越社区时社区的码字长度。显然，如果社区划分较好，那么随机游走在社区间的转移频率就比较低，从而使描述中社区的平均码字长度较低，同时，节点的码字长度因为二级编码被大大降低，因此总的描述长度就会被大大地压缩。相反，如果社区没有被很好地划分，社区间的转移将会很频繁，从而二级编码将不能压缩随机游走的描述长度。

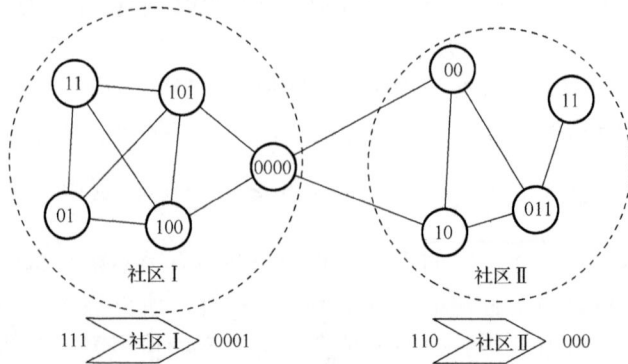

图 3.18　使用二级编码时示例图的编码情况

假设给定网络的一个社区划分 M，将网络的 n 个节点划分到 m 个社区中，则网络上无限随机游走每一步的平均描述长度 $L(M)$ 为

$$L(M) = q_{\curvearrowright} H(Q) + \sum_{i=1}^{m} p_{\circlearrowleft}^{i} H(p^i) \tag{3-63}$$

式(3-63)称为 map 等式。其中，第一项 $q_{\curvearrowright} H(Q)$ 为在社区间转移所需要的平均码字长度，$\sum_{i=1}^{m} p_{\circlearrowleft}^{i} H(p^i)$ 为在所有社区内游走的平均码字长度。网络社区发现的目标就是在所有可能的社区划分中，找出使平均描述长度 $L(M)$ 最小的划分作为网络最优的社区划分。

采用贪心算法寻找最优划分，即开始时为每个节点分配一个独立的社区，合并使平均描述长度 $L(M)$ 下降最多的两个社区，重复这个过程，直到最后合并成一个社区。算法的具体的步骤如下所述。

(1)去掉网络中所有的边，网络的每个节点都单独作为一个社区；

(2)网络中的每个连通部分作为一个社区，将还未加入网络的边分别重新加回网络，如果加入网络的边连接了两个不同的社区，即合并了两个社区，则计算新社区划分的平均描述长度的减少量。选择使平均描述长度减少最大的两个社区进行合并；

(3)如果网络的社区数大于1，则返回步骤(2)继续迭代，否则转到步骤(4)；

(4)遍历每种社区划分对应的平均描述长度的值，选取平均描述长度最小的社区划分作为网络的最优划分。

在本章的示例图上使用 Infomap 算法，具体步骤如下。

(1)初始时将网络的每个节点都单独作为一个社区，总共有 9 个社区，计算出平均描述长度 $L(M) = 5.132$。

(2)对任意两个社区进行合并，计算新的社区划分的平均描述长度，社区{8}和社区{9}合并后得到的平均描述长度的减少量最大，$\Delta L(M) = -0.3393$，因此，算法第一步合并社区{8}和社区{9}形成社区{8，9}。

(3)接下来对新的 8 个社区继续上述过程，直到网络中所有节点合并成一个社区，整个过程得到9种不同的社区划分，算法划分出的社区生成树如图 3.19 所示。

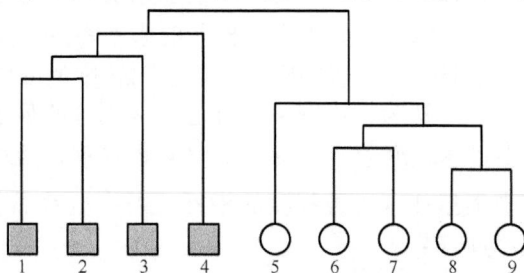

图 3.19　在示例图上使用 Infomap 算法得到的社区生成树

（4）遍历每种社区划分对应的平均描述长度的值，当网络被划分成两个社区｛1，2，3，4｝和｛5，6，7，8，9｝时，平均描述长度取得最小值 $L(M)=3.100$，这个社区划分即网络的最优划分。

Infomap 算法利用网络上信息传播的规律发现社区，当网络中各个社区的规模差别很大时，该算法优于模块度最大化算法。在线社交网络中的虚拟社区的规模通常是各不相同的，因此使用 Infomap 算法发现的虚拟社区结构比使用模块度最大化算法更加准确。

2. 边社区的 map 等式

最初的 Infomap 算法只能发现非重叠社区，但是在线社交网络通常具有重叠的虚拟社区结构，因此 Kim 等将 map 等式推广，用来发现网络的边社区。和节点社区不同，网络的边社区是以网络中的边为划分对象，将网络的边集合划分成不相交的社区。节点的社区取决于其相关联的边，由于一个节点可以同时关联多条边，当其关联的边被划分到不同的社区时，该节点就会被划分到多个不同的社区，形成重叠的社区结构。Kim[25]等通过修改随机游走的编码规则，将 map 等式扩展到边社区的情况。此时网络的第一级编码分配给每个边社区，第二级编码仍然分配给节点，并且为属于多个边社区的节点分配多个二级编码。每个节点的二级编码数和其所属的社区数一样多。随机游走仍然在网络的节点上进行，每一步随机游走从源节点移到目标节点，中间经过一条边。如果当前游走穿过的边和之前一步游走穿过的边所属的社区不同，则先记录新的边社区的编码，再记录当前游走的目标节点的二级编码。如果当前游走的边和前一步游走的边所属的社区相同，则仅记录目标节点的二级编码。边社区的 map 等式为

$$L_{\text{linkcom}}(M) = q^\curvearrowright H(Q) + \sum_{i=1}^{m} p_\circlearrowright^i H(P^i) \qquad (3\text{-}64)$$

式（3-63）和式（3-64）在表达式上相同，但是它们具体的网络划分 M 和概率分布 $q^\curvearrowright$ 和 $p_\circlearrowright^i$ 都不同。

虽然重叠节点此时具有多个二级编码，产生了冗余，但是当网络的边社区划分比节点社区划分更好时，随机游走跨越不同社区的频率将进一步降低，也就是一级编码的使用频率会进一步降低，一级编码的平均编码长度的降低可以弥补节点二级编码的冗余。同时，Kim 等认为，当网络进行边社区划分的最小描述长度 L_{linkcom} 小于进行节点划分的最小描述长度 L_{nodecom} 时，该网络具有重要的重叠结构。因此定义了衡量在线社交网络中虚拟社区重叠程度的指标：网络重叠显著度（significance of overlapping），计算公式如下：

$$\mathcal{O} = \frac{L_{\text{nodecom}} - L_{\text{linkcom}}}{L_{\text{nodecom}} + L_{\text{linkcom}}} \tag{3-65}$$

重叠显著度的取值满足 $\mathcal{O} \in (-1,1)$，该取值为正时，表明网络的重叠结构较明显。

Kim 等使用 map 等式分析了具有 1490 个节点和 19090 条边的美国政治家博客网，在网络上分别使用节点社区 map 等式和边社区 map 等式，得到节点社区的最小描述长度 $L_{\text{nodecom}} = 8.93$，边社区的最小描述长度 $L_{\text{linkcom}} = 8.65$。进一步得到该网络的重叠显著度 $\mathcal{O} = 0$，这说明政治家博客网这样的在线社交网络具有显著的重叠社区结构。

3. map 等式最小化的快速算法

为了适合大规模的在线社交网络，需要设计快速的 map 等式最小化算法。Rosvall 等根据快速模块度最优化算法，提出了快速 map 等式最小化算法。该算法的核心部分分为两个阶段：第一阶段将所有节点分配到独立的社区，并按照随机顺序扫描各独立社区，根据 map 等式下降最大原则合并社区。经过一轮扫描后进入第二阶段，将第一阶段中得到的社区作为网络新的节点，重新构建网络。在新的网络上继续迭代算法的两个阶段，直到 map 等式的值不能被进一步降低。

Jin 等将信息压缩编码算法和并行计算方法结合起来，提出了一个基于 MapReduce 并行框架的虚拟社区结构发现算法 InfoMR。该算法采用并行计算机制，时间复杂度低，适合分析大规模在线社交网络。

3.4.3　贝叶斯概率模型

贝叶斯概率模型被广泛应用于话题发现等领域，后来研究者将其推广应用到社区发现算法中。基于概率模型的算法通过贝叶斯似然概率最大化来推断网络模型，得到真实网络的社区划分。该网络模型通过假设节点间的连接模式定义节点的聚类结构，基于贝叶斯似然概率的最大化，推断出最符合网络真实拓扑结构的网络模型，从而得到真实网络的社区结构。下面介绍几种基于概率模型的算法。

1. 基于混合模型的算法

Newman[26]等基于混合模型和期望最大化(expectation-maximization)技术，提出一种面向有向网络的社区发现算法。假设一个有向网络 G，其 n 个节点被划分到 c 个社区中，网络的邻接矩阵为 A，定义该网络混合模型的变量如下。

g_i：节点属的社区；

π_r：社区中的节点占整个网络节点的比例；

θ_{ri}：存在一条有向边从社区中的某个节点指向节点的概率。

根据定义，集合 $\{\pi_r\}$ 和 $\{\theta_{ri}\}$ 满足标准化条件：

$$\sum_{r=1}^{c} \pi_r = 1, \quad \sum_{i=1}^{n} \theta_{ri} = 1 \tag{3-66}$$

该算法需要使得假设的混合模型最符合网络的真实拓扑结构 A，为此需要确定参数 π 和 θ 的最优值。确定方法如下。

使用参数为 π 和 θ 的混合模型生成网络 A 的似然概率是

$$\Pr(A, g \mid \pi, \theta) = \Pr(A \mid g, \pi, \theta) \Pr(g \mid \pi, \theta) \tag{3-67}$$

其中

$$\Pr(A \mid g, \pi, \theta) = \Pi_{ij} \theta_{gi,j}^{Aij} \Pr(g \mid \pi, \theta) = \Pi_i \pi_{gi} \tag{3-68}$$

所以，似然概率 $\Pr(A, g \mid \pi, \theta)$ 的对数形式是

$$\mathcal{L} = \ln \Pr(A, g \mid \pi, \theta) = \sum_i \left[\ln \pi_{gi} + \sum_j A_{ij} \ln \theta_{gi,j} \right] \tag{3-69}$$

该对数似然概率就是算法的目标函数，通过最大化此似然概率找到最符合网络真实拓扑结构的混合模型，从而确定参数 π 和 θ 的最优值。但是在本模型中，存在另外一个未知变量 g_i，为了处理这个未知变量，定义节点 i 属于社区的概率为

$$q_{ir} = \Pr(g_i = r \mid A, \pi, \theta) = \frac{\pi_r \Pi_j \theta_{rj}^{A_{ij}}}{\sum_s \pi_s \Pi_j \theta_{sj}^{A_{ij}}} \tag{3-70}$$

进一步计算对数似然概率基于概率 q_{ir} 的期望值 $\overline{\mathcal{L}}$：

$$\overline{\mathcal{L}} = \sum_{ir} q_{ir} \left(\ln \pi_r + \sum_j A_{ij} \ln \theta_{rj} \right) \tag{3-71}$$

在模型变量 $\{\pi_r\}$ 和 $\{\theta_{rj}\}$ 的标准化条件下，最大化平均对数似然 $\overline{\mathcal{L}}$，可以得到关系式：

$$\pi_r = \frac{1}{n} \sum_i q_{ir}, \quad \theta_{rj} = \frac{\sum_i A_{ij} q_{ir}}{\sum_i k_i q_{ir}} \tag{3-72}$$

其中，k_i 是节点 i 的出度。参数 π、θ 和 q 的最终值通过期望最大化算法，迭代式 (3-70) 和式 (3-72) 求出。

该算法的具体步骤如下所述。

输入：网络中社区的个数 c，算法的迭代次数上限 Maxlter。

(1) 初始化迭代次数 $t = 0$，设置参数 π_t 和 θ_t 的初始值，该值为满足标准化条件式 (3-66) 的任意值；

(2) 根据当前参数 π_t 和 θ_t 的值使用等式 (3-70) 更新参数 q_t 的值；

(3) 根据当前参数 q_t 的值使用等式 (3-72) 更新下一次迭代的参数 π_{t+1} 和 θ_{t+1} 的值；

(4) 更新迭代次数 $t = t+1$；如果 $t >$ Maxlter，表示迭代次数超出上限，算法结束，输出参数 q 的值，否则继续步骤 (5)；

(5)计算最近两次迭代得到的参数 q 的差值 $\Delta q = \|q_t - q_{t-1}\|$。如果 $\Delta q = 0$，表示参数 q 的值收敛，算法结束，输出参数 q 的值，否则返回步骤(2)继续迭代。

上述的算法步骤中，在选择参数 π 和 θ 初始值时，需要避开式(3-70)和式(3-72)的不稳定点：$\pi_r = \dfrac{1}{c}$，$\theta_{rj} = \dfrac{1}{n}$。

该算法可以被扩展到无向网络的社区划分。在无向网络中，只需将 θ_{rj} 定义为社区 r 中的节点和节点连接的概率，其他的推导过程与有向网络时的过程一致，最终同样是迭代等式(3-70)和式(3-72)得到社区划分的结果。输出的概率 q_{ir} 可以看作节点 i 对社区 r 的隶属强度。该算法存在的缺点是算法开始前需要提前指定网络中社区的个数 c，而社区的个数通常是无法提前指定的。

Newman 等在美国高中生社交网络中验证了该算法，社区划分结果如图 3.20 所示。结果显示，算法主要划分出两个社区，其中的一个社区主要包括学校大部分的黑人学生，另一个社区主要包括大部分的白人学生，少数的其他种族的学生则均匀地分布在两个社区中，学生的社区划分和学生的种族具有紧密的关系。

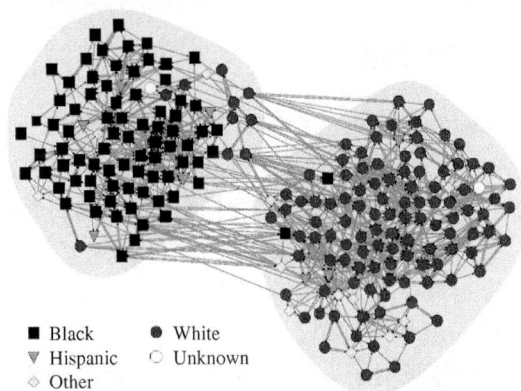

图 3.20　美国高中生社交网络

2. 基于边的混合模型

Ren[27]等提出了另一种无向网络的混合模型，该混合模型基于网络中边的生成模型。假设一个无向网络 G，其邻接矩阵为 A，G 的 n 个节点被划分到 c 个社区中，节点 i 的邻接点集合用 $N(i)$ 表示。同样，社区 r 中的节点占整个网络的比例为 π_r。

该模型中，假设社区 r 选择节点 i 的概率是 β_{ri}，满足标准化条件 $\sum\limits_{r=1}^{c} \beta_{ri} = 1$。$\beta_{ri}$ 值越大，表示节点 i 在社区 r 中越重要，节点 i 可以同时被多个社区选择。假设社区独立的选择不同的节点，则这个混合模型生成边 e_{ij} 的概率为

$$\text{Prob}(e_{ij} \mid \pi, \beta) = \sum_{r=1}^{c} \pi_r \beta_{ri} \beta_{rj} \tag{3-73}$$

所以，在参数 π 和 β 的条件下，该模型生成网络中所有边的对数似然概率是

$$\mathcal{L} = \ln \text{Pr}(A \mid \pi, \beta) = \sum_{i=1}^{n} \sum_{j:j \in N(i)} \ln \sum_{r=1}^{c} \pi_r \beta_{ri} \beta_{rj} \tag{3-74}$$

同样，这个对数似然可以使用 EM 算法最优化，得到网络中每条边对不同社区的属于强度，进一步可以求得每个节点对不同社区的属于强度。

3. 基于 LDA 的算法

LDA(latent Dirichlet allocation)是一种文档主题生成模型，也称三层贝叶斯概率模型。LDA 一开始被用来建模词、主题和文档三层结构。Yu[28]等将 LDA 模型推广到重叠社区发现的任务中，提出了一个基于 LDA 模型的重叠社区发现方法 LBLP(LDA-based link parition)。该算法包括三个部分：网络编码、边 LDA 建模和模型推断。算法的时间复杂度较低，适合大规模在线社交网络的分析。

3.4.4 基于随机游走模型的图分割

随机游走模型(Randomwalk)也是一种有效的社区发现方法。如果一个图具有很紧密的社区结构，那么由于每个社区内部节点的高密度连接以及伴随着的大量后续边，在该图里的一次随机游走将会花费大量时间。以下我们介绍几种常见的基于随机游走模型的常见聚类算法。它们都能被拓展到有权图。

Zhou 使用了随机游走模型用来确定几组顶点之间的距离：i 与 j 的距离是所有从 i 点出发至 j 点的路径长度的平均值。紧密相连的顶点极有可能属于同一个社区。Zhou 定义了顶点 i 的"总体吸引子"作为离顶点 i 最近的顶点，尽管顶点 i 的"局部吸引子"是与它相邻的顶点。可以根据局部还是总体吸引子来定义两种类型的社区结构：一个顶点 i 需要把它和它的吸引子一起归到一个社区结构里，同样对于其他以 i 为吸引子的顶点，也都需要归并到一个社区结构里。所划分的社区结构必须是最小子图，也就是说，该社区结构依据已选的标准不可再分割。应用到实际的图，例如，Zachary 的空手道俱乐部或者是 Girvan 和 Newman 所设定的人工图检查程序，这种方法可以寻找到具有价值的分割方式。这种随机游走方法还可以继续优化，因为顶点 i 与它的吸引子 j 存在的联系基于 exp() 的概率比例(β 是一种逆温度系数)。对距离矩阵的计算需要求解 n 阶线性代数方程式，其具有较高的时间复杂度。另外，去实际计算一个距离矩阵大可不必，因为寻找一个顶点的吸引子只需要涵盖其附近某一范围的顶点即可。因此，这种随机游走模型求解方法可以被推广到大型图。

　　在另一项研究中，Zhou 和 Lipowsky 采用了偏差性随机游走模型，其偏差在于从一个顶点出发，从其大量的邻近顶点中选取一个进行移动的优先性。他们定义了一个优先指数，表示一系列顶点与其他顶点的接近程度。社区结构可以通过一种称为 NetWalk 的方式被侦测到，它是一种凝聚层次聚类算法。而用来归聚社区结构的顶点之间的相似性通过优先指数来判定。这种方法具有时间复杂度，但是一系列顶点的优先指数仅仅通过考察两个顶点周围的顶点情况有很好的优先指示作用，确实在时间复杂度上有着很大的优势。

　　Latapy 和 Pons 提出了另一种基于随机游走模型的不同点之间的距离探测方法。它们计算从一个顶点开始随机游走一段固定的步数能到达另一个顶点的概率。其中，步数需要足够大，以便于更好地分割图的关键元素，但是也不能过大，以至于超过其能够辨别的临界值——这种成功移动概率很容易被顶点度数影响。随后采用 Ward 发明的凝聚层次聚类算法分割图。

　　Delvenne 等已经表示出了随机游走能表示出一个集群在时间上的持久程度。一个集群中的点经过 t 时间的步长随机游走，如果脱离集群的概率很低，则被判定为持久的。这种可能性通过集群自协方差矩阵来计算。

　　再来介绍一下马尔可夫聚类算法，由 Dongen 提出的 MCL（Markov cluster）[29] 是一种快速的图形聚类算法。MCL 使用关联随机矩阵的简单几何算法，而无须预先了解有哪些可能潜在的簇结构。MCL 利用了记录图中随机漫游聚类结构上抵达的次数。每个节点在各个可能的方向都会有遍历的机会。当大量的漫游者从相同起点开始漫游时，每一个漫游者通常选择不同的路径。该算法的关键思想就是"随机漫游者抵达稠密的簇后，在抵达大部分节点之前不会轻易离开该簇"。MCL 不是模仿实际的随机漫游，而是不断地修改一个转移概率矩阵。重复执行下列两个操作。

　　（1）扩展（expansion）。M 取幂 $P \in N > 1$，模拟在当前的转移矩阵上随机漫游走过 e 步。

　　（2）膨胀（inflation）。M 在抵达第 r 次幂后，重新规范化（re-normalize），$r \in R^+$。该操作重复执行一直到状态周期变化或者到达一个确定的值。周期为是 $\in N$ 的循环状态表示矩阵在五次扩展和膨胀后内容保持不变。而确定值是指周期为 1 的循环状态。因此，通过最终的矩阵，通过图的连接部分可以得到聚类结果。针对符号网络聚类问题，杨博、Cheung 和 Liu 等在 2007 年提出了基于马尔可夫随机游走模型的启发式符合网络聚类算法（FEC）。FEC 算法所采用的基本假设是：从任意给定的簇出发，网络中的随机游走过程达到起始簇内节点的期望概率将大于达到起始簇外节点的期望概率。基于该启发规则，FEC 算法首先计算出在给定时刻随机游走过程到达所有节点的期望转移概率分布，进而根据该分布的局部一致性——同簇节点具有近似相同的期望转移概率分布，识别出各个不同的网络簇。值得指出的是，FEC 算法是第一种综合考虑两种分簇标准（即连接密度和连接符号）的复杂网络聚类算法，既能有效处理符号网络(能够发现更加"自然"的符号网络簇结构)，又能有效处理仅包含"正关系"的一般复杂网络。与现有方法相比，FEC 算法在时间和识别精度方面表现出了更好的性能,尤其适合于处理噪声高和网络簇结构不明显的复杂网络。该算法的参数是随机游走的步长，步长的设置会影响最终的聚类结果。通过实验分析，FEC 算法给出了步长设置的经验值，建议取值区间为[6,20]。其中，6 表示复杂网络中两点间的平均距离(大多数网络都满足六度分离理论)，20 表示网络的直径(WWW 是迄今最大的复杂网络，研究表明其直径为 19)。

3.5　基于物理模型的社区发现算法

3.5.1　派系过滤算法

不管是分裂算法还是凝聚算法，最终目的都是将网络划分为若干个互相分离的社区。但是，现实中很多网络并不存在绝对的彼此独立的社区结构;相反，它们是由许多彼此重叠互相关联的社区构成。例如，我们每个人根据不同的分类方法都会属于多个不同的社区(如学校、家庭、不同的兴趣小组等)。在这种情况下，很难单独地将这些社区划分出来。因此，Palla 等提出了一种派系过滤算法(clique percolation method，CPM)来分析这种互相重叠的社区结构[30]，并以该算法为原理编成了应用软件 CFinder。

1. k-派系社区的定义

Palla 等认为，一个社区从某种意义上可以看成一些互相连通的"小的全耦合网络"(即完全图)的集合。这些"全耦合网络"称为"派系"(clique)，而 k-派系则表示该全耦合网络的节点数目为 k。如果两个 k-派系有 $k-1$ 个公共节点，就称这两个 k-派系相邻。如果一个 k-派系可以通过若干个相邻的 k-派系到达另一个 k-派系，就称前后这两个 k-派系为彼此连通的。在这个意义上，网络中的 k-派系社区可以看成由所有彼此连通的 k-派系构成的集合。例如，网络中的 2-派系代表了网络中的边，而 2-派系社区即代表网络中各连通子图。同样的，网络中的 3-派系代表网络中的三角形，而 3-派系社区即代表彼此连通的三角形的集合。在该社区中，任意相邻的两个三角形都具有一条公共边。

值得指出的是，某些节点可能是多个 k-派系内的节点，而它所在的这些 k-派系又并不相邻(没有 $k-1$ 个公共节点)。因此，这些节点就是不同 k-派系社区的"重叠"部分，如图 3.21 所示。

其中浅色的社团与半浅和较深的社团分别有 3 个和 1 个节点是重叠的。所以，正如 Palla 等所指出的那样，利用 CPM 通常可以找到网络中重叠的社区结构。显然，对于一个大小为 s 的全耦合网络来说，从中任意挑选 $k(k \leqslant s)$ 个节点，都可以形成一个 k-派系。另外，两个有 $k-1$ 个公共节点的大于 k 的全耦合网络之间，也总能够形成

一个 *k*-派系。因此，在实际的 CPM 算法中，只需要寻找网络中各部分最大的全耦合子图(即派系)，就可以利用这些最大全耦合子图来寻找 *k*-派系的连通子图(即 *k*-派系社区)。所以，派系是不可能更大的全耦合子图，而 *k*-派系则只是某个派系的一部分。

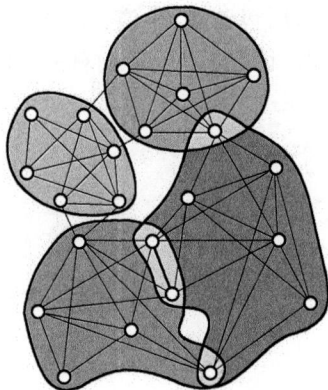

图 3.21　派系社区重叠

2. 寻找网络中的派系

在 CPM 中，采用由大到小、迭代回归的算法来寻找网络中的派系。首先，从网络中各节点的度可以判断网络中可能存在的最大全耦合网络的大小 *s*。从网络中一个节点出发，找到所有包含该节点的大小为 *s* 的派系后，删除该节点及连接它的边(这是为了避免多次找到同一个派系)。然后，另选一个节点，再重复上面的步骤直到网络中没有节点。至此，找到了网络中大小为 *s* 的所有派系。接着，逐步减小 *s*(每一次 *s* 减小 1)，再用上述方法。然后便寻找到网络中所有不同大小的派系。从上面的步骤可知，算法中最关键的问题是如何从一个节点 *v* 出发寻找包括它的所有大小为 *s* 的派系。

对于这个问题，CPM 采用了迭代回归的算法。

首先，对于节点 *v*，定义两个集合 *A* 和 *B*。其中，*A* 为包含节点 *v* 在内的两两相连的所有点的集合，而 *B* 则为与 *A* 中各节点都相连的节点的集合。为了避免重复选到某个节点，在算法中，对集合 *A* 和 *B* 中的节点都按节点的序号顺序排列。

在定义了集合 *A* 和 *B* 的基础上，算法如下。

(1)初始集合 *A* ={*v*}，*B* ={*v* 的邻居}。

(2)从 *B* 中移动一个节点到集合 *A*，同时调整集合 *B*，删除集合 *B* 中不再与集合 *A* 中所有节点相连的节点。

(3)如果 *A* 的大小未达到 *s* 前集合 *B* 已为空集，或者 *A*、*B* 为已有一个较大的派系中的子集，则停止往下计算，返回递归的前一步。否则，当 *A* 达到 *s*，就得到一个新的派系，记录该派系，然后返回递归的前一步，继续寻找新的派系。

由此，就可以得到从 *v* 点出发的所有大小为 *s* 的派系。

3. 利用派系寻找k-派系社区

找到网络中所有的派系以后，就可以得到这些派系的重叠矩阵(clique-clique overlap matrix)。与网络连接矩阵的定义类似，该矩阵的每一行(列)对应一个派系。对角线上的元素表示相应派系的大小(即派系所包含的节点数目)，而非对角线元素则代表两个派系之间的公共节点数。由定义可知，该矩阵是一个对称的方阵，如图3.22(b)所示。

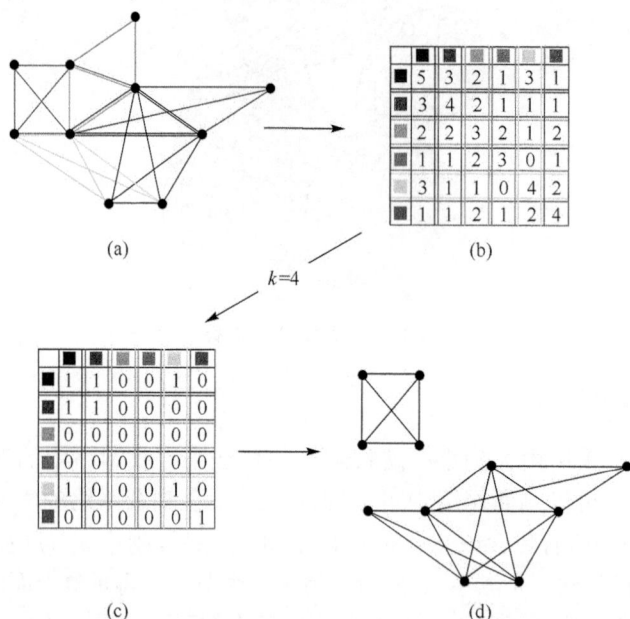

图 3.22　利用派系重叠矩阵寻找 4-派系的社区

得到派系重叠矩阵以后，就可以利用它来求得任意的 k-派系社区。如前所述，k-派系社区就是由共享 $k-1$ 个节点的相邻 k-派系构成的连通图。因此，在原来的派系重叠矩阵中将对角线上小于 k，而非对角线上小于 $k-1$ 的那些元素置为 0，而其他元素置为 1，就可以得到 k-派系的社区结构连接矩阵。其中，各个连通部分就分别代表各个 k-派系的社区。图 3.22 给出了寻找 4-派系社区的一个例子，图 3.22(a) 表示原网络，其中，不同的灰度表示不同的派系。图 3.22(b) 表示该网络的派系重叠矩阵。图 3.22(c) 表示对应 $k=4$ 后的 k-派系社区连接矩阵。图 3.22(d) 是计算结果的 k-派系社区连接示意图。显然，不同的 k 值会影响到最终得到的社区结构。而且，随着 k 值的增大，社区会越来越小，但是结构就越来越紧凑。利用这种算法分析一些实际网络得到的社区结构，结果表明，有 44% 的 6-派系社区在 5-派系社区中出现。而且，有 70% 的 6-派系社区可以在 5-派系社区中找到相似的结构，误差不超过 10%。由此可见，网络的社区结构仅取决于系统本身的特性，与 k 的取值没有太大关系。

3.5.2　电阻网络电压谱分割方法

传统的谱平分法最大的缺陷就是它每次只能将网络平分。如果要将一个网络分成两个以上的社区，就必须对子社区多次重复该算法。针对这个问题，Wu 和 Huberman 提出了一种基于电阻网络电压谱的快速谱分割法[31]。其基本思想是：如果将两个不在同一社区内的节点看成源节点(电压为 1)和终节点(电压为 0)，将每条边视为一个阻值为 1 的电阻，那么，在同一个社区内的节点，它们的电压值应该是比较接近的。因此，只要通过正确的方法找到源、终节点，选择一个合适的电压阈值，就可以得到正确的社区结构。Wu 和 Huberman 已经证明了该算法的时间复杂度只有 $O(m+n)$，是一种线性时间复杂度的算法。此外，该算法还可以在不考虑整个网络的社区结构的情况下，寻找一个已知节点所在的整个社区。但是，该算法与传统的谱分析算法一样，需要事先知道社区的数目。

3.5.3　自旋模型

Potts 模型是统计力学中最流行的模型之一[32]。它描述了一个有 q 个状态的自旋系统。相互作用是铁磁性的，即它有利于自旋对齐，所以在零度时所有的旋转都处于同一状态。如果反铁磁相互作用同样存在，系统的基态可能不是所有自旋对齐的状态，而是不同的自旋值在同质聚类中并存的状态。如果 Potts 自旋变量被分配到一个有社区结构的图的顶点，相互作用在相邻自旋间，很可能结构集群可从类似于有值的系统自旋团簇中再生，因为社区内部比外部有更多的相互作用。基于这个想法，Reichardt 和 Bornholdt 被 Blatt 等早期的一篇论文启发，提出将网络社区映射到哈密顿量中的基态磁性空间的 q-Potts 模型的社区的方法。模型的哈密顿量，即能量如下：

$$H = -J\sum_{i,j} A_{ij}\delta(\sigma_i,\sigma_j) + \gamma\sum_{s=1}^{q}\frac{n_s(n_s-1)}{2} \tag{3-75}$$

其中，A_{ij} 是邻接矩阵的元素；δ 是 Kronecker 函数；n_s 是状态 s 的自旋数；J 和 γ 是耦合参数；能量 H 是两个竞争项的和：$-J\sum_{i,j} A_{ij}\delta(\sigma_i,\sigma_j)$ 是经典铁磁 Potts 模型能量，有利于自旋对齐；$\gamma\sum_{s=1}^{q}\frac{n_s(n_s-1)}{2}$ 相反，当自旋均匀分布时达到峰值。γ/J 表示两项的相对重要性：通过调整 γ/J 可以探索从整个被视为一个集群的图到由单个顶点组成的集群的不同层次的模块度系统，如果 γ/J 被设置成图 $\mathcal{G}$ 的边平均密度值 $\delta(\mathcal{G})$，如果自旋在子图对齐，那么系统的能量较小，因为它们的内部边密度大于 $\delta(\mathcal{G})$，而外部边密度小于 $\delta(\mathcal{G})$，即若子图是集群。通过模拟退火对 H 进行最小化，从自旋随机分配的结构到各顶点, 状态 q 的数量非常高。这个过程相当快, 并且结果不依赖于 q(假如 q 足够高)。这个方法还能从对应于全球和当地的能量最小值的划分的比较, 来识别社区间的公共顶点。哈密顿量 H 可被改写为

$$H = \sum_{i<j} \delta(\sigma_i, \sigma_j)(\gamma - A_{ij}) \qquad (3\text{-}76)$$

这是无限范围的 Potts 自旋玻璃的能量, 由于每对自旋在相互作用(相邻或不相邻), 可能有正面和负面的耦合。这个方法可以通过将自旋耦合比例引入边的权重, 简单地扩展到对加权图的分析, 这相当于在式 (3-76) 中, 用加权矩阵 W 替换邻接矩阵 A。Ispolatov 等[33]采用了一个和式 (3-75) 相似的哈密顿量, 在式 (3-76) 的对应项和自由能熵(与 $n_s \log_2 n_s$ 成比例)之间有一个可调的反铁磁项插值, 它的最小化同找到 Blatt 等使用的 Potts 模型的有限温度状态等价。式 (3-76) 基于后续 Reichardt 和 Bornholdt 提出的具有任意空模型的模块度的推广模型。

其他的一些工作, 例如, Son[34]等提出了一种基于铁磁性随机场伊辛模型 (ferromagnetic random field Ising model, FRFIM) 的聚类技术。已知一个加权矩阵的加权图, 哈密顿量在图中的 FRFIM 为

$$H = -\frac{1}{2} \sum_{i,j} W_{ij} \sigma_i \sigma_j - \sum_i B_i \sigma_i \qquad (3\text{-}77)$$

其中, $\sigma_i = \pm 1$ 和 B_i 分别是自旋和顶点 i 的随机磁场。FRFIM 被研究用来理解自旋玻璃相变的性质, 以及无序介质中界面无序驱动的粗糙变换。模型的表现取决于磁场的选择。Son 等设置除了 s 和 t 两个顶点之外的磁场为 0, 这样, 场有无限的能量和相反的符号。这相当于把 s 和 t 的自旋固定到相反的值, 把负面影响引入这个系统。这个想法是, 如果 s 和 t 是不同社区的中心的顶点, 那么它们把自己的自旋状态赋给社区的其他成员。所以, 最低的能量状态是一个将图极化成含有所有正自旋的子图和含有所有负自旋的子图的形状, 若定义适当, 则与社区一致。找到 H 的最小值等价于求解一个最大流量或最小割问题, 可以通过一个著名的组合优化技术解决, 如增广路径算法。对一个给定的 s 和 t, 许多基态可以被找到。所有的基态中最后在同一个聚类中的顶点代表集群的核心, 被称为小圈子。可能有顶点不属于小圈子, 这表明两个聚类重叠。在关于图的聚类结构信息缺失的情况下, 需要对任何一对顶点 s 和 t 重复这个过程。例如, 选择同一聚类中的顶点不会有有意义的划分。Son 等区分大概是相同大小的相关聚类。这个过程可以被迭代应用于每一个检测到的聚类, 它被视作单独的图, 直到所有聚类再也没有社区结构。在稀疏图上, 该算法具有复杂度 $O(n^{2+\theta})$, 其中 $\theta \approx 1.2$, 所以它很慢, 目前被用于最多几千个顶点的图。如果偶然知道哪一个是聚类的重要顶点, 例如, 通过计算适当的核心性值(如度或网站的中介性[35]), 那么 s 和 t 的选择受限, 而复杂度可以低至 $O(n^{\theta})$, 这使得分析具有

百万计顶点的系统成为可能。Barabási-Albert 图的测试表明，后者和预期一样，没有社区结构。

3.5.4　基于拓扑势的网络社区发现方法

势场对应描述场的标量势函数，一定存在定义在空间上的矢量强度函数，二者可以通过微分算子 ∇ 相互联结。空间任意一点的势值与某个代表场源强度的参量(如质点的质量或点电荷的电量等)成正比，与该点到场源间的距离成递减关系。将网络 G 看作一个包含 n 个节点及其相互作用的物理系统，每个节点周围存在一个作用场，位于场中的任何节点都将受到其他节点的联合作用。根据真实网络的模块化与抱团特性，节点间相互作用具有局域特性，每个节点的影响能力会随网络距离的增长而快速衰减。

拓扑势场是代表短程场且具有良好数学性质的高斯势函数描述节点间的相互作用相应的场。引入拓扑势描述网络节点间的相互作用，将每个社区视为拓扑势场的局部高势区，通过寻找被低势区域所分割的连通高势区域实现网络的社区划分。理论分析与实验结果表明，该方法无须用户指定社区个数等算法参数，能够揭示网络内在的社区结构及社区间具有不确定性的重叠节点现象。算法的时间复杂度为 $O(m+n^{3/\gamma}) \sim O(n^2)$，$n$ 为网络节点数，m 为边数，$2 < \gamma < 3$ 为一个常数。

约定基于拓扑势的方法简称 BTP 方法，非基于拓扑势的方法简称 NBTP(not based on topology potential)方法。

现有拓扑势算法及性能见表 3.4。

表 3.4　现有拓扑势算法及性能表

拓扑势算法	时间复杂度	是否为重叠发现方法	是否需要指定参数
GAN W, HE N, LI D, et al. 2009[36]	$O(m+n^{3/\gamma}) \sim O(n^2)$	是	否
HAN Y, LI D, WANG T. 2011[37]	$O(n^2)$	是	否

本小节以前者为例，介绍拓扑势算法。

给定网络 $G=(V, E)$ 及其对应某个 σ 值的拓扑势场，其中，$V=\{v_1, \cdots, v_n\}$ 为节点集，$E \subseteq V \times V$ 为边集，$|E| = m$，基于拓扑势的社区发现方法可形式化描述如下。

(1)拓扑势吸引(topology-potential attraction)：已知局部极大势值节点 v^*，$\forall v \in V$，如果存在节点集 $\{v_0, v_1, \cdots, v_k\} \subset V$，使得 $v_0 = v$，$v_k = v^*$ 且 v_i 位于 $v_i - 1$ 的势值上升方向，$0 < i < k$，则称 v 被 v^* 拓扑势吸引。

(2)单代表点社区(one-representative community)：已知局部极大势值节点 v^*，如果存在子集 $C \subseteq V$，使得 $\forall v \in C$ 都被 v^* 拓扑势吸引，则称 C 为以 v^* 为代表点的社区。

(3)多代表点社区(multi-representatives community)：已知局部极大势值节点集合 $A \subset V$，如果存在子集 $C \subseteq V$，使得以下条件成立，则称 C 为代表点集合为 A 的多代表社区：$\forall v \in C, \exists v^* \in A$，使得 v 被 v^* 拓扑势吸引；$\forall v^* \in A, \exists w^* \in A$ 且 $w^* \neq v^*$，使得 v^* 与 w^* 的距离 $d(v^*, w^*) < \lfloor 3\sigma^2 \rfloor$。

基于拓扑势的社区发现算法 (a community discovering algorithm based on topological potential) 如下。

输入：网络 $G=(V, E)$ 和影响因子 σ，其中，$V=\{v_1, \cdots, v_n\}$，$|E|=m$。

输出：社区 $C_1, \cdots, C_t$。

算法步骤：

(1) $\varphi(v_1), \cdots, \varphi(v_n) = \text{Cal\_TopologicalPotential}(G, \sigma)$;// 计算节点拓扑势；

(2) $V_{\text{rep}} = \text{Searching\_MaxPotentialNodes}(G, \varphi(v_1), \cdots, \varphi(v_n))$; //采用最大势值上升方向指引的爬山法搜索局部极大势值节点，确定社区代表点集合；

(3) $[C_1, \cdots, C_t] = \text{Community\_Detecting}(G, V_{\text{rep}}, \varphi(v_1), \cdots, \varphi(v_n))$; //根据社区代表点形成网络的社区划分；

(4) 输出社区 $C_1, \cdots, C_t$。

分析上述算法步骤，步骤 (1) 根据给定 σ 值计算网络节点的拓扑势。如果考虑网络中所有节点的影响，则计算拓扑势的时间复杂度取决于计算所有节点对之间最短路径长度的时间复杂度，至少为 $O(nm)$，稀疏图情况下为 $O(n^2)$。根据高斯函数的数学性质，每个节点的影响范围为 $l = \lfloor 3\sigma^2 \rfloor$ 跳以内的邻近节点，节点拓扑势计算公式可简化为

$$\varphi(v) = \frac{1}{n} \sum_{j=1}^{l} n_j(v) \times e^{-\left(\frac{j}{\sigma}\right)^2}, \quad \forall v \in V \tag{3-78}$$

其中，$n_j(v)$ 为节点 v 的 j 跳邻居节点数。此时，计算所有节点拓扑势的开销为 $J \sum_{v \in V} \sum_{j=1}^{l} n_j(v)$。当 $l=1$ 时，其时间复杂度为 $O(m)$；当 $l = 2$ 时，其时间复杂度近似 $O(m + n^{3/\gamma})$，$2 < \gamma < 3$ 为一个常数；随着 l 的增大，当 l 趋近于网络的平均最短路径长度时，$\sum_{j=1}^{l} n_j(v)$ 趋近于 n，总的拓扑势计算开销也趋近于 $O(n^2)$。

步骤 (2) 通过遍历每个节点的最大势值上升方向搜索所有的局部极大势值节点。爬山过程会对每个已遍历节点进行标记，当遇到某个已遍历节点时，表明此次爬山指向一个已发现的局部极大势值节点，则随机选择一个新的节点开始爬山。该步骤的时间复杂度为 $O(m)$。

步骤 (3) 根据代表点集合 V_{rep} 实现网络的社区划分。令代表点个数为 $n_{\text{rep}} << n$，根据势值大小自上而下遍历每一个待划分节点，确定其所属社区的时间复杂度为 $O(n_{\text{rep}} \times n) \sim O(n)$。因此，基于拓扑势的社区发现算法总的时间复杂度取决于节点拓扑势的计算开销，最坏情况下为 $O(n^2)$，最好情况下为 $O(m + n^{3/\gamma})$。

采用基于拓扑势的社区发现算法对 Zachary 网络进行社区划分。令 σ 取优化值 1.0203，相应的拓扑势场分布如图 3.23(b)所示(图中节点的大小与其拓扑势值成正比)，显然存在两个局部极大值节点，分别对应真实社区结构的两个核心节点 v_1、v_{34}；以局部极大势值节点为社区代表节点，初始的社区划分如图 3.23(c)所示，迭代划分 17 个边界节点后所得的社区结构如图 3.23(d)所示，其中，v_{10} 与两个社区的连接一样多，可以看作重叠节点。根据邻居节点的拓扑势值，将 v_{10} 划分给最大势邻居 v_{34} 所在的社区。显然，基于拓扑势的社区发现方法所得到的社区结构与 Zachary 网络内在的社区结构是相符的。

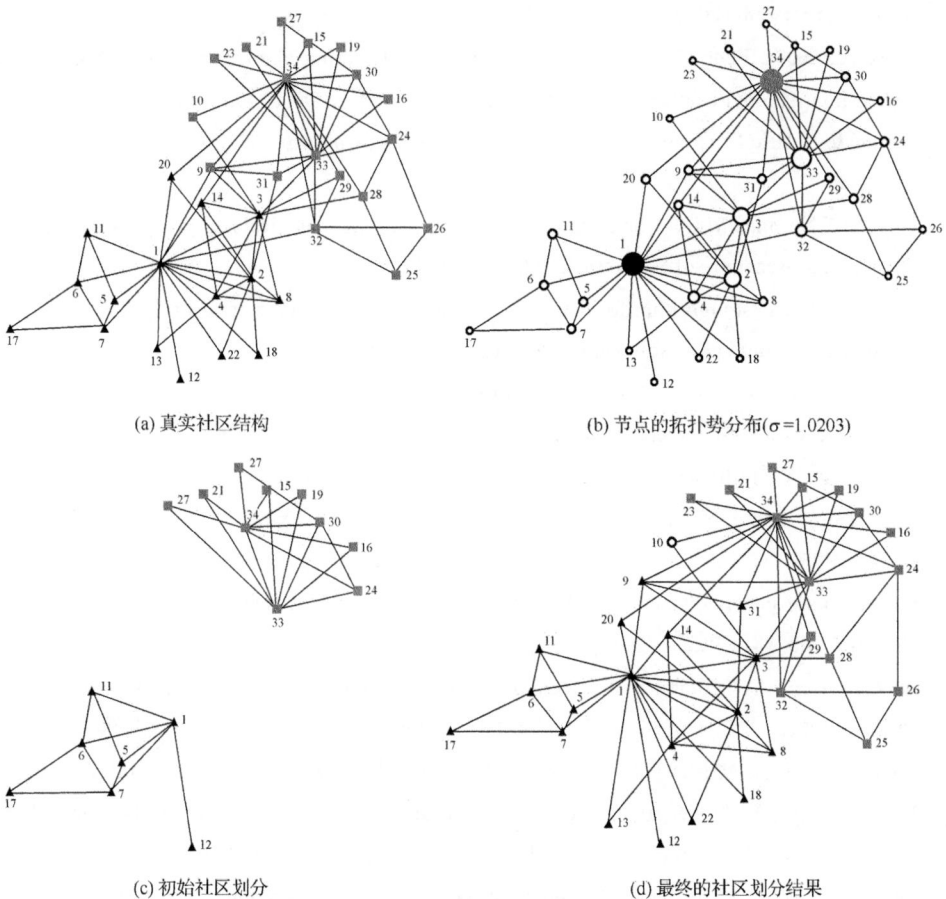

(a) 真实社区结构

(b) 节点的拓扑势分布(σ=1.0203)

(c) 初始社区划分

(d) 最终的社区划分结果

图 3.23 基于拓扑势的社区发现示意图

参 考 文 献

[1] Kernighan B W, Lin S. An efficient heuristic procedure for partitioning graphs[J]. Bell System Technical Journal, 1970, 49(2): 291-307.

[2]　Newman M. Networks: An Introduction[M]. Oxford: Oxford University Press, Inc, 2010.

[3]　Fiedler M. Algebraic connectivity of graphs[J]. Czechoslovak Mathematical Journal, 1973, 23(23): 298-305.

[4]　Han J, Kamber M. Data mining: Concepts and techniques[J]. Data Mining Concepts Models Methods & Algorithms Second Edition, 2000, 5(4): 1-18.

[5]　Fortunato S. Community detection in graphs[J]. Physics Reports, 2009, 486(3-5): 75-174.

[6]　杨建新, 周献中, 葛银茂. 基于拉普拉斯图谱和 K 均值的多社团发现方法[J]. 计算机工程, 2008, 34(12): 178-180.

[7]　Xu X, Yuruk N, Feng Z, et al. SCAN: a structural clustering algorithm for networks[C]. Acm Sigkdd International Conference on Knowledge Discovery & Data Mining, 2007: 824-833.

[8]　Fortunato S, Hric D. Community detection in networks: A user guide[J]. Physics Reports, 2016, 659: 1-44.

[9]　Girvan M, Newman M E J. Community structure in social and biological networks[J]. Proceedings of the National Academy of Sciences, 2002, 99(12): 7821-7826.

[10]　Newman M E. Fast algorithm for detecting community structure in networks[J]. Physical Review E Statistical Nonlinear & Soft Matter Physics, 2004, 69(6 Pt 2): 066133.

[11]　Clauset A, Newman M E, Moore C. Finding community structure in very large networks[J]. Physical Review E Statistical Nonlinear & Soft Matter Physics, 2004, 70(6 Pt 2): 066111.

[12]　Blondel V D, Guillaume J L, Lambiotte R, et al. Fast unfolding of communities in large networks[J]. Journal of Statistical Mechanics Theory & Experiment, 2008(10): 155-168.

[13]　Schuetz P, Caflisch A. Multistep greedy algorithm identifies community structure in real-world and computer-generated networks[J]. Physical Review E Statistical Nonlinear & Soft Matter Physics, 2008, 78(2 Pt 2): 026112.

[14]　Duch J, Arenas A. Community detection in complex networks using extremal optimization[J]. Physical Review E Statistical Nonlinear & Soft Matter Physics, 2005, 72(2): 027104.

[15]　钟姤. 基于多目标优化的社团发现及系统实现[D]. 北京: 北京邮电大学, 2010.

[16]　Zhao Y, Jiang W, Li S, et al. A cellular learning automata based algorithm for detecting community structure in complex networks[J]. Neurocomputing, 2015, 151: 1216-1226.

[17]　Du J, Lai J, Shi C. Multi-objective optimization for overlapping community detection[C]// Part II of the Proceedings of the 9th International Conference on Advanced Data Mining and Applications-Volume 8347. New York: Springer-Verlag New York, Inc, 2013: 489-500.

[18]　侯田. 基于多目标优化算法的网络社区检测方法研究[D]. 西安: 西安电子科技大学, 2012.

[19]　Kernighan B W, Lin S. An efficient heuristic procedure for partitioning graphs[J]. Bell System Technical Journal, 1970, 49(2): 291-307.

[20]　Gregory S. Finding overlapping communities in networks by label propagation[J]. New Journal

of Physics, 2010, 12(10): 103018.

[21] Leung I X Y, Hui P, Lio P, et al. Towards real-time community detection in large networks[J]. Physical Review E, 2009, 79(6): 066107.

[22] Zhao Y, Li S, Chen X. Community detection using label propagation in entropic order[C]// Proceedings of the Computer and Information Technology, 2012 IEEE 12th International Conference on. IEEE, 2012: 18-24.

[23] Lou H, Li S, Zhao Y. Detecting community structure using label propagation with weighted coherent neighborhood propinquity[J]. Physical A: Statistical Mechanics and its Applications, 2013, 392(14): 3095-3105.

[24] Rosvall M, Bergstrom C T. Maps of random walks on complex networks reveal community structure[J]. Proceedings of the National Academy of Sciences, 2008, 105(4): 1118-1123.

[25] Kim Y, Jeong H. Map equation for link communities[J]. Physical Review E, 2011, 84(2): 026110.

[26] Newman M E J, Leicht E A. Mixture models and exploratory analysis in networks[J]. Proceedings of the National Academy of Sciences, 2007, 104(23): 9564-9569.

[27] Ren W, Yan G, Liao X, et al. Simple probabilistic algorithm for detecting community structure[J]. Physical Review E, 2009, 79(3): 036111.

[28] Yu L, Wu B, Wang B. Lblp: link-clustering-based approach for overlapping community detection[J]. Tsinghua Science and Technology, 2013, 18(4): 387-397.

[29] Dongen S. Graph clustering by flow simulation[D]. Dutch National Research Institute for Mathematics and Computer Science, University of Utrecht, Netherlands, 2000.

[30] Palla G, Derényi I, Farkas I, et al. Uncovering the overlapping community structure of complex networks in nature and society[J]. Nature, 2005, 435(7043): 814.

[31] Wu F, Huberman B A. Finding communities in linear time: A physics approach[J]. The European Physical Journal B, 2004, 38(2): 331-338.

[32] Wu F Y. The Potts model[J]. Review of Modern Physics, 1982, 54(1): 235-268.

[33] Ispolatov I, Mazo I, Yuryev A. Finding mesoscopic communities in sparse networks[J]. Journal of Statistical Mechanics, 2006, 9(5): p09014.

[34] Son S W, Jeong H, Noh J D. Random field Ising model and community structure in complex networks[J]. The European Physical Journal B: Condensed Matter and Complex Systems, 2006, 50(3): 431-437.

[35] Freeman L C. A set of measures of centrality based on betweenness[J]. Sociometry, 1977, 40(1): 35-41.

[36] Gan W Y, He N, Li D Y, et al. Community discovery method in networks based on topological potential[J]. Journal of Software, 2009, 20(8): 2241-2254.

[37] Han Y, Li D, Wang T. Identifying different community members in complex networks based on topology potential[J]. Frontiers of Computer Science in China, 2011, 5(1): 87-99.

第4章 社区发现的新兴方法

随着通信、移动终端和计算机技术的飞速发展，社交网络成为人们日常交友沟通、个人动态更新和发布消息的重要渠道。同时，社交网络存在网络模块结构，有些个体之间的联系比较紧密，有些个体之间联系比较稀疏，形成了社交网络中的社区结构。在社交网络中发现隐含的模块结构，有助于理解社交网络的结构特点、揭示复杂系统内在功能特性、理解社区内个体关系与行为的趋势，为信息检索、推荐系统、信息传播、公共安全等诸多应用提供技术支撑，社交网络不仅具有重要的学术价值,而且具有很强的实际应用的社会价值。社区发现的提出已有近 20 年的时间,但是由于社交网络的发展，最近突显出了一些社区发现的工作。①由于在社交网络中，用户作为网络中的顶点，用户的行为或相似性形成了顶点之间的连边，在这种网络拓扑上，发现具有紧密连接的用户是非常有用的，称为社区发现。②由于在社交网络中，用户可能具有多重角色或参与到多个社区当中，所以重叠社区发现对于发现顶点在网络的功能地位是一个很有意义的工作。③在社交网络中，顶点的属性信息越来越丰富，利用顶点属性将社交网络建模成属性网络，将顶点属性作为社区发现的考虑因素，就是属性网络社区发现，相对于单纯的网络结构社区发现，属性网络社区发现能够发现具有更高一致性的社区，或者使发现的社区具有主题意义。

4.1 非重叠社区发现方法

最近几年出现了一些非重叠社区发现的研究成果，其中出现了基于多目标的社区发现、基于遗传算法的社区发现、基于稳定度的社区发现、基于后验方法的社区发现、基于截断 PageRank 的社区发现、基于果蝇爬山策略的社区发现,基于密度的社区发现、基于动态距离学的社区发现和其他社区发现方法，下面分别介绍这些方法。

4.1.1 基于多目标的社区发现方法

近些年来，复杂网络中的社区发现引起了广泛关注。主要的原因是社区在结构功能关系中扮演着特殊的角色，因此社区(或者模块)发现就会成为一种识别可能与重要功能相关的子结构。例如，万维网上的社区是一系列的具有相同主题的网页。生物网络的模块结构在生物功能上发挥重要的作用。

粗略地说，社区是一组内部紧密相连的点，但是和网络的其他点连接比较稀疏。

为了提取出这样的一组节点，通常的做法是选择一个目标函数，这个函数能够得到一个社区的一组节点，比起外部的相关性，这组节点有更强的内部相关性。这个目标函数在优化的时候经常会面临 NP 困难问题。所以为了找到这样能够组成社区的一组节点，经常采用启发式算法或者类似的算法去优化目标函数。因此，传统的社区发现都被认为是一个单目标优化问题(single-objective optimization problem，SOP)。这也就是，社区发现伴随着发现社区的结构是一个在单目标函数上的优化问题。大多数的传统的社区发现算法都是基于这种单目标优化问题。不同的算法由不同的演化方程和优化方法。这些单目标方案已经成功地应用在人造或者真实的网络中。然而，这些单目标的社区发现也面临很多基础问题。这些单目标算法经常限制在一个特定的社区结构的解决方案上，因为它只考虑了这一个目标函数。当优化目标不合适时，这些算法经常会失效。另外，单目标算法只能找到固定社区的一部分，这可能不适合具有多个潜在结构的网络问题(如分层或者重叠结构)。

社区发现是一个通过优化多目标函数来发现社区结构的问题。而不是在单目标社区发现的单目标函数。为了有效地解决这个问题，文献[1]提出了多目标社区发现算法(multi-objective community detection，MOCD)。MOCD 包括两个阶段。在第一个社区发现阶段，MOCD 使用进化算法同时优化两个有冲突的目标函数，然后返回一系列的、在这个优化问题中的最优解。为了在选择合适的社区上辅助决策者，在第二个模型选择阶段，提出两种模型选择方法在第一阶段返回的一系列的解决方案中选择一个推荐的解决方案。我们做了大量的实验来验证这个多目标社区检测。与传统的单目标社区发现返回的单个解决方案相比，MOCD 返回多个解决方案。这些解决方案不仅能够从多方面展示完整的结构信息(如层析结构和重叠结构)，而且给决策者基于其他目标信息来选择合适的解决方案的灵活性。此外，由 MOCD 提出的模型选择推荐的解决方案会比那些已经存在的社区发现算法生成的解决方案更加精准。

在过去的 10 年里，复杂网络已经吸引了大量的来自不同领域的研究者，因为在现实世界中无处不在的复杂系统都可以表示为网络。在复杂网络中，节点表示系统中的对象，而边表示它们的相互作用。复杂网络具有许多重要的特征，如"小世界"和长尾分布。社区结构是复杂网络的另一个重要特征。一般来说，社区是一组彼此密集联系但和剩余网络节点简单地连接的网络节点组。许多现象表明，群落结构在复杂系统中扮演着重要的角色。因此，发现社区可以使我们熟悉复杂系统的重要功能和内部结构。

许多社区检测算法已经被提出。在一般的社区检测过程中，一个单一的目标函数被用来捕捉一个社区的直觉，然后目标函数被优化，以达到最佳的值。因为优化这些目标函数通常是 NP 困难问题，所以许多近似方法被用来获得局部最优解，如谱方法和遗传算法。因此，可以定义社区发现问题 (Ω, O) 为一个单目标优化问题。在同一时间从不同的角度评价群落结构可能是一个更为自然和合理的方式。换言之，多个目标函数被用来同时捕获一个社区的直觉。这种模式有助于避免单目标方法中存在的结构偏好。此外，它从不同方面全面考虑群落结构信息，这可能会得到一个更精确的社区结构。因此，社区发现可以阐述为一个多目标优化问题(multiobjective optimization problem，MOP)。也就是说，社区发现问题对应于发现社区结构，(社区结构)在多个目标函数上是最佳的，而不是单目标方法中的一个单一的目标函数。最近，一些用于社区发现的多目标优化算法已经被提出，这些算法已经在生成一组解决方案和推荐更有意义的解决方案方面展现出它们的优势。

　　然而，对于这个新的社区探测范式，一些重要的问题仍然没有解决。为了从不同的角度捕捉社区的直觉，许多最优化目标已经被提出。被这些优化目标鉴别出来的社区具有不同的特点，并且这些目标具有内部相关性。最优化目标如何影响多目标社区发现的性能?就提高社区划分的准确性而言，什么类型的目标函数应该被优化?这些问题的答案不仅为多目标社区发现提供了实质性的洞察力，同时也能解释单目标和多目标社区发现的区别。此外,(这些问题的)答案可以指导多目标优化学习算法的设计。

　　为了解决这些问题，文献[2]首先提出一个通用的多目标社区发现解决方案，称为 NSGA-Net，它可以优化任意目标函数。然后，基于 11 个流行的目标函数分析社区的结构特点，并把任何两个目标函数之间的关系分为三类：正相关、独立和负相关。最后，比较 NSGA-Net 优化来自 3 种类型的 6 对目标函数(每种 2 对)和基于 SOP 方法优化原来的单目标函数的结果。从大量的人工和实际网络实验中，发现下面的现象：①被不同的目标鉴定出的社区有不同的结构特点。②这些目标具有内在相关性，这决定了它们的不同行为。③NSGA-Net 3 只优化成负相关目标，通常会比可以被任意原始目标优化的方法有更好的表现。用负相关目标，NSGA-Net 比大多数传统社区发现算法完成得更好。这些发现不仅为用户提供在网络环境中选择最合适的目标函数的指导，而且使多目标社区发现算法的设计受益。

4.1.2　基于遗传算法的社区发现方法

　　最近的研究表明，在不同领域的复杂系统可以被建模为复杂网络，如互联网、万维网、社交网络、引文网络等。这些网络具有全局稀疏、局部密集的特点。Scott 描述这个特征为"组内部的点之间有更高的边密度，而组间的顶点有较低的边密度"。"组"被称为社区，这往往是揭示一个给定网络隐藏特征的关键因素。因此，不仅是对于发现各个实体之间的联系,还是对于了解大型网络的整体结构和功能特性来说，社区识别都是最基础的一步。

　　由于社区在复杂的网络中扮演着重要的角色，社区结构的识别在计算机和物理领域已引起了极大的兴趣。现在已经有许多用于发现社区的算法。Duch 和 Arenas 总结："这些算法需要对社区给定一个定义，即哪些点能构成一个社区。"算法给出的划分的高效与否很大限度上取决于这个定义。一种定量定义是 Girvan 和 Newman 提出的模块度 Q。模块度是一种应用广泛的评估社区划分好坏的度量，例如，在用

于大规模网络的 Newman 快速算法与极值优化算法。模块度的最值求解是一个 NP
完全的问题，因为解空间增长速度大于数据规模的任意幂次。为此，许多算法采用
不同的启发式策略来优化这个度量。然而，这些算法通常具有较高的时间复杂度，不
适用于大规模复杂网络。因此，需要一个高效的算法来解决这个问题。

文献 [3] 提出了一个社区发现的通用算法 (genetic algorithm for community
detection，GACD) 来满足这个需要。算法通过最大化模块度 Q 得到有效的社区划分，
还运用了一个高效的基于位置邻接关系的编码方式来表示社区划分。这种编码方法不但
明显地缩小了搜索空间，还使得最终社区的规模与数量自适应于数据集。基于该编码方
式，算法还设计了新颖的交叉和编译操作。之后的四个实验用来测试 GACD 的性能。其
中前两个实验分别比较了 GACD 与其他流行算法对于虚构的与实际中的网络，实验结果
表明，算法对于大多数的数据可以发现更好的社区划分。第三个实验测试了算法的扩展
性，结果证明当数据规模线性增长时，相较于其他算法，GACD 运行时间的增量较小。
第四个实验通过测试一个电子邮箱系统与一个随机系统，检测 GACD 的稳定性。

4.1.3　基于稳定度的社区发现方法

传统方法发现社区时，没有考虑网络是否含有固有社区。确切地说，目标函数
的优化对于网络是否拥有社区结构不能提供任何依据，就是说目标函数最优化后，
网络中也不一定包含更强的社区结构。例如，模块度高的网络划分不一定具有更强
的社区结构，模块度低的网络划分，可能具有更强的网络结构。大部分优化度量方
法要么考虑社区中节点的度，要么考虑节点的外部连接的数量且认为节点的外部连
接的分布是同等重要的。决定节点归属不是基于所有外部连接的数量，而是基于与
单个邻居社区相关的最大外部连接数量。节点的稳定度 Permanence[4] 量化了保留在
原始社区的倾向性，和邻居社区对该节点的拉力的程度。

$$\text{Perm}(v) = \left[\frac{I(v)}{E_{\max}(v)} \times \frac{1}{D(v)} \right] - [1 - C_{\text{in}}(v)] \tag{4-1}$$

其中，$I(v)$ 是社区内节点 v 的连接数目；$E_{\max}(v)$ 是与邻居社区的最大连接数；$D(v)$
是节点的度；$C_{\text{in}}(v)$ 是社区内节点的聚集系数。举例如图 4.1 所示。

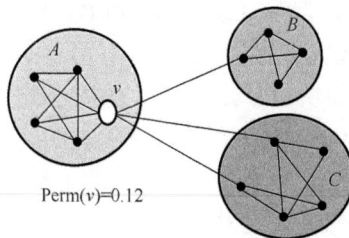

图 4.1　节点 v 的 Permanence 示意图
$I(v) = 4, D(v) = 7, E_{\max}(v) = 2, C_{\text{in}}(v) = 5/6$

稳定度的取值范围是[-1,1]，1 表示节点与社区连接紧密，-1 表示节点与社区连接微弱，即节点归属到了错误的社区。如果节点稳定度为 0，说明节点与不同邻居社区有着平等的拉力。度量中将"拉力"建模为与任意单个邻居社区的最大外部连接个数。对于一个顶点，如果来自所有邻居社区的"拉力"都是相等的，就把它作为一个单个社区，而不是将它归属到某个邻居社区中。

所有顶点的稳定度之和，通过节点的个数归一化，就得到网络的稳定度，表示网络中的节点归属社区的平均程度。网络稳定度取值范围为[-1,1]。最大化稳定度可以作为另一种发现社区的方法。结合微观（节点等级）信息来获取中观信息（社区等级）的方法提供了网络模块结构的一种更细粒度的视角。当网络的社区结构退化时，整个网络的稳定度也下降。

4.1.4　基于后验方法的社区发现方法

对于大型复杂网络的分析，如社交网络、万维网、通信网和生物网，已经在许多社区研究中引起了极大的关注。在这个研究领域中，一个关键的问题就是"如何描述或解释它的社区结构"。这个问题非常重要。因为在网络系统中，这些社区往往有着特殊的作用。社区（模块）发现是根据重要功能来确定子结构的一个方式。

对于社区的一个宽泛的定义是：一组相互之间紧密联系的点，且它们与网络中其他点鲜有联系。对于社区发现，现在已经有很多方法和算法。大部分社区发现算法会选择一个损失函数：先衡量社区划分的准确性，再通过解空间的搜索来优化它。以 Newman 提出的使用模块化进行社区发现的算法为例，这个算法相当于进行模块化的优化。还有一些其他的准确性函数，例如，谱方法中的"cut"函数，以及基于信息论的方法中的"描述长度"。从决策制定的角度来说，这些算法可以看作先验偏好的表达，即先设计一个单一的目标函数，算法返回一个单一的方案作为结果。

尽管对于人工和真实网络，先验方法取得了很大成功，但它们还有一些基本的缺陷。这些算法只优化了一个质量函数，将结果局限到了一个特定的社区结构属性。因此，这种缺陷会导致基础差异，使得不同算法对于相同网络产生不同的结果。此外，先验方法还存在分辨极限问题。Fortunato 和 Barthelemy 用数学方法证明模块化优化有分辨限制。模块化优化不能在大型网络中发现小社区。这引起了对于使用这些技术或者广泛而言使用其他所有单质量函数的方法的模块发现算法的可靠性的关注。为了避免在现有的模块化优化中出现的分辨限制问题，一些量化方法被提出。例如，Reichardt 和 Bornholdt 提出的基于哈密顿的方法，还有 Arenas、Fernandez 和 Gomez 提出的多分辨过程。然而，这些方法仍然有两个缺陷：多次调参运行造成的高时间复杂度和与单目标方法相似的分辨率限制。另外，很多现有算法都需要先验信息——社区数量。而这个信息在真实网络中是未知的。最后，许多现有算法的返回值只是一个单一固定的社区划分。这种结果对于有多种潜在结构的网络而言是不合适的。例如，一个固定的社区划分不能显示出分层次的或者有重叠的结构。然而，重叠结构和层次结构在真实网络中非常普遍。

一般来说，当有多目标时，一般有 3 种决策模型：先验、后验和渐进式。传统的社区发现方法是先验类，即决策者先设计一个体现社区概念的目标函数，然后进行目标优化，仅返回一个解。渐进式方法一般是在优化过程中进行决策。后验决策方法中，决策者会通过搜索解空间来获得一个理想解的解集，然后在这个解集中为模型选择合适的解。通过后验方法，社区发现算法可以返回一个解集。这个解集包含了不同 size 的社区划分，避免了在先验方法中存在的缺陷。另外，真实的社交网络往往是复杂和不确定的。它们不仅有复杂的分层级和重叠模型，而且会随着时间和其他因素而进化。因此，先验方法返回的单一社区划分很难发现真实动态的社区结构。而这种结构在渐进式方法中也很难被控制。相比而言，后验方法就比较简单。因为后验方法返回的是一个解集，这个解集包含了在结构和功能信息上不同的最优解。决策者在选择模型和分析内在隐含信息时有了更多选择。

文献[5]提出了社区发现的后验决策算法。作为一个强大的后验决策方法，将多目标进化算法应用在社区结构发现上。此方法分为两个阶段：第一个阶段，设计了一个多目标进化算法得到一个最优解的集合。第二个阶段，提出了三个模型选择方法和概率矩阵以区分最优解集。这可以帮助决策者选择更合适的解。这个方法不仅会在综合层次网络、重合网络与随机网络中被验证，还在两个真实社交网中进行了验证。

4.1.5　基于截断 PageRank 的社区发现方法

个性化 PageRank 算法是一个可用于社区发现的非常有用的算法，但是传统的基于 PageRank 方法需要大量的运行时间在全网不停地迭代，这些传统方法不仅收敛速度慢，而且需要全局信息，不能满足大规模网络的需求。为了避免无用的、重复的计算，文献[6]结合局部扩张的思想(seed expansion)提出了一种快速社区发现算法：Truncated Inverse PageRank 算法。该算法把局部邻接点间的排序分别作为选择每个社区初始种子的衡量措施，然后通过社区扩张与重判保证本方法能够有效地、准确地检测出社区。本方法仅利用节点的局部信息，可以快速计算，通过在不同类型的网络上的大量实验也证明本方法在发现社区的时间和质量方面都有很好的表现。

首先，在局部范围内计算节点的 PageRank 值；其中，截断反向 PageRank 定义为 $\text{truncated}_{s_i}(r,t)$，$r$ 意味着 PageRank 只进行 r 轮传播，t 限定了以 i 为中心的邻居跳数，例如，2 层 2 轮截断反向 PageRank 可形式化地表示为

$$E_{2,2} = tD^{-1}A + \frac{t^2}{2}D^{-1}A(D-I)^{-1}A \tag{4-2}$$

其次，根据节点的 PageRank 值选择社区成员，利用反向 PageRank 非局部最优特性，为加速选择过程进行剪枝优化；最后，计算加入目标节点后社区的 PageRank 值之和，若超过某一阈值，则将该节点加入社区，反之，则不将该节点加入社区。

实验结果：在 Karate Club、us-football、Enron E-mail、DBLP、YouTube 等共计 12 个真实数据集上进行了实验。使用 Truncated Inverse PageRank（在实验中称为 RankCom）算法在每个数据集上划分社区，并与 Infomap 和 LabelPro 方法进行了比较。实验结果如图 4.2 所示。

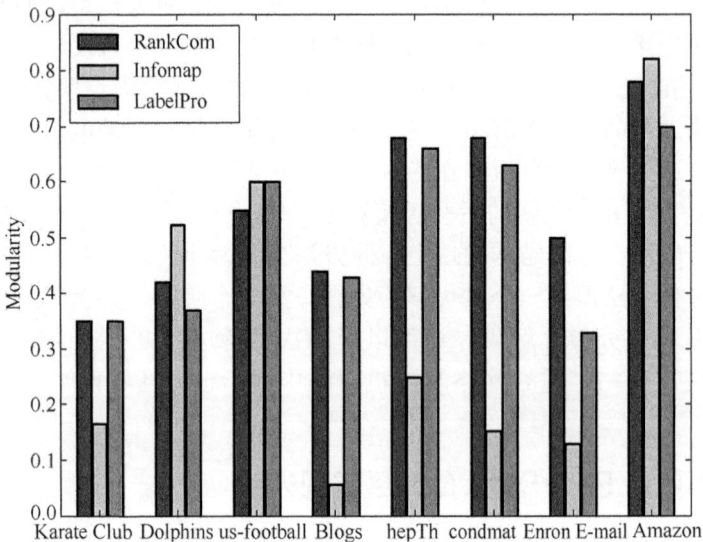

图 4.2　模块度对比实验

通过对比 Infomap 和 LabelPro 算法可以看出：在社区侧写上，提出的方法在社区数量和社区大小的两个社区侧写（community profile）上并没有社区大小的倾向性，能够根据不同类型、不同大小的网络充分地反映社区划分结果。在运行时间上，RankCom 算法在不同数据集上大多数情况下都达到了最优，少数情况（在三个数据集上）达到了接近最优。如图 4.2 可以看到在百万节点的网络中，本算法仅用若干分钟的时间，而在千万级别的网络中（Liverjournal），本算法耗费了 10 余个小时，而传统算法在 10 倍的时间下也没有运行出结果。最后，在模块度指标下，本算法在各个数据集上都得到了最好的结果。

通过在不同规模、不同类型网络上的实验表明，所提出的截断反向 PageRank 可以有效地捕捉节点间相互影响的信息，可以有效地快速估计 PageRank 值，以便进行剪枝,加快算法速度,并且本方法在各项指标上表现优异,尤其适用于大规模网络。

4.1.6　基于果蝇爬山策略的社区发现方法

文献[7]提出一种结合爬山搜索的、基于果蝇优化算法的社区发现技术研究。

传统进化算法存在的问题:①需要设置较多初始化参数,很难理清参数对社区发现质量的影响;②采用模块度作为优化函数,存在分辨率限制问题;③步骤较多。为此,提出了一种利用果蝇优化算法来发现社交网络中的社区结构的方法,方法采用模块密度作为优化函数来解决分辨率限制问题,并在社区发现算法的准确性和稳定性上有所提高,经人工网络和真实网络测试,提出的算法准确率较高。

算法流程:①初始化果蝇群体数量,设置最大迭代次数和种群数量;②对每个群体的每个个体的某个节点进行变异操作,将其赋值为网络中与其相邻的值最多的节点值;③从当前种群中选择优化函数值最大的个体,并在其附近进行爬山搜索,找出最优个体;④从各个种群中选出这些个体;⑤选择这些个体中模块密度最大的个体,转化为社区输出。

算法在人工合成网络和现实已知社区结构的网络上的实验,证明了该算法较准确地划分出社区结构。

4.1.7　基于密度的社区发现方法

空间聚类在城市规划中有着非常重要的应用,当前的空间聚类并没有考虑人的位置信息,文献[8]定义了一个位置社交网络中基于密度聚类位置的新问题,将基于密度的聚类算法扩展应用到位置社交网络中,对空间信息以及社交关系两方面进行建模。这一模型是对经典的基于密度的聚类算法 DBSCAN 的扩展,它用一个新的临界值来替代之前的欧氏距离,这个新的临界值同时考虑了位置之间的空间和社交距离。空间距离是指两个位置之间的欧氏距离,社交距离是指两个用户集之间的社交关系。基于两者共享共同用户定义社交距离度量。

4.1.8　基于动态距离学的社区发现方法

文献[9]提出了一种新的社区发现方法 Attractor,能够通过检查节点间的距离变化自动发现社区,主要思想就是将目标网络看作自适应动态系统,每个节点与其邻居交互。交互将会改变节点之间的距离,而距离将会进一步影响交互。这种相互作用最终会导致距离的稳态分布,具有相同社区的节点移动到一起,而不在同一社区的节点之间会保持尽量远的距离,如图 4.3 所示。

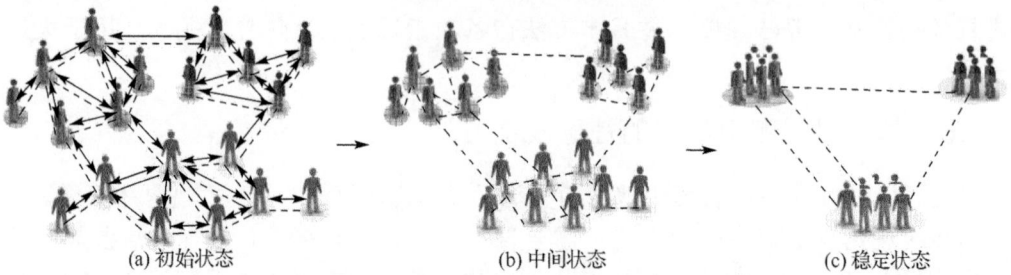

(a) 初始状态　　　　　　(b) 中间状态　　　　　　(c) 稳定状态

图 4.3　基于动态距离学的社区发现算法意义图

该方法的优点有：①提供了一种直观的分析网络社区结构的方法，更重要的是，能够发现自然社区且具有高质量。②Attractor 能够在大规模网络上发现社区，时间复杂度为 $O(|E|)$。③Attractor 可以发现任意大小的社区，所以可以发现真实网络中的小社区及孤立点。该文献定义了节点 u 的邻居 $\Gamma(u)$，包括了邻接点和节点 u，如式 (4-3) 所示。

$$\Gamma(u) = \{v \in V \,|\, \{u,v\} \in E\} \bigcup \{u\} \tag{4-3}$$

根据节点 u 和节点 v 的邻居来计算两点之间的距离，如式 (4-4) 所示。

$$d(u,v) = 1 - \frac{|\Gamma(u) \bigcap \Gamma(v)|}{|\Gamma(u) \bigcup \Gamma(v)|} \tag{4-4}$$

对于有权图来说，两点之间的距离可以扩展为

$$d(u,v) = 1 - \frac{\sum_{x \in \Gamma(u) \bigcap \Gamma(v)} [w(u,x) + w(v,x)]}{\sum_{\{x,y\} \in E; x,y \in \Gamma(u) \bigcup \Gamma(v)} w(x,y)} \tag{4-5}$$

在基于动态距离学的社区发现方法中，需要建立交互模型发现社区，交互模型需要确定交互范围和交互模式。其中交互范围是局部的，精确地说，每个节点仅与其邻接点进行交互。而交互模式中存在三种影响节点交互的情况，如图 4.4 所示。

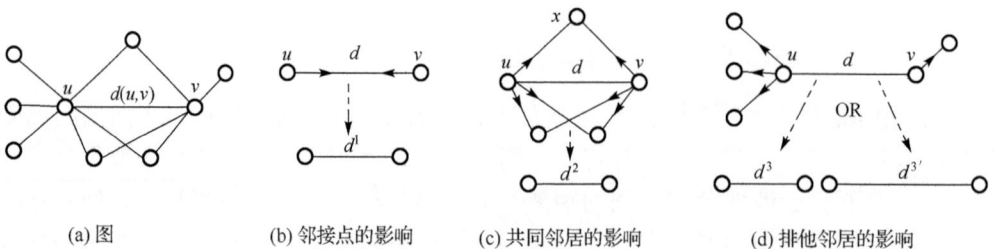

(a) 图　　　(b) 邻接点的影响　　　(c) 共同邻居的影响　　　(d) 排他邻居的影响

图 4.4　三种不同交互对节点距离的影响示意图

三种交互模式介绍如下。

(1) 如图 4.4(b) 所示,来自直接向量节点的影响,节点 u 和节点 v 直接相连,随着交互的增加,两点之间的距离在缩小,记为 DI,其公式定义为

$$DI = -\left\{ \frac{f[1-d(u,v)]}{\deg(u)} + \frac{f[1-d(u,v)]}{\deg(v)} \right\} \qquad (4\text{-}6)$$

其中,$\deg(u)$ 是节点 u 的度;f 是耦合函数,可以是 sin 函数等;$1-d(u,v)$ 是节点 u 和节点 v 之间的相似性。

(2) 如图 4.4(c) 所示,来自共同邻居的影响,节点 u 和 v 的共同邻居为 $CN=[\Gamma(u)-u] \bigcap [\Gamma(v)-v]$,共同邻居使得节点 u 和节点 v 相互吸引,使得距离变小,记为 CI,其公式定义为

$$CI = -\sum_{x \in CN} \left\{ \frac{1}{\deg(u)} \cdot f[1-d(x,u)] \cdot [1-d(x,v)] + \frac{1}{\deg(v)} \cdot f[1-d(x,v)] \cdot [1-d(x,u)] \right\} \quad (4\text{-}7)$$

(3) 如图 4.4(d) 所示,来自单独邻居的影响,存在一些邻居节点,这些节点要么只是 u 的邻居,要么只是节点 v 的邻居。记为 $EN(u)=\Gamma(u)-\Gamma(u) \bigcap \Gamma(v)$,$EN(v)=\Gamma(v)-\Gamma(u) \bigcap \Gamma(v)$,根据前两种交互模式,这些单独邻居会吸引节点靠近这些邻居本身,然而无从得知,节点 u 是会向节点 v 靠近还是远离。需要定义一个启发式策略,检查节点 u 的单独邻居是否和节点 v 相似,或者相反。如果节点 u 的单独邻居与节点 v 相似,则 u 向单独邻居移动时,将减小 $d(u,v)$。相反,如果节点 u 的单独邻居与节点 v 不相似,则增加 $d(u,v)$。因此引入一致性参数 λ 来决定潜在的影响,定义为

$$\rho(x,u) = \begin{cases} 1-d(x,v), & 1-d(x,v) \geqslant \lambda \\ 1-d(x,v)-\lambda, & \text{否则} \end{cases} \qquad (4\text{-}8)$$

其中,$\rho(x,u)$ 刻画了对 $d(u,v)$ 的正负影响程度,则单独邻居的影响记为 EI,定义为

$$EI = -\sum_{x \in EN(u)} \left\{ \frac{1}{\deg(u)} \cdot f[1-d(x,u)] \cdot \rho(x,u) \right\} - \sum_{y \in EN(v)} \left\{ \frac{1}{\deg(v)} \cdot f[1-d(y,v)] \cdot \rho(y,v) \right\} \quad (4\text{-}9)$$

结合上述三种情况,$d(u,v)$ 的动态表达式为

$$d(u,v,t+1) = d(u,v,t) + DI(t) + CI(t) + EI(t) \qquad (4\text{-}10)$$

其中,$d(u,v,t+1)$ 是时刻 $t+1$ 时的更新距离。基于上述距离定义,给出社区发现的步骤:①初始时刻 $(t=0)$,根据式 (4-4) 计算任意两个相连节点对之间的距离作为初始距离;②随着时间变化,根据固有的局部拓扑结构和 DI、CI、EI 更新节点之间的距离,同一社区内的节点之间的距离减小,而不同社区之间的

距离变大；③最终所有的距离收敛通过移除具有最大距离的边实现社区发现，
示意图见图 4.5。

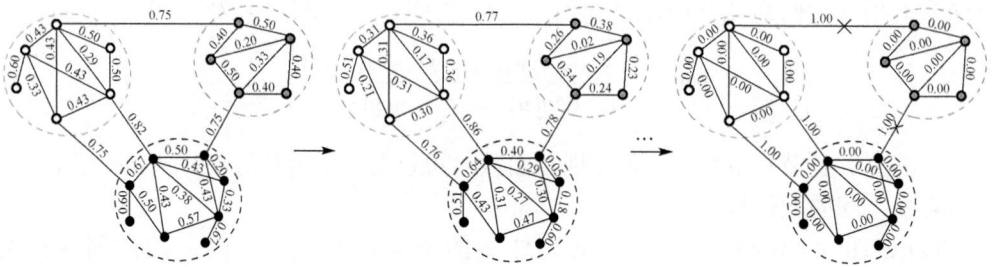

图 4.5　基于动态距离学社区发现算法示意图

4.1.9　其他社区发现方法

文献[10]通过对大网络进行 k-shell 分解得到核心节点，在由核心节点组成的小
网络上运行 CNM（Clauset Newman Moore）算法，得到对核心节点的社区划分，基于
LPA 标签传播思想，为非核心节点推出其所属的核心节点的社区标签，提出了基于
k-shell 的针对大规模非重叠社区的高效社区发现算法。文献[11]针对传统社区发现
方法将社区看作一个节点的集合，利用粗糙集的方法将社区看作两个包含不同节点
的集合，上近似集合和下近似集合。该方法首先利用节点相似度将节点转换为相似
度向量，使用粗糙 k-means 方法对向量进行聚类，进而形成社区。

4.2　重叠社区发现方法

传统的社区发现算法认为社区中的每个节点只能属于一个单独社区的情况。然
而，现实中网络社区之间往往是交错关联与相互重叠的，例如，同一个研究人员感
兴趣的研究领域往往不止一个，而是对相近或相关的若干个研究领域感兴趣，因此
科研合作网络的社区可能大都是相互重叠的。显然，硬划分的社区发现算法无法满
足此需求。为此，人们陆续提出一系列方法来挖掘网络重叠社区，如社区重叠传播
算法，基于最大完全图的层次凝聚聚类算法，基于线图与粒子群优化技术的网络重叠
社区发现算法以及基于链接的算法等。这种重叠社区结构能够更加如实地反映系统的
结构。近年来，重叠社区发现算法的研究已经是复杂网络研究中的重要研究内容之一。

4.2.1　重叠社区发现的定义及相关概念

重叠社区包含了具有相似特征的相同类型的对象或关系，它是复杂网络的一种
特殊形式。

一个网络的基本形式为 $G = (V, E, C)$，其中 V 是顶点的集合，E 是边的集合，C 表示多个重叠的子社区集合，重叠社区中的某些节点属于多个子社区，如图 4.6 所示。

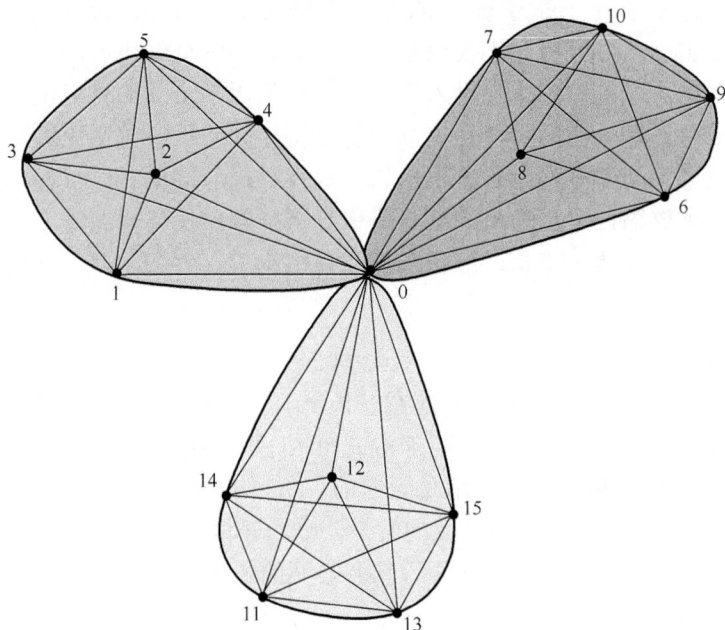

图 4.6　重叠社区结构

4.2.2　结合隐式链接偏好的重叠社区发现方法

社区发现是理解复杂网络中结构样式的重要技术。过去 10 年中，发现复杂网络中的社区结构已经被广泛研究。一个社区直观地被认为是一组节点，这组节点内部的链接要比其他成员和组外的链接多。在现实世界中，社区可以由用户在自我网络中进行手动划分，来自于同一机构的合作网络的作者，生化网络中具有相同功能的蛋白质。此类群体研究问题都被称为社区发现问题。

经典的社区发现方法假设一个节点精确地属于一个社区。然而，在复杂网络中、在日常生活中，经常会遇到成员属于多个社区的情况。例如，在同一个部门的两个同事也在同一个公司；一个人可以在在线论坛中同时参与几个讨论组。

现有的重叠社区发现方法可以被分为两类：一类是基于密度的子图抽取，即采用一定的标准在网络社区发现重叠稠密子图或簇；另一类是基于社区联系模式，即提前确定了社区的数量和根据某些优化函数将每个节点分配给多个社区。然而，这两类经典的方法只关注链接本身，但是忽略了链接之间的隐含偏好信息。非负矩阵分解已经成为研究社区发现的方法，非负矩阵分解技术是为了找到社区隶属矩阵和近似邻接矩阵。现有的方法主要使用传统的最小二乘误差作为目标函数。然而，目标函数试图近似于邻接矩阵值，但是不可避免地导致不加选择的惩罚问题。

文献[12]提出了一个基于偏好的非负矩阵分解模型(probability non-negative matrix factorization，PNMF)，不仅修复了以前非负矩阵分解模型的不加选择的惩罚问题，而且将隐含链接偏好信息融入模型中。模型用一个新的目标函数，最大化了每个节点的成对偏好顺序的可能性。当分解邻接矩阵与社会关系矩阵时，对于出现在非连接的位置上的非零值没有给出惩罚，只保存成对的偏好。目标函数可以看作以前方法的一种放缩，采用随机梯度下降引导采样解决优化问题。

PNMF 大致分为四个步骤：准备工作、模型组成、参数学习、其他问题。下面分别介绍这四步。

1) 准备工作

给定一个无权重和无向网络 $N(V, E)$，V 表示一组 n 个节点的集合，E 表示一组 m 条边的集合。可以获取它的邻接矩阵 $G \in \{0, 1\}^{n \times n}$，利用 $g_{i,j}$ 是一个指示器，表示 i 和 j 节点之间是否连接。因为网络是无向的，所以 G 是一个对称矩阵。

C 表示社区的集合，p 表示社区的数量。非负矩阵 F 表示所有节点的节点社区成员。每个 $F_{u,c}$ 表示节点 $u \in U$ 和社区 $c \in V$ 之间的权重。$F_{u,c}$ 越大，u 越可能属于 c。如果 $F_{u,c}=0$，u 就不属于 c。

G 利用非负矩阵分解 FF^{T} 表示。

$$G \approx FF^{\mathrm{T}} \tag{4-11}$$

节点 i 的邻居集合表示为 $N^+(i)$，另外定义 $N^-(i) = N^+(i) \backslash \{i\}$ 表示非 i 的邻居，定义了一个学习集合 $S : V \times V \times V$。

$$S = \{(i, j, k) \mid i \in V, j \in N^+(i), k \in N^-(i)\} \tag{4-12}$$

S 包括所有的三元组 (i,j,k)，表示 j 是 i 的邻居，而 k 不是 i 的邻居。

最后，列出了三个基本的假设，以使模型制定更清晰的隐含的链接偏好。

(1) 节点独立。每个节点独立地确定其偏好。所有的节点作出决定后，网络可以被视为一个结果。具体而言，一个链接将建立 u 和 v 之间，当且仅当 u 对 v 有一个高的偏好时，v 对 u 有一个高的偏好。

(2) 邻居间的较高偏好。使 $u >_i v$ 表示节点 i 更偏好于 u。对于一个固定的节点 i，有 $j >_i k$，如果 $j \in N^+(i)$ 并且 $k \in N^-(i)$，但 j 和 k 之间没有偏好信息表明，如果 $j,k \in N^+(i)$ 或 $j,k \in N^-(i)$。

(3) 成对独立性。对于一个固定的节点，其对 i 和 j、u 和 v 的偏好是独立的偏好，当 $j,u \in N^+(i)$ 或 $k,v \in N^-(i)$。

2) 模型组成

基于此动机,其目标是找到节点社区的隶属度矩阵,使观察到的偏好次序的可能性最大化。根据"节点独立性"假设,整体的可能性可以表示为每个节点的可能性的结果。因此,目标函数可以写为

$$\max_{F \in R_+^{n \times p}} \prod_{i \in V} p(>_i | F) \tag{4-13}$$

其中, $>_i$ 表示对节点 i 观察到的偏好; F 是节点社区成员矩阵。

根据"邻接点的更高偏好"假设和"成对独立"假设,一个单一节点 i 的偏好顺序概率可以写成

$$p(>_i|F) = \prod_{(j,k) \in V \times V} p(j >_i k|F)^{\delta[j \in N^+(i)]\delta[k \in N^-(i)]} \cdot [1 - p(j >_i k|F)]^{\{1 - \delta[j \in N^+(i)]\delta[k \in N^-(i)]\}}$$

$$= \prod_{(j,k) \in V \times V} p(j >_i k | F)^{\delta[i,j,k \in S]} \cdot [1 - p(j >_i k | F)]^{\delta[(i,j,k) \notin S]}$$

$$\tag{4-14}$$

其中, S 为准备工作中的学习集合; δ 为指示函数:

$$\delta(a) = \begin{cases} 1, & a \text{为真} \\ 0, & \text{否则} \end{cases} \tag{4-15}$$

将式(4-15)应用于式(4-13),最大化 $p(>_i | F)$ 等价于:

$$\max_{F \in R_+^{n \times p}} \prod_{(j,k) \in V \times V} p(j >_i | F)^{\delta[(i,j,k) \in S]} \tag{4-16}$$

联合式(4-13)和式(4-14),目标函数可以重写为

$$\max_{F \in R_+^{n \times p}} \prod_{(i,j,k) \in S} p(j >_i | F) \tag{4-17}$$

基于直觉,如果两个节点共享多个社区,这两个节点就具有更高的概率连接在一起,本书中定义了其概率,即给定节点 j 的社区隶属度矩阵为

$$p(j >_i k | F) = \sigma(F_i F_j^T - F_i F_k^T) \tag{4-18}$$

σ 是 S 形函数:

$$\sigma(x) := \frac{1}{1 + e^{-x}} \tag{4-19}$$

简单起见,定义 $\hat{x}(i,j) := F_i F_j^T$,式(4-18)可以写为

$$p(j >_i k | F) = \sigma[\hat{x}(i,j) - \hat{x}(i,k)] \tag{4-20}$$

结合式(4-17)、式(4-18)和式(4-20),PNMF 的最终目标函数是

$$l(F) := \max_{F \in R_+^{m \times p}} \ln \prod_{(i,j,k) \in S} p(j >_i k \mid F) - \lambda \times \mathrm{reg}(F)$$

$$= \max_{F \in R_+^{m \times p}} \sum_{(i,j,k) \in S} \ln p(j >_i k \mid F) - \lambda \times \mathrm{reg}(F) \qquad (4\text{-}21)$$

$$= \max_{F \in R_+^{m \times p}} \sum_{(i,j,k) \in S} \ln \sigma \left[\hat{x}(i,j) - \hat{x}(i,k) \right] - \lambda \times \mathrm{reg}(F)$$

其中，$\mathrm{reg}(F)$ 为正则化项避免过拟合；λ 为规则化参数。

3）参数学习

使模型适用于大数据集，采用广泛使用的随机梯度下降（stochastic gradient descent，SGD）作为学习方法。在每个更新步骤中，SGD 在学习集合中随机选择 S 中的一个三元组，通过沿梯度方向行走更新对应的模型参数 Θ。

$$\Theta^{t+1} = \Theta^t + \alpha \frac{\partial l}{\partial \Theta} \qquad (4\text{-}22)$$

其中，α 为学习速率。具体的，方程（4-22）的计算方式为

$$\frac{\partial l}{\partial \Theta} = \frac{\partial}{\partial \Theta} \ln \sigma[\hat{x}(i,j) - \hat{x}(i,k)] - \lambda \frac{\partial}{\partial \Theta} \mathrm{reg}(F) = \frac{-\mathrm{e}^{\hat{x}(i,j) - \hat{x}(i,k)}}{1 + \mathrm{e}^{\hat{x}(i,j) - \hat{x}(i,k)}} \cdot \frac{\partial}{\partial \Theta}[\hat{x}(i,j) - \hat{x}(i,k)] - \lambda \Theta \quad (4\text{-}23)$$

4）其他问题

（1）选择社区数量。在学习这些参数之前，需要预先设定社区的数量。然而，没有关于它的先验知识。

（2）设置成员阈值。学习 F 之后，需要设置阈值 δ，为了决定一个节点是否属于一个社区。

PNMF 算法应用的数据集包括 Dolphins、Les Miserables、Books about US politics、Word adjacencies、American college football、Jazz musicians、Network science、Power Grid、High-energy theory、DBLP、Amazon、YouTube。实验表明，PNMF 算法在绝大多数数据集上均表现出良好的性能。

另外，PNMF 算法在 UMich 和 SNAP 数据集上，进行了收敛性分析。应用的数据集包括 Dolphins、Les Miserables、Books about US politics、Word adjacencies、American college football、Jazz musicians、Network science、Power Grid、High-energy theory、DBLP、Amazon、YouTube。实验表明，PNMF 算法在绝大多数数据集上均表现出良好的性能。由于 PNMF 模型采用随机梯度下降作为学习技术，观察到收敛速率和收敛速度，同时进行实验。对于收敛速率，只要学习速率和规则化参数是适当的，所有的数据集可以在达到最大迭代次数之前收敛。图 4.7(a) 和 (b) 是收敛性分析结果，比较两组数字，SNAP 需要比 UMich 数据集花费更多的迭代时间，总的迭代次数少，从另一个角度证明了模型的可扩展性。

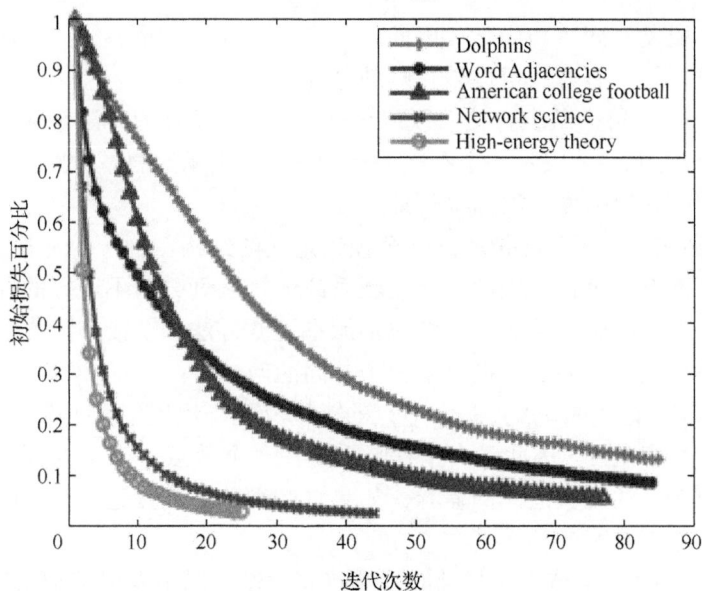

(a) UMich数据集

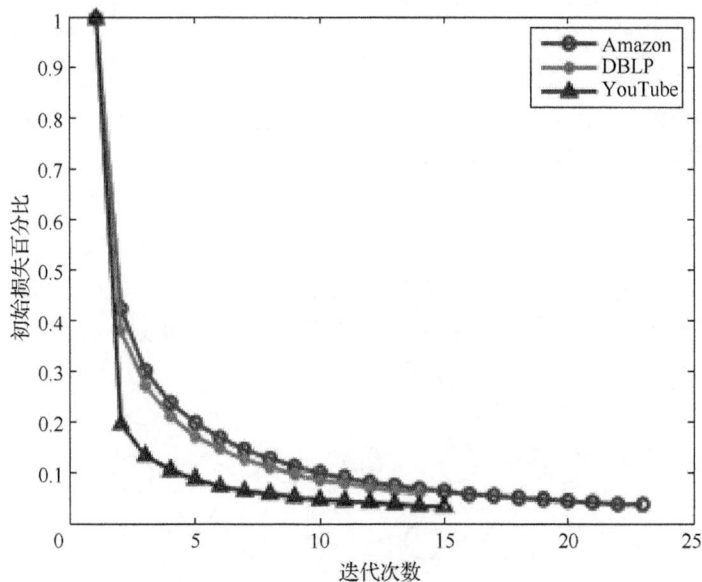

(b) SNAP数据集

图 4.7　收敛性分析

4.2.3　利用链路空间变换的重叠社区发现

诸如 Facebook 和 Twitter 的许多现实世界的社交网络中,个体可以属于多个社区，如家庭、朋友、同事和同学。因此，有许多研究关注重叠社区发现。根据图元素进行社区发现的现有方法可以被粗略地分为以下两类。

(1)基于节点。每个节点直接关联多个社区。一种流行的方法是标记 a 为一个节点 x 和一组对 (c, b)，c 表示一个社区的标识符，b 表示归属系数。归属系数表示 x 的成员属于社区 c 的强度。如标签传播方法。

(2)基于结构。社区发现是通过一个预先定义的结构，如派系或链接。一个节点可以参与多个派系或链接。因此，即使派系或链接被划分为不连接的社区，参与节点也可以属于多个社区。著名的方法包括派系过滤方法和链接分区方法。

当前重叠社区发现方法存在以下三个共同的问题。

(1)许多高度重叠的节点。基于节点的类别分配一组属于一个节点的归属系数，其中的系数的总和是 1。因此，多个社区重叠在一个节点，值 1 需要被分配到更多的社区，导致较小的系数之间的差异。如果这些系数彼此接近，很难区分节点所属的社区和节点所不具有的社区。

(2)基础结构错误。结构为基础的范畴首先尝试从图中发现基础结构。这个过程是基于这样的假设，图由许多这样的基础结构。然而，在派系过滤模型中，图未必有很多派系因为派系是非常严格的结构。因此，对于松散的连接图，在派系过滤模型中很多节点没有被任何社区覆盖。链接分区方法不存在这个问题，因为这个问题是一个图的基本结构。

(3)弱关系成员错误。在结构的范畴，它通常是要求每个结构应该属于至少一个社区。这个要求是有问题的，因为它可能会导致过度重叠社区。如图 4.8 所示，弱关系最好不包括在任何社区中，因为它不代表强大的节点之间的关系。在图 4.8 中，假设杰克和鲍勃是两个旅行伙伴并且在社交网络中没有共同朋友。杰克属于他的工作社区，鲍勃属于他的家庭社区。如果弱关系被分配给一个社区，这两个社区过度重叠于杰克和鲍勃。事实上，两个社区应该被分开是显而易见的。

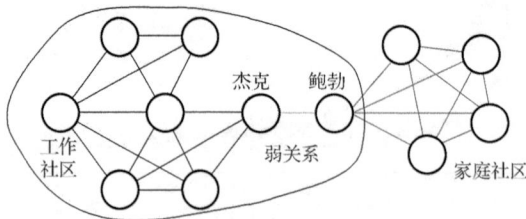

图 4.8　一个弱关系及其不恰当的成员资格

文献[13]提出了一个新的框架，称为链路空间变换。该变换将原图转换为一个链路空间图。链路空间图的每个节点都是一个原图的连接，如果在原始图中的相应的链接通过某些节点连接，链路空间图的节点就是连接的。按照拓扑学的观点，链路空间图与线图是相同的。它指出链路空间图结合了原图和线图的优点。继承线图的优点,发现不相交的社区,能够找到重叠社区。继承原始图的优点,它的原始结构比线图更好地保存在链路空间图中。引入了成员中立的概念,这是分析复杂的、真实世界的网络必不可少的;算法在链路空间转换框架中满足成员中立;同时算法具有更高的效率。它设计了一个重叠社区发现的算法,成为网络链接结构聚类算法 Link SCAN,然后设计了 Link SCAN 的改进型算法 Link SCAN*,Link SCAN*通过链接抽样提升算法效率。

Link SCAN*大致分为 6 个步骤:①链路空间变换;②成员中立;③结构聚类;④Link SCAN 算法;⑤Link SCAN*算法;⑥参数选择。

1) 链路空间变换

(1) 正式的定义。链路空间变换考虑两种类型的图,包括原始图和线图,只利用它们的优点。通过使用非重叠的社区检测算法发现重叠社区,同时,保存图的原始结构。这个想法是基于核策略,支持向量机尝试在高维特征中找到一个分离面空间,且对原始数据进行评估。在这个意义上,链路空间转换类似核策略。

链路空间转换正式定义为定义 1。链路空间图和线图的不同之处是第三个项目如何得到相似性链接。

定义 1 给定一个图 G,链路空间图 $LS(G)$ 是一个图:

① $LS(G)$ 的一个节点 $v_{e_{ij}}$ 表示 G 中节点 v_i 和 v_j 之间的链接 e_{ij};

② 两个节点 $v_{e_{ik}}$ 和 $v_{e_{jk}}$ 是相邻的,当且仅当它们对应的链接在 G 中共享一个共同的端点;

③ 两个节点 $v_{e_{ik}}$ 和 $v_{e_{jk}}$ 之间链接的权重 $w(v_{e_{ik}}, v_{e_{jk}})$ 在 G 中通过一个相似性函数 $\sigma(v_{e_{ik}}, v_{e_{jk}})$ 分配。

图 4.9(b) 是从图 4.9(a) 转换来的链接空间图。$LS(G)$ 的两个深色的节点 ik 和 jk 对应原始图 G 中的两个链接 e_{ik} 和 e_{jk}。两个节点 ik 和 jk 之间链接的权重在原始图 G 中通过 e_{ik} 和 e_{jk} 计算。

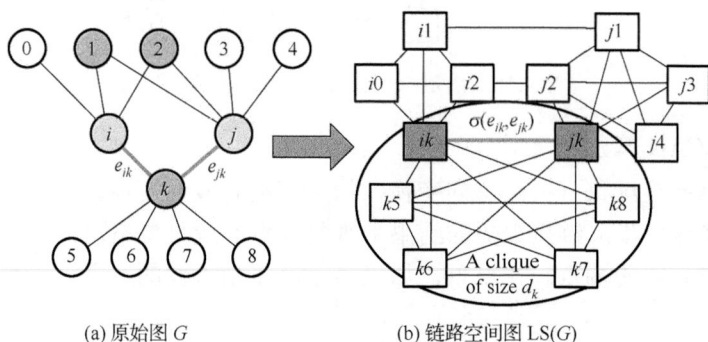

(a) 原始图 G (b) 链路空间图 $LS(G)$

图 4.9 一个链路空间转换的例子

(2)链接相似性。采用链相似性，定义 1 中定义的 $\sigma(e_{ik}. e_{jk})$，选择这个方法的原因是尽管它简单，但是它被证明是非常有效的。

链接相似性 $\sigma(e_{ik}. e_{jk})$ 被定义为式 (4-24)。$\varGamma(v) = \{\omega \in V \mid (v,\omega) \in E\} \bigcup \{v\}$，$d(v,u)$ 是 u 和 v 之间长度最短的路径。

$$\omega(v_{e_{ik}}, v_{e_{jk}}) = \sigma(e_{ik}, e_{jk}) = \frac{|\varGamma(v_i) \bigcap \varGamma(v_j)|}{|\varGamma(v_i) \bigcup \varGamma(v_j)|} \tag{4-24}$$

2) 成员中立

链接聚类的一个主要缺点是它产生的许多节点连接多个社区，因为一个节点参与一个簇，即只有一个事件链接与簇对应的关系。要解决这个问题，本书的主要思想是放松定义 2 中对链接聚类的定义。

定义 2　给定一个图 G，链路空间图 LS(G)：给定网络 $G(V,E)$，设集合 P'' 是集合 E 的子集，如果每条链接至多参与一个 P'' 链接聚类，那么称 P'' 是网络 $G(V,E)$ 的广义链接聚类。

也就是说，允许一些链接不包含在任何集群。定义 3 正式定义这个概念。

定义 3　当且仅当链接 e_{ij} 不属于连接聚类时，称 e_{ij} 是中立的。

3) 结构聚类

在链路空间图中的节点度的变化非常大，使用一个阈值定义相似的邻居数目没有意义。

图 4.10 中，节点 ik 和 jk 已经更好地被确定为核心节点，灰色链接表示相似的邻居。

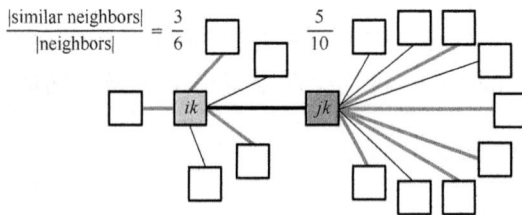

图 4.10　确定一个核心节点的规则说明

4) Link SCAN 算法

Link SCAN 连续执行链路空间变换，构造聚类和成员变换。

成员变换这一步从链接聚类的结果中恢复节点的成员资格。简单地，一个链接的成员被映射到它的端点。在这里，如果多个链接是事件的节点，一个节点可以属于多个社区。

计算复杂度。Link SCAN 的主要部分是链接结构聚类算法，其运行时间正比于

LS(G) 中的链接个数，而 LS(G) 中的链接个数与网络 G 中节点的度相关，所以在稀疏网络中 Link SCAN 的时间复杂度为 $O(n)$。

5) Link SCAN* 算法

抽样策略。Link SCAN* 另外执行结构聚类前的抽样步骤。由于 Link SCAN 的链接运行时间依赖链接的数量，通过只考虑链路空间图的一个子集 LS(G) = (V', E') 以减少计算复杂度。每个节点 $v \in V'$，从事件链接集 v 中随机抽样 n_v，完成每个节点的采样，构建了一个较小的网络 LS(G) = (V'', E''), $E'' \subseteq E'$。

一个关键的问题是如何确定合适的样本大小 n_v，利用式 (4-25)，α 和 β 是非负常数，用于控制抽样数量。取样需要满足节点有足够数量的事件链接。

$$n_v = \min\{d_{v, \alpha + \beta \ln d_v}\} \tag{4-25}$$

6) 参数选择

(1) 结构聚类参数 (图 4.11)。Link SCAN 使用两个输入参数 ε 和 μ。经验表明 ε 比 μ 更为敏感。

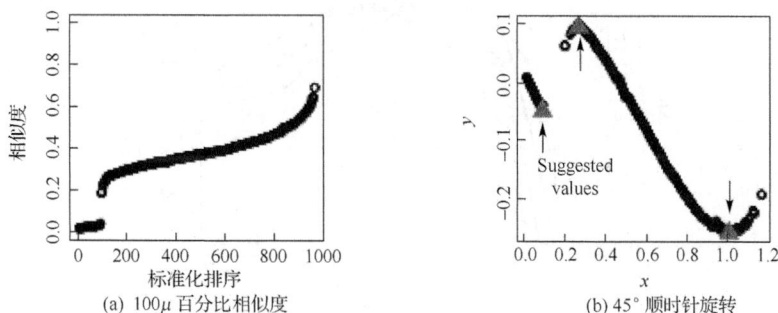

(a) 100μ 百分比相似度　　　　　　(b) 45° 顺时针旋转

图 4.11　结构聚类参数

(2) 链接抽样参数。Link SCAN* 在式 (4-25) 中使用两个额外的参数 α 和 β 控制抽样的大小 n_v。确定一个好的样本大小起着至关重要的作用，能够实现高效率和低错误。样本太小，误差将增加，对于样本过大，效率增益将减少。

启发式方法是，样本大小应该是在最小的链路空间图的平均度和相对于节点度增加缓慢。因此，将 α 设置为链路空间图的平均度，β 是一个小的常数。

对于 α，链路空间图的平均度是由式 (4-26) 计算的，其中 <d> 是原始图的平均度。

$$\frac{2\sum_{i \in V} d_i(d_i - 1)/2}{\sum_{i \in V} d_i/2} = 2(<d^2>/<d> - 1) \approx 2<d> - 2 \tag{4-26}$$

Link SCAN 和 Link SCAN* 算法分别在人工网络和真实网络上进行了实验。

(1) 人工网络。数据由 LFR 产生，实验分析了网络中 1000～5000 个节点。对于传统的图划分问题，归一化信息广泛用于衡量社区划分质量。归一化信息基于信息理论比较两组成员之间的相似性。因此，归一化信息用于社区发现的质量，它的范围是 0～1 的归一化，一个更高的价值代表了一个更好的品质。

图 4.12 中建议 $\varepsilon = 0.17$，此时 NMI 的最大值为 0.931。图 4.13 中，具有许多高度重叠的节点网络中，Link SCAN 和 Link SCAN*算法性能很好。此外，产生许多重叠的节点，增加了重叠节点部分。在图 4.14 中，当存在许多重叠的节点时，提出的算法能成功识别重叠社区结构。值得注意的是，随着 O_m 或 O_n/N 增加，性能增益增加，特别是当 $N = 1000$ 时，网络中有许多重叠的社区结构。稀疏网络中，很难发现重叠的社区结构。在图 4.15 中，Link SCAN 和 Link SCAN*算法成功地发现了合理的结构，即有许多重叠节点。此外，在图 4.16 中，Link SCAN 和 Link SCAN*算法给出的结果比其他算法获得更宽的参数范围 μ_{min}。它是内部社区链接与总共链接的比例，因此，它可以被认为是内部社区密度。总的来说，这个结果是有意义的，这些算法可以发现各种内部密度的社区。

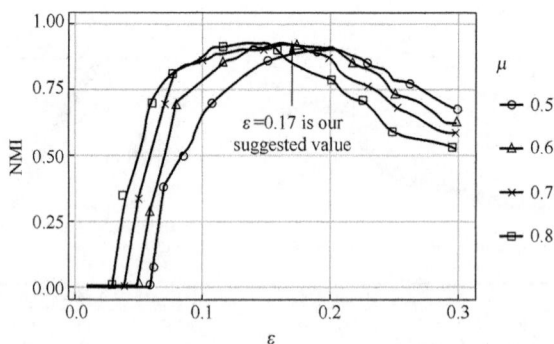

图 4.12　LFR 基准图中归一化信息值变化

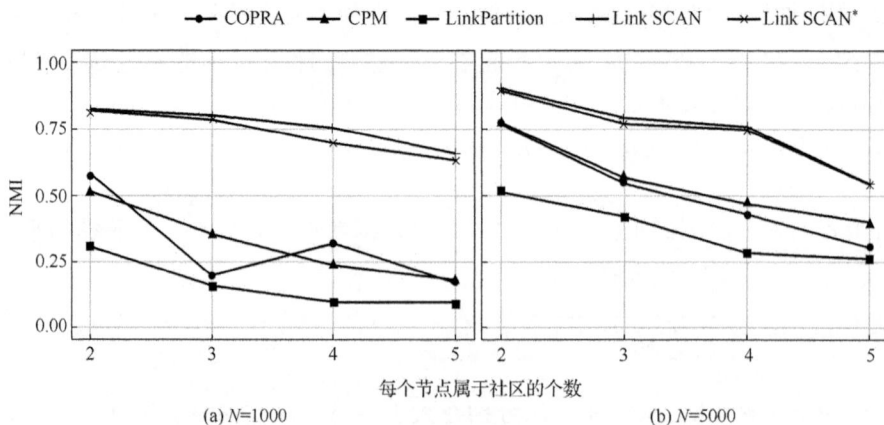

图 4.13　重叠程度的影响 ($\mu_{mix} = 0.1$, $O_n/N = 0.3$, $k = 10$, O_m 为 2～5)

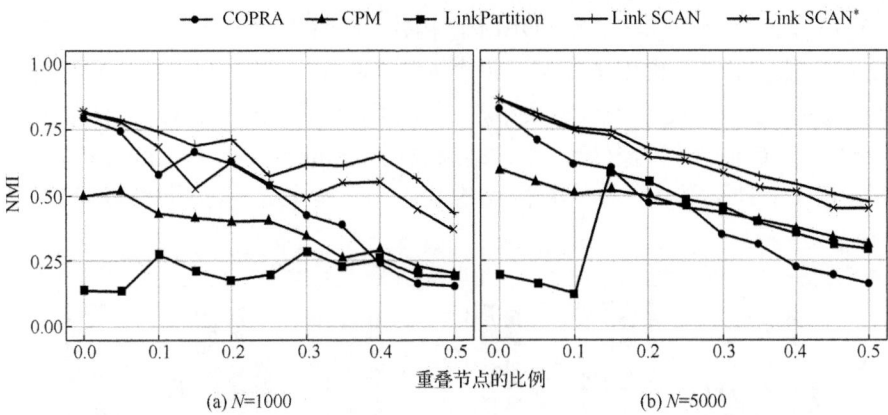

图 4.14 重叠节点片段的影响 ($\mu_{mix} = 0.1$, $O_m = 2$, $k = 5$, O_n/N 为 0～0.5)

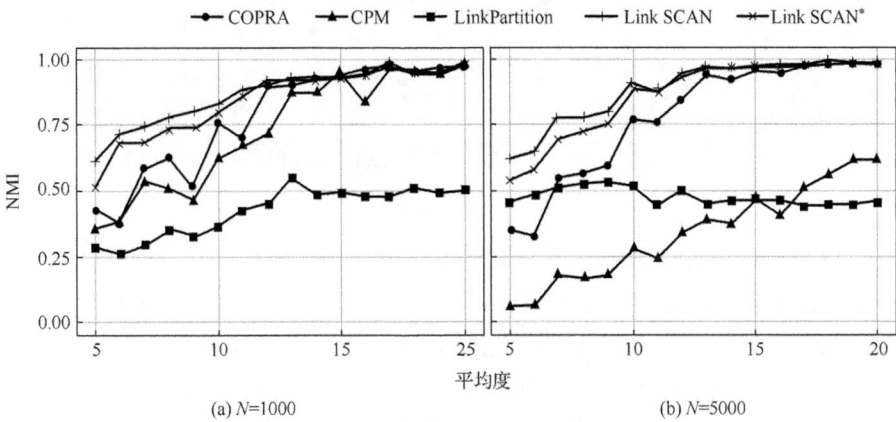

图 4.15 平均度的影响 ($\mu_{mix} = 0.1$, $O_m = 2$, $O_n/N = 0.3$, k 为 5～20)

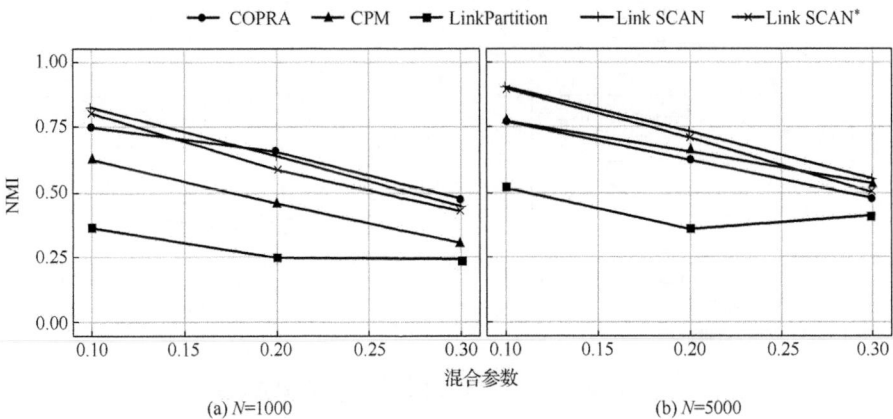

图 4.16 社区密度的影响 ($O_m = 2$, $O_n/N = 0.3$, $k = 10$, μ_{mix} 为 0.1～0.3)

(2)真实网络。数据集来自于 DBLP，构建了一个作者-论文的合作网络。

图 4.17 显示了真实网络的结果。每个 M^{OV} 和 CC 是归一化的值，最小可能值是 0 和最大可能值为 1。在每个数据集中，Link SCAN 和 Link SCAN*算法显示最好的 M^{OV} 和 M^{OV}+ CC 值。总的来说，这一结果表明，Link SCAN 和 Link SCAN*算法能发现更有意义的社区结构，这个社区结构是一个真实世界网络的社区结构。

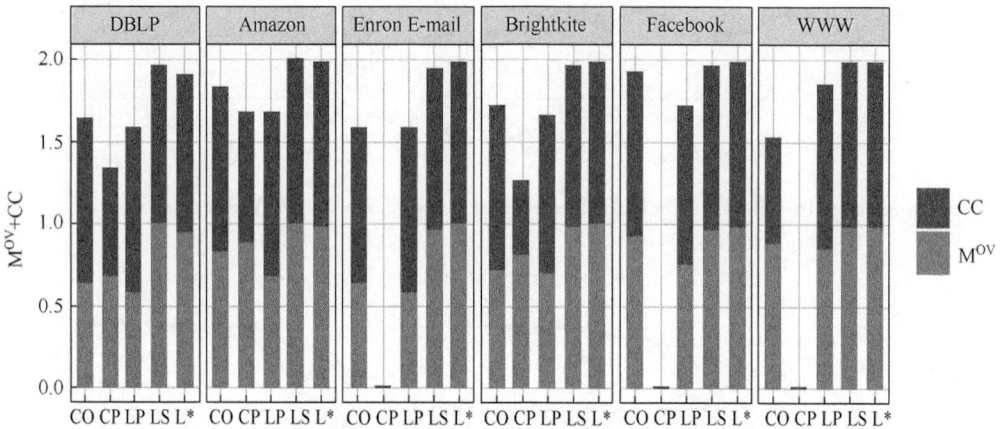

图 4.17　真实网络的结果

(3)比较 Link SCAN 和 Link SCAN*算法。

以下采用 Link SCAN 和 Link SCAN*算法比较了邮件数据集的抽样率。

图 4.18(a)展示了 Link SCAN 和 Link SCAN*算法的 NMI 输出值，图 4.18(b)展示了 Link SCAN 和 Link SCAN*算法的运行时间。NMI 相似度超过 0.9，Link SCAN*算法的运行时间比 Link SCAN 算法提高了约 10 倍。因此，Link SCAN*算法显著提高了效率。

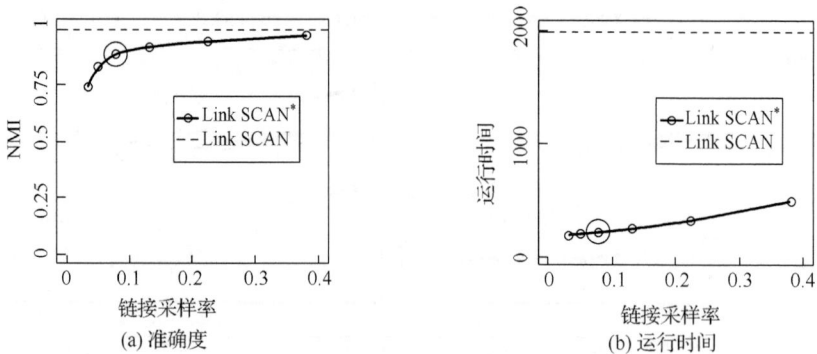

图 4.18　Link SCAN*不同抽样率的性能

4.2.4 从局部谱子空间检测重叠社区方法

近年来，学者有越来越大的兴趣在大规模网络中发现局部社区结构。几个种子集扩展的方法被证明是有效的识别局部社区结构的方法。一些领域专家共享这些算法试图揭示剩余的潜在成员。这些已知的成员通常被称为种子，并将逐渐增长的种子聚集到一个更大的集合，直到目标群体被称为种子集。种子集扩展可以被应用到许多真实世界的场景。例如，在政治参与网络，一个人可能从一小部分有代表性的政治家中发现一个庞大的政治集团。在产品合作采购网络，销售网站可以通过一些购买的产品推荐潜在的产品给客户。代表基因间相互作用的生物网络，生物学家很可能会发现一组基因，从一些观察和研究基因中形成一个功能类似的单元。

随机游走技术的变种已被广泛采用并作为一个子程序进行种子集扩张。这可以看作从初始种子到周围环境的一个本地化的图形扩散过程中的概率分布。尽管许多以随机游走为基础的方法取得了一定的成功，但是却依赖于短随机游动后的单概率向量，很少有利用随机游走扩散形成的子空间。

文献[14]提出了一种新的基于重叠聚类的社区发现方法(overlapping stochastic community finding，OSCF)。算法的创新之处在于：①利用贝叶斯统计模型。②融合马尔可夫链蒙特卡罗算法。利用贝叶斯统计方法，随机生成模型描述，指定一个随机过程来选择一个簇的数目并将节点随机分配给这些簇。然后，给出了这项任务，指定一个随机过程来生成基于分配的网络。这是一个随机的结果，网络是一个随机输出的过程模型。给定一个观察到的网络作为输入，使用马尔可夫链蒙特卡罗算法(Markov chain Monte Carlo，MCMC)来产生一个样本从条件联合分布，给出了网络、标签和簇个数；同时采用启发式抽样，提高了算法的效率。实验表明，在允许运行一个更大迭代次数的情况下，算法能够发现更多的重叠社区结构。

文献[15]提出了一个系统的方法，利用局部谱，用于发现重叠社区，算法基于经典的谱聚类方法。算法的创新之处在于：①定义局部谱子空间。计算的前几个特征向量的方法，但不是迭代的收敛性，重复了很少的步长，从种子到局部社区的随机游走的概率分布，而不是蔓延到整个图。②处理重叠的情况。代替聚类 d 维子空间的行向量，寻求一个最小 1 范数指标向量的局部光谱空间的初始种子支持。重叠社区对应于不同的种子集。该方法研究了不同种子集的结构属性，发现低程度的种子和随机种子基本上是相同的真实世界网络中需要寻找的局部结构。在各种真实世界的网络的性能评价表明，局部谱优于流行的 PageRank 和热核扩散方法。

4.2.5 重叠社区检测的局部种子选择方法

大规模社区和信息网络的出现促使大量学者专注于社区结构的研究。社区通常指的是一组密集连接的节点而与网络中的节点稀疏连接，各种各样的用于社区发现的算法已经被提出。

社区检测算法可分为全局和局部算法。全局算法需要一个整个结构的网络的全局知识的，用以发现整个网络的所有社区。因为这样的知识可能不可用于大规模网络，所以局部算法越来越流行。局部算法通常从一定数量的种子节点开始，并通过检查附近的种子，扩大它们到可能重叠的社区，通过检查邻近的种子，把它们扩展到可能的重叠社区。由于局部算法的天然特性，局部算法具有可并行化和可扩展性。如果不仔细选择种子，局部算法可能只覆盖网络中的节点的一个子集。一个朴实的方法实现高覆盖率是考虑网络中的所有节点作为种子。然而，这种方法计算代价非常大，并导致许多冗余的社区。虽然局部算法的目标不是实现一个完整的网络覆盖，而是找到一个小数量的种子以及分布在整个网络上的社区。

由于大规模真实网络社区结构的知识是有限的，找到好的种子，跨越只使用一个网络的局部结构的知识网络是一个具有挑战性的问题。

文献[16]提出一种利用一个种子集扩展的重叠社区检测算法。特别地，开发新的播种策略个性化 PageRank 方案优化的社区评分。算法的关键思想是找到好的种子，然后把这些种子集使用个性化 PageRank 聚类法。该算法基于高质量的分区策略，使用核距离函数确定重叠社区发现的种子；使用播种策略返回一个高质量图划分方案，优于其他种子选择策略；算法发现一组独立的高度顶点，称为"分散枢纽"的策略；在确定一组已知的社区情况下，所有的种子集扩张战略显著优于现有的方法。

文献[17]提出了一种新的本地种子选择算法，实现了一个高覆盖率和一个社区质量类似的朴实方法(所有节点被用作种子)，但是显著降低了执行时间。算法使用的相似性指数来源于链接预测技术。为了提高覆盖率，建议使用分布式图着色。虽然可以选择好的种子，使用图着色，还引入了一个新的分布式偏置图着色算法，以进一步提高播种算法，其中的节点具有最高的局部相似性得分，这是预期的良好的种子，被分配一个特定的颜色。选定的种子，然后扩展成重叠社区，使用个性化PageRank 基础的局部社区发现算法，它可以在本地计算和发现高质量的社区。与现有的局部社区发现的种子算法相比，提出的算法在确定社区的质量和覆盖率方面表现更好。

4.2.6　基于边聚类的重叠社区发现方法

如今，社区发现作为揭示网络结构与功能关系的一种有效途径，已引起人们的广泛关注并不断发展。为了这项技术，网络被抽象为图，其中节点代表对象而边表示节点之间的相互作用。社区发现将网络分为一组节点，其中节点之间在内部相互密集连接，而和外部节点稀疏连接。然而，在现实世界中，研究对象往往有不同的角色，属于多个社区。例如，一个教授同时属于研究领域的社区、他与家人间的社区以及他与朋友间的社区。所有这些对象代表了社区之间的相互作用，同时在网络的稳定性上发挥了重要作用。在社区发现中，这些对象应该被分为多组，这被称为重叠节点。重叠社区发现的目的是发现这样的重叠节点和社区。

到目前为止，已经提出了大量的重叠的社区发现方法，它可以大致分为两大类：基于节点的和基于链路的算法。基于节点的重叠社区发现算法直接将网络节点分为不同的社区。基于一种直觉，网络中的链路通常代表独特的关系；基于链路的重叠社区发现算法首先对网络的边进行集群，然后通过收集链路社区内的所有连接的节点将链路社区映射到节点社区。新提出的基于链路的算法在检测复杂的多尺度社区上具有优越性。然而，它们有很高的计算复杂度并且偏向于已发现的社区。

文献[18]提出用遗传算法来进行链路聚类的重叠社区发现，即重叠社区发现遗传算法(genetic algorithm for overlapping community detection，GaoCD)。该算法首先通过优化目标函数找到链路社区：分区密度 D，然后提出了一种新的基因型表示方法将链路社区映射到节点社区。GaoCD 可以自动确定社区数量，无须任何先验信息。同时虚拟神经网络和真实网络的实验均对算法进行了验证。基于虚拟神经网络的实验表明，GaoCD 能够在典型的重叠结构网络中正常运行。在真实的网络实验中我们比较了 GaoCD 与其他成熟的算法。结果表明，使用 GaoCD 总能得到更高的分区密度 D 和发现更密集的社区。

在与网络结构相对应的边图上，文献[19]提出了一种基于密度-结构信息和模块度优化的重叠网络社区发现算法，可以解决在重叠社区发现中出现的过重叠问题。除此以外，该方法还可以展示重叠社区的多粒度，也可以发现网络社区外的孤立点。在基准网络和真实世界网络上的实验指出，所提出的方法与众多已有方法相比具有更好的效果。该方法包含 4 步：①将原图转换为边图；②在边图上进行基于密度的网络结构聚类；③节点-社区转换；④社区合并。实验中，将 LinkSHRINK 方法与 CPM、COPRA、LINK、SHRINKO 等方法进行了对比。数据集采用了人工网络和真实世界网络。实验结果表明，LinkSHRINK 优于其他基准方法。

4.2.7 基于最大团的重叠社区发现方法

针对目前大部分算法不能应用到具有高度重叠的网络，例如，一个用户属于很多个社区的社交网络。其中最重要的原因就是许多方法都是基于明显的边界来发现社区的，然而当节点归属到社区的个数变大时，社区间明显的边界消失了。为了解决上述问题，文献[20]提出一种 MCNLPA(maximal clique networks label propagation algorithm)方法，该方法基于最大团扩展了传统的 LPA 方法，该方法能够发现高度重叠的社区。该方法通过找出网络中所有的最大团并且在其间定义合理的边来建立最大团网络。然后按照修改过的更新规则，在最大团网络上运行 LPA 方法，找出重叠社区。

给定无向网络 $G = (V, E)$，其中 V 表示节点集合，E 表示边集合，从网络 G 中生成最大团网络 $G' = (V', E')$，其中 V' 表示最大团网络中的节点集合，E' 表示最大团网络中边的集合。通过阈值 k 定义团的大小，k 值通常取 3～6。最大团是极大完全连通子图，团大小小于 k 的团称为伪最大团，包含伪最大团的节点称为辅助节点。最大团和辅助节点都是最大团网络 G' 中的节点。图 4.19(a) 为原始网络，(b) 为最大团网络，最大团网络 G' 中的节点对应原始网络 G 中最大团和辅助节点。最大团网络中的边的权重对应原始网络中最大团之间的连接强度。

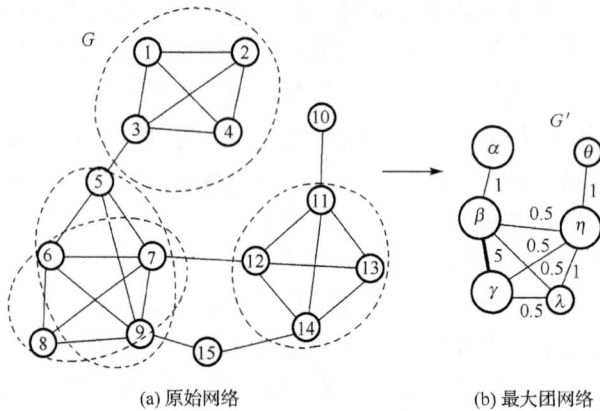

(a) 原始网络　　　　　　　　　(b) 最大团网络

图 4.19　原始网络和最大团网络

传统的 LPA 方法更新当前节点的标签时，是将邻居中出现的最多标签作为自己的标签。而这种更新规则不适用于带权的最大团网络，将与邻居节点相连的边的权重作为当前节点的邻居标签的贡献度，当前节点选择当前贡献最大的标签作为自身标签。在最大团网络上应用具有更新规则的 LPA 方法，每个最大团节点获得一个标签，原始网络中的节点如果参与到多个最大团中，将拥有多个标签，形成重叠社团。

4.3　属性网络社区发现方法

许多应用中，网络拓扑结构和顶点性质都同样重要。例如，在社交网络中，顶点的性质描述了一个人的角色，而拓扑结构描述了一组人之间的关系。最近几年，现实网络中顶点的属性信息也变得越来越丰富，如何利用网络的拓扑结构，同时也利用顶点的属性信息对属性网络进行社区发现，使得发现的社区具有更高的一致性或具有主题意义，成为一种新的挑战。以下内容将介绍一些属性网络的相关定义与社区发现的最新方法。

4.3.1　属性网络社区发现研究综述

属性网络：一个属性网络可以表示为 $G=(V, E, \varLambda)$，其中 V 是顶点的集合，E

是边的集合，$\Lambda=\{a_1,\cdots,a_m\}$ 是与顶点关联的 m 个属性的集合，Λ 用来描述顶点的性质。每个顶点 $v_i\in V$ 与一个属性向量 $[a_1(v_i),\cdots,a_m(v_i)]$ 关联，其中 $a_j(v_i)$ 是顶点 v_i 在属性 a_j 分量的属性值。设顶点集合的大小 $|V|=N$。

属性网络聚类：将属性网络划分为 k 个非重叠的子图 $G_i=(V_i,E_i,\Lambda)$。满足：①$V=\bigcup_{i=1}^{k}V_i$；②对于任意 $i\neq j$，$V_i\cap V_j=\varnothing$。理想的属性网络聚类应该满足以下两个性质的平衡：①同类中的节点在结构上应该够近，而不同类间的节点之间应该够远；②同类中的节点应该具有相似的属性值，而不同类之间应该具有非常不同的属性值。

图 4.20 给出了属性网络社区发现示例。图 4.20(a) 中顶点代表作者，连边代表两个作者之间的合作关系。图中每个作者都具有 ID 和主要研究领域，将主要研究领域看作描述顶点性质的属性，可以看到，作者 $r_1\sim r_7$ 的研究领域是 XML，作者 $r_9\sim r_{11}$ 的研究领域是 Skyline，作者 r_8 的研究领域是两者。给定社区个数为 2，可以使用以下几种方法将网络划分为 2 个社区。

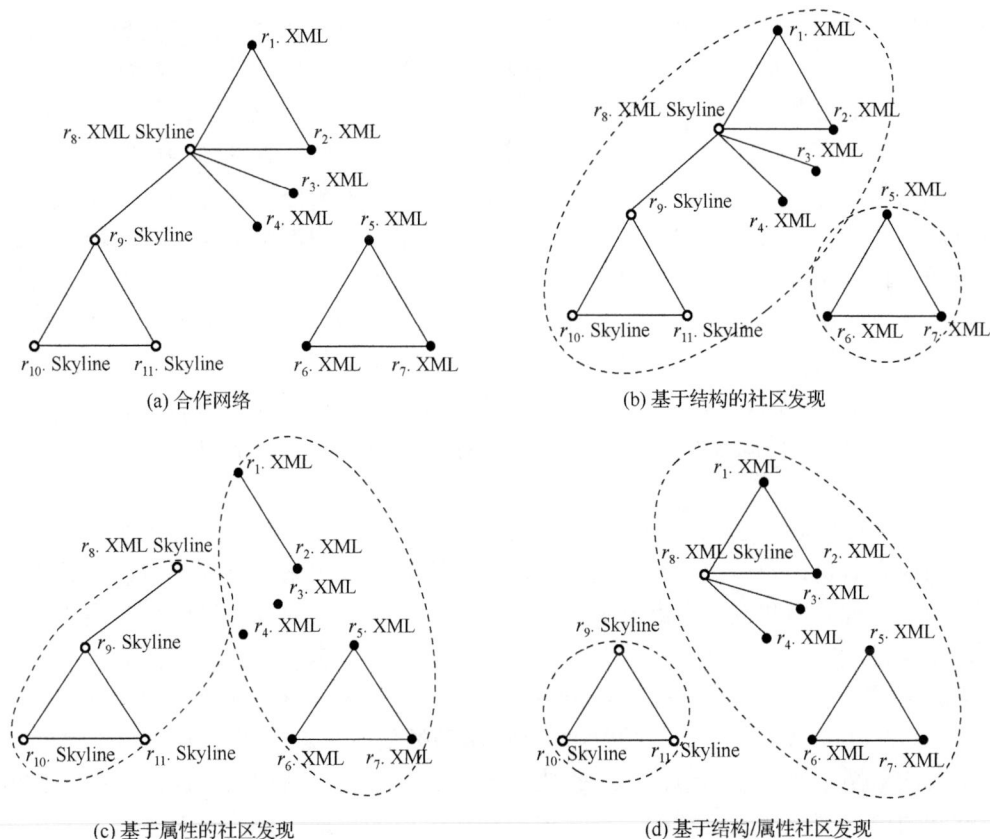

(a) 合作网络　　　　　　　　　　　　　(b) 基于结构的社区发现

(c) 基于属性的社区发现　　　　　　　　(d) 基于结构/属性社区发现

图 4.20　具有"主题"属性的合作网络示例

(1) 基于结构的社区发现：图 4.20(b) 展示了基于顶点连接（合作关系）的社区发

现结果。同一社区的作者连接比较紧密，然而作者却具有非常不同的研究领域，一半作者的研究领域是 XML，另一半作者的研究领域是 Skyline。

(2)基于属性的社区发现：图 4.20(c)展示了基于属性(研究领域)的社区发现结果。同一个社区的作者具有相同的研究领域；然而社区内作者的合作关系就没有那么紧密。

(3)基于结构/属性的社区发现：图 4.20(d)展示了基于结构/属性的社区发现结果，该结果平衡了结构相似度和属性相似度：同一社区的作者紧密相连；同时在研究领域属性具有同质性。

1)基于动态交互的属性网络社区发现

文献[21]中，针对大部分方法只使用拓扑结构或节点属性进行聚类，而结构与属性都对刻画自然社区提供了有用信息。将网络看成动态系统，将社区看成节点交互行为的结果，使用内容传播建模节点间的交互行为，自然地将结构和内容相结合。使用两种不同的方式描述节点间的交互：线性模型(近似于影响力传播)和直接使用随机游走。通过分析动态系统的稳定态建模社区的特征，识别社区。将网络看作动态系统，并通过节点交互和分析社区性质，来关注社区的形成。节点间发送和接收消息就会产生交互。所以，认为信息传播是社交网络中研究社区结构和发现社区的基本元素和关键元素。通常，将社区看作动态系统中的稳态，动态系统可以描述为节点间的重复交互或信息传播。在框架中，将传播作为组的必要元素来发现社区。一方面，传播是网络交互的抽象；另一方面，组特征如相似的节点内容和密集连接结构，可以解释为组员之间密集信息传播。结合内容和结构，提出内容传播。使用影响力传播和随机游走的原理来描述内容传播的过程，基于此，提出了两种计算内容传播的方法。同时，将网络看作动态系统，将社区看作形成稳态的节点集合。特别地，文献[21]假设同一个社区中的节点更有可能接收相同数量的内容传播，基于此识别社区。

文献[22]大部分的动态社区发现算法都只是考虑了边结构，然而网络中内嵌了大量的内容信息，如节点内容和边内容，这些内容可以用来发现具有主题意义的社区。为了发现结构和具有主题意义的社区，边结构、节点内容和边内容应该整合起来，主要挑战在于如何无缝动态地将这些信息整合。文献[21]提出了将基于内容的网络转换成了点-边交互(node edge intersection，NEI)网络，NEI 网络是个多模网络，包含了两种各类型的节点和三种类型的边。两种类型的节点分别是 n 节点和 e 节点，分别对应原图中的节点和边，而三种类型的边分别刻画了结构相似性、节点内容相似性和边内容相似性，边结构、节点内容和边内容无缝地结合在一起提出了一种基于不同行为的方法，该方法能随着基于内容的网络的演化来维持 NEI 网络。为了捕捉不同边类型的语义效果，为 NEI 网络设计了一个转移概率矩阵。基于此，异质随机游走被应用到动态社区发现，产生了新的动态社区发现方法 NEI Walk。在初始阶段，通过计算基于首达时刻 n 节点之间的距离度量来聚类 n 节点以实现社区的初始化。在接下来的时间戳中，在更新的 NEI 网络中执行异质随机游走来发现社区的演化。每个随机游走都包括结构跳、节点内容跳、边内容跳。

NEI Walk 的算法流程如图 4.21 所示。

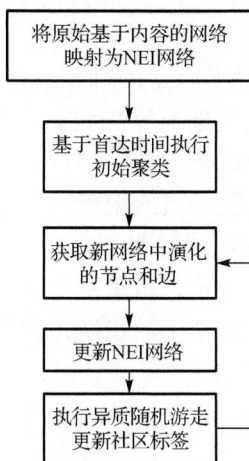

图 4.21　NEI Walk 算法流程图

(1)构建 NEI 网络：标记符号有 $N=\{v_1,v_2,\cdots,v_m\}$ 是节点集合，$E=\{e_1,e_2,\cdots,e_n\}$ 是无向边集合。每个节点 v_i 和每条边 e_p 都有内容。NEI 网络是多模网络，由两个类型的节点和三种类型的边构成，如图 4.21 所示。其中两种类型的节点包括节点 N 和边 E，称为 n 节点和 e 节点。三种类型的边定义如下：①每个 n 节点 v_i 与每个 e_p 节点相连，如果在原图中边 e_p 的顶点包含 v_i，在图 4.22 中用实线表示。n 节点 v_i 的相连的 e 节点记为 $I_e(v_i)$，e 节点 e_p 相连的 n 节点记为 $I_v(e_p)$。②如果在原图中两个 n 节点 v_i 和 v_j 相连，则它们在 NEI 网络中通过它们的节点内容相似性相连，如图 4.22 中的虚线所示。n 节点 v_i 的 n 节点邻居记为 $A_v(v_i)$。③如果在原图中两条 e 节点 e_p 和 e_q 共有一个顶点，则它们在 NEI 网络中通过边相似度相连接，如图 4.22 中的点画线所示。E 节点 e_p 的 e 节点邻居记为 $A_e(e_p)$。

(2)更新 NEI 网络：假设每个时间点当前的基于内容的网络 $G_t=\{N_t,E_t\}$ 包含了节点集 N_t 和边集 E_t 和它们的内容。因为网络演化，N_t 将包含新增的节点 ΔN_t 和内容发生变化的已有节点 ΘN_t，同理，E_t 包含新增的边 ΔE_t 和内容发生变化的已有边 ΘE_t。需要更新 NEI 网络中的 $\Delta N_t\bigcup\Theta N_t$ 和 $\Delta E_t\bigcup\Theta E_t$。通过更新 NEI 网络中的两种类型节点和三种类型边节点即可实现。

(3)通过异质随机游走发现动态社区：通过在动态 NEI 网络中执行节点聚类实现发现动态社区。在初始时间点，基于从首次到达时间计算的 n 节点对之间的相似

性度量来聚类 n 节点。在接下来的时间点中，随机游走从每个活动节点 v 开始获取该活动节点 v 的聚类标签。具体步骤如下：①将 $N=\{v_1,v_2,\cdots,v_m\}$ 划分为 K 个聚类 C_l，$l=1,\cdots,K$。使聚类 C_l 表示为样本点 $\mu_l\in C_l$，目标是选择样本点，使得类内的节点到样本点的首次到达时间和最小，即 J 最小。

$$J = \sum_{l=1}^{K}\sum_{v_i\in C_l} h(\mu_l \mid v_i) \tag{4-27}$$

其中，$h(\mu_l\mid v_i)$ 为节点 v_i 首次到达节点 μ_l 的跳数。同样，定义节点 i 与 j 之间的相似性为 $1/H_{i,j}$。然后使用基于相似度的聚类算法如 k 中心算法生成聚类标签，产生初始的基于 n 节点的聚类。②使用异质随机游走进行社区演化。从每个活跃节点开始使用长度为 h 的随机游走来产生活跃节点的聚类标签，转移概率矩阵采用扩展矩阵。当 walker 从 n 节点 v_i 出发时，或者跳到 e 节点，或者是另一个 n 节点；当 walker 从 e 节点 e_p 出发时，或者跳到 n 节点，或者跳到另一个 e 节点。按照上述规则直到完成 h 跳作为单个随机游走。执行 l 个随机游走就会得到 $l\times h$ 跳。最频繁遇到的聚类标签就作为节点 v_i 的聚类标签。

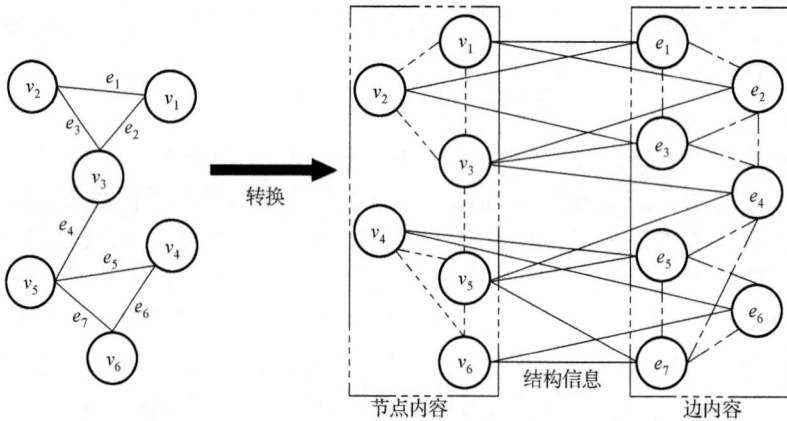

图 4.22　基于内容的网络转变到 NEI 网络示意图

2) 基于概率模型的属性网络社区发现

近些年，随着真实世界中大量对象属性信息的可用性，针对传统的社区发现算法只是利用了网络结构信息，传统的聚类方法大部分只是利用了节点的属性信息，社区发现中，可利用的信息有多种，包括网络结构和节点的特征与属性。如何不仅利用结构，同时也利用属性信息实现属性网络社区发现，成为一个新的挑战。大部分方法都是采用基于距离的方法，也都提出了不同的距离度量来融合结构和属性信息，然后将这些基于距离度量的信息应用到图聚类的标准方法中。

文献[23]采用另外一个角度并提出了一种新的 Bayesian 框架来实现带属性的图

的聚类。该框架提供了一种通用的和有原则的解决方案来建模图的结构和属性。该方法避免了人工设计距离度量，并能无缝地处理具有不同边类型和节点属性的图。该文献开发了高效的变分方法来进行图聚类，并获得了两个具体算法分别实现有权和无权属性图的聚类。

　　CESNA[24]静态地建模网络结构和节点信息的交互，产生更加准确的社区划分，并提高了带有噪声的网络结构的鲁棒性。CESNA 具有时间复杂度与网络规模呈线性关系，并能处理更大的网络，与其他可比的方法相比。CESNA 通过对每个社区寻找相关节点属性，帮助解释被发现的社区。首先模型的性质有：①同一个社区的节点更容易连接；②一个节点可以属于多个社区；③如果两个节点属于多个共同的社区，那么这两个节点更容易连接；④同社区的节点更容易拥有相同的节点属性。使用概率模型建模网络结构、节点属性与社团之间的关系，发现重叠社团。然后对网络中的连边建模：①节点与社团之间的归属关系影响一对节点之间连接的可能性；②每个社区内的节点对连接的概率同步；③每个社区独立地影响连接的概率。假设同个社区中的两个节点 u、v 之间相连的概率为 $P_{uv}(c) = 1 - \exp(-F_{uc}F_{vc})$，其中如果 u 或 v 不属于社区 c 那么 $F_{uc} = 0$ 或者 $F_{vc} = 0$，该两个节点不会相连 $P_{uv}(c) = 0$。如果 u、v 不相连，那么 u、v 不应该与任意一个社区同时相连。即

$$1 - P_{uv} = \prod_c [1 - P_{uv}(c)] = \exp\left(-\sum_c F_{uc}F_{vc}\right) \tag{4-28}$$

文献[23]对网络的邻接矩阵中的输入 $A_{uv} \in \{0,1\}$ 假设以下的生成过程：

$$P_{uv} = 1 - \exp\left[\sum_c (-F_{uc}F_{vc})\right] \tag{4-29}$$

并且 A_{uv} 服从于 Bernoulli(P_{uv}) 分布。接着对节点属性建模：对于二值属性，每个属性 u 的属性 k 为 X_{uk}，该文献考虑分开的逻辑模型。基于节点的社区成员关系，应该能够预测出节点的每个属性的值。因此将社区成员关系 $F_{u1}, \cdots, F_{uc}$ 作为逻辑模型输入特征，W_{kc} 为每个特征的权重。那么

$$Q_{uk} = \frac{1}{1 + \exp\left(-\sum_c W_{kc}F_{uc}\right)} \tag{4-30}$$

且 X_{uk} 服从 Bernoulli(Q_{uk}) 分布。

　　3) 基于结构与主题的属性网络社区发现

　　随着社交网络的发展，更加丰富的信息变为可用，除了连接信息，还有网络的每个用户被标注了额外信息，如人口统计、购买行为或者兴趣。在这种环境中，开发能够利用所有信息的挖掘方法就变得尤为重要。在社区发现中，意味着发现好社区 (图中比较内聚的节点集合)，在用于信息方面具有很好的描述。模型具有很好的

描述后，发现的社区就会很好地被领域专家理解，在真实世界的应用中也更加有用。真实世界的应用中的另一个需求就是开发能够利用任意领域背景的方法。在社区发现领域，背景知识可以是社区的一个模糊的描述，该社区从一个特定的应用中被发现，或者是一些原型的节点(如过去的优良顾客)，正是分析师要寻找的社区。

文献[25]定义和研究了发现具有简明描述的多样紧凑社区集合的问题，提出了一种高效算法，能够在两个阶段中交互：爬坡阶段产生可能的重叠社区，描述介绍阶段使用有监督模式集合的挖掘技术。该框架具有从任意给定描述或节点种子集合，能够创建良好描述且紧凑的社区，这样能够在真实世界应用中更灵活且易应用。

文献[26]主要解决了在社交网络中发现具有主题意义密集连接的社区的问题。将社交网络看作具有整数权重的图(因为权重可以直接定义为共同朋友的个数、粉丝个数、交换文档的次数等)。将网络转换为更有效的表示空间。在该表示空间中，用户被描述为一个具有一跳邻居的向量。基于此表示空间，提出了混合成员关系模型来发现社区；接下来，通过结合用户内容信息使社区的主题一致。该模型中，一个用户可以属于多个社区，一个社区可以有多个主题。既能发现社区的成员关系，也可以发现社区和用户的兴趣。

文献[27]中，多值属性网络中的节点有多个属性，而每个属性可以有多个值，发现密集连接并具有同质属性值的聚类是很有意义的。之前属性网络的聚类考虑的是全属性空间，往往因为不相关的属性导致不好的社区发现结果。基于属性子空间聚类方法，能发现既密集连接又属性高度相关的社区，使用重启随机游走将结构相近性和属性相似度统一为单个度量，在子空间聚类过程中，考虑连接性和属性相似度。

针对所有算法不能将用户偏好整合进网络挖掘中，因此缺少引导算法发现属性网络中指定内容的能力。文献[28]克服了这个缺陷，并提出一种新的面向用户偏好的属性网络挖掘方法 FocusCO。该方法能够通过用户提供的样例顶点集合推断出用户关注的属性，从而推断出用户偏好，然后结合用户偏好进行属性网络中的局部社区和孤立点的发现。该文献基于用户偏好考虑社区和孤立点发现，这个关注社区是一种属性网络中的特殊社区，用户也许只会对社区中的某些属相感兴趣，而不是所有的属性。因为不同的属性产生不同的社区，用户应该能根据不同的属性产生不同的社区。因此，用户通过提供样本节点控制发现的社区，从提供的样本节点中推断出属性权重的相关性来获取用户认为的相似性。用户偏好的本质就是通过这些具有较大权重的属性体现出来的，称这些属性为用户关注属性，是发现关注社区和孤立点的基础。

进一步说明关注属性，如图 4.23 所示，该网络是朋友网络，节点属性有学历、位置、母语和工作。其中有两个关注社区：左边社区代表人们因为学历和位置而认识；右边社区代表人们因为工作的相似而产生聚集。因此，不同属性子集会产生不同的社区。如果用户关注学历和位置属性，将会得到左边的社区，而不是右边的社区。类似地，当学历是关注属性时，样本孤立点具有大学学历，与其他都是博士研究生学历的样本有所偏离。

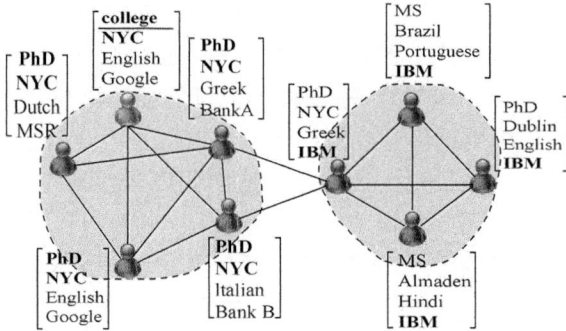

图 4.23　具有两个关注社区和一个关注孤立点的样例

据给定的大规模属性网络 $G=(V,E,F)$，其中$|V|=n$ 是节点的数量，$|E|=m$ 是边的数量，每个节点与$|F|=d$ 个属性相关联，从 G 中只提取与用户 u 的兴趣相关的社区集合(而不是划分整个网络)。用户应该提供样本节点集合且该样本集合应该包含在用户感兴趣的社区中，并且假设社区中节点具有少量的共同属性值，接着推断出这些属性的隐含的权重，这些属性的权重使得社区中的顶点更加相似，称这些属性为关注属性。经过从用户 u 推断出属性权重β_u，目标就是从 G 中提取出关注社区 C，该社区结构上密集且与网络中其他部分连接不紧密，在具有较大权值属性上具有一致性。正如真实社交和通信网络中观测到的，关注社区可以是重叠的，关注社区之间可以共享一些节点。另外，集合 C 是网络 G 的所有社区的子集，因为希望不同社区集合是围绕着不同属性聚在一起的，目标是提取出用户关注属性上的社区。除了提取关注社区，还要执行孤立点检测。孤立点 O 是这样的节点：在结构上属于关注社区，但是属性上与关注社区偏差比较大。FocusCO 大致分为三个步骤：①推断属性权重；②提取关注社区；③检测关注孤立点。下面分别介绍这三步。

(1)推断属性权重。被关注的社区是面向用户的社区，其中每个用户对给定属性网络中提取特定类型的社区感兴趣。用户通过提供样本节点的小集合来引导社区，要求这些样本节点彼此相似，同时与用户感兴趣的社区所包含的节点也相似。第一步就是识别节点属性的相关性权重，使得样本节点彼此相似。这种加权相似度通常通过(逆)马氏距离获得。两个特征向量为 f_i 和 f_j 的节点之间的距离 $(f_i-f_j)^\mathrm{T}A(f_i-f_j)$，如果设置矩阵 A 为单位矩阵，这个距离就是欧氏距离，否则相应的特征或维度就会被加权。给定样本节点，如何学习到 A 使得两点之间具有较小的距离？这就是著名的距离度量学习问题，本书采用如下优化目标：

$$\min_A \sum_{(i,j) \in P_s} (f_i - f_j)^{\mathrm{T}} A(f_i - f_j) - \gamma \log_2 \left[\sum_{(i,j \in P_D)} \sqrt{(f_i - f_j)^{\mathrm{T}} A(f_i - f_j)} \right] \quad (4\text{-}31)$$

该式是凸函数并能够通过高效、局部极小算法来求解。

　　设 P_s 为相似节点的节点对集合，P_d 为不相似节点的节点对集合。其中 P_s 是由用户提供的所有样本节点构成的节点对集合。P_d 是由不属于样本节点集合的节点之间随机构成的节点对集合。在创造 P_d 过程中，可能会抽到与 P_s 相似的节点对，因为是随机构造的。为了减少这种影响，只要保证 $|P_d|$ 足够大，也就是说不相似的节点对数量比不相似的节点对数量要大，这是合适的假设，因为对于用户偏好的关注社区可能规模就是比较小。因此使得 P_d 大小是 P_s 大小的 $|F|$ 倍。如此保证数据大小超过维度大小，并且学习任务可行。这里学习的矩阵 A 为对角矩阵。算法的主要流程为：①对于样本节点集合 C_{ex} 中的每个节点，生成 P_s。②从 $V \backslash C_{ex}$ 集合中采样节点，生成 P_d，P_d 大小为 P_s 大小的 $|F|$ 倍。③从 P_s 中过采样使得 P_s 与 P_d 大小相等。④求解目标函数中的对角矩阵 $\beta = \mathrm{diag}(A)$。

　　(2)提取关注社区。确定属性权重 β 以后，就能够提取关注社区。从 G 中提取关注社区的主要思想是首先识别出好的候选节点，这些候选节点潜在地属于关注社区，然后扩充这些候选节点进而得到关注社区。具体的算法描述如下：直观上，关注社区中的节点与其邻居具有较高的加权相似度。首先通过边的两个节点的加权相似度对边进行重新的权重赋值，通过带有明显的较大权重的边生成网络 G，考虑将连通分量中的节点作为候选节点，称为核心节点。接着，通过选择每个核心节点周边的新节点扩充社区，直到社区质量不再增加。已经有几种衡量社区质量的度量，包括模块度和割大小(cut size)。在本书中，使用导电率(conductance)，因为导电率既考虑了割大小也考虑了社区的总密度。图 $G = (V, E, F)$ 中，节点集合 $C \subset V$ 的加权导电率 $\phi^{(\omega)}(C, G)$ 定义如下：

$$\phi^{(\omega)}(C, G) = \frac{W_{\mathrm{cut}}(C)}{W_{\mathrm{Vol}}(C)} = \frac{\displaystyle\sum_{(i,j) \in E, i \in C, j \in V \backslash C} \omega(i, j)}{\displaystyle\sum_{i \in C} \sum_{(i,j) \in E} \omega(i, j)} \quad (4\text{-}32)$$

其中，$W_{\mathrm{Vol}}(C)$ 为 C 中节点所有的加权度。社区的导电率越低，质量越高。在扩充操作中，首先列出所有的非成员邻居作为候选集合；对于每个候选节点 n；计算节点 n 加入社区后的导电率差值 $\Delta\phi_n^{(\omega)}$，如果存在其他任一具有负值的节点，将选择具有最小值的节点 n。直到没有候选节点产生负的 $\Delta\phi^{(\omega)}$。添加节点是基于最好提高社区质量的搜索策略(贪心策略)。接着采用回顾的策略检查社区 C 中是否包含了可移除的节点，移除该节点后，可降低社区的导电率。重复增加和删除节点，直到算法收敛。可以保证算法是收敛的，因为导电率的下界是 0，而算法每次迭代都会降低导电率。

(3)检测关注孤立点。孤立点的定义是在结构上属于关注社区的节点，而在关注属性上与社区中其他节点有偏差。为了能量化该定义，主要思想是在扩展过程中，识别最佳结构节点(best structural node，BSN)(无权导电率中的最好节点)，然后检查是否存在其他任意不包含在关注社区中的最佳结构节点。

该算法的时间复杂度分析：给定属性网络 $G=(V,E,F)$ 和样本节点集合 C_{ex},确定相似节点对集合和不相似节点对集合推断属性权重。因为优化目标是凸的并且求解的是对角解，所以局部极小梯度下降技术求解 ε – 近似解的时间复杂度是 $O\left(\dfrac{d}{\varepsilon^2}\right)$。

使用属性权重 β 对网络重新计算边的权重的时间复杂度是 $O(dm)$，d 是属性空间的维度，m 是网络中的边数。假设 β 是稀疏的，即用户关注的属性较少，那么乘法运算的时间是常量，及时间复杂度是 $O(m)$。接着识别具有最大权重的 top-k 条边生成 G 确定核心节点集合($k \ll m$)。使用最小堆维护 top 集合，最坏时间复杂度为 $O(m\log_2 k)$。使用 top-k 边估计正太分布的参数的时间复杂度是 $O(k)$。接着检测所有的边是否符合正太模型。利用通过检测的边生成网络，那么连通分量就是核心节点集合。寻找核心节点集合的时间复杂度是 $O(m\log_2 k)$。

该算法的实证研究：Disney 网络是 Amazon 上 Disney 电影的共买网络，网络中有 124 个节点，333 条边，每个电影有 28 个属性。下面的实证研究发现 Disney 网络中两个类型的关注社区。其中一个社区是用户想要了解电影的流行度是如何影响社区的，用户决定产品的流行度与 Number_of_reviews 和 Sale_rank 等特征相关，就选定了在这些属性上相似的产品作为种子,通过给定的样本节点进行属性权重学习，得到了另一个与这些属性相关的属性：Number_of_different_authors，提取出了几个关注社区，发现的电影社区具有相似的年龄和赞扬。第一个关注社区反映了传统的 Disney 经典电影，如 Robin Hood。其中孤立点是一部续集(电影 A Goofy Movie)，该电影没有社区中其他电影流行。第二个关注社区是流行的较老的 Disney 电影，孤立点包括了 A Goofy Movie 和 American Legends。第三个关注社区与第一个关注社区重叠，该关注社区是经典 Disney 电影的子集，较大社区中的电影主要是由动物角色出演的电影，如 Rescuers。该社区的孤立点是 The Black Cauldron，虽是经典电影，但是由人类出演并且不是那么流行。

另一个实例是用户想检查消费者对电影评分的分布不同是如何影响电影社区的。孤立点表示与其他共买电影的评分差异比较大的电影。第一个关注社区代表传统 Disney 经典电影，其孤立点也是电影 A Goofy Movie，虽然流行度很高，但是评价不高。第二个关注社区是 Pixar 社区，具有高评价特征的电影，如 Toy Story。该关注社区的孤立点是 101 Dalmatians 的真实版。第三个关注社区由 Disney 著名电影组成，如 Fantasia。其孤立点就是西班牙语的 Beauty and The Beast。

4.3.2　基于数据融合角度的大规模网络重叠社区发现方法

近年来，学者提出了大量重叠社区发现算法，大部分算法只使用网络的拓扑结构特征来挖掘社区结构。而现实中的复杂系统往往包含多种特征：①多重网络拓扑结构，从不同的角度对系统进行抽象构成不同的网络拓扑结构，每个网络视图都是对复杂系统的一种描述。例如，在科研合作网络中，论文作为节点，分别根据作者相似度、引文相似度、关键字相似度可以构建三个网络视图。②网络属性，复杂网络中的节点和边都有相应的属性信息，该信息来自复杂系统中的实体以及实体间的联系。例如，在电信通话网络中，用户的个人信息作为节点的属性。③内容信息，复杂网络中伴随着节点的活动会生成大量的内容信息，包括文本类型、多媒体信息等。例如，在社会媒体中，用户根据兴趣与朋友关系在社会媒体中建立在线社交网络，网络中伴随着用户链接关系会生成丰富的内容，如用户发布的信息、分享的图片和视频以及发表的评论等。丰富的网络特征数据促进了社区发现算法的研究发展。

在实际的应用中，使用一种特征下的多种视图，或者同时考虑不同类型的特征进行社区挖掘。前者综合网络中的同质特征数据，而后者在处理不同类型特征时，需要对异质的数据进行融合，增加了分析的难度。如果能将这些异质的信息融合到社区发现中，通过分析社区结构中的语义信息，社区结构就有了真实的情景意义，可以挖掘出社区形成的机理和用户的喜好。特征融合的重叠社区发现算法是典型的多视图聚类(multi-view cluster)在网络数据上的应用。针对多网络视图上的社区发现问题，提出了基于优化的融合策略，该融合策略分为四个层次：①原始数据层融合；②目标函数融合；③优化结果融合；④结果融合。异质信息在维度、规模和表现形式上不尽相同，在进行融合和分析时比同质特性更加复杂。

图 4.24 给出的网络中既包含拓扑结构又包含内容信息。使用 $G=(V, E, EC)$ 来表示图中的网络，其中 $V=\{v_1, v_2, \cdots, v_m\}$ 表示节点集，$E=\{e_1, e_2, \cdots, e_n\}$ 表示边集以及边上的内容信息 $EC=\{ec_1, ec_2, \cdots, ec_n\}$。文献[29]提出一种基于特征融合的重叠社区发现算法是通过融合网络中的网络拓扑结构及内容信息挖掘网络中的重叠社区结构 $C=\{c_1, c_2, \cdots, c_k\}$，其中 m 为节点个数，n 为边的个数，k 为社区的个数。

(1)线性融合策略。在网络 $G=(V, E, EC)$ 中包含两种特征：网络拓扑结构和文本内容信息。在该算法中只考虑随节点链接关系生成的边上文本内容。网络 G 中的边 $e \in E$ 包含两个特征：邻边集 N_e 和文本内容 ec_e，其中 ec_e 是一个文本。网络中的文本内容集合用 $D=\{d_1, d_2, \cdots, d_n\}$ 表示。该方法需要考虑将边的文本内容特征加入网络编码中。为解决网络拓扑结构与文本内容相融合的问题，提出了一种线性融合策略，该策略分别对网络的拓扑结构和文本信息进行向量化，并引入参数 对特征向量进行线性融合。在处理文本内容时，首先会对文本进行分词处理，经过分词处理后使用 TF-IDF (term frequency inverse document frequency) 加权方法，一个文本变成由若干关键词表示的多维向量。

(2) 非线性融合策略。在构建边的向量过程中，使用共同邻居计算边 i 和 j 之间的相似度 $W_{i,j}$ 作为两条边之间关系的权重，使用边 i 和 j 上文本内容的相似性作为衡量边之间[的]权重。采用马氏距离计算文本内容之间的距离 $d_{i,j}$。

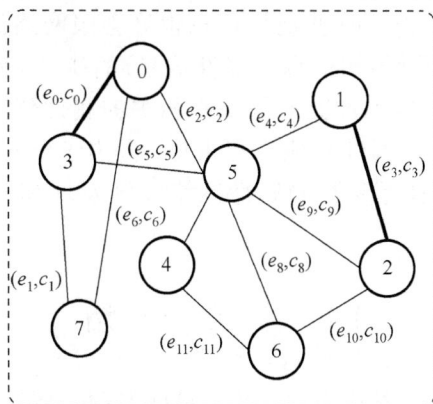

图 4.24　网络拓扑与内容示意图

在该算法中，采用基于吉布斯采样的 LDA 模型进行参数推断。进行吉布斯采样时，需要计算两个矩阵：邻边-边社区的计数矩阵 $C^{AdjEdge}$，它的每一个元素 C_{wk} 表示邻边 e_w 被归入边社区 p_k 的次数；以及边-边社区的计数矩阵 C^{Edge}，它的每个元素 C_{kj} 表示边 e_j 归入边社区 p_k 的次数。所以，后验概率分布 $p(p_j|e_w)$ 可以通过吉布斯采样方法进行估算。在每一次采样循环中，边 e_j 的第 i 个邻边的边社区通过对 p_{ij} 的整个条件后验概率进行采样得到。LDA 算法是一个降维的过程，它可以应用在任意的共生矩阵 $N×M$ 中，然后将该矩阵变成两个矩阵，即 $N×K$ 的主题分布矩阵和 $M×K$ 的主题分布矩阵，即把以前 M 个特征的空间减为 K 个特征空间。LDA 模型在进行参数推断时，一个重要的限制是要保持 $D×T$ 矩阵和 $W×T$ 矩阵每次迭代之后更新，则需要将这两个矩阵放入内存中。如果数据规模很大，需要消耗大量内存。提出基于 MapReduce 的并行化 LDA 算法 MR-LDA。在 MR-LDA 中将边图 LiG 划分到 S 台服务器上，每台服务器处理的数据为 LiG/S 边。每台服务器只对本地的数据进行一次吉布斯采样，然后进行全局更新。

4.3.3　属性网络社区发现的其他方法

文献[30]提出了一种非常简单的结合内容和边的社区发现的方法，该方法假设的前提是在网络中，都存在噪声链接，而内容信息能够帮助增强社区划分，清除噪声的影响。提出一种两个节点信号强度的度量，该度量融合了内容相似度和边信息。

基于连接是否倾向于留在社区内，估计连接强度。通过余弦相似度或 Jaccard 系数评估内容相似度，讨论了一种如何融合内容和连接的相似度的简单机制，提出了一种有偏差边采样过程，该过程保留与图中每个节点局部相关的边，得出骨干图就可以使用标准的社区发现方法来聚类。

文献[31]中提出基于模块度的聚类方法广泛应用于网络数据。然而如今的数据保存了节点的额外属性信息，这些属性信息也许会跟网络结构发生冲突，因此出现了同时挖掘两个信息源（结构信息和属性信息）的挑战。对于带有属性的网络来说，有必要知道属性和结构的冲突原因是不相关的属性值和孤立点的高偏差属性值。本书中，对于不相关的属性和孤立点来说，提出了一种比较鲁棒的发现方法，提出了一种模块度驱动且无参数的属性网络社区发现和几种高效的计算模块度的算法。

4.4　本章小结

本章主要介绍了非重叠社区发现、重叠社区发现、属性网络社区发现的最新方法。首先给出了非重叠社区发现、重叠社区发现、属性网络社区发现的介绍，接着介绍了一些最新的工作成果。可以看出最近几年在社区发现方面有不少优秀成果，主要是在非重叠社区发现、重叠社区发现、属性网络社区发现方面。

参 考 文 献

[1]　Shi C, Yan Z, Cai Y, et al. Multi-objective community detection in complex networks[J]. Applied Soft Computing, 2012, 12(2): 850-859.

[2]　Shi C, Yu P S, Cai Y, et al. On selection of objective functions in multi-objective community detection[C]. International Conference on Information and Knowledge Management, 2011: 2301-2304.

[3]　Shi C, Yan Z, Wang Y, et al. A genetic algorithm for detecting communities in large-scale complex networks[J]. Advances in Complex Systems, 2010, 13(1): 3-17.

[4]　Chakraborty T, Srinivasan S, Ganguly N, et al. On the permanence of vertices in network communities[C]. ACM, 2014: 1396-1405.

[5]　Shi C, Yan Z Y, Pan X, et al. A posteriori approach for community detection[J]. Journal of Computer Science and Technology, 2011, 26(5): 792-805.

[6]　Jiang F, Yang Y, Jin S, et al. Fast search to detect communities by truncated inverse page rank in social networks[C]. IEEE International Conference on Mobile Services, 2015: 239-246.

[7]　Liu Q, Zhou B, Li S, et al. Community detection utilizing a novel multi-swarm fruit fly

optimization algorithm with hill-climbing strategy[J]. Arabian Journal for Science & Engineering, 2016, 41(3): 807-828.

[8]　Shi J, Mamoulis N, Wu D, et al. Density-based place clustering in geo-social networks[C]//Proceedings of the 2014 ACM SIGMOD International Conference on Management of Data, 2014: 99-110.

[9]　Shao J, Han Z, Yang Q, et al. Community detection based on distance dynamics[C]. ACM, 2015: 1075-1084.

[10]　Wang Y, Xu L, Wu B. A community detection method based on K-shell[C]. IEEE International Conference on Big Data, 2015: 2314-2319.

[11]　Zhang Y, Wu B. Finding community structure via rough K-means in social network[C]. IEEE International Conference on Big Data, 2015: 2356-2361.

[12]　Zhang H, King I, Lyu M R. Incorporating implicit link preference into overlapping community detection[C]. AAAI, 2015: 396-402.

[13]　Lim S, Ryu S, Kwon S, et al. LinkSCAN*: Overlapping community detection using the link-space transformation[C]. IEEE, International Conference on Data Engineering, 2014: 292-303.

[14]　Mcdaid A, Hurley N, Murphy B. Overlapping stochastic community finding[C]. IEEE/ACM International Conference on Advances in Social Networks Analysis and Mining, 2014: 17-20.

[15]　He K, Sun Y, Bindel D, et al. Detecting overlapping communities from local spectral subspaces[C]. IEEE International Conference on Data Mining(ICDM), 2015: 769-774.

[16]　Whang J J, Gleich D F, Dhillon I S. Overlapping community detection using seed set expansion[C]. ACM International Conference on Conference on Information & Knowledge Management, 2013: 2099-2108.

[17]　Moradi F, Olovsson T, Tsigas P. A local seed selection algorithm for overlapping community detection[C]. IEEE/ACM International Conference on Advances in Social Networks Analysis and Mining, 2014: 1-8.

[18]　Shi C, Cai Y, Fu D, et al. A link clustering based overlapping community detection algorithm[J]. Data & Knowledge Engineering, 2013, 87: 394-404.

[19]　Yin D, Wu B, Zhang Y. LinkSHRINK: Overlapping community detection with link-graph[C]. IEEE International Conference on Data Science in Cyberspace, 2017: 44-53.

[20]　Wu P, Pan L. Detecting highly overlapping community structure based on maximal clique networks[C]. IEEE/ACM International Conference on Advances in Social Networks Analysis and Mining, 2014: 196-199.

[21]　Liu L, Xu L, Zhen W, et al. Community detection based on structure and content: A content propagation perspective[C]. IEEE International Conference on Data Mining(ICDM), 2015: 271-280.

[22] Wang C D, Lai J H, Yu P S. NEIWalk: Community discovery in dynamic content-based networks[J]. IEEE Transactions on Knowledge and Data Engineering, 2014, 26(7): 1734-1748.

[23] Xu Z, Ke Y, Wang Y, et al. Gbagc: A general bayesian framework for attributed graph clustering[J]. ACM Transactions on Knowledge Discovery from Data(TKDD), 2014, 9(1): 5.

[24] Yang J, Mcauley J, Leskovec J. Community detection in networks with node attributes[C]. IEEE 13th International Conference on Data Mining(ICDM), 2013: 1151-1156.

[25] Pool S, Bonchi F, Leeuwen M V. Description-driven community detection[J]. ACM Transactions on Intelligent Systems & Technology, 2014, 5(2): 1-28.

[26] Sachan M, Dubey A, Srivastava S, et al. Spatial compactness meets topical consistency: Jointly modeling links and content for community detection[C]// Proceedings of the 7th ACM International Conference on Web Search and Data Mining, 2014: 503-512.

[27] Huang X, Cheng H, Yu J X. Dense community detection in multi-valued attributed networks[J]. Information Sciences An International Journal, 2015, 314(C): 77-99.

[28] Perozzi B, Akoglu L. Focused clustering and outlier detection in large attributed graphs[C]. ACM SIGKDD International Conference on Knowledge Discovery and Data Mining, 2014: 1346-1355.

[29] Yu L, Wu B, Zhao S, et al. Overlapping community detection in large networks from a data fusion view[C]. IEEE/ACM International Conference on Advances in Social Networks Analysis and Mining, 2014: 118-121.

[30] Ruan Y, Fuhry D, Parthasarathy S. Efficient community detection in large networks using content and links[C]//Proceedings of the 22nd international conference on World Wide Web. ACM, 2013: 1089-1098.

[31] Sánchez P I, Müller E, Korn U L, et al. Efficient algorithms for a robust modularity-driven clustering of attributed graphs[C]//Proceedings of the 2015 SIAM International Conference on Data Mining, SIAM, 2015: 100-108.

第 5 章　虚拟社区演化

近年来，随着计算机技术的不断发展和移动互联网时代的到来，网络科学，特别是社交网络的研究引起了学术界和工业界的广泛关注。虚拟社区发现与演化问题是网络科学研究中的一个关键问题。社区是网络中相互连接紧密的节点集合。在不同类型的网络中，社区有着不同的含义。例如，在社交网络中，社区通常代表着具有共同兴趣的群体。社区结构是在中观层面上理解网络结构的有效途径。社区发现问题无论在理论上还是在应用上都有着十分重要的意义。在现实的网络当中，有些网络是相对静态的，如蛋白质网络、Internet 的物理层网络。而对大多数网络来说，它们的拓扑结构会随着时间而发生明显的变化，如每个人所处的朋友圈在不同时期会有所不同。社区演化分析的目的就是通过研究网络的动态特性，探究网络结构的演化过程。

5.1　动　态　网　络

5.1.1　动态网络分析

动态网络分析(dynamic network analysis)是一门新生的研究领域，将传统的社交网络分析(social network analysis)、链路分析(link analysis)和网络科学(network science)、网络理论(network theory)结合在一起。该领域主要包括两个研究方面：一方面是动态网络数据的统计分析，另一方面是利用网络的模式对网络的动态性进行有针对的研究。

动态网络与传统的社交网络的差别主要体现在三个方面：第一，动态网络分析的研究对象包括元属性网络(meta network)，而不只是直接研究社交网络。第二，动态网络分析通常使用基于代理和其他形式的模型对网络的演化过程建模，使其适应各种干涉对网络的影响。第三，网络中的连接并不是只有存在和不存在两种状态，而是通过概率的方式来体现网络中的各个连接是否存在。

5.1.2　动态社区发现与社区演化

动态社区发现以发现不同时段社区结构为主要目标，主要研究的是用什么方法以揭示社会网络中隐含的不断动态变化的社区结构，尤其是动态网络中核心稳定社区结构。社区演化以观察隐含社区结构变化过程为目标，主要着眼于评价不同时间片段中社区结构的变化情况。在研究方法上，动态社区发现的研究一般有一个假设前提，即认为社区变化是平缓的，网络变化中存在核心稳定社区结构，而在社区演化的研究中并没有这个假设，旨在观察社区产生、发展、突变以及消失的生存周期。

　　虽然在研究目标和方法上有所差异，但社区发现和社区演化都是在空间维度发现隐含社区结构的基础上，扩展时间维度，以发现不同时间点或时间窗口的社区信息和社区变化情况。所以，分时间片进行计算是它们共同的技术路线。另外，社区演化虽然以观察社区变化情况为目标，但它首先需要发现隐含的社区结构，然后才能分析判断社区变化的过程。动态社区发现虽然以揭示不同时间窗口隐含社区结构为目标，但相邻时间窗口的社区结构之间并非毫无关系，是具有一定的时序演化性质的。所以，动态社区发现不能忽略社区演化的基本属性。因此，当前许多研究工作不再对这两类研究严格加以区别。

5.2　社区演化模型

5.2.1　基于核节点的社区演化模型

　　基于核节点的社区演化模型[1]从三方面考虑社区演化：①社区的拓扑结构的规模的演化；②社区中的节点如何变化；③节点存在于社区中的寿命预测。基于上述三方面，模型做出以下的假设结论。

　　(1)网络规模的演化：由图 5.1 可以看出在各种合作网络(cond-mat，math，nonlinear)中,节点的个数随着快照所在时间点的迁移逐步增加。所以我们可以得到结论：网络规模会随着自身的演化逐渐膨胀增大。

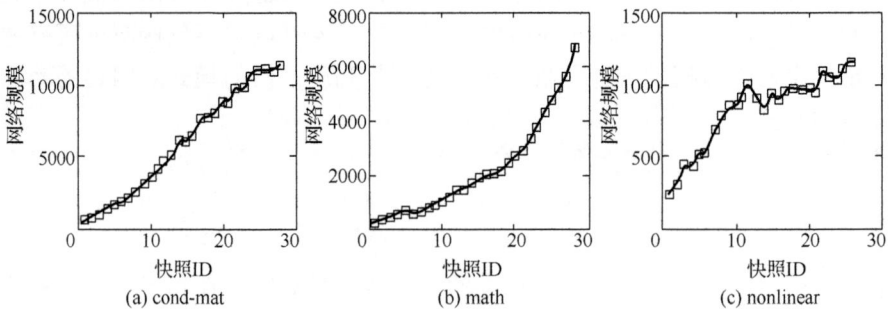

图 5.1　网络规模(节点个数)的演化

　　(2)节点个数的变化：尽管网络规模随着自身演化而膨胀，但是社区包含的节点一直在变化，这意味着一部分成员会离开社区，另一部分节点会进入社区成为新成员。经过统计，如图 5.2 所示，80%的节点出现的次数少于两个快照点。所以可以得到以下结论：社交网络中的节点只有一小部分会稳定地存在于社区中。

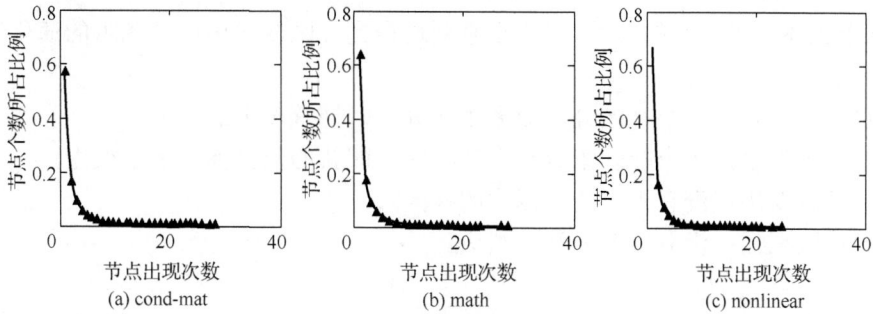

图 5.2　节点出现的分布规律

（3）节点的寿命：在衡量节点寿命时，将节点的度数作为关键因素进行考虑，通过计算节点度数和节点出现在社区中的频数的相关系数，得到以下结论：度数越高的节点出现在社区中的概率越大。

基于以上三个假设，该模型将重点考虑核心节点而不是两个社区之间的重叠节点和边。所以模型首先给出选择核心节点的方法：基于投票策略，综合社区的拓扑结构和节点的权重区别核心节点和普通节点。首先将所有节点的中心度置 0，如果节点 N_i 的权重 $W(N_i)$ 大于节点 N_j 的权重 $W(N_j)$，则添加节点 N_i 的中心度同时减少节点 N_j 的中心度，在对任意两个节点对之间进行比较之后，如果节点的中心度大于 0，则称该节点为核心节点。综上所述，该方法对于社区这种小规模的网络十分高效，因为节点之间的距离基本上不会超过 3 跳而且每个节点之间有很高的概率处于连通状态。

算法的思想如图 5.3 所示。

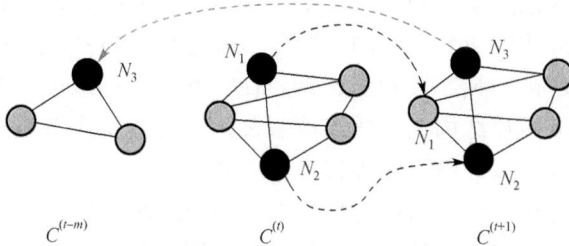

图 5.3　社区演化实例

黑色节点为核心节点，灰色为普通节点。可以看出：①在 $t+1$ 时刻，$C^{(t+1)}$ 包含两个 $C^{(t)}$ 的核心节点 N_1, N_2；②核心节点 N_3 存在于 $C^{(t)}$ 的祖先 $C^{(t-m)}$，因此，$C^{(t+1)}$ 是 $C^{(t)}$ 的祖先

当 t 时刻的第 i 个社区 $C_i^{(t)}$ 的核心节点和 $t+1$ 时刻的第 j 个社区 $C_j^{(t+1)}$ 的节点交集不为空集，且 $t+1$ 时刻的第 j 个社区 $C_j^{(t+1)}$ 至少存在一个核心节点也存在于 t 时刻的第 i 个社区 $C_i^{(t)}$ 的祖先 $C_k^{(t-m)}$ 时，可以说 $C_i^{(t)}$ 是 $C_j^{(t+1)}$ 的祖先。用数学符号表示如下：

$$\text{Core}[C_i^{(t)}] \bigcap \text{Node}[C_j^{(t+1)}] \neq \varnothing + \text{Node}[C_k^{(t-m)}] \bigcap \text{Core}[C_j^{(t+1)}] \neq \varnothing \rightarrow [C_i^{(t)} \rightarrow C_j^{(t+1)}] \quad (5\text{-}1)$$

基于上述社区之间的关系,可以很直观地得到社区演化中四种基本的演化现象,如图 5.4 所示。

(1)社区分割:一个社区分割成多个部分,即拥有多个后辈。

(2)社区聚集:多个社区组成一个新社区,即新的社区拥有多个祖先。

(3)社区诞生:没有祖先的新诞生的社区。

(4)社区死亡:没有后辈的社区消失。

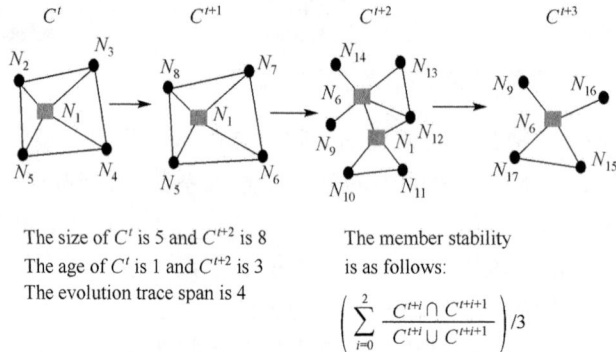

The size of C^t is 5 and C^{t+2} is 8
The age of C^t is 1 and C^{t+2} is 3
The evolution trace span is 4

The member stability
is as follows:

$$\left(\sum_{i=0}^{2} \frac{C^{t+i} \cap C^{t+i+1}}{C^{t+i} \cup C^{t+i+1}} \right) / 3$$

图 5.4　社区演化的一个典型实例

5.2.2　带权社区的涌现模型

社交网络的拓扑结构往往存在一个显著的特征,即边带有不同的权重值。边的权重常常可以表示交互的频繁程度,关系的亲密程度或者存在的时间长度等,同时在一些代谢网络等其他类型的网络中,边的权重也扮演着重要的角色,如疾病传播。

网络中把关系密切的朋友之间的连接称为强连接,关系疏远或偶尔见面的朋友之间的连接称为弱连接。强连接和弱连接是社交网络中的两类重要的连边。研究发现,大规模社交网络拓扑结构满足弱连接假设,即强连接大多数出现在网络虚拟社区的内部,而弱连接大多数出现在虚拟社区之间。

研究发现,在线社交网络这样的拓扑结构是由两种社交网络微观演化机制导致的:周期闭包、焦点闭包。所谓周期闭包,是指网络的节点倾向于和自己在网络中邻近的邻居建立连接关系而形成的结构,该机制是导致虚拟社区形成的主要因素。实验表明三元闭包的出现概率随着两个节点之间测地距离的增加呈指数递减。相反地,焦点闭包和测地距离无关,其生成的原因是两个节点之间有共同的兴趣或参与共同的活动。

Kumpula 等 [2]结合社交网络的上述微观演化机制,提出了带权虚拟社区的涌现模型。该模型的算法主要包含如下三个过程,如图 5.5 所示。

(1)局部连边机制。在时间间隔 Δt 内每个节点 i 以概率 $w_{i,j} / s_i$ 选择它的其中一个邻接点 j,其中 $w_{i,j}$ 表示节点 i、j 连边的权重,$s_i = \sum j w_{i,j}$ 表示节点 i 的权重。如

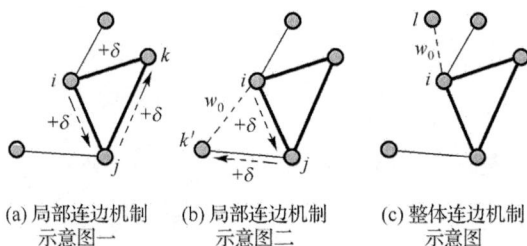

(a) 局部连边机制　　　(b) 局部连边机制　　　(c) 整体连边机制
示意图一　　　　　　　示意图二　　　　　　　示意图

图 5.5　带权虚拟社区的涌现模型算法[3]

果被选中的节点 j 存在除 i 之外的其他邻居节点，以概率 $w_{j,k}/(s_j-w_{i,j})$ 随机地选择其中一个节点 k。如果节点 i 和 k 之间没有其他边，i 和 k 的连边以概率 $pd\Delta t$ 生成并且该边的权重为 $w_{i,k}=w_0$。如果 i 和 k 之间存在边，那么这条边的权重增加 δ，不管 i 和 k 是否存在边，$w_{i,j}$ 和 $w_{j,k}$ 都增加 δ。该过程反映了周期闭包机制。

（2）整体连边机制。如果一个节点有邻居节点，该节点以概率 $pr\Delta t$ 和一个随机选择的节点相连生成一条权重为 w_0 的边，如果一个节点没有邻居节点，该节点也和一个随机选择的节点相连生成一条权重为 w_0 的边。该过程和焦点闭包类似，因为选择了连接一个被选节点邻居之外的节点。

（3）去除机制。任意节点及其连边以概率 $pd\Delta t$ 去除，被去除的节点将被新的节点所替代，以保证节点总数不变。其中 $pd\Delta t$ 和 pr 的比例反映了模型生成网络社区内部的稠密程度。网络边的权重是可以通过参数 δ 来调节。当 $\delta=0$，该模型得到的一个无权网络。当 $\delta>0$ 且单调增加时，该模型产生的网络社区内部的稠密程度增加并且社区内部边权重增大，这是由局部连边机制导致的。因为随着 δ 的增加，某些边被选中后，其所属的三角形的边的权重迅速增加，使得这些三角形的边很容易被重复选中，从而在这些三角形周围形成连接稠密的社区结构。图 5.6 是不同参数 δ 下模型生成网络的结构图，边的颜色从浅色(弱连边)变化到深色(强连边)[3]。

该模型生成的网络不仅具有稠密程度可调的社区结构，还具备真实社交网络的几个典型特征：①度分布为指数分布，具有非对称性。②网络中度大的节点倾向于连接度大的节点，具有正相关性。③网络的聚类系数很高，$c(k)\sim 1/k$。④网络平均直径为 $\log_2 N$，具有小世界效应。

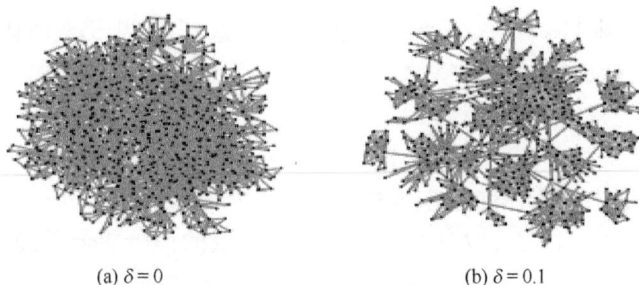

(a) $\delta=0$　　　　　　　　　　　　　　(b) $\delta=0.1$

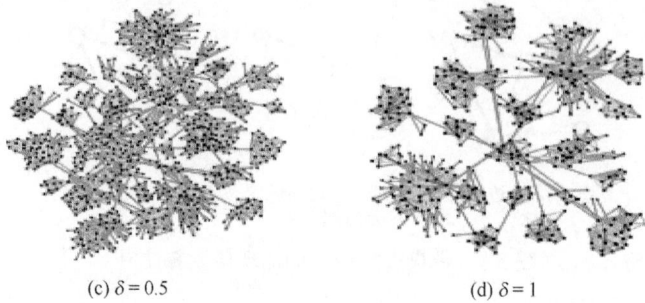

(c) $\delta = 0.5$　　　　　　　　　(d) $\delta = 1$

图 5.6　网络结构图

5.2.3　基于图模体的 GMM

介绍基于图模体的 GMM（Gaussian mixture model）[4]之前给出以下概念。

模体（motif）：模体指在一个图中出现的连通模式，通常指图 G 中出现的 n 个节点形成的连通子图。模体 M 的统计意义通常由 Z-score 来表述，其中 Z-score 的公式定义为

$$Z_M = \frac{n_M - n_M^{\text{rand}}}{\sigma_{n_M}^{\text{rand}}} \tag{5-2}$$

其中，n_M 为图 G 中子图 M 出现的次数；$\langle n_M^{\text{rand}} \rangle$ 和 $\sigma_{n_M}^{\text{rand}}$ 分别为在全体随机网络中 M 出现次数的平均偏差和标准偏差。

概率质量函数（probability mass function，PMF）：给定 S，函数 F 为定义在 S 上的离散概率质量函数，其中 i 为 S 集合中的元素，参数 λ 表示 S 中模式数的平均值，函数 F 的值表示 i 成为 G 的下一个结构成分的概率值。

$$F(i;\lambda) = \frac{\lambda^i \text{e}^{-\lambda}}{i!} \tag{5-3}$$

该模型基于以下两个关键的假设。

（1）参与者并不是孤立的进入一个网络，同时会带来外源的结构。因此模型也应该通过类似的方法创建新的结构。GMM 假定新的网络结构和当前观测到的网络结构在类型和频度上相近。基于该假设，需要从当前网络的基本结构中提取演化规则。

（2）已有的文献证实随着网络的规模逐渐增大，自相似性的程度也随之增大。这条规则为这个假定建立关键的桥梁。

如图 5.7 所示，基于以上假设，模型首先根据 PMF 函数从现有的结构提取社区演化规则，然后给出了演化的基本过程：

（1）指定整数 $\tau > 1$，集合 I 包含由 τ 个节点构成的单一成分子图；

（2）定义 S 为有序 n 元组，元素由集合 I 中的元素组成；

(3)定义函数 $f(i_n)$ 统计图 G 中 i_n 子图的同构数目；

(4)通过概率分布提取图结构并遵从增长规则 $R(\cdot)$ 将新结构添加到网络中；

(5)重复步骤(4)、(5)直到满足结束条件 $T(\cdot)$。

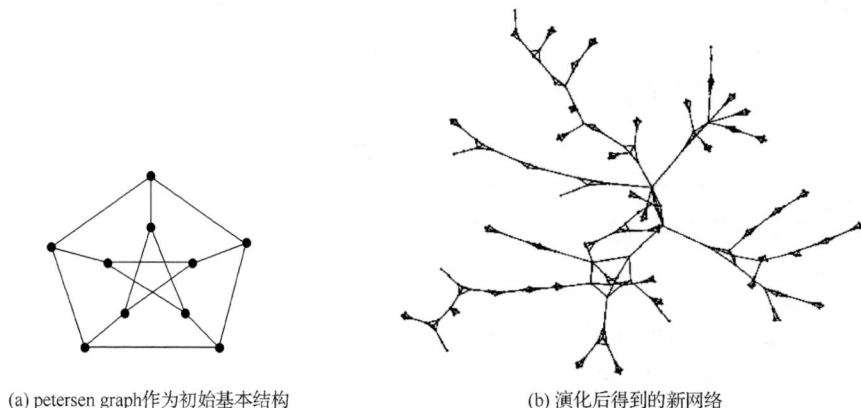

(a) petersen graph作为初始基本结构　　　　　　(b) 演化后得到的新网络

图 5.7　petersen graph 作为初始基本结构以及演化后得到的新网络

5.3　演化社区发现算法

5.3.1　基于动态增量的演化社区发现

增量式动态社区发现方法中，基于动态短时平滑性的特点，认为动态社区演化过程中，大部分的网络拓扑结构保持相对稳定，仅有小部分结构会发生变化，所以，在计算了前一时刻网络快照的社区划分的基础上，仅对部分改变的网络结构节点的社区归属进行重新计算，而其余部分的网络节点的社区归属保持不变，以此极大地提升了算法的效率。

Li 等[5]提出了一种基于增量计算的动态社区发现算法(dynamic algorithm based on permance，DABP)，该算法通过每个时间片的片增量计算该时刻网络中的部分节点的社区归属，这部分节点是可能改变社区归属的节点，达到该时刻网络持久力最大化的目标，发现该时间片网络的社区结构，从而每个时间片通过增量计算得到整个动态网络的社区结构。而且，通过增量计算的方式可以保持每个社区的演化规律，不会丢失时间片之间社区的关系，更重要的是根据前一时刻网络的拓扑结构，通过增量计算网络中部分节点的社区归属从而大大地减少了算法的时间复杂度，使得算法能适合大规模的动态网络的社区发现场景。

在 DABP 算法中，算法的输入是由一个时间序列组成的动态网络 $G(V,E) = \{G_1(V_1,E_1), G_2(V_2,E_2),\cdots,G_{t-1}(V_{t-1},E_{t-1}),G_t(V_t,E_t),\cdots,G_n(V_n,E_n)\}$，其中每个时间片网络 $G_t(V_t,E_t)$ 是 t 时刻网络的快照，输出是每个时间片网络的社区结构集合。

表 5.1 为 DABP 算法的伪码。算法开始时，使用静态社区发现算法 Max_
Permanence[6]计算第一时间片网络的社区结构，保存初始时刻节点的社区归属信息。
对于某个时间片，根据前一时刻的网络拓扑结构和当前时刻的网络拓扑结构得到当
前网络的增量节点，并维护一个可能改变社区归属的候选节点集合，计算增量节点
中可能会改变社区归属的节点，将其加入候选集合，迭代更新候选集合中节点的社
区归属，这个过程重复直到该时间片网络的社区结构收敛。

表 5.1   算法 DABP

算法 DABP

Input：n 个时间片组成的动态网络 $G = \{G_1, G_2, \cdots, G_{t-1}, G_t, \cdots, G_n\}$
演化强度的阈值
算法的迭代次数
Output：每个时间片网络中节点的社团归属标号

```
procedure DABPEvolution(G, threshold, iterations )
    for all g ∈ G do
        if g is the first time step network then
            (compute the communities of the first time step network )
            Max_Permanence(g )
            save the detected communities of g
        else
            (update the candidate set of vertex may change its community )
            for all u ∈ V⁺ do ▷ V⁺ is the vertex set of vₜ⁺
              add vertex u to the candidate set
              assign a new community to vertex u
            for all  u ∈ V⁻ do              ▷ V⁻ is the vertex set of vₜ⁻
              add all vertexes of Member(u) to the candidate set
            forall e = (u, v) ∈ E⁺ do ▷ E⁺ is the edge set of eₜ⁺
              (add the neighbor of V⁺ to the candidate set)
              if one of the vertex of edge e = (u, v) belongs to V⁺ then
                put another vertex into the candidate set
              else if Community(u) ≠ Community(v) then
                put vertex u and v into the candidate set
            for all e = (u, v) ∈ E⁻ do ▷ E⁻ is the edge set of eₜ⁻
            if Community(u) == Community(v)  then
                Put vertex u and v into the candidate set
        compute the cumulative error
        if the cumulative error > threshold then
            Max_Permanence(g )
        else
            (community detection of vertex in the candidate set )
            updateCandidateSet(g, candidateSet, iterations)
```

在计算过程中，作者定义了度量网络累积的演化强度。演化强度的形式化定义为

$$Strength(t) = Strength(t-1) + \frac{(|v_t^+|+|Neighbor\ v_t^+|)+|Member(v_t^-)|}{|V_{max}|}$$

$$+ \frac{2|e_t'^+|+|Member(w_t)|}{|V_{max}|} \tag{5-4}$$

其中，边 $e_t'^+$ 表示 $e_t'^+ = (u,v)$ 和 $Community(u) \neq Community(v)$。顶点 w_t 属于增量边 $e_t^- = (w,v)$，并且边 e_t^- 的两个顶点是在同一社区内。V_{max} 是动态网络中到当前时刻顶点数量的最大值。

演化强度可以通过增量计算候选集合中节点的社区归属而非计算整个时间片网络节点的社区归属来粗略衡量可能引入的误差。同时，演化强度也是衡量动态网络变化剧烈程度的指标，当演化强度太大时，说明动态网络发生了剧烈的变化，不再适合增量地计算网络中部分节点的社区归属。当累积误差达到一定阈值时，不再增量地改变部分网络中节点的社区归属，而是对整个网络中的节点使用静态社区发现算法 Max_Permanence 进行全局的重新计算，从而避免了误差的累积和网络剧烈变化对节点社区归属的影响。

表 5.2 介绍了更新候选集中节点的社区归属的算法，该算法是启发式的，算法会迭代着更新候选集中的节点的社区归属直到持久力的值收敛或者到达迭代次数限制。表 5.2 的算法的输入数据是网络拓扑 g，网络 g 中的部分节点构成的待更新社区归属的节点候选集合以及最大迭代次数。算法的输出是网络 g 中所有节点归属的社区的标号。表 5.2 的算法是和 Max_Permanence 算法的思想是相似的，但是它们有很大的不同。两个算法之间最大的不同之处在于表 5.2 的算法并不是计算整个网络中所有节点的社区归属，而是仅调整了候选集中的节点的社区归属。本书提出的算法并不指定网络中社区的个数，网络中的社区个数是根据动态网络的历史网络中社区结构信息以及当前时刻网络拓扑结构的增量变化共同决定的，所以，社区的数量是自适应的。

表 5.2　算法 updateCandidateSet

算法　updateCandidateSet
Input:　网络 g
一个网络中部分节点的集合
最大迭代次数
Output: 网络 g 中所有节点的归属的社区标号
procedure updateCandidateSet(g, candidateSet, iterations)
oldSum ← Integer.MIN_VALUE
iter ← 0

```
    sum ← oldSum + 1
while sum ≠ oldSum and iter < iterations do
    oldSum ← sum
    sum ← 0
    for all v ∈ candidateSet do
        (compute current permanence of v)
        curP ← Perm(v) ▷ the vertex-based metric is introduced in[6]
        if curP == 1 then
                sum ← sum + curP
                continue;
    curPNeig ← 0
    for all u ∈ Neighbor(v) do
        (compute current permanence of u)
        curPNeig ← curPNeig + Perm(u)
    for all C ∈ CommuNeighor(v) do
        Move vertex v community C
        (compute new permanence of vertex v )
        newP ← Perm(v)
    newPNeigh ← 0
        for all u ∈ Neighbor(v) do
        (compute new permanence of u)
        newPNeigh ← newPNeigh + Perm(u)
    if cur P + curPNeigh < new P + newPNeigh then
        cur P ← new P
    else
        replace vertex v to its original community
sum ← sum + cur P
```

算法 DABP 和算法 updateCandidateSet 共同构成了基于增量的动态社区发现算法,该算法将持久力作为衡量社区结构的度量标准,利用动态网络短时平滑性的特点,即短时间内网络中大部分拓扑结构是保持不变的,只有少部分的节点和边发生了变化,提出了增量地计算网络拓扑结构改变可能引起社区归属变化的节点的社区归属的设计思想,从而避免了动态网络的每个时间片都全局计算整个网络社区归属的复杂操作。

5.3.2　基于距离增量的演化社区发现

动态社区的演化往往具有一定的连续性,各个网络切片在时间上具有一定的连续性,相邻两个时间片网络的差异被称为增量。基于距离动力学的算法的最大优势是计算时间趋近于线性,同时在进行动态距离调整时,只需要在边的邻域内进行迭代计算。这一点可以推广到动态的社区发现。

Guo 等[7]提出了一种基于距离的动态变化的动态社区算法(dynamic community detection based on distance dynamics,DC3D),通过定义局部的交互模式,利用迭代更新的方式,自适应地完成社区发现。

DC3D 算法的伪代码如表 5.3 所示。该算法的核心思想是,在进行动态网络的增量社区发现时,将增量的扰动范围限制在较小的"邻域"内,从而降低迭代计算量,使动态交互模型快速收敛。

表 5.3　基于距离动力学的动态社区发现算法(DC3D)

算法　基于距离动力学的动态社区发现算法(DC3D)
Input:　G_0 ,　ΔG ,　θ:　//累积增量阈值,　ω:　//扰动因子
Output:　时间片序列网络的社区划分 Procedure DC3D(G_0 ,　ΔG ,　θ ,　ω) 1.　use Attractor in [7] to find community in G_0 2.　for($t \leftarrow 1$ to n)do /* Step 1: Calculate the accumulative increment for every snapshot.*/ 3.　　　get the vertex$^+$, vertex$^-$,　edge$^+$, edge$^-$ from ΔG_t 4.　　　compute AI(t) using Eq.(4 − 8) /* Step 2: Using accumulative increment to determine whether need to recalculate the whole graph*/ 5.　　　if(AI(t) < θ)then 6.　　　　　vertexCandidate ← construct from vertex$^+$, vertex$^-$ 7.　　　　　edgeCandidate ← construct from edge$^+$, edge$^-$ /* Update Algorithm is described in Algorithm 2*/ 6.　　　　　Update(G_t , vertex_candidate, edge_candidate, ω) 7.　　　else 8.　　　　　reuse Attractor in [7] to find community in G_t 9.　　　　　AI(t) ← 0 // clear the accumulative increment 10.　　end if 11.　end for

动态社区发现算法的结果应该趋近于静态社区发现的算法。但在实际应用中,由于局部计算的限制,往往会存在相应的误差。这种误差会随着网络的变化不断积累。累计增量用来衡量动态网络中积累的变化量。

累计增量被定义为

$$AI(t) = AI(t-1) + \frac{|\text{vertex}^+| + |\text{vertex}^-|}{|V(t-1)|} + \frac{|\text{edge}^+| + |\text{edge}^-|}{|E(t-1)|} \tag{5-5}$$

首先利用静态算法发现初始时刻的社区。当网络增量到来时,将有可能受到扰动的边加入候选集(表 5.4),利用动态交互模型对候选集进行迭代计算,更新边的距离,完成社区发现。

表 5.4　增量集合更新

算法　增量集合更新
Input: G_t, vertexCandidate, edgeCandidate, ω
Output: G_t // 时间片 t 的社区划分
Procedure Update(G_t, vertexCandidate, edgeCandidate, ω)

```
1.    updateEdgeSet←∅
2.    nextIterationEdgeSet←∅
3.    curEdgeSet←∅
4.    distance ← 0
5.    stop ←false
6.    while (distance<6 and !stop)do
7.      if distance = = 0 then
8.        curEdgeSet←edgeCandidate
9.      else
10.       curEdgeSet←nextIterationEdgeSet
11.     end if
12.     for e = {u, v} in curEdgeSet do
13.       if e in Gtthen
14.          put e into updateEdgeSet
15.          for e' in neighbour edge of do
16.            if (e' not in updateEdgeSet
                  and (random(0, 1)< p(e, e')distance ))then
17.                put e' intonextIterationEdgeSet
18.                put e' intoupdateEdgeSet
19.             end if
20.          end for
21.       end if
22.     end for
23.     distance← distance + 1
24.     stop ← size of nextIterationEdgeSet == 0
25.   end while
26.   use Attractor in [7] only on updateEdgeSet
```

　　DC3D 的算法复杂度的上限取决于增量集合的大小，进而又受到扰动因子的限制。计算时间包括增量检测时间和增量更新时间。一般来说，总的时间复杂度为 $T \times O(|E|)$，T 为一个取决于受到扰动的边的常数。因此，总的数据复杂度为 $O(|E|)$。越小的扰动因子，计算时间会越短。但是社区发现的质量可能会有所牺牲。因此，需要设定一个合适的扰动因子。

　　DC3D 算法在更新时，首先确定有可能受到扰动的边的集合，之后再进行迭代更新。这种更新对于每条边来说是同步的，因此可以降低对增量顺序的敏感性。同时利用动态交互模型，可以发现小社区或异常点。实验证明 DC3D 算法比其他对比算法有更好的表现。

5.3.3　基于博弈论的社会网络动态社区检测

社交网络中的个体的行为都是自发的，他们出于自身考虑加入社区，并从社区中获得信息、训练、乐趣等。这正好和博弈论中的参与者的行为吻合，即每个参与者都想要在博弈中最大化自己的收益。

Jiang 等[8]提出了一种基于个体稳定度博弈的动态社区发现算法。其中，在每一个静态的时间片下，每个节点都被认为是一个理性的、自私的博弈参与者。然后在一定的规则下，让参与者在网络中进行自由的博弈，最终达到个体收益的最大值。社区划分的最终状态将是一个局部的纳什均衡。

文献[8]在只考虑节点加入两个社区的情况下提出了如下定理，多于两个社区的情况可以依次类推。

定理 1　设节点 v 加入的单一当前社区为 c，如果 $U_c(v) < \rho$，那么节点 v 不能加入重叠社区。

定理 2　设节点 v 加入的两个社区为 c_1 和 c_2，如果 $I_{c_1}(v) > E_{\max}(v)$ 且 $I_{c_2}(v) > E_{\max}(v)$，那么节点 v 的效益值为 $\text{Permc}(v) + \text{Permc}(v) - \rho$。其中，$E_{\max}(v)$ 表示节点 v 在除 c_1 和 c_2 外的其他社区中的最大度。

定理 1 可以用于快速判断是否加入重叠社区，并有效地进行剪枝。当节点加入重叠社区时，绝大多数情况将满足定理 2 中的条件，即加入的两个社区是包含其边数最多的社区。这时，定理 2 可以帮助我们快速计算效益值，以用于后续博弈。作为动态社区发现方法的一部分，引入格局检测策略。在一些文献中，格局检测策略在解决 NP 完全问题上的有效性被证实[9]。一方面，用于将上一时间片的社区发现结果传递到下一时间片，以用于下一时间片的稳定度博弈的初始化。另一方面，格局检测策略可以用来判断节点是否处于均衡状态，以用于选择博弈的候选参与者。定义一个节点的邻居和邻居的社区归属为节点的格局，具体定义如下。

设当前时间片为 G，当前稳定度博弈的全局策略为 S，$N(v)$ 表示节点 v 的邻居集合，那么节点 v 的格局则表示为

$$\text{Conf}_G^t(v) = \{(j, S(j)) \mid \forall j \in N(v)\} \tag{5-6}$$

在某一静态时间片下，格局检测是检测某一节点当前时刻的格局与上一时刻的格局是否相同。若不同，则节点可能处于非均衡状态，该节点将被当作博弈的候选参与者。另外，在完成上一时间片的社区发现进行下一时间片的初始化时，存在于上一时间片并具有与上一时间片相同格局的节点将保持上一时间片的策略。

基于个体稳定度博弈的动态社区发现算法如表 5.5 所示。在稳定度博弈中，每次博弈从候选参与者中随机选择一个非均衡节点。对于一个静态时间片下，稳定度博弈算法最终会达到一个局部的纳什均衡，即任何个体都无法通过单方面改变自己

的策略而获得效益的提升。这里的局部性体现在只允许节点加入邻居所处的社区，而不能加入邻居没有加入的社区。

表 5.5　稳定度博弈算法（PDG）

算法　稳定度博弈算法（permanence dynamic game，PDG）
Input: T snapshots, $G_1, G_2, \cdots, G_T$
Output: Strategy for each snapshot, $S_1, S_2, \cdots, S_T$
Procedure PDG(T, $G_1, G_2, \cdots, G_T$)
1.　for each G_t do
2.　　if $t==1$ then
3.　　　S ← { {vV} | $\forall v \in V_t$};
4.　　　agent_pool ← { {v} | $\forall v \in V_t$};
5.　　end if
6.　　else
7.　　　S_t, agent_pool ← ConfCheck(G_{t-1}, G_t, S_{t-1})
8.　　end else
9.　　while agent_poolis not empty do
10.　　　node ← random(pool)
11.　　　Perform permanence game for node;
12.　　　Use Theorem 1 to prune action;
13.　　　Select action greedily such that
$$u_{\max} = \max\{u_{\text{join}}, u_{\text{leave}}, u_{\text{switch}}, u_{\text{create}}\}$$
14.　　　if $u_{\max} > S_t(v)$ then
15.　　　　Update $S_t(v)$ using responding action;
16.　　　　Update agent_pool using configuration checking strategy;
17.　　　end if
18.　　end while
19.　end for
20.　return $S_1, S_2, \cdots, S_T$

　　具体地，对于一个新的时间片，首先使用格局检测策略对全局策略进行初始化（表 5.5 2~8 行），即和上个时间片格局相同的节点保持原有策略。对于新出现的节点，执行建立孤立社区的动作。如果存在非均衡节点，随机选择一个节点。以该节点为参与者，进行稳定度博弈，即在其他节点的策略不变的情况下，选择最佳应对动作，以最大化自身效益（表 5.5 10~13 行）。需要注意的是，如果该节点满足定理1 的条件，则其不用执行加入社区动作，以达到降低复杂度的目的。但它可以进行更换社区、建立社区动作；如果该节点已经归属于多个社区，则它还可以执行离开社区动作（表 5.5 12 行）。当执行一个最佳动作会带来效益的提升时，节点就会执行该最佳动作，然后根据格局检测策略更新非均衡节点队列（表 5.5 14~17 行）；否则，节点会保持原有策略不变。不断地选择非均衡节点进行稳定度博弈，直到整个网络处于局部的纳什均衡状态。

5.3.4　基于多模式聚类的演化社区发现

多模网络指网络中存在不止一种类型的参与者，参与者之间存在不止一种联系，如图 5.8 所示的学术刊物关系网络。

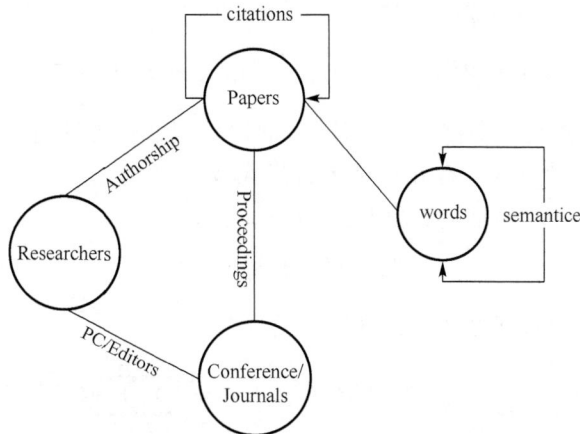

图 5.8　学术刊物关系网络

在动态多模式网络中发现社区可以帮助人们了解网络的结构属性，解决数据不足和不平衡问题，并且可以协助解决市场营销和发现重要参与者的问题。

文献[9]中采用谱聚类架构，提出一种发现动态多模网络中演化社区的一般方法。算法可以解释为一个迭代的潜在语义分析过程，允许扩展到处理带有参与者属性和模内联系的网络。一个动态多模网络会包含一系列的网络快照，利用这些快照可以找出社区是如何演化的。

假设存在 m 种类型元素的 $X_1, X_2, \cdots, X_m$ 的 m 模网络，各变量含义定义如下：m 为模式的数量；n_i 为模式 i 中参与者的数量；X_i 为模式中的实体；$R_{i,j}^t$ 为时刻 t 下模式 i 和 j 的联系；k_i 为模式 i 中潜在社区的数量；$C^{(i,t)}$ 为时刻 t 下模式 i 的社区指示符矩阵；$A_{i,j}^t$ 为在模式 i 和模式 j 之间的组联系密度；$w_a^{(i,j)}$ 为模式 i 和模式 j 之间联系的权重；$w_b^{(i)}$ 为时态正则化的权重。

在不考虑动态效应的情况下，目标函数 F_1 可以写为

$$F_1 = \min \sum_{t=1}^{T} \sum_{1 \leqslant i < j \leqslant m} w_a^{(i,j)} \left\| R_{i,j}^t - C^{(i,t)} A_{i,j}^t [C^{(j,t)}]^T \right\|_F^2 \tag{5-7}$$

$$\text{s.t. } [C^{(i,t)}]^T C^{(i,t)} = I_{k_i}, \quad i = 1, \cdots, m; \ t = 1, \cdots, T$$

因为公式 F_1 并没有关注连续时间戳之间的关系，所以可以将 F_1 归结为每一个快照单独进行聚类，为得到平滑的社区演化，可增加正则项对 F_1 进行正则化，从而得

到 F_2，其中 $w_b^{(i)}$ 是联系的块体模型近似和时态正则化的平衡因子：

$$F_2 = \min \sum_{t=1}^{T} \sum_{i<j} w_a^{(i,j)} \left\| R_{i,j}^t - C^{(i,t)} A_{i,j}^t [C^{(j,t)}]^T \right\|_F^2$$

$$+ \frac{1}{2} \sum_{t=1}^{M} w_b^{(i)} \sum_{i<j}^{T} \left\| C^{(i,t)}[C^{(j,t)}]^T - C^{(i,t-1)}[C^{(i,t-1)}]^T \right\|_F^2 \qquad (5\text{-}8)$$

$$\text{s.t. } [C^{(i,t)}]^T C^{(i,t)} = I_{k_i}, \quad i = 1, \cdots, m; \ t = 1, \cdots, T$$

为了在动态多模网络中得到演化社区，通过使用迭代方法对 F_2 求解，对于 $A_{i,j}^t$ 和 $C^{(j,t)}$，如果其他变量不变，存在一个闭合形式解。

对于给定的 $C^{(i,t)}$，最佳的社区作用矩阵 $A_{i,j}^t$ 为

$$A_{i,j}^t = [C^{(i,t)}]^T R_{i,j}^t C^{(j,t)}$$

因此，将 F_2 转化为目标函数 F_3，求解最佳的 $C^{(i,t)}$：

$$F_3 = \max \sum_{t=1}^{T} \sum_{1 \leqslant i < j \leqslant m} w_a^{(i,j)} \left\| C^{(i,t)} R_{i,j}^t C^{(j,t)} \right\|_F^2 + w_b^{(i)} \sum_{t=2}^{T} \sum_{i=1}^{m} \left\| [C^{(i,t)}]^T C^{(i,t-1)} \right\|_F^2 \qquad (5\text{-}9)$$

其中，$C^{(i,t)}$、$C^{(j,t)}$ 以及 $C^{(i,t-1)}$ 都是有联系的，一般来说，这个函数没有解析的闭合形式解。但如果给定 $C^{(j,t)}$ 和 $C^{(i,t\pm1)}$，那么 $C^{(i,t)}$ 就可以作为矩阵 P_i^t 的顶左奇异向量求解，P_i^t 通过式(5-10)在列方向的级联得到，则可直接得到最佳的 $C^{(i,t)}$。

$$P_i^t = \left[\left\{ \sqrt{w_a^{(i,j)}} \right\}_{j \neq i}, \sqrt{w_b^{(i)}} C^{(i,t\pm1)} \right] \qquad (5\text{-}10)$$

借助轮换寻优思想解决式(5-9)中的 F_3 问题，即求解 $C^{(i,t)}$ 时，固定其他变量的值，这个过程一直迭代，直到函数收敛。收敛之后，$\{C^{(i,t)}\}$ 就是近似的社区指示符矩阵。通常使用后处理视图恢复社区中不相邻的部分，即对社区指示符采取 k-means 聚类。综上，时态正则化多模聚类算法如表 5.6 所示。

表 5.6　时态正则化多模聚类算法

算法	时态正则化多模聚类算法
	Input: R, k_i, $w_a^{(i,j)}$, $w_b^{(i)}$
	Output: $idx^{(i,t)}$, $C^{(i,j)}$, $A_{i,j}^t$.
1.	Generate initial cluster indicator matrix $C^{(i,t)}$.
2.	Repeat
3.	For t=1:T, i=1:m
4.	Shrink/expand $C^{(i,t\pm1)}$ if necessary;
5.	Calculate P_i^t (or M_i) as in Theorem 3;
6.	Calculate SVD of P_i^t (or eigen ovectors of M_i^t);
7.	Update $C^{i,v}$ as top left singular (eigen) vectors;

续表

8.　　Until the relative change of the objective ($F3$) $\leqslant \epsilon$.

9.　　Calculate $A_{i,j}^{t}$ as in Theorem 2

10.　Calculate the cluster $idx^{(i,t)}$ with k-means on $C^{(i,t)}$

5.3.5　基于拉普拉斯动力学方法的演化社区发现

　　社交网络由于其结构的复杂性通常具有多种类型的节点或边，这种具有多种类型的节点或边的网络结构称为异质网络。文献[10]主要关注的是社区在拉普拉斯动力学因子(Laplacian dynamics)影响下的稳定性。文献[11]在此基础上提出了一个适用于具有异质结构的多层网络(multislice network)社区发现方法。该方法考虑了层内(intracommunity)的连接(邻接矩阵)和层间(interslice)的耦合度(coupling)，提出了类似于模块度且适用于多层网络的质量评价函数。多层网络的"分层"可以是同一网络不同时刻下的网络结构，也可以是一个合成网络不同连边类型的多个网络的切片。多层网络的特点是节点集固定，连边包括层内连接和层间耦合。多层网络示意图如图 5.9 所示。

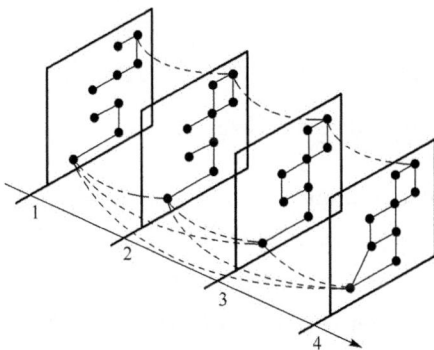

图 5.9　多层网络示意图[10]

此网络中共有 4 层，实线代表层内节点相互之间的连边，虚线代表层间对应节点之间的耦合

　　本书将社区的概念定义为某一个时间规模下，随机游走无法走出的节点集合。对于多层网络 Null model 的构造，本书考虑在节点 j 达到稳态时是否能从 r 层的 j 节点到达 s 层的 i 节点。分以下两种情况讨论。

　　(1) i、j 在同一层(邻接情况)；

　　(2) i、j 是不同层的同一个节点(耦合情况)。

　　最终分别考虑层内(intraslice)和层间(interslice)的移动，本书得到了对应的 null model 表达式：

$$\rho_{is|jr}P_{jr}^{*} = \left(\delta_{rs}\frac{k_{is}}{2m_{s}}\frac{k_{jr}}{k_{jr}} + \delta_{ij}\frac{C_{jrs}}{c_{jr}}\frac{c_{jr}}{k_{jr}} \right)P_{jr}^{*} \tag{5-11}$$

应用 Lambiotte 等 2008 年关于马尔可夫随机游走的稳态性质有：

$$
\begin{aligned}
Q_{\mathrm{multislice}}(t) &= \sum_{i,j\in c}\left\{[e^{t(Q-1)}]_{ij}P_j^* - P_i^* P_j^*\right\} \\
&= \sum_{i,j\in c}\left\{[e^{t(Q-1)}]_{ij}P_{jr}^* - \rho_{is|jr}P_{jr}^*\right\} \\
&= \sum_{i,j\in c}\left[\left(\frac{A_{ijs}\delta_{rs}+C_{jrs}\delta_{ij}}{k_{jr}}\right)\frac{k_{jr}}{2u} - \gamma\left(\delta_{rs}\frac{k_{is}}{2m_s}\frac{k_{jr}}{k_{jr}} + \delta_{ij}\frac{C_{jrs}}{c_{jr}}\frac{c_{jr}}{k_{jr}}\right)\frac{k_{jr}}{2u}\right] \\
&= \frac{1}{2u}\sum_{i,j\in c}\left[\left(A_{ijs}-\gamma\frac{k_{is}k_{jr}}{2m_s}\right)\delta_{rs} - C_{jrs}\delta_{ij}\right]
\end{aligned}
\tag{5-12}
$$

其中，γ 为分辨率参数与时间因素相关的参数；A_{ijs} 为 s 层中节点 i 和 j 之间的临接边；C_{jrs} 为层间耦合，连接 r 层和 s 层中的节点 j；$k_{js}=\sum_i A_{ijs}$ 为 s 层中节点 j 的度；$c_{js}=\sum_r C_{jrs}$ 为其他层到 S 层节点 j 的耦合强度；$k_{js}=k_{js}+c_{js}$ 为多层网络中节点的连接强度。以此为优化的目标函数，寻找该目标函数下的最优社区划分。

本节主要利用拉普拉斯动力学方法对多层网络的研究方法比之前在静态网络上的研究方法有更广泛的应用空间，可以允许同时对网络在多个时间维度下、多个分辨率参数值之下以及多种连边类型的条件下进行社区划分并量化划分的质量。

5.3.6　基于差分演化的演化社区发现

差分演化(differential evolution，DE)算法是 Storn 和 Price 于 1995 年提出的一种结构简单、容易操作的演化算法，该算法常常被应用于求解复杂优化问题。文献[12]中提出了一种将差分演化算法应用到复杂网络社区发现中的方法(differential evolution based community detection，DECD)，通常情况下，在一个复杂网络中确定社区属于 NP 困难问题，没有有效确定和多项式时间算法来解决这类问题，因此大量研究采用了元启发式方法来从复杂网络中发现社区。因为元启发式算法不能保证最优解，所以算法中的初始化、变异等相关步骤，对最优解的发现有很大影响。

文献[13]中对 DECD 进行了改进，提出了一种基于顶点相似度的简易差分演化方法(differential evolution approach based on the technique of vertex similarity，VSDE)，以此发现复杂网络中的社区。算法流程如下。

1) 初始化种群

一般情况下，DE 算法在问题的可行解空间随机初始化种群来降低初始种群数量。文献[12]中采用了一个根据顶点相似性和就近原则的新的初始化过程。假设网络中存在两个点 x 与 y，若 x 存在一个相邻节点 z，z 与 y 相似，可以说 x 与 y 相似。因此可推出，如果两个节点与自相似的节点相似，则这两个节点具有相似性，可表示如下：

$$DSD = \frac{\alpha}{\lambda_{\max}} A(DSD) + I \qquad (5\text{-}13)$$

其中，A 为网络的邻接矩阵；$\lambda_{\max}$ 为 A 的特征值的最大值；D 为 n 阶对角矩阵，代表节点的度，其元素为 $d_{ii} = \sum_{j=1}^{n} a_{ij}, i, j = 1, 2, \cdots, n$；$I$ 为单位矩阵；S 为相似系数矩阵；α 是[0,1]之间的实数，通常取值 0.97。

初始化种群是根据相似矩阵 S 来确定的。VSDE 中随机给每个点赋一个 $\{1, 2, \cdots, n\}$ 之间的整数，作为它们的 commID。显然，直接相连的节点之间往往更好地位于同一个社区，因此根据就近原则，随机选择一些点，并把它们的 commID 分配给与之直接相邻的节点，以此来扩招初始种群矩阵，确定初始种群 P_0。

2）适应度函数

VSDE 通常使用网络模块度来衡量适应：

$$Q = \sum_{j=1}^{m} \left[\frac{l_j}{L} - \left(\frac{d_j}{2L} \right)^2 \right] \qquad (5\text{-}14)$$

其中，m 为社区的总数量；j 为 commID；l_j 为在社区 j 中，总的连接的数量；L 为网络中总的边的数量；d_j 为社区 j 中所有节点的度的总和。Q 的值越高，表示社区结构越稳定，越适合社区结构，因此我们的目标是找到 Q 的最大值。

3）变异策略

变异操作中，VSDE 使用随机变异策略，在种群中随机选取 5 个个体 r_1、r_2、r_3、r_4、r_5，$r_1 \neq r_2 \neq r_3 \neq r_4 \neq r_5$，根据变异公式进行变异操作。

$$V_i = X_{r_1} + F_1(X_{r_2} - X_{r_3} + X_{r_4} - X_{r_5}) \qquad (5\text{-}15)$$

4）交叉策略

VSDE 采用了改进的二项交叉方法来提高查询能力。首先，设交叉实验向量 $u_i = x_i$，$i = 1, 2, \cdots, \text{NP}$（NP 为种群数量）。其次，对向量 u_i 中的每个元素 $u_i(j)$（$j \in \{1, 2, \cdots, n\}$）与变异向量 V_i（$i \in \{1, 2, \cdots, \text{NP}\}$）进行如下交叉操作。

（1）如果 rand $\leqslant$ CR 或者 $j = j_{\text{rand}}$，则认为 commID $= V_{i,j}$ 的社区中的所有点被发现，同时把发现的这些相关的点的 commID 设置为 $V_{i,j}$，表示这些点属于 commID $= V_{i,j}$ 的社区；

（2）否则不对 u_i 做任何操作。

其中，rand 是一个 0～1 的均匀分布的随机数；j_{rand} 是随机选择的 1～n 的整数；CR 是交叉控制参数。

通过以上步骤，可以确定出交叉实验向量 $U_t = \{u_1, u_2, \cdots, u_{NP}\}$。

5）清理操作

由于 DE 是一种随机优化算法，在进化的过程中可能产生错误，某些节点可能会被划分到错误的社区，这些错误会将 DE 陷入局部最优解，最终导致社区划分结果不佳。通过清理操作可以有效解决这个问题。

清理操作基于计算 CV（community variance）值来衡量：

$$CV(i) = \frac{\sum_{(i,j) \in E} neq(i,j)}{deg(i)} \tag{5-16}$$

其中，$neq(i,j) = \begin{cases} 1, & commID(i) \neq commID(j) \\ 0, & 否则 \end{cases}$；$deg(i)$ 为第 i 个节点的度；E 为网络中边的集合；commID 为包含第 i 个节点的社区。

根据社区结构的定义，社区内部顶点间的连接比较稠密，社区之间顶点的连接比较稀疏。因此，一个节点有很高的概率与其相邻的节点在同一个社区中，如果这个节点被划分到合适的社区中，这个节点的 CV 值应该很低。因此，清理过程如下：任意选中一些节点，对每个节点计算 CV 值，并与阈值 η 进行比较（η 为通过实验确定出的常量），如果某点的 CV 值大于 η，则表明该点被划分到错误的社区，因此在该点及与其相邻的点所在的所有社区中，选择包含这些点最多的社区，把这些点从原社区中移除，放置到这个社区；否则不对该点进行任何操作。

5.3.7　基于相邻时刻相似度比较的演化社区发现

基于相邻时刻相似度比较的演化社区发现方法是确定动态网络演化虚拟社区序列最直接的方法。该算法采用的思路是：首先对相邻时刻（分别记为 t 时刻和 $t+1$ 时刻）的网络分别利用静态网络虚拟社区发现算法确定各自的社区划分。然后对所发现的相邻时刻网络中的社区进行比较，确定在 t 时刻网络中与 $t+1$ 时刻发现的社区 C_{t+1} 满足一定相似条件的社区 C_t，并将 C_{t+1} 加入 C_t 所在的演化虚拟社区序列中。

Hopcroft[14]等最早研究了动态引文网络的演化虚拟社区发现方法，所采用的方法就是基于相邻时刻相似度直接比较的演化虚拟社区发现算法。首先利用层次聚类算法对动态网络序列中的网络快照进行社区发现。层次聚类算法的主要思想是，由相似度最高的社区开始合并，直到所有元素都归于一个社区。本书利用如下的夹角余弦分别定义了节点间相似性及社区间距离：

$$similarity(i,j) = \cos(r_i, r_j) = \frac{r_i \cdot r_j}{\|r_i\| \|r_j\|} \tag{5-17}$$

$$\mathrm{dis}(C,C') = \sqrt{\frac{n_C n_{C'}}{n_C + n_{C'}}[1 - \cos(r_C, r_{C'})]} \tag{5-18}$$

其中，n_C 为社区 C 的节点规模；r_i 为网络节点（即论文）i 的所有参考文献构成的属性向量；r_C 为社区内所有节点属性向量的归一化和。为了寻找不受扰动数据变化影响的稳定社区结构，本书对层次聚类过程中得到的树状图的小部分节点和边进行删除等扰动时，把受到轻微影响的社区定义为自然社区。针对利用层次聚类算法所确定的每个网络快照中的自然社区，定义了社区间匹配度，并据此寻找相邻时刻最佳匹配自然社区，从而得到了演化虚拟社区序列。社区间匹配度的计算公式如下：

$$\mathrm{match}(C,C') = \min\left(\frac{|C \cap C'|}{|C|}, \frac{|C \cap C'|}{|C'|}\right) \tag{5-19}$$

上述分析方法的不足主要是对层次聚类算法的实施。由于该算法聚类结果不稳定，聚类实验次数太少可能不能从层次树中挑选出有价值的社区，需要经过多次聚类实验。另外，该方法主要针对引文网络，在对其他类型动态网络的应用中节点相似性和社区间距离等定义可能不一定适用。针对这些不足之处，文献[12]进一步给出了一个更具一般性的方法描述。文献[13]则在文献[12]演化分析方法的基础上，对各种社区演化事件给出了更明确的逻辑定义。

5.4　演化分析框架

5.4.1　基于事件的社区网络演化分析

在现实的网络当中，有些网络是相对静态的，如蛋白质网络、Internet 的物理层网络。而对大多数网络来说，它们的拓扑结构会随着时间而发生明显的变化，如每个人所处的朋友圈在不同时期会有所不同。相比于其静态特征，目前，社会网络中的动态特性受到了广泛关注。许多基于网络演化的分析方法被应用于各种社会网络中。在这些方法中，图 5.10 被用来描述某一特定时间的网络快照。这样，基于这些图序列，网络的动态特性就能够被刻画出来。

但是，这些方法忽略了社会网络中个体行为的随机性和突发性，忽略了演化网络中两个重要的特性：噪声和事件。噪声如果得不到有效的处理，有可能在演化分析过程中被放大，从而影响整个分析结果。而事件则是由个体或群体的异常行为所引起，并且具有一定的持续时间，往往也会具有扩散特性，从而造成局部或整个网络的异常性变化。

Wu 等[15]提出了一种复杂网络分析框架来跟踪动态网络的演化规律，发现其在演化过程中的时间特性。

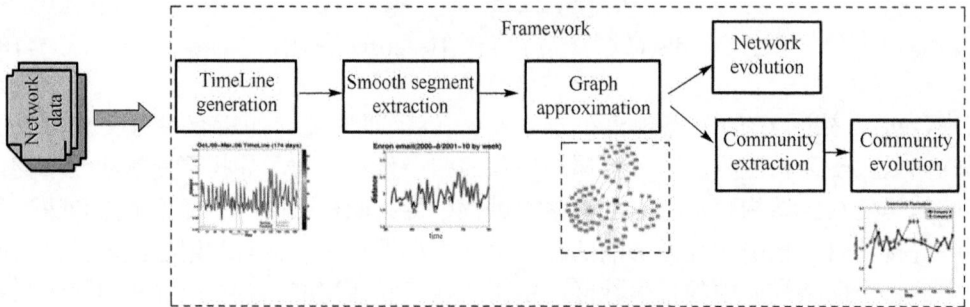

图 5.10　基于事件的社会网络演化分析框架

1. TimeLine 生成(TimeLine generation)

不同于传统静态时间片的分析方法，整个框架首先利用有效而快速的方法发现网络的 TimeLine，然后利用图近似算法刻画 TimeLine 中的平稳演化段落，这样可以有效地降低个体行为的不确定性所带来的网络演化噪声。

TimeLine 生成算法使用了一个大小为 ws 的滑动窗口来确定变化点(change spot)两侧网络的变化。图 5.11 示例了一个大小为 8 的滑动窗口，其中，较深色点代表变化点后不再出现的节点(离网节点)，空心点代表变化点后新入网的节点(入网节点)，最深色点代表变化点前后均出现过的节点(稳定节点)，最浅色点代表只在某一时刻出现过的节点(噪声节点)。如前所述，从 t 时刻到 $t+1$ 时刻，网络的变化由 $\delta(t,t+1)$ 衡量，其值是该时刻离网节点、入网节点和稳定节点的变化的累计(对于噪声节点，由于其所占比例较小，并且对整个网络的演化产生的影响也较小，所以这里忽略了其在变化点处对网络产生的影响)。对单个节点来讲，其在该时刻的变化定义为

$$\tilde{d}_{t,t+1}(v) = \begin{cases} \left| \log \dfrac{d^{(t)}(v)+1}{1} \right|, & v \in V(离网节点) \\[3mm] \left| \log \dfrac{1}{d^{(t+1)}(v)+1} \right|, & v \in V(入网节点) \\[3mm] \left| \log \dfrac{d^{(t)}(v)}{d^{(t+1)}(v)} \right| + \left| \log \dfrac{\mathrm{adj}^{(t)}(v) \bigcap \mathrm{adj}^{(t+1)}(v)}{\mathrm{adj}^{(t)}(v) \bigcup \mathrm{adj}^{(t+1)}(v)} \right|, & v \in V(稳定节点) \end{cases} \quad (5\text{-}20)$$

其中，$d^{(t)}(v)$ 为在 t 时刻 v 节点的度；$\mathrm{adj}^{(t)}(v)$ 为在 t 时刻 v 节点的邻居节点。

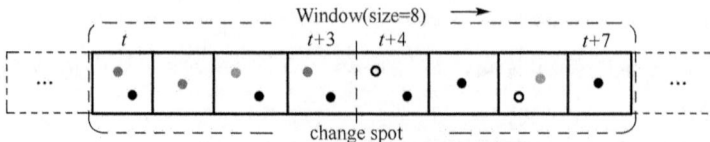

图 5.11　一个大小为 8 的移动窗口

从式(5-20)可以看出，对于入网节点和离网节点，只需要考虑其度的变化情况。而对于稳定节点，既考虑了其度(表示其活跃度)的变化，又考虑了其邻居(环境)的变化。综合考虑这 3 种节点，整个网络从 t 时刻到 $t+1$ 时刻的变化 $\delta(t,t+1)$ 定义为

$$\delta(t,t+1) = \frac{\sum\limits_{\forall v \in V(\text{dead})} \tilde{d}_{t,t+1}(v) + \sum\limits_{\forall v \in V(\text{born})} \tilde{d}_{t,t+1}(v) + \sum\limits_{\forall v \in V(\text{stable})} \tilde{d}_{t,t+1}(v)}{\left| V[g^{(t)}] \bigcup V[g^{(t+1)}] \right|} \quad (5\text{-}21)$$

通过式(5-21)，对演化网络中每个变化点求得的距离值所组成的坐标集 $\{(t,\delta(t,t+1))\}$ 就形成了整个网络的 TimeLine。图 5.12(a)刻画了 VAST 数据集的 TimeLine。可以看出，网络变化的最大值为 $\delta(7，8)$，即时刻 7 和时刻 8 之间网络发生了较大的事件(或变化)。图 5.12(b)刻画了 Enron E-mail 数据集的网络演化 TimeLine，可以看出其更加复杂的演化过程。

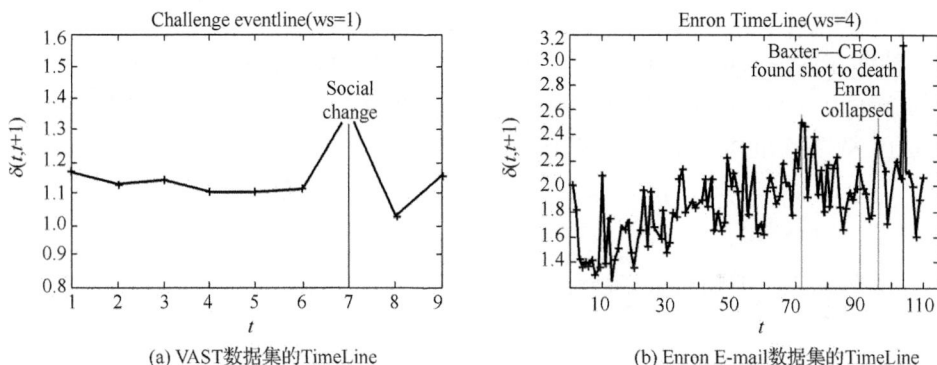

(a) VAST数据集的TimeLine　　　　　　(b) Enron E-mail数据集的TimeLine

图 5.12　TimeLine 示例

2. 网络段抽取

先前的网络分段方法[16]采用了增量的方式，这种方法的一个缺陷是增量过程中的噪声会被放大，从而影响对整个演化段描述的准确性。该框架中提出了一种两步自动分段方法。

(1)首先使用 Bollinger Bands[17]对原始的 TimeLine 进行归一化处理(其值被归一到[0，1])，并产生一个线性分段的基准。通过该步骤，图 5.12(b)所示的 Enron 数据集的 TimeLine 即可转化为如图 5.13(a)所示的形式。

(2)基于步骤(1)的%b 线，使用滑动窗口策略找出相对于基准的较高值和较低值。裁剪较高值并平滑所有的较低值，从而得到 TimeLine 的平稳演化段落。如图 5.13 所示，基于图 5.13(a)中的%b 线，经过步骤(2)的滑动窗口方法，可以自动提取出 Enron 数据集 TimeLine 中的平稳演化段落(如图 5.13(b)中实线所示)。

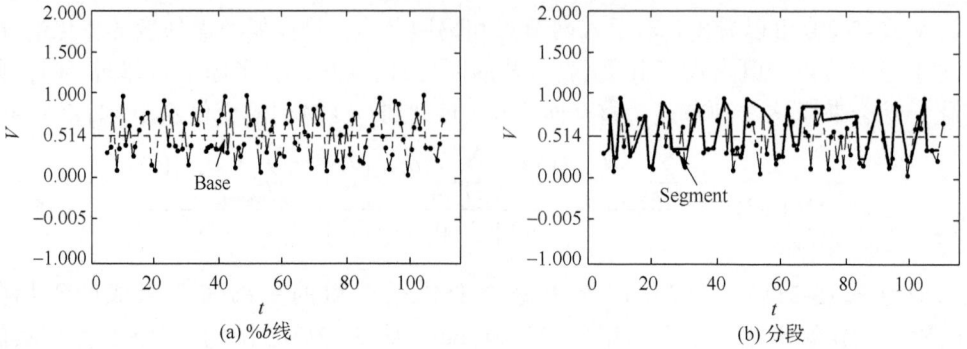

图 5.13　基于 Bollinger Bands 的自动分段

3. 图近似

图近似的目的是：①从网络平稳演化段 $S^{(t)}$ 抽象出 $T^{(t)}$ 以简化下一步的分析；② $T^{(t)}$ 能够在尽量保留 $S^{(t)}$ 中各个时间片的共性的同时，减小噪声。为了表示 $T^{(t)}$ 对 $S^{(t)}$ 的描述程度，这里引入一种网络段描述偏差的定义 $d(T^{(t)},\tilde{S}^{(t)})$。对于网络段 $S^{(t)}$，其近似图 $T^{(t)}$ 对它的描述能力定义为

$$d(T^{(t)},\tilde{S}^{(t)}) = \sqrt{\sum_{g^{(a)}\in\tilde{S}^{(t)}} w_i \tilde{D}(T^{(t)}\|\tilde{S}^{(t)})^2} \tag{5-22}$$

其中，w_i 为权重。即使对平稳演化段，其内部各个时间片之间也会有小的变化。这里定义 $S^{(t)}$ 中 $\delta(t,t+1)$ 最小时 $w_i=1$，$w_{i+1}=1$，其他权重值定义为 $\dfrac{\delta(j,j+1)}{\delta(t,t+1)}$，$d(T^{(t)},\tilde{S}^{(t)})$ 越小，说明 $T^{(t)}$ 与 $\tilde{S}^{(t)}$ 越"相似"。

生成 $T^{(t)}$ 时，首先需要构造一个空图，然后向 $T^{(t)}$ 加入 $S^{(t)}$ 中的边，直到使 $d(T^{(t)},\tilde{S}^{(t)})$ 达到最小值。这时，$T^{(t)}$ 即所求 $S^{(t)}$ 的近似图。这里使用了一种启发式算法。把边集 $E(S^{(t)})$ 按降序排列(权值为边在 $S^{(t)}$ 中出现的次数)，并加入到 $T^{(t)}$，同时计算 $d(T^{(t)},\tilde{S}^{(t)})$ 值，直到该值达到最小。

在 $T^{(t)}$ 构造的开始阶段，随着 $S^{(t)}$ 中边的加入，$d(T^{(t)},\tilde{S}^{(t)})$ 的值将是一个逐渐减少的过程。当达到某种临界值后，$d(T^{(t)},\tilde{S}^{(t)})$ 的值将开始增加。因此，在实际求解近似图的过程中，可以通过每次加入 m 条边到 $T^{(t)}$ 使 $d(T^{(t)},\tilde{S}^{(t)})$ 快速收敛到最优值附近，然后再变为每次加入 1 条边，直到达到 $d(T^{(t)},\tilde{S}^{(t)})$ 最小值。这种方法可以快速提高算法的效率，尤其适用于 $S^{(t)}$ 子图数目较多、规模较大的情况。因此，实践中，该算法的时间复杂度往往能达到 $O(\log_2\{|E[S(t)]|\})$。

4. 社区发现

虽然传统的基于模块度优化的社区划分方法能够在静态图上产生不错的结果，

但其不适用于多维度的动态网络。本书提出一种新的基于团合并的社区发现算法：
CBCD（clique-based community detection）。该算法能够把 clique 合并的时间复杂度从
CPM[18]的 $O(n\log_2 n)$ 提高到 $O(n\log_2 n)$。此外，由于 CBCD 采用立即合并策略，所
以对空间开销也比较小。具体而言，CBCD 算法可被描述为如下步骤。

（1）对于给定近似图 $T^{(t)}$，使用文献[19]中所提算法找出所有团。对任意两个有
公共点的团，如果其公共点个数达到这两个团中较小的一个团的大小减 1，那么这
两个团就进行合并。该步骤迭代运行，直至没有团合并再次发生。

（2）步骤（1）获得的社区具有重叠特性，为了得到非重叠社区，需要把重叠的点
划分给其中某个社区。例如，节点 v 所处的社区为 $\{C_i^{(t)}, C_j^{(t)}, \cdots\}$，定义 v 与其中某个
社区联系的紧密程度为

$$w^{(t)}[v, C_i^{(t)}] = \sqrt{\sum_{\substack{\forall (v,u) \in E[C_i^{(t)}] \\ u \in V[C_j^{(t)}]}} w^{(t)}(v, u)} \qquad (5\text{-}23)$$

通过计算公式（5-21），找出使其达到最大的社区 $C_i^{(t)}$，把点 v 划入这个社区，
并把 v 从其他社区中删除；

（3）由于基于团的社区划分方法点覆盖率较低，这一步需要一个点吸收的过程，即
把原先不在这个社区中的点再吸收进来。如果某一点 v 不属于任何一个社区，但与之
有关联的社区有 $\{C_i^{(t)}, C_j^{(t)}, \cdots\}$，通过使 $w^{(t)}[v, C_i^{(t)}]$ 达到最大，把 v 加入到社区 $C_i^{(t)}$ 中。

（4）经过步骤（3）后，如果两个相关联的社区变得更加紧密，则把它们合并起来。
根据用户定义的阈值 Q_c，与

$$w^{(t)}[C_i^{(t)}, C_j^{(t)}] = \frac{C_i^{(t)} \text{与} C_j^{(t)} \text{之间的边权重}}{C_i^{(t)} \text{内部的边权重}}$$

或

$$w^{(t)}[C_i^{(t)}, C_j^{(t)}] = \frac{C_i^{(t)} \text{与} C_j^{(t)} \text{之间的边权重}}{C_j^{(t)} \text{内部的边权重}} \qquad (5\text{-}24)$$

相比较。如果公式（5-22）中任意一个值大于 Q_c（通常取大于 0.5 的值），则 $C_i^{(t)}$ 与 $C_j^{(t)}$
可进行合并。

5．社区演化

社区演化追踪是演化分析的一个重要部分，这里提出一种新的社区演化关联度
定义，即前后两个时刻的两个社区 $C_i^{(t)}$ 与 $C_j^{(t+1)}$ 之间的关联度为

$$k = \max\{\text{NCor}[C_i^{(t)}, C_j^{(t+1)}] \times \text{ECor}[C_i^{(t)}, C_j^{(t+1)}]\} \qquad (5\text{-}25)$$

其中，$\text{NCor}[C_i^{(t)}, C_j^{(t+1)}]$ 和 $\text{ECor}[C_i^{(t)}, C_j^{(t+1)}]$ 分别定义为两个社区节点和边的 Jaccard 系
数。同时式（5-25）不单独追求 $\text{NCor}[C_i^{(t)}, C_j^{(t+1)}]$ 或 $\text{ECor}[C_i^{(t)}, C_j^{(t+1)}]$ 的最大化，而是使
两个值均达到一个合理的匹配程度。

为了评价网络演化过程中社区的波动性，本书提出一种社区波动定义，用来衡量演化过程中前后两个时刻网络中社区的波动大小。对图 $g^{(t)}$ 和 $g^{(t+1)}$ ，分别有 m 个和 n 个社区，那么这两个图之间的社区关联度定义为

$$\mathrm{CCor}^{(t,t+1)} = \sum_{\substack{C_i^{(t)} \\ 1\leqslant i\leqslant m}} \left\{ \frac{|N[C_i^{(t)}]|}{|N[g^{(t)}]|} \sum_{\substack{C_j^{(t)} \\ 1\leqslant j\leqslant m}} \mathrm{NCor}[C_i^{(t)},C_j^{(t+1)}]\mathrm{ECor}[C_i^{(t)},C_j^{(t+1)}] \right\} \quad (5\text{-}26)$$

根据式(5-26)，波动性 $\mathrm{CFlu}[g^{(t)},g^{(t+1)}]$ 定义为

$$\mathrm{CFlu}^{(t,t+1)} = 1 - \mathrm{CCor}^{(t,t+1)} \quad (5\text{-}27)$$

本书从社区结构特性出发，提出一种社区评价标准，以便于研究社区结构和演化之间的关系。图 5.14(a)描述了一个社区结构 C（各边上的数字代表边的权重）；图 5.14(b)是一个相同大小的完全图，其每条边的权重是图 5.14(a)社区总权重的 $2/n(n-1)$ 。这里把这种结构作为图 5.14(a)社区的评价结构，记为 $\mathrm{std}(C)$ 。对于社区 C 来讲，其评价值可定义为

$$\mathrm{Eva}(C) = D[C,\mathrm{std}(C)] = \sum_{\forall(v,u)\in E[\mathrm{std}(C)]} \left| \log_2 \frac{w_c(v,u)}{w_{\mathrm{std}(C)}(v,u)} \right| \Big/ |E(C)| \quad (5\text{-}28)$$

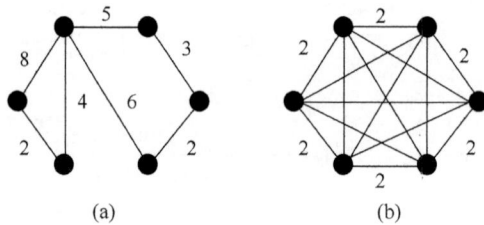

图 5.14　社区和与其对应的评价结构

式(5-28)既考虑了社区结构的紧密程度，同时又衡量了社区内部各点之间边权重分布的均匀程度，其值也可认为是社区 C 与 $\mathrm{std}(C)$ 的差别。这个定义主要用来分析社区结构与演化之间的关系。

5.4.2　基于角色的社区网络演化分析

用户角色识别是将具有类似行为特征或社会地位的用户划分为一类，并研究不同角色及所属个体之间的差异性以及在网络中发挥的作用。识别用户的角色，有助于寻找特定的用户(如舆论领袖)，并对他们采取相应的措施(如监控言论、推广产品等)。社会网络中角色识别是一个核心的研究点，主要包括：①基于网络结构的研究，它根据结构等价性和计算规则结构等价，将具有相似地位的节点视为同一

角色；②基于行为模式的研究[20,21]，认为用户行为的差异导致了不同的用户角色，因此识别一组类似而有代表性的用户行为是角色识别的突破口。

文献[22]提出了一种全新的网络演化分析方法 RoleTracker，更关注于节点角色与社区功能模式的演化。该方法通过构建邻接张量模型，提出了一种基于张量分解的节点角色发现方法。以张量分解模型识别动态网络中的用户角色，可自动设定角色数量，并反映角色在指定时间段的行为特征，对真实网络具有良好的适应性和实用性。同时也提出了一种基于社区角色距离及节点重叠的社区演化路径的度量模型，考虑了网络演化的拓扑结构特性及社区角色变化过程。

RoleTracker 流程图见图 5.15。一边将数据存入张量模型，进行角色发现，并定义个体角色；另一边将数据转换为时序图，使用 GN 算法划分社区；再定义社区角色，分析社区演化路径。

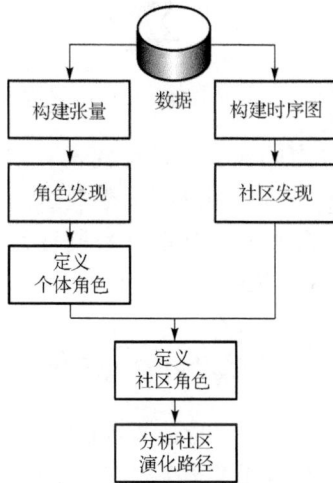

图 5.15　RoleTracker 流程图

1. 角色发现

构建邻接张量 $\underline{X} \in \boldsymbol{R}^{|V| \times |V| \times |T|}$，其元素计算方法为：在时刻 k，如果节点 i 到节点 j 之间存在一条边，则将 $\underline{X}_{i,j,k}$ 设为边权值，否则为 0。

2. 角色划分

1）CP 分解

使用 CP 模型必须先确定角色数目 $|R|$，本书采用文献[23]中使用的分解度量标准：针对特定的 $|R|$ 值，误差平方和用于评定模型分解后的误差偏离，越小越好；核一致性诊断百分比大于 80% 表示该模型是有效手段，低于 40% 表示该模型是无效的，

而在 40%～80%的有效性较难判定，本书优先选用该值大于 80%的模型。对每个$|R|$值多次测试，对误差平方和、核一致性进行比较，选取综合最优值。

类似于 TOPHITS 算法，将 $\underline{X}$ 根据文献[23]进行 CP 分解，得到 $H \in \boldsymbol{R}^{|V| \times |R|}$，$A \in \boldsymbol{R}^{|V| \times |R|}$，$T \in \boldsymbol{R}^{|T| \times |R|}$。其中，$T$ 是时间与角色的关联；H 是节点与角色在枢纽性上的映射；A 是节点与角色在权威性上的映射。

2）计算角色活跃度

根据 T 可得角色 r 在整个时间段的活跃程度，见式(5-29)。所有角色的活跃度构成向量 $\mathrm{RW} \in \boldsymbol{R}^{|R|}$。

$$\mathrm{RW}_r = \frac{\displaystyle\sum_{t=1}^{|T|} T_{t,r}}{\displaystyle\sum_{T=1}^{|R|} \mathrm{RW}_r} \tag{5-29}$$

3）计算节点角色

H 是节点与角色在权威性上的映射，每行代表一个节点，每列代表一种角色。$\underline{X}_{i,j,k}$ 的分解遵循式(5-30)，$\underline{E}_{i,j,k}$ 是变化的，且若将 $T_{k,:}$ 固定，$H_{i,:}$ 的变化要参照 $A_{j,:}$，而 $A_{j,:}$ 又会被 T 和 H 的其他元素影响，因此 H 不同行元素之间大小是相对的，不能直接进行比较；H 经过标准化后得到 H'，其同行元素代表对应角色的比重。

$$\underline{X}_{i,j,k} = \sum_{r=1}^{|R|} H_{i,r} A_{j,r} T_{k,r} + \underline{E}_{i,j,k} \tag{5-30}$$

将 $H'_{i,:}$ 的各元素与 RW 相乘，得到的是节点 i 在枢纽性上对应各角色的活跃度，取最大角色活跃度对应的角色作为节点 i 在枢纽性上的角色，见式(5-31)。同理，节点 i 在权威性上的角色见式(5-32)。将节点 i 的角色记为 $v_i \langle H\mathrm{Role}, A\mathrm{Role} \rangle$，共有 $|R|^2$ 种节点角色。

$$v_i(H\mathrm{Role}) = \max_r \left[\frac{H_{i,r} - \min(H)}{\max(H) - \min(H)} \cdot \mathrm{RW}_r \right] \tag{5-31}$$

$$v_i(A\mathrm{Role}) = \max_r \left[\frac{A_{i,r} - \min(A)}{\max(A) - \min(A)} \cdot \mathrm{RW}_r \right] \tag{5-32}$$

3. 社区划分

1）社区角色

根据 GN 算法得到每个时间片的社区及成员，又已知所有节点在整个时间段的节点角色，同一社区中，节点往往具有类似的行为或拓扑特征；依据这些特征，能

得到不同的角色。因此本书以社区中大多数节点的角色代表社区的角色。社区 i 在枢纽性、权威性上的角色计算方式见式 (5-33)。社区 c_i 的角色记为 $c_i\langle HRole, ARole\rangle$，共有 $|R|^2$ 种社区角色。

$$c_i(HRole) = \max_r \left| \{v_j \mid v_j \in c_i, v_j(HRole) = role_r\} \right|$$

$$c_i(ARole) = \max_r \left| \{v_j \mid v_j \in c_i, v_j(ARole) = role_r\} \right| \tag{5-33}$$

计算社区 c_i 和 c_j 的角色距离 CRD_{ij} 为

$$CRD_{ij} = \begin{cases} 0, & c_i(HRole) = c_j(HRole) \text{ and } c_i(ARole) = c_j(ARole) \\ 1, & c_i(HRole) = c_j(HRole) \text{ or } c_i(ARole) = c_j(ARole) \\ 2, & c_i(HRole) \neq c_j(HRole) \text{ and } c_i(ARole) \neq c_j(ARole) \\ 3, & c_i = null \text{ or } c_j = null \end{cases} \tag{5-34}$$

构建社区演化路径的具体步骤见表 5.7：第 1～4 步使用张量分解模型确定节点角色；第 5、6 步准备社区信息；第 7～17 步是基于社区角色距离和节点重合度产生社区演化链接。

表 5.7　构建社区演化路径算法

输入：$|T|$ 个时间片的网络结构 $\{G^{(k)} \mid k=1,2,\cdots,|T|\}, \lambda, \theta\}$
输出：两个相邻时间片上社区的演化链接关系集合 ERSet
步骤：
1.　根据节点链接关系构建 X；
2.　对 X 进行 CP 分解，得到 $H \in \mathbf{R}^{|V|\times|R|}$，$A \in \mathbf{R}^{|V|\times|R|}$，$T \in \mathbf{R}^{|T|\times|R|}$；
3.　根据 T 得到角色活跃度 RW $\in \mathbf{R}^{|R|}$；
4.　根据 RW，H 和 A 得到每个节点的角色；
5.　获得每个时间片的社区集合 $\{C^{(k)} \mid k = 1, 2, \cdots, |T|\}$，及每个社区的节点；
6.　计算每个社区的角色；
7.　ERSet = null；
8.　For k = 1:1:$|T|$ Do
9.　　For $c_j^{t(k+1)}$ In $C^{t(k+1)}$ Do
10.　　　For $c_j^{t(k)}$ In $C^{t(k)}$ Do
11.　　　　计算社区角色距离 CRD_{ij}；
12.　　　　计算社区演化得分 d_{i1}, d_{i2}, d_{i3}；
13.　　End For
14.　　得到社区演化链接向量 $L_j^{t(k+1)}$；
15.　　若满足 $l_i \geq \theta(\forall)l_i \in L_j^{t(k+1)}$，则将 <$k,i,j,l_i$> 存入 ERSet；
16.　End For
17.　End For
18.　Return ERSet；

2) 评估社区演化路径

社区 $C_i^t(k)$ 的成员稳定度记为 $\mathrm{MS}[C_i^t(k)]$；k 时刻所有社区平均的成员稳定度记为 $\overline{\mathrm{MS}}[C_i^t(k)]$ 见式 (5-35)；k 到 $k+m-1$ 时刻所有社区平均的成员稳定度记为 $\overline{\mathrm{MS}}(C)_{t(k)}^{t(k+m-1)}$ 见式 (5-36)。

$$\overline{\mathrm{MS}}[C_i^t(k)] = \frac{\sum_{c_i^{t(k)} \in C^{t(k)}} \mathrm{MS}[C_i^{t(k)}]}{\left| c^{t(k)} \right|} \tag{5-35}$$

$$\overline{\mathrm{MS}}(C)_{t(k)}^{t(k+m-1)} = \frac{\sum_{i=k}^{k+m-1} \overline{\mathrm{MS}}[C^{t(i)}]}{m} \tag{5-36}$$

5.4.3 基于独立社区发现的演化分析

此类分析方法的基本思路是：对相邻两时刻的网络 G_t 和 G_{t+1} 分别进行静态社区发现，挖掘出两个时刻网络中的社区结构，然后通过对比 C_t 与 C_{t+1} 社区的相似性，分析 t 时刻网络中的社区 C_t 与 C_{t+1} 之间满足条件的相似社区，从而将 C_{t+1} 的社区加入到 C_t 社区的演化队列中。

社区形成及演化的开创性研究由 Hopcroft 等进行，他们采用聚合式层次聚类方法作为静态社区发现算法，聚类中使用余弦夹角来计算节点之间以及社区之间的相似度。分析了 NEC CiteSeer Database 提供的引文网络的不同时间快照网络的社区结构，文中定义了社区匹配度函数来分析相邻时刻社区间的相似度。通过社区的演化结果发现新社区的出现通常对应新的研究方向出现等现象。

文献[24]考虑到网络演化过程中有新的社区出现，所以提出了一个更一般的社区演化算法。该算法使用静态社区发现算法对起始时刻的网络进行社区划分得到社区结构 C_1，针对 C_1 中的每个社区建立相应的社区演化序列 $E\{G_i\}_{i=1\sim T}$，对于后续时刻的网络 G_i，运用静态网络社区发现算法挖掘社区结构 C_i。针对 C_i 中的每个社区结构与每个演化序列中最后一个社区进行相似性比较，如果相似性高于某阈值，则加入到相应的演化序列中。此算法中使用 Jaccard 系数作为评价相似性的指标。如果比较之后没有相匹配的演化序列，则生成一个新的社区演化序列，该社区作为演化序列的开始。不断重复，直到最后一个网络时刻。

研究在社区演化的结果上进一步分析了不同演化路径的特点，分析不同类型的演化模型并给出相应的实际意义。Wang 提出一种无参数的社区演化跟踪算法，利用不同时刻社区结构的核心点来构建社区之间的演化关系。当社区间演化序列建立之后，实验分析了演化路径中存在的分裂点和融合点。进一步分析了社区演化路径之间的关系：路径相交和社区重生情况。Chen 分析了两段式演化分析算法的计算及存储的复杂度，为了降低社区的个数和社区搜索空间，提出了网络和社区抽象的方法(graph representatives and community representatives)。通过实验发现，在动态社区演化中主要有六种演化形态：增长、萎缩、合并、分裂、出现和消失。

Wu 等[15]提出了一个基于事件的网络演化分析框架，作者考虑到演化网络中的两个特征：噪声和事件。噪声是由于节点行为的随机性和不确定性造成的，持续时间短；事件是由节点和群体的异常行为造成的，持续时间长。本书提出了基于事件的社区演化分析算法，该方法假设网络中社区结构的变化是由于突发事件造成的。以突发事件作为网络演化的时间轴，通过分析不同周期的社区结构变化，可以发现突发事件与社区结构之间的制约关系，能够很好地解释社区结构变化的原因。

基于独立社区的演化分析算法将社区演化问题拆分成两个独立问题：静态社区发现和社区演化问题。该类方法的模型实现简单，易于理解，能够直观地发现网络中社区结构随时间的变化。但是，该类算法忽略了时间片之间的关系。现实网络结构的变化是随时间慢慢积累的，是缓慢变化的，不会在短时间内发生突变。所以，该类方法可能会造成静态社区结构质量差以及演化轨迹误判等问题。

5.4.4　基于网络融合的演化分析

为了分析社区结构随时间的演化路径，将相邻两个时刻的网络融合进行社区发现，再分别理处 t 和 $t+1$ 时刻的社区结构。Palla 等基于派系过滤 CPM(clique percolation method)设计了算法以研究有重叠的大尺度社区随时间变化的规律。CPM 是典型的静态社区发现算法，基于 CPM 的社区演化方法将动态网络序列$\{G_t\}$中相邻时刻的两个网络 G_t 和 G_{t+1} 合并成新网络对融合的新网络 $G_{t,t+1}$ 后，使用 CPM 进行静态社区发现，从而得到融合后网络的社区结构 $C_{t,t+1}$。

通过对合著网络和移动电话网络进行了演化研究分析，发现规模越大的社区持久性越好。CPM 能够识别出网络中的重叠社区结构，所以使用这种方法能够避免社区误判的情况，提高了社区演化序列识别的准确度。这种将网络结构叠加进行分析的方法忽略数据性质随时间的变化，在叠加后的网络中直接进行静态社区发现。这样挖掘出的社区结构也许在叠加后的网络中有显著的意义，但是分配到单个网络中时未必有很好的社区意义。

5.4.5　基于演化聚类平滑性的演化分析

该类方法通过对实际网络的实证研究发现，社区演化分析不仅与当前时刻的网络结构有关，而且与上一时刻的社区结构有紧密关系。在对当前时刻的社区结构进行划分时，同时考虑前一个的网络社区结构和当前时刻的网络结构，从而将社区发现与演化分析有机地集合为一个整体。

Chakrabarti 等第一个提出了综合时间片社区质量和时间轴社区变化率的演化聚

类模型。该方法在静态聚类的损失函数上增加一个时间损失项，以惩罚偏离历史模型太远的结果。该算法的原则为，每个聚类结果都被匹配到上一时刻距离最近的聚类，把所有这种配对的聚类之间的距离相加作为时间损失。假设 C_t 为 t 时刻社区划分结果，则该聚类结果的当前质量定义为 sq。为了计算当前时刻与前一时刻结果 C_{t+1} 之间的相似度，定义了历史成本 hc。hc 为该社区演化结果的总质量时间片社区质量与历史成本之和，即 $hc = sq(C_t, M_t) - cp \cdot sq(C_{t-1}, C_t)$ 其中，cp 为权重参数，M_t 为 t 时刻网络中节点的相似度矩阵。在该模型中，使用 k-means 算法来挖掘静态聚类结构，这种启发式的最近匹配算法对聚类中心的扰动非常敏感，会造成结果不稳定。Chi 等 [25] 在上述演化聚类模型的基础上扩展了相似性计算方法，将谱聚类作为测度社区结构和社区进化的指标来分析演化数据。Tang 等[26]将演化谱聚类方法扩展到动态多模(multi-relation)社会网络中的社区演化问题上。

Lin 等 [27]基于非负矩阵因式分解，采用马尔可夫概率模型和 Dirichlet 分布模型等建立社区评价模型和优化算法 Facenet。并且，针对社区重叠性提出软社区关系。允许节点同时属于多个社区结构。

基于演化聚类的社区演化分析算法要保证社区结构在时间轴上的连续性。实证研究发现，演化模型在时间上的一致性是与真实世界中网络相吻合的。所以，将历史网络中获得的知识用于当前网络的分析，能够避免在每个时刻的网络中学习网络社区划分模式，提高算法的性能和准确性。但是，这类方法着重分析了社区结构整体随时间的变化，没有详细地分析具体社区演化的原因。这也是需要进一步研究的内容。

5.4.6　基于节点行为的社区演化分析

以上三种方法都是从宏观或中观的角度分析演化问题，还有一类研究从微观角度——节点的行为入手分析，根据节点的行为对网络或社区结构的影响，从而确定社区结构随时间的变化。

惠普实验室从节点演化行为出发，提出了一个基于事件的网络演化分析框架。分别定义了关于社区演化的 5 种情况：延续(continue)、A-合并(A-merge)、A-分裂(A-split)、形成(form)、瓦解(dissolve)以及 4 类和个体有关的事件：出现、消失、加入、离开。本书还建立了关于社区和个体的稳定性、社会性、影响力、公众性等计算方法。通过从连续且不重叠的时间段的网络图中提取事件，分析论文合作网络和临床实验网络的社区的变化过程和个体行为对社区变化的影响。通过节点行为的趋势指标能够预测网络随时间的演化。但是，该方法并没有解释社区变化对个体行为产生的影响。

Leskovec 等研究了网络演化过程中平均节点度、两点间距离、图导性、社区轮廓图等在时间轴上的进化属性。研究发现，网络随时间动态变化过程中与静态网络特性有显著的差别。

5.4.7　基于张量分解的社区演化分析

为了更加清楚地了解该模型，首先给出张量相关概念的介绍。

1. 张量

张量(tensor)是向量和矩阵概念的高维拓展，标量(scalar)是零阶张量，向量(vector)是一阶张量，矩阵(matrix)是二阶张量。从表示形式上来看，矩阵是一个包含横向和纵向的二维表格，k 阶张量就是一个包含 k 维的表格。给定张量 $A \in R^{I_1 \times I_2 \times \cdots \times I_N}$，张量 A 的阶是 N，A 的第 n 模的维度大小为 I_n。每个元素记为 $A_{i_1, i_2, \cdots, i_n}$，其中 $1 \leqslant i_k \leqslant I_k, 1 \leqslant k < N$。图 5.16 展示了一个三阶张量 $M \in R^{m \times n \times p}$。

2. 张量分解

矩阵分解是将矩阵拆分为几个矩阵的乘积，是一种低秩逼近的思想。张量作为高阶线性模型，通过对张量进行分解可以获得潜在的信息。张量分解主要包含 CP 模型(Candecomp/Parafac)和 Tucker 模型[28]。

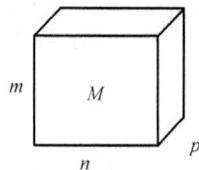

图 5.16　三阶张量示意图

1) CP 分解模型

CP 分解模型将张量分解为 R 个秩 1 张量的线性组合。为了便于说明以三阶张量 $A \in R^{I \times J \times K}$ 为例，CP 分解如下：

$$A \approx \sum_{r=1}^{R} x_r \circ y_r \circ z_r \tag{5-37}$$

其中，R 为正整数，$x_r \in R^I, y_r \in R^J, z_r \in R^k$，对于 $r = 1, \cdots, R$，CP 分解表示为

$$a_{ijk} = \sum_{r=1}^{R} x_{ir} y_{jr} z_{kr}, \quad i = 1, \cdots, I; \quad j = 1, \cdots, J; \quad k = 1, \cdots, K$$

CP 的分解示意图如图 5.17 所示。在秩 1 张量个数 R 确定的情况下，张量 A 的 CP 分解可转换为寻找 R 个秩 1 张量，使其线性组合后能逼近张量 A。这个问题转换为最小二乘法(altering least squares，ALS)，可表示为

$$\text{ALS}(a, \bar{a}) = \text{argmin} \| a - \bar{a} \|, \quad \bar{a} = \sum_{r=1}^{R} \lambda_r x_r \circ y_r \circ z_r \tag{5-38}$$

在 ALS 方法中固定两个张量来求解第三个张量：固定张量 X 和 Y，计算 Z；再固定张量 X 和 Z 计算 Y；固定张量 Z 和 Y，计算 X；这是一个递归过程，循环迭代直至满足收敛指标。

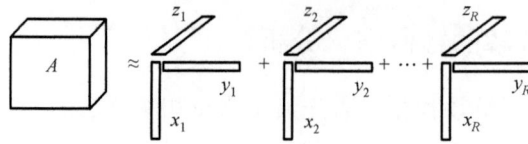

图 5.17　CP 张量分解示意图

2）Tucker 分解模型

Tucker 分解模型最初是由 Tucker 提出的，后来经过 Levin 和 Tucker 的改善得到了广泛的应用。Tucker 分解模型是高阶的 PCA（principal component analysis），它把 N 阶张量分解为一个核张量与 N 个投影矩阵相乘的形式。图 5.18 给出一个三阶张量 Tucker 分解的示意图。给定张量 $A \in R^{I_1 \times I_2 \times \cdots \times I_N}$，Tucker 分解模型如下：

$$A_{(d)} = U^{(d)} S_{(d)} \left[U^{(1)} \otimes U^{(2)} \otimes \cdots \otimes U^{(d-1)} \otimes U^{(d+1)} \otimes \cdots \otimes U^{(N)} \right]^{\mathrm{T}} \tag{5-39}$$

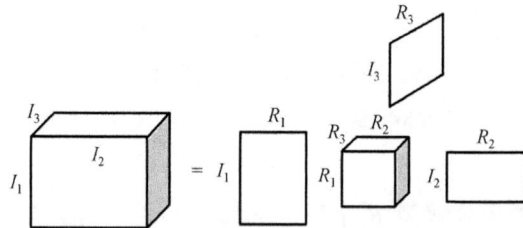

图 5.18　三阶张量 Tucker 分解模型示意图

当 Tucker 分解模型中核张量 S 是超对角形式，并且 $R_1 = R_2 = \cdots = R_N$ 时，CP 模型是 Tucker 分解模型的特例。

该研究方法在数据模型上使用张量来表示动态网络，在算法分析上，使用张量 CP 分解的方法对动态网络进行分解，从而获得动态网络中的潜在结构。

定义网络序列（graph sequence）：给定一个连续时间序列 $T = \{t_1, t_2, \cdots, t_s\}$ 以及每个时间片上的网络 g_i，则连续时间上的网络序列为 $GS = \{g_1, g_2, \cdots, g_s\}$。

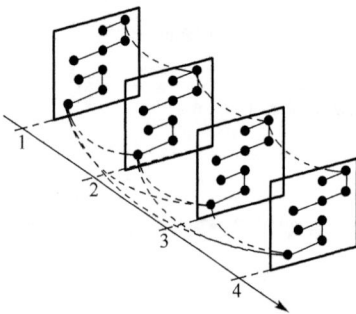

图 5.19　时间片上的网络序列

图 5.19 展示一个动态网络序列，该序列包含四个连续时间片 $\{1, 2, 3, 4\}$，针对任意时间片网络 g_i，构建起相似性矩阵 $S_i \in R^{N \times N}$，该方法采用 Jaccard 指标来计算节点之间的相似度。基于各个时间片上网络的相似度矩阵构建相似度张量 $A \in R^{N \times N \times S}$，其中 A_{ijk} 表示节点 v_i 和 v_j 在时间片 t_k 上的相似度。S 表示时间片个数，N 表示在给定时间片上的所有出现过的节点的个数，如果

节点 v_i 在时间片 t_k 上没有出现，则 $A_{i;k}=0$。

相似度张量 A 将各个时间片上的拓扑结构与时间属性融合起来，作为一个完整的数据模型。对相似度张量 A 进行分解可以对 A 进行降维，得到 A 在低维度上的特征量，通过分析这些特征量既可以发现潜在的社区结构也可以分析社区结构演变的特性。

CP 分解的核心问题是求解 R 个秩 1 张量使其能够尽量逼近原始张量，该最优化问题通常转换为如下形式：

$$\min_{X,Y,Z} \| A - [\![X,Y,Z]\!] \|_F^2 \tag{5-40}$$

其中，$\| A \|_F^2$ 是张量的 F 范式。这个过程是将张量 A 分解降维到 R 空间上，从而得到张量在 R 空间上的映射。R 的取值是一个重要的研究点，理想的方法是提出一个评价指标，改变 R 的取值进行 CP 分解直到某个 R 值能够使其评价指标"最好"。但是，在实际操作过程中，数据噪声等会对分解的过程造成干扰，不易找到最优的 R 值。

通过对张量 A 进行矩阵化，获得三个映射矩阵 $A_{(1)} \in R^{N \times NS}$，$A_{(2)} \in R^{N \times NS}$，$A_{(3)} \in R^{S \times NN}$。基于张量在各个维度上的矩阵化，CP 分解可以分解为三个维度上的优化问题，如式(5-41)所示。常用的求解方法包括两种：映射梯度法(projected gradient method)和交互最小二乘(alternating least squares，ALS)法。这里采用 ALS 法来求解各个矩阵，其主要思想是在每次迭代过程中固定两个矩阵的取值，调整第三个矩阵的值逼近真实值。

$$\left. \begin{array}{l} A_{(1)} = \hat{X}(\hat{Z} \odot \hat{Y})^T \\ A_{(2)} = \hat{Y}(\hat{Z} \odot \hat{X})^T \\ A_{(3)} = \hat{Z}(\hat{Y} \odot \hat{X})^T \end{array} \right\} \Rightarrow \begin{array}{l} \min_X \| A_{(1)} - X(Z \odot Y)^T \|_F^2 \\ \min_Y \| A_{(2)} - Y(Z \odot X)^T \|_F^2 \\ \min_Z \| A_{(3)} - Z(Y \odot X)^T \|_F^2 \end{array} \tag{5-41}$$

固定两个矩阵，优化另外一个矩阵的过程是线性最小二乘问题。假设固定矩阵 Z 和 Y 的取值如下：

$$\min_{\hat{X}} \left\| A_{(1)} - \hat{X}(Z \odot Y)^T \right\|_F^2 \tag{5-42}$$

其中，$\hat{X} = X \cdot \text{diag}(\lambda)$，求解最优解的过程如下：

$$\hat{X} = A_{(1)}[(Z \odot Y)^T]^\dagger \tag{5-43}$$

根据 Khatri-Rao 积的伪逆法，式(5-43)可以写为

$$\hat{X} = A_{(1)}(Z \odot Y)(Z^T Z \times Y^T Y)^\dagger \tag{5-44}$$

表 5.8 详细列出了给定 R 取值下的 CP 分解的 ALS 的算法流程。图 5.20 给出了动态网络下基于张量分解的方法和每个时间片上进行矩阵分解方法的关系图。图中

基于张量的方法不仅考虑到每个时间片上的网络拓扑结构，而且还将时间片之间的关联信息考虑进来。

表 5.8　给定 R 值的 CP 分解流程

算法　CP decomposition with ALS (A,R)
1.　Procedure begin
2.　　initialize $X^{(n)} \in R^{I_n \times R}$
3.　　for $n = 1, \cdots, N$
4.　　　$X^{(n)}$=R leading left singular vectors of $A_{(n)}$
5.　　end for
6.　repeat
7.　　for $n = 1, \cdots, N$
8.　　　$V \leftarrow X^{(1)T}X^{(1)} * \cdots * X^{(n-1)T}X^{(n-1)} * X^{(n+1)T}X^{(n+1)} * \cdots * X^{(N)T}X^{(N)}$
9.　　　$X^{(n)} \leftarrow A^{(n)}(X^{(N)} \odot \cdots \odot X^{(n+1)} \odot X^{(n-1)} \odot \cdots \odot X^{(1)})V^{\dagger}$
10.　　　normalize columns of $X^{(n)}$(storing norms as λ)
11.　　end for
12.　until fit ceases to improve or maximum iteration exhausted
13.　return $\lambda, X^{(1)}, X^{(2)}, \cdots, X^{(N)}$
14.　end Procedure

进行 CP 分解后将原张量映射到多个子空间上，根据各个子空间的实际物理意义，提出基于子空间挖掘社区结构的演化特征属性。

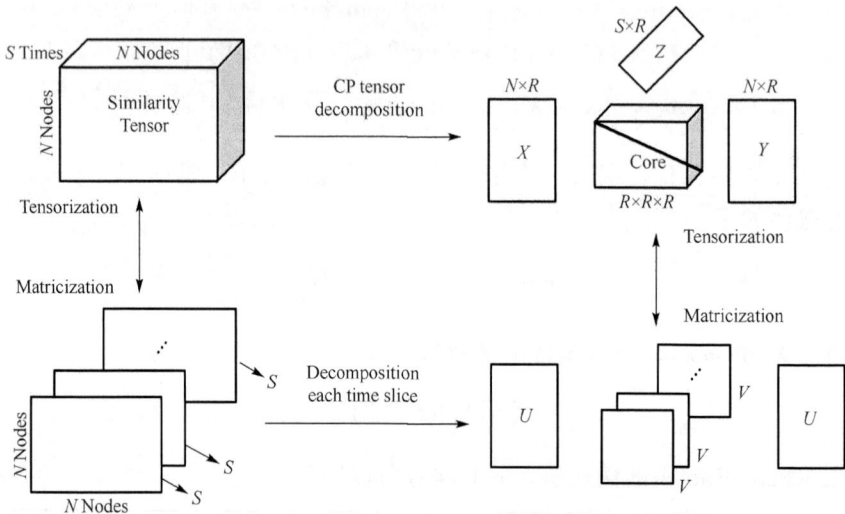

图 5.20　基于相似度张量分解示意图

1) 节点-社区结构矩阵 X

矩阵 X 和 Y 表示网络中的社区结构，也称节点-社区归属概率矩阵。在无向网络中，节点的相似性矩阵是对称的，同时网络序列的相似张量也是对称的，所以矩阵 $X=Y$。矩阵 $X \in R^{N \times R}$ 中每行 X_{i} 表示节点 v_{i} 在社区结构上的归属概率向量，即 $\{x_{i1}, x_{i2}, \cdots, x_{ir}\}$，其中 x_{ij} 表示节点 v_{i} 属于社区 c_{j} 的概率。

图 5.21 给出了归属概率矩阵的示意图。使用传统的 k-means 等聚类方法对节点的归属概率向量进行聚类可以得到网络中的社区结构。

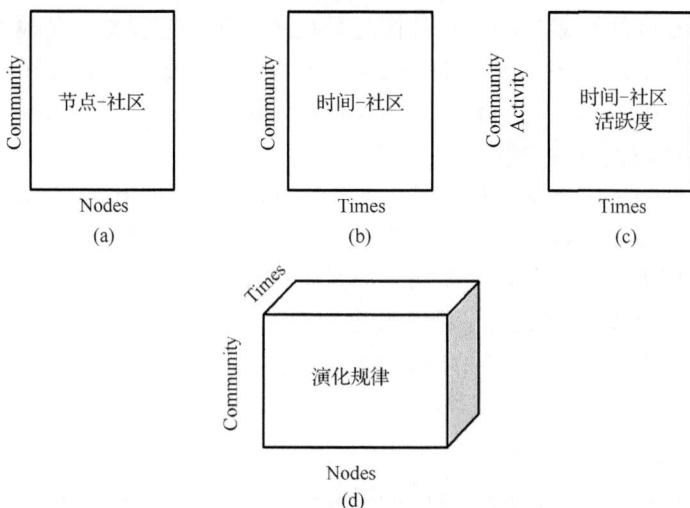

图 5.21　相似度张量矩阵示意图

2）社区-时间矩阵 Z

矩阵 $Z \in R^{S \times R}$ 记录了社区结构随时间变化的过程，Z 中每列 $Z_{:k}$ 表示社区结构 C_{k} 在时间序列上 S 的演化行为 $\{Z_{k1}, Z_{k2}, \cdots, Z_{ks}\}$。$Z_{ks}$ 表示社区结构 C_{k} 在时刻 t_{s} 上的演化行为，这个行为指标是从社区结构的层面来分析社区的重要程度，并没有考虑社区内节点对社区的影响。

3）社区的凝聚度

社区的凝聚度表示社区内节点对社区的忠诚度，通过节点-社区结构的归属概率来计算。定义社区内节点的凝聚度（condensation）为 $C \in R^{L \times R}$，计算过程如下：

$$C_{lr} = \sum_{i=1}^{N} x_{ir} \tag{5-45}$$

4）社区的活跃度

社区活跃度定义为社区结构在时间轴上所表示出的活跃程度（activity）。每个时刻社区的活跃程度不仅与社区之间的活跃度 Z 有关系，还与社区内节点的凝聚度有关系。

如式 (5-46) 所示，社区活跃度记作 $Ac \in R^{R \times S}$，社区 c_r 在时刻 t_s 的活跃度由社区演化行为 Z 和社区凝聚度 C 共同影响：

$$Ac_{rs} = Z_{rs}C_{lr} \tag{5-46}$$

通过分析社区在各时间片上的活跃程度可以分析社区在演化过程的发展。

假设网络中社区的个数是固定的且节点总数不会发生突变，社区结构的演化只是因为节点在社区间游走移动，这种情况是社区演化中较理想也是较容易分析的情况。在这种场景下，社区规模会变大或变小。社区结构变大，该社区活跃度随时间呈上升趋势，社区内节点更加紧密。如果社区规模减小，社区的活跃度随时间呈下降趋势，社区结构也变得松散。

如果社区的个数在演变过程中发生变化，如社区间歇性出现消失、诞生和死亡、合并和分裂等，在这个过程中，社区的活跃度也随之发生变化。在这种情况下，不能说子空间规模 R 等同于社区个数 K，而是看作张量在子空间上的映射，这里的张量分解是 PCA 在高阶上的应用。社区发生演变时，社区的活跃度在相邻时刻上会发生整体变化，通过比较相邻时刻的 Ac_{rt} 和 Ac_{rt+1} 的曲线变化，可以分析出社区随时间变化的行为特征。

5) 节点-社区的演化规律

CP 分解是 Tucker 分解的一种特例，其中 X、Y、Z 是秩 1 矩阵，核张量 Core 是对角张量。Core 记录了矩阵之间的关联关系，通过结合 Core，X 和 Z 可以分析节点和社区结构随时间的演化特性。定义社区-节点演化张量 $Evo \in R^{N \times S \times R}$，通过如下的计算可以得到

$$Evo \in Core_{\times 1}X_{\times 3}Z \tag{5-47}$$

其中，使用定义中的张量与矩阵相乘的方法，如图 5.21 所示，最终得到演化张量 Evo，对于 Evo 中的纵切面 $Evo_{i::}$ 表示节点 v_i 在时间轴 $T = (t_1, t_2, \cdots, t_s)$ 上与各社区结构的归属概率；纤维束 $Evo_{ik:}$ 表示节点 v_i 在时刻 t_s 上的社区归属概率在时间轴 T 上的演化；纤维束 $Evo_{i:s}$ 表示节点 v_i 在时刻 t_s 上的社区归属概率向量，通过分析切片 $Evo_{::s}$ 可以挖掘出每个时刻的社区结构；元素 Evo_{iks} 表示节点 v_i 在时刻 t_s 属于社区 C_k 的概率。

5.5　社区演化评价

社区评价不仅在算法结构质量判定上起重要作用，而且影响着模型建立和算法设计。根据动态社区研究中社区质量和社区演化评价体系的差异，将相关国内外研究主要分为三类进行阐述：基于时空独立评价的方法、基于时空集成评价的方法和基于统一评价的方法。

5.5.1　基于时空独立评价的方法

基于时空独立评价的方法中，社区结构评价和演化评价完全独立，这类方法主要应用于社区演化的研究中，能够发现隐含社区的演化规律，并从社区演变情况中发现突发群体事件和异常变化情况等。

根据问题背景不同，研究者采用不同的静态社区发现算法辨识单时间快照上的社区结构，例如，在引文网络分析中，Hopcroft 等计算文章参考文献的余弦距离，利用分层聚类算法得到单时间片的社区信息。在以超链接关系为主的 Web 社区发现中，Toyoda 等[29]首先选取所关注的 Web 页面为种子节点集，然后基于页面相关性利用 HITS（hyperlink-induced topic search）算法发现与种子节点关系紧密的社区结构；Falkowski 等[30]采用分层的基于模块度优化的边介数聚类算法发现子社区；Palla 等[31]利用 CPM 进行单时间段上的社区发现，以研究科学家合作网络和移动用户通信网络的社区演化情况。相应地对于时间快照上所发现的社区结构，采用静态社区评价的方法对所发现的社区质量进行评价。

5.5.2　基于时空集成评价的方法

1. 短时平滑性假设

进化聚类是与动态社区研究极为近似的另一研究领域。进化聚类研究中，学者发现动态网络的聚类结构在短时间内的变化是平缓的。而在线社会网络中，根据一般观察和经验，网络用户的交互行为演化在很大程度上受隐含关系结构影响，而表现为群体结构的隐含关系结构变化一般较为缓慢，在一定程度上呈现出同样的短时平滑性规律。这一经验发现具有非常重要的意义。

一方面，短时平滑性意味着短期内的历史交互信息和当前交互信息具有一定相似性，可以将短时历史交互信息和当前交互信息综合作为当前时间片段的网络结构模型，以克服时间窗口划分带来的数据稀疏、数据噪声、信息不全或观察缺失带来的问题。综合历史信息和当前信息的实现方法主要有两种：一种是对有限相邻时段历史信息进行衰减累计，在累计时主要对前一时间段的信息带衰减的累计，或者是建立衰减模型自动学习不同历史信息的衰减因子；另一种是认为当前社区间相关度的均值服从给定方差的上一时间点均值的正态分布，对相邻时间点的社区或群组分布建立正态分布的概率模型以反映出平滑性，克服噪声和缺失数据的影响。

另一方面，短时平滑性可以用来评价短时序范围内所发现的隐式社区结构的合理性和真实性，如果相邻时间段所发现的隐结构差异度极大，则在一定程度上表明所发现的隐结构极有可能是错误的，进而就可以在时间维度上以相邻时间的网络结构差异度最小化为优化目标，帮助设计更合理的动态社区发现算法。

2. 基于时空集成评价的动态社区发现

基于时空集成评价的方法充分利用了短时平滑性特点，将空间社区评价和演化评价集成到一起，其中空间评价是以隐含社区模型上的交互结构和观察到的交互结构差异性最小化为目标，演化评价以相邻时间社区结构差异最小化为目标。集成评价的方法认为动态社区演化和社区的质量是紧密相关的。所以以一定权值将两个评价相加或一定策略将时空评价综合，建立最优化模型。根据观察数据不断调整和学习，得到最拟合观察数据的隐含结构。

这类方法以实际观察网络为监督进行空间社区评价，避免了不同社区质量评价标准之间不互相支持、评价结果与现实不符等问题；同时将空间评价和时态评价集成在一个统一框架中作为优化目标，反映了隐含社区结构演化的连续属性，适于发现隐含稳定的社区结构及其演化过程。根据问题模型中优化目标的不同，这类算法可分为以下四类。

(1)扩展静态社区评价体系的方法。利用空模型进行社区质量评价并进而帮助辨识社区是当前社区发现的重要方法。要辨识动态演化社区，最自然的一个策略就是将空模型延伸到时间轴上，形成时空维度的空模型，从而得到空间质量和时间维度上演化质量综合评价的体系。

(2)基于进化聚类的方法。基于进化聚类的算法需要事先设定社区数目，并且一般设定在网络动态变化过程中社区数目不变；对观察网络的起始和结束也有一定限制，为解决此问题，Kim[32]等将动态网络建模成由纳米社区构成的系统，社区是该系统中连接稠密的纳米社区群，由于每个纳米社区中含有一定的能表征结构演化趋势的信息，因此，通过对纳米社区的计算可在一定程度上发现社区演变的趋势。他们使用耗费嵌入技术保证了所发现社区的演化平滑性假设，以模块度优化为目标，建立了基于密度的聚类算法；基于信息论建立了一种映射策略使得可以发现不同时间点上不同个数的社区间的演化关系。

(3)基于隐空间的方法。基于隐空间的动态社区发现方法[33]的主要理念是将社区结构看作网络结构的隐空间，认为在社区结构的隐空间上，近距离节点较远距离节点间更容易建立连接关系。同时，基于以下3个假设前提：①相邻时间的隐空间结构变化缓慢(平滑性假设)；②社区结构演化中 $t+1$ 状态的隐空间仅和 t 时刻隐空间有关，和 t 时刻以前的隐空间无关(与隐马尔可夫链模型假设前提相同)；③当前观测值仅和当前隐空间结构相关。

(4)自定义评价指标的方法。另一类建立集成优化目标模型的算法是自定义了一套描述网络结构性质和结构演化的指标，然后根据指标设定所要优化的目标函数。在这些指标中，演化性评价的目标仍然是最小化社区结构变化，即遵循平滑性假设。

基于时空集成评价的方法中，评价目标在形式上虽然将时间片上评价和时间轴

[9]　Tang L, Liu H, Zhang J. Identifying evolving groups in dynamic multimode networks[J]. IEEE Transactions on Knowledge and Data Engineering, 2012, 24(1): 72-85.

[10]　Lambiotte R, Delvenne J C, Barahona M. Laplacian dynamics and multiscale modular structure in networks[J]. IEEE Transactions on Network Science and Engineering, 2015, 1(2): 79-90.

[11]　Mucha P J, Onnela J P. Community structure in time-dependent, multiscale, and multiplex networks[J]. Science, 2010, 328(5980): 876.

[12]　Jia G, Cai Z, Musolesi M, et al. Community detection in social and biological networks using differential evolution[J]. Lecture Notes in Computer Science, 2012, 7219: 71-85.

[13]　Kumar A, Gupta V, Singh G K, et al. Improvisation of differential evolution for community detection[C]. IEEE International Conference on Computational Intelligence and Computing Research, 2015: 1-4.

[14]　Hopcroft J, Khan O, Kulis B, et al. Tracking evolving communities in large linked networks[C]// Proceedings of the National Academy of Sciences of the United States of America, 2004: 5249.

[15]　吴斌, 王柏, 杨胜琦. 基于事件的社会网络演化分析框架[J]. 软件学报, 2011, 22(7):1488-1502.

[16]　Sun J, Faloutsos C, Papadimitriou S, et al. Graphscope: Parameter-free mining of large time-evolving graphs[C]// Proceedings of the 13th ACM SIGKDD International Conference on Knowledge Discovery and data Mining, 2007: 687-696.

[17]　Bollinger J. Bollinger on Bollinger Bands[M]. New York: McGraw-Hill, 2001.

[18]　Derényi I, Palla G, Vicsek T. Clique percolation in random networks[J]. Physical Review Letters, 2005, 94(16): 160202.

[19]　Tomita E, Tanaka A, Takahashi H. The worst-case time complexity for generating all maximal cliques and computational experiments[J]. Theoretical Computer Science, 2006, 363(1): 28-42.

[20]　杨武, 李阳, 卢玲. 基于用户角色定位的微博热点话题检测方法[J]. 计算机应用, 2013, 33(11): 3076-3079.

[21]　Zhu T, Wang B, Wu B, et al. Role defining using behavior-based clustering in telecommunication network[J]. Expert Systems with Applications, 2011, 38(4): 3902-3908.

[22]　段松青, 于兴隆, 吴斌, 等. RoleTracker: 基于角色的社会网络演化分析方法[J]. 湖南大学学报(自然科学版), 2015, 42(8): 132-140.

[23]　Bro R. Tutorial and applications[J]. Chemometrics and Intelligent Laboratory Systems, 1997, 38(2): 149-171.

[24]　Cazabet R, Amblard F, Hanachi C. Detection of overlapping communities in dynamical social networks[C]. 2010 IEEE Second International Conference on Social Computing (SocialCom), 2010: 309-314.

[25]　Chi Y, Song X, Zhou D, et al. Evolutionary spectral clustering by incorporating temporal

smoothness[C]// Proceedings of the 13th ACM SIGKDD International Conference on Knowledge Discovery and Data Mining, 2007: 153-162.

[26] Tang L, Liu H, Zhang J, et al. Community evolution in dynamic multi-mode networks[C]. ACM SIGKDD International Conference on Knowledge Discovery and Data Mining, 2008: 677-685.

[27] Lin Y R, Chi Y, Zhu S, et al. FacetNet: A framework for analyzing communities and their evolutions in dynamic networks[C]//Proceedings of the 17th International Conference on World Wide Web. ACM, 2008: 685-694.

[28] Lathauwer L D, Moor B D, Vandewalle J. A multilinear singular value decomposition[J]. Siam Journal on Matrix Analysis & Applications, 2000, 21 (4): 1253-1278.

[29] Toyoda M, Kitsuregawa M. Extracting evolution of Web communities from a series of Web archives[C]// Proceedings of the 14th ACM Conference on Hypertext and Hypermedia. Pennsylvania, USA, 2003: 28-37.

[30] Falkowski T, Bartelheimer J, Spiliopoulou M. Mining and visualizing the evolution of subgroups in social networks[C]// Proceedings of the 2006 IEEE/WIC/ACM International Conference on Web Intelligence. Hong Kong, China, 2006: 52-58.

[31] Palla B G, Derenhi I, Farkas I, et al. Uncovering the overlapping community structure of complex networks in nature and society[J]. Nature, 2005, 435 (7043): 814.

[32] Kim M S, Han J. A particle-and-density based evolutionary clustering method for dynamic networks[J]. Proceedings of the VLDB Endowment, 2009, 2 (1): 622-633.

[33] Sarkar P, Moore A W. Dynamic social network analysis using latent space models[J]. SIGKDD Explorations Special Issue on Link Mining, 2015, 7 (2): 31-40.

第6章 社区分析与其他领域交叉研究

一个社交网络就是一群人或团体按某种关系连接在一起而构成的一个系统。这里的关系可以多种多样，如个人之间的朋友关系、同事之间的合作关系、公司之间的商业关系等。社区分析不仅局限于社区发现。社区分析的基本理论与方法已经在第1~5章有所介绍，本章将重点介绍社区分析与其他领域的交叉研究，其中一些研究不仅在社会学上具有重要影响，而且对于网络科学的发展和普及都起到了积极的推动作用。本章重点介绍社区分析的情感研究、基于社区分析的预测方法、异质网络中的聚类和排序算法、社区分析在推荐系统的应用及其他研究，帮助读者拓展对社区分析与其他领域结合的相关知识及应用。

6.1 基于社区分析的情感研究

6.1.1 基于多元情感行为时间序列的社交网络用户聚类分析

近年来，社交网络的蓬勃发展吸引了海量的用户，这些用户无时无刻不在传播和表达各种各样的信息，而这些信息也包含了用户多样的情感。这些多样的情感对网络世界和真实世界都有着重要影响。研究者已经注意到关于社交网络用户情感行为研究的重要意义，并产生了诸多成果。

1. 多元情感时间序列构建

时间序列(time series)在商业、经济、科学观测等各个领域普遍存在，如医疗、传媒、金融等，并得到了广泛的应用。其具体定义为按照时间顺序排列的、具有相等时间间隔的一系列数据的集合。可表示为 $X=<x_1,\cdots x_j,\cdots,x_n>$，其中 x_j 为变量 X 在 j 时刻的观测值。若有 p 个变量，则可表示为

$$X = \begin{array}{c cccccc} & t_1 & t_2 & \cdots & t_j & \cdots & t_n \\ v_1 & x_{11} & x_{12} & \cdots & x_{1j} & \cdots & x_{1n} \\ v_2 & x_{21} & x_{22} & \cdots & x_{2j} & \cdots & x_{2n} \\ \vdots & \vdots & \vdots & & \vdots & & \vdots \\ v_i & x_{i1} & x_{i2} & \cdots & x_{ij} & \cdots & x_{in} \\ \vdots & \vdots & \vdots & & \vdots & & \vdots \\ v_p & x_{p1} & x_{p2} & \cdots & x_{pj} & \cdots & x_{pn} \end{array} \tag{6-1}$$

其中，t_j 为第 j 个时间点，v_i 为第 i 个变量。若 $p=1$，则称为单变量时间序列（univariate time series），若 $p>1$ 时，则称为多元时间序列（multivariate time series，MTS）。时间序列通常由 $p \times n$ 矩阵表示，即 $X = (x_{ij})_{p \times n}$。

时间序列具有数据规模大、维数高、噪声干扰和结构复杂等特点，若直接针对原始序列进行数据挖掘，不仅在计算和存储上要花费高昂代价，并且有可能因数据受到噪声干扰等因素而产生误差。因此，国内外学者近年来使用了多种方式来表示时间序列，其中典型的时间序列表示方法有：离散傅里叶变换（discrete Fourier transform，DFT）、离散小波变换（discrete wavelet transform，DWT）、分段线性表示法（PLR）、主成分分析（principal component analysis，PCA）法等。这些方法可以看作时间序列的一种降维技术，有些文献也称为数据压缩、序列变换等。其有如下优点：①提取序列主要特征，更好地描述时间序列变化趋势；②降低数据维数，提高查询效率；③剔除噪声干扰和数据冗余，提高算法准确性和可靠性。

情感计算的本质是对人类的情感表达的度量，它包含了对情感表达强度和尺度的度量。社交网络中的用户可通过多种方式表达情感，如文本、符号、图片等。其中关于文本情感挖掘有许多出色的研究，如针对英文文本情感分析的 ANEW 模型、针对中文文本情感分析的 RostEA 方法，以及 OpinionFinder 工具等。Bollen 等在 2010 年曾提出了 GPOMS 模型，该模型可以从 6 种尺度度量文本的情感内容，其分析对象主要是英文文本。情感计算在中文处理方面也有许多相关研究。

社交网络中的用户每时每刻都可表达他们多样的情感行为。利用提出的多元情感向量提取方法，向量 $\beta_j = (e_{\text{happy}} \quad e_{\text{good}} \quad e_{\text{sorrow}} \quad e_{\text{anger}} \quad e_{\text{fear}} \quad e_{\text{hate}} \quad e_{\text{shock}})^{\text{T}}$ 可以被提取出来用以表示微博的多元情感。如果以天为时间单位，对某个用户每天的聚合微博提取出的情感向量做排列，则可以得到一个多元情感时间序列（multivariate emotion time series，METS），其可表示为

$$\text{METS} = (\beta_1 \quad \cdots \quad \beta_j \quad \cdots \quad \beta_n) \tag{6-2}$$

可以设定社交网络每一个用户都拥有一个多元情感时间序列，且是唯一的。该序列反映了用户在一段时间内的情感波动和强度。

2. 用户群体多元情感聚类

因为用户群体多元情感聚类面临的是一组多元时间序列，所以使用 PCA 方法来代表多元情感时间序列，并计算两个序列之间的相似性。

PCA 方法是一种能够有效处理高维数据的多元统计方法。在 PCA 方法中，首先要寻找矩阵的主成分，可使用奇异值分解法（singular value decomposition，SVD）完成此任务。该方法是由 Korn 等提出的一种基于统计概率分布投影的时间序列变换方法。

一般情况，每个社交网络的用户都有一个 METS 来描述情感行为，METS 可以看作一个 $m \times n$ 的矩阵。A、B 分别为 $m \times n$ 的两个多元时间序列，m 为情感维数，n 为天数。设 a_i、b_i 为 m 维列特征向量，A、B 之间的扩展 Frobenius 范数（PCA 相似性）定义如下：

$$S_{\text{PCA}} = \text{Eros}(A, B, w) = \sum_{i=1}^{m} w_i \cdot \left| \langle a_i, b_i \rangle \right| = \sum_{i=1}^{m} w_i \cdot \left| \cos \theta_i \right| \tag{6-3}$$

其中，$\langle a_i, b_i \rangle$ 为 a_i、b_i 的内积；$w = (w_1, w_2, \cdots, w_m)$ 为基于多元时间序列特征值所得出的权值向量，且 $\sum_{i=1}^{m} w_i = 1$；$\cos \theta_i$ 为 a_i、b_i 夹角余弦。S_{PCA} 度量了两个 METS 的相似性，这是一种情感波动角度的相似性。权重 w_i 应满足 $\sum_{i=1}^{m} w_i = 1$ 且 $w_i \geq 0$。

由于 $\lambda_i^A (\lambda_i^B)$ 是协方差矩阵 $M_A (M_B)$ 的特征值，它们反映了多元情感时间序列主成分所包含的信息，所以定义权重 w_i 为

$$w_i = w_i^{AB} / \sum w_i^{AB} \tag{6-4}$$

其中，$w_i^{AB} = 0.5(\lambda_i^A + \lambda_i^B)$。

事实上，仅使用 PCA 相似性不足以度量两个用户的情感行为相似性，需要引入两个用户间的距离相似性以弥补这一缺陷。

距离相似性计算主要基于两个时间序列之间的范数。A、B 之间的范数 $\phi_{AB} = \|A - B\|$，假设所有距离范数为正态分布，则距离相似性可被定义为

$$S_{\text{dist}} = \sqrt{\frac{2}{\pi}} \int_{\phi_{AB}}^{\infty} e^{-z^2/2} \mathrm{d}z \tag{6-5}$$

显然 S_{dist} 介于 0～1，此处使用马氏距离描述多元情感时间序列 A、B 之间的范数，其具体定义为

$$\phi_{AB} = \sqrt{(C_A - C_B)^{\text{T}} \Sigma_A^{*-1} (C_A - C_B)} \tag{6-6}$$

其中，C_A、C_B 为序列 A、B 的中心点。Σ_A^{*-1} 为 A 的协方差矩阵的伪逆矩阵。为描述社交网络中用户的情感行为相似性。PCA 相似性可度量用户间情感波动相似性，距离相似性可度量用户间情感强度相似性。距离相似性度量是对 PCA 相似性的有益补充，将二者结合如下，使用 SF 这种相似性度量代替了传统方法（如欧氏距离等）来计算矩阵相似程度：

$$\text{SF} = \alpha S_{\text{PCA}} + (1-\alpha) S_{\text{dist}}, \quad 0 < \alpha < 1 \tag{6-7}$$

应注意到，每个社交网络用户都有一个 METS 以代表他们在网络中的情感行为，所以对所有 METS 进行聚类也就意味着对社交网络中所有用户进行聚类。

将 SF 引入经典的 *k*-means 聚类方法，具体如表 6.1。

表 6.1　多元情感聚类算法

算法　多元情感聚类算法
(1) 在实验数据集中随机寻找 *k* 个 METS 作为中心点；
(2) 利用 SF 计算数据集中所有 METS 与中心点的相似性，依据情感相似性最大规则对所有实验 METS 重新划分为 *k* 类；
(3) 重新计算每一个类别中心点；
(4) 对比新旧两个的聚类结果，如结果相同或者达到最大循环步骤则跳出，否则回到步骤(2)。

可使用这种方法对实验数据集中的用户群体进行情感聚类，并分析聚类结果。

6.1.2　社交网络情感社区发现研究

情感网络模型由两部分组成：一部分是以用户群体以及他们之间的关注关系为基础所得到的用户情感网络；另一部分是以微博数据以及它们之间的转发关系所得到的微博转发情感网络。其中，用户情感网络用于发现情感社区，微博转发情感网络用于验证社区发现结果是否合理。构建过程如图 6.1 所示。

微博网络中的用户群体以及用户之间关注关系可以构成一个有向无权图。然而仅使用该网络图是无法寻找网络用户群体的情感社区。将这个有向无权网络重构为一个无向有权的情感网络是寻找情感社区问题的关键所在。

网络用户之间的多元情感行为相似性可以使用 SF 度量。利用 SF 值作为网络边权重，可构建出一个无向有权的用户情感网络 $G_{\text{emotion}}(V, E_{\text{followed}}, W_{\text{emotion}})$，其中 V 是用户节点集合，E_{followed} 是基于关注关系构成的网络边集合，而 W_{emotion} 是依据网络用户之间多元情感相似性得到的边权重集合。在此应注意到，由于需要构建一个无向有权情感网络，而原网络为有向网络，当两个用户节点之间仅具有单向关注关系，情感网络中也应该拥有一条边。两个相连用户节点 u_i 与 u_j 之间的情感权重则为两条有向边情感权重的均值。即 $w_{ij} = (\vec{w}_{ij} + \vec{w}_{ji}) / 2$，其中 $\vec{w}_{ij}$ 和 $\vec{w}_{ji}$ 分别为用户 u_i 与 u_j 之间的有向边权重。如果两个用户 u_i 与 u_j 之间仅具有单向关注关系，若 u_i 单向关注 u_j，则 $w_{ij} = \vec{w}_{ij} / 2$。显然若 u_i 和 u_j 之间具有关注关系，二者之间定会有相应的情感权重，否则为 0。

至此，已经构建了一个基于网络用户间多元情感行为相似性的有权无向情感网络。该网络既考虑了拓扑结构，也考虑了用户一段时间内所发微博的情感内容。已有经典的社区发现算法，均可发现该网络中情感社区，如 CNM 算法、BGLL 算法等。

网络微博之间的二元情感相似性可以使用 S_m 度量。利用 S_m 值作为网络边权重，可构建出一个无向有权的微博转发情感网络 $G_m(V_m, E_m, W_m)$，其中 V_m 是微博节点集合，E_m 是基于转发关系所构成的网络边集合，而 W_m 是依据微博之间的二元情感相似性得到的边权重集合。

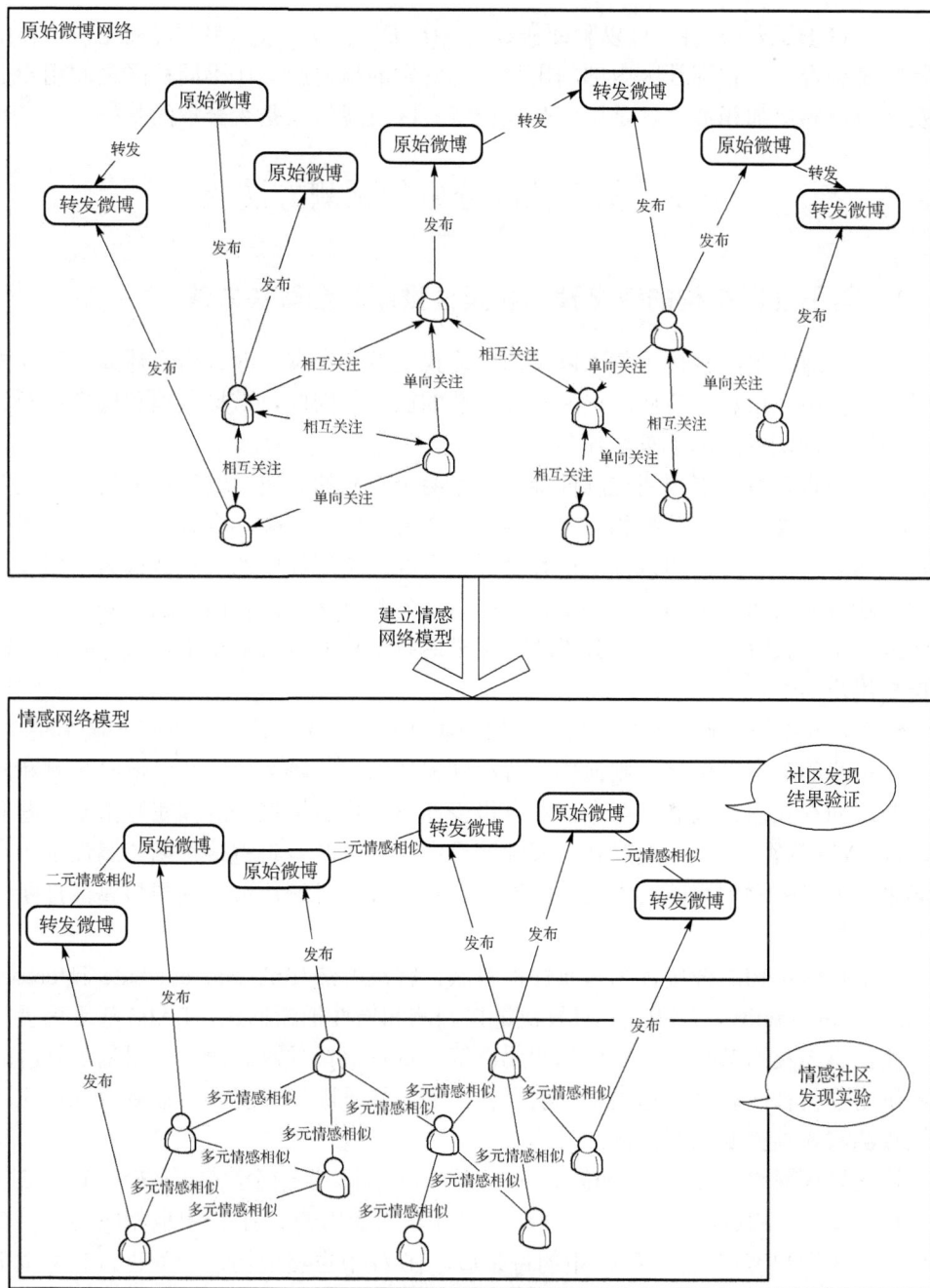

图 6.1　建立情感网络模型

情感网络模型由 $G_{\mathrm{emotion}}(V, E_{\mathrm{followed}}, W_{\mathrm{emotion}})$ 和 $G_{\mathrm{m}}(V_{\mathrm{m}}, E_{\mathrm{m}}, W_{\mathrm{m}})$ 两部分组成,两部分之间通过用户的发布关系相连。

利用 $G_{\text{m}}(V_{\text{m}},E_{\text{m}},W_{\text{m}})$ ，可以验证在 $G_{\text{emotion}}(V,E_{\text{followed}},W_{\text{emotion}})$ 中发现的用户群体情感社区是否合理。相同社区内部的用户之间转发的微博应该比不同社区之间用户的转发微博情感更加相似，这是用以验证情感社区发现结果是否合理的基础。

6.2　基于社区分析的预测方法

6.2.1　基于社区结构的链接预测和属性推断联合解决方法

在社交网络中，链接预测可以帮助用户找到潜在好友，改善用户体验。属性推断可以完善用户信息，为用户提供有针对性的服务。因此，链接预测和属性推断是社交网络数据挖掘的两项重要任务。

之前的研究将链接预测与属性推断视为两个不同的问题。链接预测的研究主要基于节点相似性与拓扑结构相似性。例如，Chen 等于 2008 年在有向图中利用随机游走到达时间衡量用户相似性，进行聚类，在同一个聚簇中的节点被认为是朋友。属性推断方法大致分为两类：基于特征的方法与基于网络结构的方法。基于特征的方法致力于寻找有效特征训练分类器。基于网络结构的方法依据用户与好友的紧密性推断用户属性。

然而，根据同质性理论[1]，用户的相同属性越多，用户间存在链接的概率越大。反之，用户间若存在链接，则他们具有相同属性的概率越大。因此，链接预测和属性推断之间存在内在关联。至今，只有极少部分工作将链接预测和属性推断问题联合解决。Yin 等在 2010 年通过社会属性网络中的随机游走将链接预测与属性推断结合起来。尹绪森等利用两层人工神经网络，建立可同时解决链接预测与属性推断问题的综合框架。

基于社区结构的链接预测和属性推断联合解决方法(link and attribute inference based on community，LAIC)同时解决链接预测和属性推断问题。LAIC 基于可重社区探测，首先利用节点的社区信息和属性信息进行链接预测。然后使用基于社区的随机游走获得社区属性，通过用户所属社区的属性推断用户属性。最后通过迭代使链接预测与属性推断相互提高。

社交属性网络(social attributed network，SAN)即给定网络 $G=(V,E)$ ，V 是节点集，E 是边集。构造网络 $G'=(V',E')$ ，对 G 中的每个节点，在 G' 中也相应构造一个节点，称为用户节点 V_p 。对 G 中的每条边，在 G' 中也相应构造一条边。对每个用户属性，在 G' 中构造一个节点，称为属性节点 V_a ，$V'=V_p \cup V_a$ 。若某个用户具有某个属性，则在该用户节点与该属性节点间构造一条边。

图 6.2 为 SAN 的示意图。图中矩形表示属性节点，人物表示用户节点，虚线表示用户属性，实线表示用户间的好友关系。

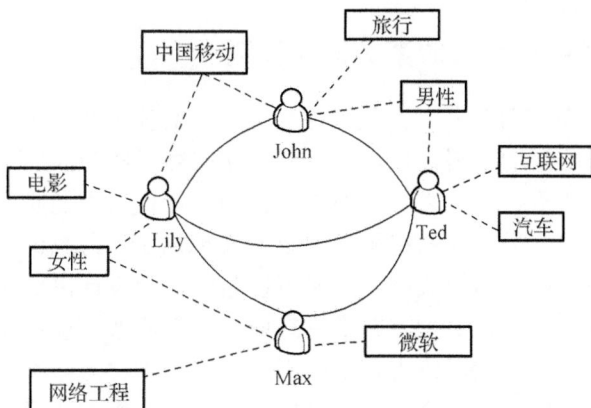

图 6.2　社交属性网络示意图

　　社区包含网络的结构信息，两个用户的社区重叠次数越多，他们之间越可能存在链接。两个用户的共同属性越多，则两个用户越相似，他们之间也越可能存在链接。因此可以通过社区信息和用户属性求得缺失的链接。

　　此外，社区与属性不是独立的。社区中用户的属性决定了社区的属性。反之，若已知社区属性，则可推断社区中用户的属性。每个用户可同时属于多个社区，而每个社区具有各自的社区属性。因此可根据用户所属社区的属性推断用户的属性。

　　图 6.3 说明了 LAIC 的思路。图中椭圆形表示社区，其他图标含义与图 6.2 相同。图 6.3 中，Ted 和 Bob 同属于两个社区且拥有共同属性"篮球"，而 Ted 和 Lily 只同属于一个社区且没有共同属性。因此，相对于 Lily，Ted 和 Bob 之间链接存在的概率更大。此外，Ted 同时属于社区 A 和 B，因此，对社区 A 和 B 越重要的属性越可能是 Ted 的属性。

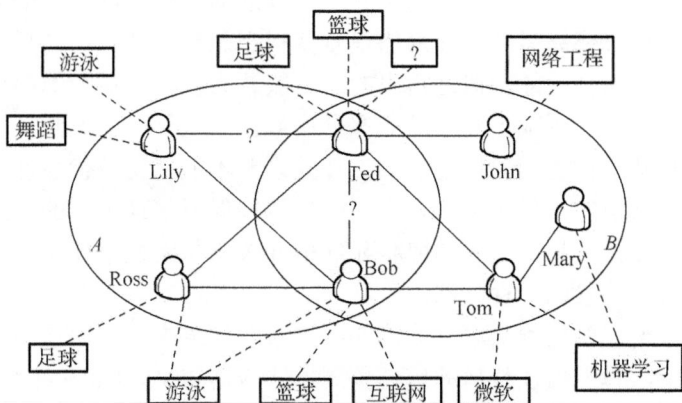

图 6.3　基于社区结构的链接预测与属性推断举例

6.2.2　面向多模社交网络的聚类信任预测

随着 Web 技术的飞速发展，人们产生和分享信息变得更加便利。这种便利进一步促进了各类社交网络的发展，使得在今天社交网络已成为人们发布信息、构建联系、协同工作的主要平台。这类社交网络平台的流行也为人们研究人类社交行为提供了重要机遇。通过此类社交网络平台记录的人类社交行为数据，人们可以分析出各种行为模式，而这些行为模式的发现又可以帮助人们设计出更加符合用户习惯的各类网络应用，例如，可以更加有效地进行商品推荐或者可以更加有目的性地开展在线广告。在现实中，社交网络平台上的用户行为可以分为两类，即个体行为和群体行为。个体行为关注的是每个个体的具体行为模式，而群体行为关注的是一群用户整体所表现出的行为特性。信任，作为一种用户与用户间的个体行为，在社交网络中扮演着重要的角色，近期受到越来越多研究者的关注。在真实的社交网络中，人们可以借助信任关系对收集的信息进行有效过滤，在一定程度上减缓信息过载的发生。另外，已有的研究也证明在推荐系统中引入信任关系可以进一步提升推荐系统的性能，并在一定程度上缓解冷启动问题的发生。

在现实中，信任关系虽然广泛应用于社交网络的多项应用，如营销广告、协同过滤和服务计算等领域。但真实社交网络中信任关系的获取又往往是困难，有时甚至是不可能的。另外，即便能够获取部分社交网络中的信任关系，但又因社交网络中的信任关系往往符合幂律分布这一规律，这也会加大分析和预测信任关系的难度。为了解决已有信任关系稀疏这一问题，研究者提出了信任预测。所谓信任预测实际上是链路预测的一个特殊子例，它可以利用已有的信任关系对未知的信任关系进行推断，从而缓解信任关系稀疏的问题。

目前针对信任预测的研究主要可以分为两类：显性信任预测和隐性信任预测。显性信任预测主要是基于信任网络的拓扑结构开展的。但是，获取的信任网络往往是稀疏的，因此仅仅依靠显性信任网络很难获得理想的信任预测结果。隐性信任预测往往是基于用户间行为的相似性给出的，一般认为行为上更相似的用户也更容易建立信任关系，例如，可基于对商品的评分相似性来进行信任预测。但是，已有的研究也表明这种基于行为相似性建立的信任关系并不能完全替代显性的信任关系。既然显性信任网络中的信任传播和行为上的相似性促成信任关系的建立是产生信任关系的两种主要途径，那么研究如何将显性信任关系与隐性信任关系结合起来是信任预测方法中很有前景的一种方法。

显性信任预测主要依赖从单一的信任网络获取信息来进行信任关系的预测。在显性信任预测中，基于信任传播的信任预测方法应用较早，Guha 在 2004 年最早提出了基于信任传播的信任预测方法，该方法先将信任传播转化成一系列矩阵操作，然后使用矩阵的复合计算得到最终的信任网络链接矩阵，进而实现信任关系的预测。

基于信任传播的方法还有文献[2]。文献[3]同样使用单一信任网络，研究了信任关系的多种属性，如非对称性、传递性、可组合性等，然后基于信任关系的这些属性提出了一种新型的信任预测方法。应当指出的是，上述两种方法都过分依赖信任网络，如果信任网络出现稀疏等状况，上述两类算法都无法获得理想的信任预测效果。

显性信任预测的另外一条路线是将信任预测问题建模为一个二元分类问题，然后使用经典的机器学习分类算法进行训练与预测。该类方法的重点在于寻求一组能够反映信任关系建立的网络特征。Liu 在 2008 年对信任网络的多类网络特征进行了系统分析与归类，并基于该组网络特征进行了信任预测方面的研究，研究结果表明，一组精心挑选的网络特征能够大大提升信任预测的准确度。Agarwal 在 2009 年利用信任网络，提出了一种新的基于回归的隐变量模型，该模型能够同时考虑信任网络的节点特征与信任连边特征。两类特征训练出的模型能够更好地进行信任预测。Zhou 在 2008 年探讨了使用随机游走或者谱图方法进行显性信任预测的效果。

隐性信任预测方法主要是依靠用户的行为相似性来进行的，例如，用户评分的相似性。Pitsilis 在 2005 年通过计算用户间的相似性来推断用户间建立信任的可能性，进而完成信任预测。O′Donovan 在 2006 年则使用用户评价信息作为基础进行项目层的信任测量和画像层的信任测量。Lathia 在 2008 年同样使用了相似性方法，但是该文献将评分的获取从二元值扩展到了连续评分空间。上述隐性信任预测方法虽然在某种程度上可以减缓信任网络稀疏问题，但是实验证实隐性信任预测方法得到的信任关系并不能完全替代显性信任关系。

将显性信任关系与隐性信任关系进行融合是一项有效的信任预测方法。Borzymek 2009 年在研究显性信任传播的同时还研究了评分相似性这一隐性信任关系，该文献的实验结果表明将信任网络的显性信任关系与评分网络的评分相似性进行结合可以进一步提升信任预测的准确度。Kerchove 在 2008 年利用同质性原理提出了一个新的信任预测框架，该框架可以构建一个复合的网络，在构建的网络中既包含用户到项目的连边，也包含拥有共同评分项目的用户间的连边。在构建的网络中，信任关系和评分相似性都可以有效传播。Tang 在 2013 年进一步证实了信任关系的建立与同质性有很强的相关性，并将信任预测问题转化为一个带有同质性正则项的优化问题，最终使用随机梯度下降法对问题进行了有效求解。Wang 提出了一种双维度融合的信任预测方法，该方法同时包含了信任评分的垂直和水平两个维度属性。

Yang 通过实验表明信任网络和评价网络的信息高度相关，并且在信任预测与评分预测时可以相互利用。Huang 在 2013 年针对社交推荐网络提出了一种联合社交挖掘方法，该方法可以同时考虑用户组间的相似性与个体间的相似性。上述方法虽然将信任预测的研究范围扩展到了异质信息网络，在进行信任预测时可使用的信息更加丰富，但是基于聚类的信任预测方法鲜有提到。然而，现实中在提到拥有相似品位的人更容易建立信任关系时，往往指的是用户间某些项目上的品位相似，并非所有项目。因此，基于聚类的信任预测方法更能反映真实社交网络中用户间建立信任的方式，更可能得出好的信任预测效果。

为了解决上述信任预测中遇到的问题，提出了一种新的信任预测框架——面向多模社交网络的聚类信任预测框架(cluster-level trust prediction based on multi-modal social network，CTPMSN)[4]。该框架首先利用用户-项目矩阵进行聚类，聚类的结果是多个子组，每个子组依然是一个子用户-项目的矩阵，在每个子组中用户间的兴趣相似性更加紧密。需要说明的是每个子组中的用户或者项目都有可能部分重叠。得到多个用户-项目子组后，在每个子组内分布构建显性相似性矩阵和隐性相似性矩阵。显性相似性主要是利用信任网络建立，用于刻画用户间在信任网络中的近似度。而隐性相似性则主要是利用评分网络建立，主要刻画了用户间评分上的相似性。将显性相似性与隐性相似性进行组合，可以得到子组内的用户间的相似性。由于在聚类过程中，可能会出现同一用户出现在不同子用户组的情况，显然在多个子用户组中相似性都比较大的用户更可能建立信任关系。因此为了刻画这一事实，将对同一用户对在多个子用户组中的综合相似性进行累加，使其称为两个用户间的最终相似性值，最后根据最终相似性值的排序结果进行预测，最终相似性值大的用户间被优先推荐建立信任关系。

6.3　异质网络中的聚类和排序算法

6.3.1　异质网络中的社区发现

最初的社区发现主要是集中在同质信息网络中，随着各种复杂型网络的出现，社区发现也逐渐转向异质信息网络中，异质信息网络有着同质信息网络所不具有的一些新的性质，下面给出异质信息网络中的一些基本的描述。

1. 异质信息网络中的定义及相关概念

异质信息网络包含了不同类型的对象或关系，它是一种特殊的信息网络。下面先给出信息网络的定义，然后给出异质信息网络和同质信息网络的判定依据。

定义1　信息网络　信息网络被定义为一个有向网络图 $G=(V,E)$，其中，V 是所有实体节点的集合，E 是所有关系边的集合。并且存在着一个节点类型的映射函数 ϕ：$V{\rightarrow}A$ 和一个边类型的映射函数 Ψ：$E{\rightarrow}R$，对于每个对象 $v{\in}V$ 属于一种特殊的对象类型 $\phi(v){\in}A$，每个链接 $e{\in}E$ 属于一种特殊的关系类型 $\Psi(e){\in}R$，那么这种网络类型就是信息网络。当对象类型的种类 $|A|>1$ 或者关系类型的种类 $|R|>1$ 时，这种信息网络是异质信息网络，否则，它是一种同质信息网络。

图 6.4 给出了异质信息网络中的一个实例和网络模式，文献网是很经典的一个异质信息网络，主要有三种类型的网络实体，即论文、作者和会议，每篇论文连接到作者集合以及会议集合，论文也有相应的术语，而这些链路也构成了一个链路类型集合。

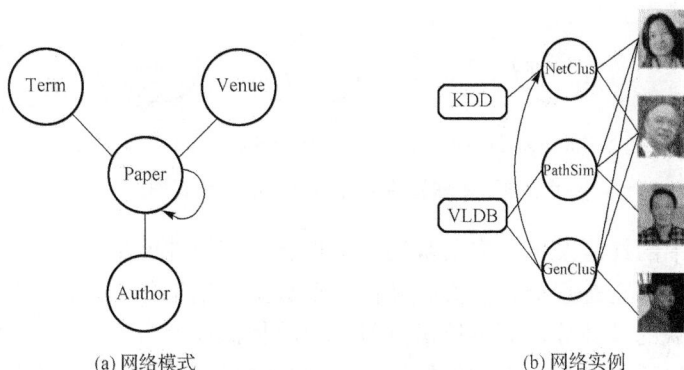

(a) 网络模式　　　　　　　　　(b) 网络实例

图 6.4　文献异质信息网络实例及模式[5]

为了更好地理解复杂异质信息网络中的对象类型和关系类型，需要给出网络的元水平描述，而网络模式可以清楚地概括描述出这些复杂类型。以下为网络模式的定义。

定义 2　网络模式　网络模式记作 $T_G=(A,R)$，是信息网络 $G=(V,E)$ 在类型上的结构概括，有对象类型映射 $\phi: V{\to}A$ 和关系类型映射 $\Psi: E{\to}R$，同样也是一个有向图。

异质信息网络的网络模式对对象集合以及对象间关系都给出了类型约束，从而使异质信息网络半结构化，进而可以更好地挖掘语义，满足一定网络模式的信息网络被称为网络实例。

不同于同质信息网络，异质信息网络中的对象可以通过不同的路径连接起来，这些路径具有不同的物理意义。把这些路径进行类型概括可以得到元路径，概念如下。

定义 3　元路径　元路径 P 是定义在网络模式 $T_G=(A,R)$ 上的一条路径，记作 $A_1 \xrightarrow{R_1} A_2 \xrightarrow{R_2} \cdots \xrightarrow{R_l} A_{l+1}$，这样的一条元路径实际上是定义了对象类型 A_1 与对象类型 A_{l+1} 之间的一种复合关系 $R=R_1 \cdot R_2 \cdots \cdot R_l$，其中 "·" 表示关系的组合运算符。

图 6.5 给出了文献异质信息网络中的元路径的例子，元路径连接的对象可以是同种类型的，例如，作者可以通过 APA(Author-Paper-Author)路径连接，表示合作同一篇论文的作者，连接的对象也可以是不同种类型的，例如，APV(Author-Paper-Venue)表示作者写的论文发表在会议上。元路径的丰富的语义信息是异质信息网络中的一个很重要的特性，基于不同的元路径，对象具有不同的语义，会对数据挖掘任务有不同的影响，例如，基于元路径 APA 表示和给定作者合作紧密的作者，而基于元路径 APCPA 则表示和给定作者在同一会议上发表论文的作者。

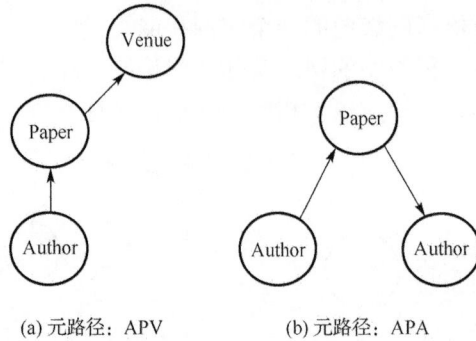

(a) 元路径：APV　　　　　　(b) 元路径：APA

图 6.5　文献异质信息网络中的元路径[5]

异质网络中的社区发现研究最基础的工作就是相似性度量，相似性度量是一项重要的基础工作，它是聚类、分类和其他许多数据挖掘工作的理论依据，是社会网络研究不可或缺的一部分，而异质信息网络中的相似性度量比同质中的度量有了一些新的形式。异质信息网络中的相似性度量就是度量网络中任意两个同质或异质节点之间的相关性，结果的大小反映了对象之间的相关程度。它不仅要考虑两个对象的结构相似性，还要考虑连接两个对象之间的元路径，正如人们所知，连接两个对象有很多不同的元路径，而不同的元路径之间具有不同的语义信息，导致具有不同的相关性，因此，异质信息网络中的相关性度量是受元路径限制的。异质信息网络中进行对象之间的相关性度量有几种常用的方法，现简要描述如下。

Lao 在 2010 年通过丰富的科学文献元数据构建了一个带有标签的有向图，他们提出了 PCRW(personalized constrained random walk)方法用来在这样一个有向图中进行对象间的相似性度量，这种度量是不区分对象类型的。Sun 在 2011 提出的 PathSim 方法则是用来度量相同类型对象间的相似性，它要求计算时所使用的元路径必须是对称路径。为了度量一般异质信息网络中任意对象之间的相关性，Shi 在 2012 年提出了 HeteSim 方法，这种方法能够基于任意元路径计算异质信息网络中任意类型对象间的相似性。

2. 基于属性信息的异质信息网络社区发现

近些年，Facebook、MySpace 和 LinkedIn 等社交网络呈现爆炸式发展，这引起了大家对社交网络各方面的研究兴趣，而网络的图结构也被潜在的社交行为不断影响。现有的很多方法都试图研究全局社区，假设整个网络有一致的用户行为，而这对于整个网络的不同区域显然是不合适的。对社区的全局分析可能会导致非常稀疏的社区或者很大并不相关的社区，为了解决局部异质性问题，Aggarwal 在 2011 年探测社交网络的简单性质，并且采用最小哈希的方法来简单恰当地描述社区，用局部简单属性来产生均衡社区。

实际网络中对象属性经常是不完全的，链路的类型也是多种多样的，鉴于此，Sun 在 2012 年结合不完全的属性信息和网络结构信息提出了一种概率模型的聚类算法，可以把不同类型的对象聚到一个共同的隐空间中。这种新颖的概率聚类模型主要由两部分组成，一部分是建模属性，另一部分是建模结构。建模属性考虑一种属性和多种属性两种不同的情况，两个方面建模完成后把它们结合形成一个统一的模型。

对象之间的链路有时候也会是含噪声的，甚至是错误的，或是偶然连接的，这些链路的存在会大大降低聚类的质量，因此对这些噪声链路的检测和移除将有助于聚类质量的提高，传统的方法主要是专注于离群点的探测而不是噪声链路，为了降低噪声链路对聚类结果的影响同时更好地建模聚类结构，Qi 在 2012 年给出了一个统一的框架，使潜在聚类结构以及噪声链路探测的准确性两个方面互相增强。

Cruz 在 2013 用一种属性图来解决社区发现问题，这一属性图可以用两个维度来描述，一个是结构维度，即包含各种社交对象及对象之间的关系，另一个是组成维度，即描述对象的各种属性，这两个维度结合起来可以更好地描述网络中发生的各种动态以及从不同角度分析真实的网络。针对基于链路和基于属性两种不同的划分情况，作者研究了两个维度的有效结合和控制。这一研究给属性社交网络的探测带来了新的视角。

社交媒体以及文献等各种真实数据建模成异质信息网络来其进行分析，对网络中的顶点对象进行聚类并且分析不同类簇之间的复杂关系可以更好地对数据的结构进行理解，而为了更好地理解数据的内容信息，聚类方法就应当考虑网络的连接以及顶点对象的各种属性，鉴于此，Boden 在 2014 提出了一种基于密度的聚类模型 TCSC，这一模型对于含有大量属性信息的网络是十分有效的。

3. 基于文本信息的异质信息网络社区发现

随着网络应用的发展，文本信息不仅变得越来越丰富，而且通过各种方式与用户和其他对象进行相互联系，这出现了丰富的文本异质信息网络。主题模型对于文本分析是非常有用的，多种类型对象之间的交互对于挖掘网络中丰富的语义信息起着非常重要的作用。然而，大部分主题模型仅考虑主题模型，忽略了网络结构或者只结合了同质信息网络，并没有很好地解决异质信息网络。Deng 等给出了一种带有偏好传播的新颖的主题模型,把主题模型和异质信息网络结合在一个统一的框架中。由于其固有的文本信息以及丰富的语义信息，不同类型的对象应当被区别对待，简单的无偏性的主题传播是没有很大意义的，鉴于此，Deng 等给出了两个偏向性的传播框架，带有偏向性的随机游走框架以及有偏向性的规则化框架，可以发现潜在的主题并且同时发现多种类型对象簇。进一步，Deng 等在 2011 年给出了一种联合概率主题模型同时建模异质网络中的不同类型对象的内容。

Wang 在 2013 年论文中的方法主要是通过在异质信息网络中不同类型对象之间

的链路之间传播主题进行确定不同的对象簇，它先从异质信息网络获得文档中有意义的高频短语，然后再在这些短语上采用 LSA（latent semantic analysis），进而获得文档的固有主题。最后给出一种在链路中进行主题传播的方法，这种方法同时也可以优化主题和确认不同类型的对象簇。

实际情况下，文档之间都是互相联系的并不是独立的，但是传统的主题模型假设文档是独立的，互相之间没有联系，为了更好地来捕捉与各种类型对象相关的链路信息，Wang 在 2015 年给出一种结合文档内容和各种链路信息的联合主题模型，文章把文本矩阵和链路矩阵进行结合，形成了一个联合矩阵以更好地结合文档内容和链路结构。这种联合矩阵可以获得多种类型对象之间共有的一个潜在语义空间，多种类型的对象被共有的潜在空间进行描述，语义信息可以被互相增强。这种方法可以有效地进行主题挖掘和多种类型对象的聚类。

Wang 之后给出的 CHINC 采用通用的世界知识作为一种间接监督来提高聚类结果，主要的挑战在于如何把世界知识整合到相应的领域以及怎么正确恰当地表示这些知识以方便更好地学习。论文给出了三种方法，通过解析实体以及类型的正确含义从而确定知识的相关领域，表示方法是把这些数据表示成异质信息网络来进行分析研究。论文主要是把命名实体细粒度水平的类型作为一种异质网络聚类算法的约束，处理的不仅是二分图而且是多种类型的关系的数据，并且有更加复杂的约束，受信息理论协同聚类算法的启发，给出了命名实体类型组成的网络模式下的聚类。

4. 基于用户指导信息的异质信息网络社区发现

Sun 在 2012 年提出采用元路径的方法来得到满足用户需求的聚类结果，通常情况下，用户更容易提供几个反映他们想要结果的例子而不是相应的元路径，因此可以根据用户给定的例子来找到满足用户需求的相关元路径，然后再进行学习得到相关元路径的权重，在学到的权重下得到相应的簇。作者提出了一种概率的方法把这个问题建模到一个统一的框架中，我们知道一个好的聚类结果应该是由以下几方面的因素决定的，即聚类结果应该是和链路结构一致的，应该是和用户指导信息一致的，并且每个元路径的重要性应该也是和用户给定的指导信息一致的，这个统一的框架就是基于这三方面的信息来进行建模的，下面详细给出这三方面的建模。

第一步，建模关系。建模关系是为了保持聚类结果和关系矩阵之间的一致性，作者给出一种基于聚类的产生式模型，给定一条元路径，存在其目标类型和特征类型之间的一个关系矩阵，关系矩阵中的概率值是条件独立于目标类型的，关系矩阵的生成概率为

$$\pi_{ij,m} = P(j \mid i, m) = \sum_k P(k \mid i) P(j \mid k, m) = \sum_k \theta_{ik} \beta_{kj,m} \tag{6-8}$$

其中，$\theta_{ik} = P(k \mid i)$ 为目标类型 t_i 属于簇 k 的概率；$\beta_{kj,m} = P(j \mid k, m)$ 为特征类型出现

在簇 k 中的概率。设 $\pi_{i,m}$ 是目标类型的生成概率向量，可以被分解成特征在每个簇中的排序分布的权重组合，这种分解的想法是和 PLSA，PHITS 以及 RankClus 等类似的，只是是建立在元路径编码的关系上而不是直接链路编码的关系上。这种扩展会捕捉到更多、更丰富的基于链路的特征以更好的聚类目标对象。

假设每个目标对象是互相独立的，每个关系也是互相独立的，所有目标对象和特征对象之间的关系矩阵是相应元路径下关系的概率乘积，如式 (6-9) 所示。

$$P(W_m \mid \Pi_m, \Theta, B_m) = \prod_i P(W_{i,m} \mid \pi_{i,m}, \Theta, B_m) = \prod_i \prod_j (\pi_{ij,m})^{\pi_{ij,m}} \qquad (6\text{-}9)$$

其中，$\Pi_m = \Theta B_m$ 为概率矩阵；Θ 为 θ_{ik} 的参数矩阵；B_m 为 $\beta_{kj,m}$ 的参数矩阵；$w_{ij,m}$ 为目标对象和特征对象之间的关系权重。

第二步，建模用户给定的指导信息。把用户指导信息看作聚类结果的先验知识，并把先验知识建模成一种 Dirichlet 分布而不是一种硬标签。对每个目标对象，它的聚类概率向量假设是服从产生于某种狄利克雷分布的多项分布，如果目标对象标签为簇中的一个种子，那么它的聚类概率向量可以看作从 Dirichlet 分布中抽样建模的，如果目标对象不是一个种子，那么它的聚类概率向量则可以看作从均匀分布中抽样建模的，这种均匀分布可以看作服从参数向量为 1 的 Dirichlet 分布。

第三步，建模元路径的重要性权重。对特定的聚类而言不同的元路径具有不同的作用，为了评估关系矩阵以及用户指定的聚类结果之间的一致性，需要对每个元路径进行权重学习，对每个不同的元路径给予一个相应的权重系数 α_m，目标是确定权重系数使得所有目标对象的后验概率最大化。

$$\alpha_m^* = \arg\max_{\alpha_m} \prod_i P(\pi_{i,m} \mid \alpha_m w_{i,m}, \theta_i, B_m) \qquad (6\text{-}10)$$

其中，$\pi_{i,m} = \theta_i B_m$ 为另一个带有更新参数向量 $\alpha_m w_{i,m} + 1$ 的 Dirichlet 分布，根据多项式 Dirichlet 共轭关系：

$$\pi_{i,m} \mid \alpha_m w_{i,m}, \theta_i, B_m \sim \mathrm{Dir}(\alpha_m w_{ij,m} + 1, \cdots, \alpha_m w_{i|F_m|,m} + 1) \qquad (6\text{-}11)$$

密度函数如下：

$$P(\pi_{i,m} \mid \alpha_m w_{i,m}, \theta_i, B_m) = \frac{\Gamma(\alpha_m n_{i,m} + |F_m|)}{\prod_j \Gamma(\alpha_m w_{ij,m} + 1)} \prod_j (\pi_{ij,m})^{\alpha_m w_{ij,m}} \qquad (6\text{-}12)$$

其中，$n_{i,m} = \sum_j w_{ij,m}$ 为目标对象相应元路径下的总的实例路径数目。

最后，把以上三个要素结合起来，得到一个联合概率：

$$\begin{aligned} & P(\{\alpha_m W_m\}_{m=1}^M, \Pi_{1:M}, \Theta \mid B_{1:M}, \Phi_{1:M}, \lambda) \\ & = \prod_i \left[\prod_m P(\alpha_m W_m \mid \Pi_m, \theta_i, B_m) P(\Pi_m \mid \Phi_m) \right] P(\theta_i \mid \lambda) \end{aligned} \qquad (6\text{-}13)$$

其中，Φ_m 为参数矩阵 Π_m 的 Dirichlet 优先参数矩阵，目的是找到参数矩阵 Π_m 和 Θ 的最大后验概率估计，即是最大化后验概率 $\{\Pi_m\}_{m=1}^{M}$ 的对数，给定带有关系权重的关系矩阵以及 Θ，再加上一个 θ_i 的规则化项，如下：

$$J = \sum_i \left[\sum_m \log_2 P(\pi_{i,m} \mid \alpha_m w_{i,m}, \theta_i, B_m) + \sum_k 1_{\{t_i \in L_k\}} \lambda \log_2 \theta_{ik} \right] \quad (6\text{-}14)$$

其中，L_k 为簇 k 的种子对象；$1_{\{t_i \in L_k\}}$ 为指示函数，如果 $\{t_i \in L_k\}$，那么函数是 1，否则是 0。

半监督的方法也被用来提高聚类的效果，Luo 在 2014 年给出一种异质网络中的半监督方法，为了更好地处理多种关系和各种各样的语义，他给出了关系路径的概念衡量同类型的对象之间的相似性，然后再利用有标签的数据确定关系路径的不同权重。

6.3.2　基于排序的聚类问题研究

排序是网络分析中重要的数据挖掘方法，用来评价对象的重要性。在信息网络中关系往往存在多种类型，一个对象更容易和其在一个社区中的对象产生链接，这些社区有着自己的特点，因而可以根据网络的结构特征研究聚类分析或者社区发现。另外，图中节点排序是数据挖掘、社交网络分析的基础研究，应用于搜索引擎网页排序、网页个性化服务等。

在网络中发现重要节点的排序算法揭示了节点间的关系的重要程度。图聚类和排序与社区发现的交叉研究引起了更多学者的关注，并且聚类和排序联合分析可以达到更好的效果。Chen 等提出 GPNRankClus（gamma-poisson network model for ranking and clustering）模型，该模型为每个聚类中的节点分配一个排序分数，因此，给定聚类中特定类型节点并根据聚类相关的分数进行排序，并且节点的分数根据不同聚类的相关性计算。假定网络中的边符合 Poisson 分布，而且这些边根据其类型和计算出来的分数被参数化。Li 在 2011 年提出一种基于图的 top-K 排序算法，利用 PageRank 计算图中节点的分数，然后设计节点选择算法找出 top-K 排序列表。

现实世界中存在许多合作关系，如演员合作一部电影、作者合作一部著作等，可以看作这样的网络为二分图，其中角色为节点，合作关系为边。重要的角色更倾向于参与分值高的对象，也就是图中度大的节点体现了其重要性更高。Adali 等认为如果把社交合作网络作为输入，可以根据角色的重要性进行排序。提出一种新的社交网络中角色重要性的计算方法（iHypR）。该方法认为重要的角色在同一重要的对象上合作，并且重要的对象一般都在一个聚类或者社区中。iHypR 利用角色、对象的关系和之间存在的超边来计算角色在网络中的重要性分数。超边没有提前计算，而是通过该文算法计算得到。

　　Li 提出一种新的多类型排序算法，首先计算基于查询节点的 PageRank 向量，然后根据预先定义的多类型排序度量算法执行顶点选择算法来寻找 top-K 多类型排序列表，提出完善的基于图的节点类型计算方法和利用相关性和多样性的多类型排序度量方法。Xu 在 2015 年提出一种新的基于图的高效流行排序的图像检索算法，该算法具有可扩展的图结构和高效的检索性能。作者从两方面完善了 MR（manifold ranking）排序算法：扩展的图结构和高效的计算。同时，作者认为传统的方法基于关键字搜索，忽略了隐含的结构信息，这些结构信息为对语义发现能提供有价值的信息，在文章中作者融合了图像的结构特征。

　　近年来，一些学者开始研究异质网络的排序算法，例如，利用随机游走算法对相同类型的对象进行排序。在异质网络的排序算法存在更高的挑战，如多类型的对象和关系可能产生不同的语义信息，这些信息往往影响排序的效果。Li 在 2014 年发表的文章中分析，不同的作者根据不同的元路径计算的排序结果不同，因为这些元路径在不同的作者间构建不同的链接结构，而且不同类型的对象也存在相互影响。二分图结构中的联合排序也被许多学者研究，有的利用二分图中内容信息和关系约束来进行排序，有的基于内容和网络特征联合对书目网络文本和作者计算排序。一些排序算法是基于多关系网络的，如 NG 在 2011 提出多种关系网络中的排序算法 MultiRank。同时考虑对象和关系，利用社交网络中的隐含信息对图片进行搜索排序[6]。Zhang 在 2014 年设计非监督的异质网络多类型对象联合排序框架。在异质交叉领域的排序问题中也有研究，在文学网络的动态性研究中，Wang 在 2014 年提出一种交互增强的排序框架对未新出版物和新学者进行排序。

6.4　社区分析在推荐系统的应用

　　随着的互联网的普及，网站上的信息数量呈指数趋势增长，用户很难从海量信息中发现自己所需要的信息，"信息爆炸"问题日益严重。为了给用户提供个性化的信息服务，个性化推荐系统应运而生，但是由于推荐原理的限制，推荐系统存在稀疏性、冷启动、可拓展性和实时性推荐等问题，这些问题的存在影响了推荐系统的精确度和效率，进而影响了推荐系统的发展。传统的推荐系统无论是基于用户的推荐还是基于物品的推荐都是通过用户的历史评分矩阵进行计算，给用户作出推荐的。而在现实的 Web2.0 社交化网站中，用户与用户之间的关系不仅是通过历史评分数据来进行联系的，还有其他显性或隐性的用户关系，例如，用户与用户之间的朋友关系，用户与用户之间基于物品的隐性关系（例如，用户给物品打了相同的标签，或者给同一物品做了评论）。这些关系对于用户的个性化推荐都是至关重要的。

　　本节将介绍社区分析在推荐系统的应用。基于社区分析的推荐算法在用户网络中进行社区划分并在社区的基础上进行推荐算法的研究，以期利用用户的社会化关系来缓解评分数据稀疏对推荐效果造成的负面影响，同时降低传统协同过滤算法的计算时间。基于社区分析的推荐算法能够解决很多问题，不仅能提高准确度，并且能极大地提升推荐效率，满足推荐的实时性要求。本节主要从两个方面介绍社区分析在推荐系统中的应用：社会化推荐和其他有关社区分析的推荐算法。

6.4.1　社会化推荐

近年来，社会化推荐系统已成为推荐系统研究领域较为活跃的研究方向之一。如何利用用户社会属性信息缓解推荐系统中数据稀疏性和冷启动问题、提高推荐系统的性能，成为社会化推荐系统的主要任务。本节对近些年有关社区分析的社会化推荐研究系统进行调研，对基于矩阵分解和邻居的社会化推荐算法进行了分析比较。

1. 基于矩阵分解的社会化推荐方法

矩阵分解方法的大体思路是用系统中用户和物品的隐式特征建立用户交互模型。这些特征包括用户偏好的种类和物品的属性类别。通过这个模型训练现有的数据集训练，然后预测位置的评分。近年来大量的使用矩阵分解方法的社会化推荐方法被提出。在这后面的基本原理是用户的爱好深受他信任的朋友的影响，或者是用户受和他相似的用户的影响。

社会化推荐模型[7]通过使用矩阵分解算法集成社交网络中用户的信任关系，在这个模型中，传统的推荐系统认为所有的用户喜好都是独立分布的，而社会化的推荐模型考虑了用户间的社交关系，而社会化模型中用户之间关系的衡量是通过矩阵分解得到的。通过这种方法可以很好地解决数据稀疏和冷启动的问题。而在文献[8]中提出了一种在社交信任关系网络中引入了用户的邻居的方法，很好地解决了推荐排名的问题。社会信任集成模型在文献[9]中提出，这个方法将矩阵分解模型和以社交网络为基础的方法进行线性的融合，该文献认为用户的最终决定是由他自己的爱好和他朋友的爱好共同决定的。社会化矩阵分解模型在文献[10]提出，这个模型在均方根误差上的效果比前两个模型更加优异。这个方法解决了信任的传递问题，它定义了用户的特征向量直接受社区中邻居的特征向量的影响，这使得每一个用户的特征根据距离的远近接受社区中其他用户对其造成的影响。

2. 基于邻居的社会化推荐方法

基于邻居的社会化推荐算法使用已知的评分直接预测或进行推荐，而在推荐之前首先要遍历每一个用户的社区邻居，从而更加准确地进行推荐。这些方法包括遍历源用户在社交网络中的邻居，并且查询目标物品的等级。一些基于邻居的方法如文献[8]，将传统的基于邻居的协同过滤方法和社区分析相结合。

给定一个社交网络，一些推荐算法通过先遍历用户的所有邻居并查询该用户直接或间接的朋友对物品的评价预测评分。把这一类方法称为基于社交网络遍历的算法。信任加权预测：信任关系被认为是一种利用社交网络信息来提高推荐准确度的有效手段。实证研究发现了信任关系和用户间相似度的联系。很多人提出了不同的方法将信任关系引入协同过滤方法。例如，DuBois 在 2009 年研究利用信任关系提升用户聚类的效果，从而提升了推荐的准确度。典型的，社区中朋友之间的打分相似性可以用量化的数值表示，较大的值表示较高的相似度，较小的值表示较低的相似度。然后通过计算评分和他朋友相关联的信任值进行推荐。最近邻方法是用来辨别源用户的邻居，从而预测对不同物品的喜好或者一系列推荐物品的排名。在基于协同过滤的社会化推荐中，最近邻方法结合了传统的协同邻居过滤和社交邻居。文献[11]提出了一种名为信任协同过滤的方法，将社交网络合并到最近邻方法中。在本书中引入了广度优先搜索，从源用户开始多次遍历社交网络，从而得到信任用户，即信任社区。

6.4.2　基于社区的组推荐模型

群组的概念，目前大致可分为两种：一种是根据用户自然真实的社会关系而形成的社会化网络群组，另一种是通过挖掘用户潜在的属性等，根据用户属性相似度划分出来的群组。对于这种属性的群组，用户之间存在很强的共性，但对于用户来说，用户未必知道这种群组的存在。

对于自然形成的社会化网络群组，其推荐方法可参照基于社会网络分析的推荐算法。而对于用户属性群组的推荐，相对来说要更复杂一些，首先要挖掘用户的属性，并根据用户的属性进行群组的发现，其次才是推荐结果的生成。

推荐结果的生成一般有两种形式：一种是先根据组内用户的属性形成对群组属性的描述，然后再以群组作为推荐的基本单位，生成推荐结果；另一种则是先针对每个用户生成独立的推荐结果，再根据分组结果对组内用户的推荐结果进行融合，生成针对群组的推荐结果。在融合过程中，需要满足公平、总体满意等要求，目标不同，使用的融合策略也有所不同。关于融合策略，目前已有大量的研究。常见的融合策略有 Average Strategy、Least Misery Strategy、Most Pleasure Strategy 等。这些融合策略常用语偏好向量融合，除此之外，还有 Borda Count、Copeland Rule 等常用于推荐结果融合。

群组内部的用户具有高度的相似性，且相互影响，而群组之间的用户相似度较低。根据这种现象，衍生出了群组推荐。群组有两种含义：第一种是真实存在的社会关系形成的社交网络群组；另一种群组是潜在的，根据用户属性而划分的群组。这里所说的群组推荐算法主要针对的就是第二种潜在的用户属性群组。

针对这种潜在的属性群组的推荐需要考虑的问题大致可分为三类：如何划分用户群组，如何描述群组特征，如何为群组生成推荐结果。

目前的群组推荐算法应用场景更多的是物品的推荐。Boratto 在 2014 年提出的 predict&cluster 算法首先利用基于用户的协同过滤算法进行个性化推荐结果的预测，即补全的用户-物品评分矩阵。再对预测的用户评分向量进行聚类，根据用户在物品评分上的相似性得到用户群组的划分，再将组内用户对物品的评分的平均值作为该组对于物品的评分，从而得到最终的组-物品评分矩阵。Shi 等提出的 Latent Group Model，首先对用户-物品评分矩阵做矩阵分解，得到用户-隐因子矩阵和物品-隐因子矩阵，将用户-隐因子矩阵中的隐因子作为用户偏好向量，通过用户偏好向量发现潜在的用户群组关系。根据分组的结果，对组内用户的偏好向量在每一维上求平均值，作为该组用户在该维度上的偏好值，从而得到群组偏好特征矩阵，再将群组偏好特征矩阵与物品-隐因子矩阵相乘，得到组-物品矩阵，即最终的预测结果。

上述两种典型的针对潜在用户属性群组的推荐算法的推荐对象都是电影，所利用的信息都是用户-物品评分矩阵。但是以电影为例，通常电影所在的视频推荐网站和影评网站都包括电影的简介。电影的简介直接反映了电影的内容，里面有很大的信息量，然而这部分数据在上述两种算法中并没有被利用，这造成了信息的浪费。

为解决这些问题，研究者提出了一种基于内容的群组推荐算法。该算法在进行群组推荐时，处理利用用户-物品评分矩阵这一基本信息，还引入了关于物品的文本信息，并利用该文本信息，构造了关于用户的相关文本信息，利用物品和用户额文本信息，引入 LDA 主题模型[12]，根据内容实现对用户的分组。然后，提出了一种基于主题和矩阵分解的群组模型 TMF_GM。该模型根据分组的结果，构造群组的主题分布，利用主题分布以及电影的评分系数，得到电影的推荐指数。再采用矩阵分解模型，预测群组对于物品的评分，根据之前计算出的推荐指数和矩阵分解模型中得到的预测评分，计算最终的预测评分。

6.4.3 其他有关社区分析的推荐算法

本节将主要介绍基于社区分析的推荐算法在用户网络中进行社区划分并在社区的基础上进行推荐算法的研究，这些方法利用用户的社区来缓解评分数据稀疏等对推荐效果造成的负面影响，同时还可以削减传统协同过滤算法中的计算时间长、复杂度高等不利因素。基于社区分析的推荐算法能够解决很多问题，不仅能提高准确度，并且能极大地提升推荐效率，满足推荐的实时性要求。

1. 有关社区分析的协同过滤类推荐方法

协同标签推荐系统允许互联网用户用个性化标签注释物品。许多有复杂的注释的网络，允许用户自由探索标签、资源或其他用户的配置文件。然而，用户的太过自由可能导致词汇标签冗余和模糊。而社区聚类技术通过识别趋势和减少噪声解决这些问题。标签集群也可以帮助用户做有效的个性化推荐，Shepitsen 提出了一种在基于分类标签簇的个性化推荐算法。这个算法的基本框架是独立的聚类算法并融合应用了一个上下文相关的变体层次凝聚聚类算法，它证明了大众分类法是围绕一个主题而不是多个主题。由于协同过滤不能表示用户各个方面的不同兴趣，Kamahara提出了一种可以发掘用户某一方面的兴趣的推荐算法。通过得知用户所在的社区，可以估计用户在某一方面的特殊喜好，从而挖掘用户未知的兴趣点。Kamahara 提出以社区为基础的方法，该方法可推荐给用户意想不到的物品。这种方法是基于聚类模型和基于内容和协同过滤的混合模型的方法。在网络上的社区是指其中某些兴趣爱好相同的用户所组成的用户组。用户可以在相同的时间属于不同的社区。因此，每当他选择了一些他感兴趣的社区时，该方法可以改变对用户的推荐。用户之间的信任关系可以影响用户之间的相似度，新的用户信任关系可以使用户聚类成新的社区，DuBois通过在新的社区中的信任关系来进行推荐。在推荐系统中，协同过滤算法运用相似用户的打分来进行推荐，然而由于打分的稀疏性，在计算用户之间的相似度时往往是不准确的。Pham 提出了一种基于用户社交关系的聚类方法来得出建议。通过比较和传统协同过滤方法的不同，发现使用社区分析的协同过滤比传统的协同过滤的效果要好。Pham 所关心的是如何利用社会信息的集群技术，它的目标是确定基于不同用户的社会关系找到相似的用户群体，并使用这些群体社区作为一种机制，进行推荐。

2. 有关社区分析的群组类推荐方法

对于群组的推荐，Boratto 在 2009 年提出了一种基于用户社区自动识别的群组推荐，Boratto 提出了一种算法来生成对于组的推荐建议。如果用户的偏好相似，该算法能够检测用户的固有社区。该算法采用一组用户物品相关联的打分矩阵作为输入。通过等级的物品。根据每一个用户的评分，得到用户之间相似水平，并产生一个包含相似性的网络，通过相似性进行社区发现。通过对不同粒度的模块化社区发现探讨个性化推荐与渠道数量之间的权衡，并发现组推荐质量随创建的组数线性增加。

3. 有关社区分析的应用与其他模型的推荐方法

随着推荐系统的迅速发展，新的技术在不断地出现。基于模型的方法可以帮助克服一些基于邻域的方法的局限性，依托于一些机器学习的模型，通过离线进行训练，在线进行推荐。它不像基于邻域的方法，使用用户项评分直接预测新的项。基于模型的方法会在使用评分学习预测模型的基础上，预测新项。一般的想法是使用机器学习算法建立用户和项的相互作用模型，从而找出数据中的模式。在一般情况下，基于模型的推荐算法被认为是建立推荐系统的更先进的算法。有许多不同的算法可用于构建模型并基于这些模型进行预测，例如，贝叶斯分类、决策树、神经网络、图模型、矩阵分解、受限玻尔兹曼机等。

　　在推荐系统中进行协同过滤的主要范例是基于最近邻的回归或基于记忆的技术。几乎所有的第一代推荐系统已经使用了基本相同的两步方法，首先确定用户的建议，要找到一些类似的积极用户，然后在这些计算预测和建议的基础上找到相似或志同道合的用户的喜好和判断。Hofmann 提出了一个基于模型的算法，使用统计建模技术在混合模型中引入潜在类变量来发现用户社区和典型的兴趣爱好偏向，它解决了三方面的问题：①实现较高的预测精度；②压缩所述数据转换成可以自动识别用户群体的紧凑统计模型；③能够计算在固定时间内的偏好预测；④使系统设计人员在指定的目标下有更多的灵活性的应用。

　　另外在文献[13]中，作者通过引入一个平滑型方法来结合模型方法和记忆方法两种办法。该方法通过聚类来产生平滑基础和邻居选择。平滑簇的使用允许同时整合基于模型的和基于途径的优点。通过使用一组密切相关的用户的评级信息，一组中的个别用户的未评分的项目可以被预测，这使得缺少的评分可以被填充。此外，假设活跃用户的最近的邻居是来自排名最靠前的 n 个最相似集群的，所以只需要在该 n 个集群组中选择最近邻居。

　　在电子商务网站中，推荐系统是用来推荐产品给他们的客户的。在文献[14]中，提出了一个基于图的方法改善协同过滤算法的性能。我们通过密集的二分图来对一个给定的用户抽象一个社区。通过延伸二分图可以提升推荐系统的效能。给定一个客户偏好的数据集，每一个客户所对应的社区是通过提取相应的密集二分图来实现的，使用的是 MovieLens 数据集。通过研究具有客户偏好的数据集，我们发现使用密集二分图提出的方法提取给定的客户一小群附近的客户。然后，通过在这一群客户上应用协同过滤算法来进行推荐。在 MovieLens 数据集上显示，该方法紧密匹配其他推荐算法提出相匹配的试验结果。

　　Leung 提出了一种基于协同聚类的协同位置推荐框架。作者观察到，大多数现有基于位置的服务通过聚类用户位置矩阵提供位置推荐。用户定位矩阵是基于全球定位系统(global positioning system，GPS)数据的，这导致数据量过大，所以这个方法有两大问题：第一是地理位置的数据量过大，第二是对用户位置矩阵聚类耗时过多。该文章通过分析用户的属性信息和行为信息动态地发现用户所在的社区，再进行地理位置推荐，得到了很好的效果。

6.5　其他研究

6.5.1　社区分析在实体消歧领域的应用

　　Web2.0 时代，大量信息以用户协作的方式产生，如社交网络、博客、维基、视频共享网站等，这些资源中含有大量的实体信息，如人、组织和地点。然而由于同名、缩写等原因，在计算机处理文本的过程中，会遇到名称的歧义，同一个名称在不同上下文中代表完全不同的实体。如何利用隐含在名称后的语义和知识，帮助计算机理解自然语言文本具有重要的意义。首先通过实体消歧可以改进搜索引擎的查询效果，当用户通过搜索引擎查询某个词条时，通过消歧，可以明确用户意图，从海量的互联网文本中获得用户想要的信息。其次实体消歧还可以用于异构知识融合和知识库的扩充。

国内外对实体消歧的研究已经有几十年的历史，早期比较有代表性的工作就是利用词袋模型计算各实体所在文本的相似性进行消歧。由于现实社会中的每一个实体都有自己的社会关系，依据不同实体的社会网络关系，可以识别并区分实体，所以后来逐渐出现以社会网络分析作为背景进行实体消歧的研究。而社会网络中的社区，从直观上来看，是指网络中的一些密集群体，每个社区内部节点间的联系相对紧密，但是各个社区之间的连接相对来说却比较稀疏。社区发现的思想可以进一步帮助我们分析实体关系图，从而完成实体消歧。下面根据待消歧实体的策略是否独立，从两个方面详细介绍社区分析在实体消歧中的应用。

1. 基于局部策略的实体消歧

基于局部策略的实体消歧认为待消歧的各个实体对象是相互独立的，主要借助于待消歧对象的局部信息，一次消歧一个待定实体。如果不借助于知识库，一般需要构建待定实体的自我中心网络或"小社区"，认为共有相同名称的不同实体在社会网络中，应属于不同的社会子群，消歧模型一般建立在"不同人物，不同社会关系；相同人物，相同社会关系"的假设基础上。例如，需借助 YAGO、DBpedia 等知识库把文本、网页或博客中有歧义的待定实体映射到知识库规范的实体中，基于局部策略的实体消歧一般通过计算文本中识别的待定实体和从知识库中查询得到的候选实体之间的上下文相似度，选择相似度最大的候选实体。

实体消歧可以通过把属于多个人的文本集合或者记录进行划分，使分解的每一部分只属于一个人来完成。比较典型的就是当利用搜索引擎对人名检索时，返回的结果通常是多个同名人物相关网页的混合，但是同名的不同人物有不同的社会网络，利用该特性，根据检索结果中共现的人名发现并拓展检索人物相关的潜在社会网络，结合图的谱分割算法和模块度指标进行社会网络的自动聚类，在此基础上实现人名实体消歧[15]。

同样，文献[16]也是对含有相同人名的文本集合进行消歧，首先从文本中抽取与待消歧人名相关的实体，利用实体共现信息构建社会网络，并采用谱聚类的图分割方法，把建好的网络关系图划分为几个子关系图，并把子关系图映射到文本集合上，使得每个文本对应各自子图，映射到同一个子图的文本代表它们包含待消歧人名指称现实中的同一个人物实体，来实现消歧。

　　海量的专家页面文档中也包含了专家的多种信息，像性别、年龄、职业等个人属性信息，文档之间还存在与专家在某一领域、兴趣等相关的社会关系。Jin 在 2015 年提出了融合社会关系的属性图聚类方法进行专家消歧。首先发现专家与其他同名人物实体之间在有限属性集合下的共现关系，然后基于图理论，建立增广专家属性节点，构建专家增广属性图将专家属性一致性和结构一致性结合在一起，再建立熵模型衡量属性信息和结构信息，计算图中超点与超边的熵，通过最小化熵值，实现多个专家节点的聚类划分。并在此基础上，寻找待消歧文档集合中专家与共现人物的连接关系，并利用随机路径图核理论将这些连接关系转化为多个不同的专家关系网，然后将专家关系网作为社会属性融入属性图模型，最后利用属性图聚类的理论实现专家消歧，从而提高消歧的准确率。

　　然而利用个人属性信息进行消歧时，常常涉及隐私侵犯问题并且花费的代价也比较高。因此，Zhang 提出利用合作网络中的链接信息来解决实体消歧问题，该方法不会牵涉个人隐私信息，因为它只利用匿名网络的时间戳拓扑图，只考虑节点的拓扑结构。在这里匿名网络中每个节点对应一个命名实体，每条边对应不同实体之间的合作关系，并且每条边都标示一个时间戳，表示合作的时间。

　　具体实现过程是根据给定的科研合作网络 $G=(V,E)$，首先构建一个节点 u 的自我中心网络 $G_u \subseteq G$，它是由 G 的诱导子图和所有的直接邻居组成。假设 u 是一个多节点，则 G_u 将形成很多不相交簇，一旦从 G_u 中移除节点 u 和它关联的边，每个簇将对应现实中的一个实体，而这些实体因为 u 被融合在一起，如图 6.6 所示。

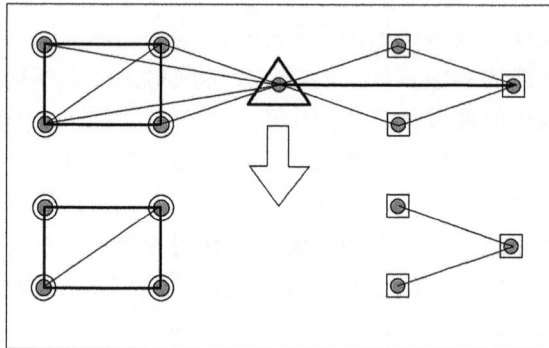

图 6.6　基于聚类的实体消歧实例

　　图 6.6 中，三角形表示节点 u，其他两簇的节点分别用圆形和矩形表示。由于 MCL 算法不需要预先输入簇数，速度比较快，因此使用 MCL 把 u 的邻居分成若干类。根据 G_u 的类别，利用式(6-15)计算节点 u 的切分分数：

$$NC = \sum_{i=1}^{k} \frac{W(C_i, \overline{C}_i)}{W(C_i, \overline{C}_i) + W(C_i, C_i)} \tag{6-15}$$

其中，$W(C_i, C_i)$ 为所有内部边的权值和；$W(C_i, \overline{C_i})$ 为所有外部边的权值和；k 为聚类个数。在使用 MCL 算法获得 G_u 的聚类数后再单独计算 NC 值，NC 分数表示 u 的聚类趋势。如果分数较高表示每个类内部连接不紧密，则该节点表示一个对象，相应的分数较低表示该节点可能代表多个对象。如果一个节点 u 有很多类，它的 NC 分数非常大，当比较多个节点的 NC 分数找出多类型的节点比较难时，根据聚类的数目来标准化该分数值，如式 (6-16) 所示：

$$\text{NC-score} = \frac{\text{NC}}{k} \tag{6-16}$$

其中，k 为聚类簇数。NC 分数能很好地测量一个给定的匿名实体的歧义程度，但在很多真实的数据集上也产生了错误的结果。假设社会网络中的一个节点代表真实世界的一个实体，但是由于节点的移动，它的合作网络会随着时间演化，这种类型的节点的 NC 分数也比较小，容易造成对节点的错误估计，而匿名的合作网络中含有合作事件的时间信息，所以可以利用这些信息计算节点随时间的流动分数，流动性分数越高，说明节点代表多个对象的可能性越较小。并将这两个分数进行线形组合，分数越高的节点，说明歧义性越小。在 DBLP 和 Arnetminer 数据集上验证该方法，实验表明，该方法的 AUC (area under curve) 比较高，运行时间比较少。

近两年，越来越多的人通过社交平台，如 Twitter、新浪微博等分享自己的信息，因此这些社交平台中的实体识别和消歧也吸引了很多研究者，这对微博的聚类和分类、个性化查询都很有用。在这些社交平台中很多数据都是用户之间回复和引用产生的，由于这些数据比较短，传统的方法效果并不好，另外，社交平台本身给人们提供了丰富的结构信息，知识库也提供了有用的领域知识。因此，Tang 等在 2015 年提出了一个 SOCINST 模型，把实体识别和消歧变成一个概率主题分布问题，给定一些用户交流产生的短文档集合，SOCINST 自动为每个实例构建子主题，每个子主题代表实例的可能含义。该模型还融合用户之间的社会关系，并利用狄利克雷树分布 (Dirichlet tree distribution) 融合领域知识库信息，在三个不同的数据集上都取得了不错的效果。为了更充分地利用微博中成员之间的社会关系，Hua 等利用实体流行度、实体近因和社交活动中的用户兴趣信息对微博搜索中的实体消歧。以前建立用户兴趣模型是通过推文内容，但是这些内容涉及面比较广，检测用户的兴趣比较困难。可以根据微博搜索建立知识库、推文和用户之间的链接，得到实体的社区，也就是推文中提及实体的所有用户集合。为了根据实体的社区建立用户的兴趣模型，需要检测一个用户到另一个用户的可达权值，由于不同的用户在社区中的影响力不同，基于 TF-IDF 和熵估计用户的影响力，只考虑与每个社区最有影响力的用户的可达权值。同时采用高效的索引结构和增量算法降低可达权值计算的时间，利用滑动窗口估计实体的初始近因，基于 PageRank 建立基因传播模型，效率能达到在线要求的实时性。此外，在多个社交平台中识别用户也是一个比较有挑战的问题，因为公共的信息容易被复制和冒充,现有的一些方法主要是对用户属性信息进行挖掘，比较脆弱。还有一些研究尝试利用用户发布内容的时间、地点和写作风格，但是地点信息比较稀疏，通过短句子也很难辨别写作风格。现有的 SMNs 非常对称，利用网络结构进行用户识别的方法效果也不好。由于现实世界中每个人的朋友圈都比较独特，没有两个用户有一样的朋友圈。文献[17]认为利用朋友圈的结构能更准确地分析跨平台的 SMNs，因为同一个用户在不同的 SMNs 上的朋友圈是非常相似的。文献中提出了一个基于好友关系的用户识别算法(FRUI)，该算法计算所有候选用户的匹配度，只有排在前面的被认为是相同的用户，大量的实验表明该算法的结果比当前的基于结构的算法更好。

2. 基于全局策略的实体消歧

基于全局策略的实体消歧认为同一文本出现的实体是关于某个主题，互相之间存在语义关联，因此采用的特征除了上下文文本特征，还要用到实体之间的语义关联度对实体之间的依赖性进行建模，要建立所有实体之间的关联，对所有待定实体同步消歧。

全局消歧需要建立待定实体和候选实体之间的语义相关图,根据实体的流行度、相似度和共现构建了一个带权无向图[18]。图中以待定实体和所有的候选实体为节点，边有两种：一种是待定实体和候选实体之间的边，权值是两者之间的相似度值或者流行度和相似度的组合；另一种是候选实体之间的边，权值是维基百科链接的重叠或者类别之间的距离，或者这些特征之间的组合。因为 YAGO 知识图谱可能为一个待定实体提供多个候选实体，所以建立的带权无向图中实体边非常密集并且一般包含成百上千个节点。我们的目的是计算一个能包含所有的待定实体及其精确对应的待定实体-候选实体边的密集子图，从而完成对所有待定实体的消歧。解决这个问题有两个挑战：一个是如何指定一个最适合的密度概念来捕捉密集子图中所有实体节点的一致性，一般常用的方法是计算子图中所有边的权值和作为其密度，这种方法容易被一些具有高权值链边的节点主导，对一些比较突出的实体效果非常好，但是对一些稀疏的、长尾的非突出实体来说消歧精确不高。为了解决这个问题，本书定义子图的密度等于对应节点的最小的权值度，通过观察子图的结构计算子图的密度的最大值。另一个关键的挑战是计算复杂度，密集子图是一个 NP 困难问题，因为它产生了一个斯坦纳树，在大的输入图上，精确的算法是不可行的。为了解决这个问题，Hoffart 在文献[19]中介绍的基于贪婪的社区发现算法的基础上进行扩展，从整个待定-候选实体图出发,在各个步骤得到的子图中，输出最小权值度的最大化。为了保证所有的待定-候选实体图的相关性，文中强制要求每个待定实体至少连接到一个候选实体，这种限制容易导致局部最优化。因此，首先采用一个在社会网络中发现强相关、有限规模社区的算法修剪待定-候选实体图，然后利用贪婪算法挖掘密集子图。结果证明这种方法优于其他的集成消歧方法，并且在自己的 CONLL 数据集上获得了 81.8%的准确率。

同样，为了实现集成实体消歧，Alhelbawy 在 2014 年把文档中所有待定实体及该实体对象所对应的知识库中的候选实体都表示为图中的一个节点，待定实体和候选实体之间建立边，边的初始权值为实体之间的局部相似度和实体在知识库中的流行度。然后利用 PageRank 算法对图中的候选实体进行排序，结合 PageRank 分值和局部置信度选择一个候选实体。

Alhelbawy 在文献[20]工作的基础上，采用自适应的社区划分方法发现权值最大的社区并进一步扩展社区，直到文本中所有待定实体完成消歧。该方法假设把同一个文档中密切相关的实体划分为几组，采用图分割方法发现规模和权值最大的社区。给定一个无向图 $G(V,D)$，其中 V 是所有节点的集合，D 是边的集合，$G_s=(V_s,D_s)$ 是 G 的子图，其中 $V_s \in V$ 和 $D_s \in D$。如果 V_s 中的每个节点都和 V_s 中其他所有的节点相连，G_s 被称为完全子图。社区划分算法的目的是在无向图 G 中发现所有可能的完全子图 G_s。本书的方法是迭代发现最好的社区，删除利用选择的社区进行消歧的待定实体的所有错误的候选实体，并把选择的社区作为图的一个节点以便于下一次的迭代。

图 6.7 展示了实体消歧的过程。给定一个文本中的 6 个待定实体 A、B、C、D、E、F 及其对应的候选实体图，每个待定实体的候选实体用它的小写字母来编号，如 a1、a2、a3，用不同的线连接起来的就是一个社区。该图的一个特征是在同一待定实体的候选实体之间没有链接，因此能保证在每个社区中每个待定实体不超过一个

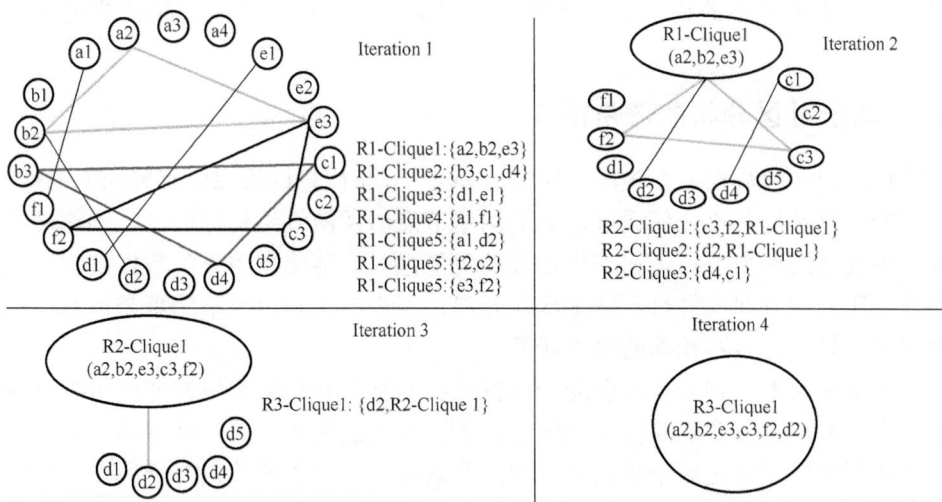

图 6.7　基于社区划分的消歧实例

候选实体。这种方法没有利用实体一致性权值,只是利用实体之间的连接发现社区而忽略关系的强度。通过对 27819 个待定实体进行实验,结果表明该方法优于当前最新的方法。

词义消歧和实体消歧非常类似,两者都是决定文本中字符串的正确含义和对应实体,一个单词在不同的语境下含义不同,也有研究者利用 N-Cliques 划分确定高度相关的词义集合从而进行词义消歧。Gutierrez 考虑了 WordNet 的内部语义关系和同义词之间的语义关系,SUMO 的标签、WordNet 区域、WordNet-Affects,从这些知识库中获得一些综合的语义信息,发现一个句子中概念的多维特性,然后利用 Reuters 向量把最相关的概念建立一个初始图,把该初始图作为输入进行 N-Cliques 划分,根据节点的数量对 N-Cliques 进行排序,为句子中的词条选择一个最匹配的同义词集。并在 Senseval-2 语料上进行验证,结果表明副词消歧的准确率比较高,名词相对比较低。

为了改变这种状况,Gutierrez 在上面方法的基础上,采用 RST 语义树来代替 Reuters 向量,表示每个句子的概念,这样就可以在概念层次表示句子,减小语义图来识别网络中的相关节点。并建议通过社区划分技术获得和抛弃节点从而建立有用的语义子图。这个算法基于社区模型从图结构中建立元素的集合,能从一个图中挖掘强相关的节点簇。但是,由于所应用的语义网络由成千上万个节点组成,节点之间的距离在不断增加,通过不同的社区划分模型比较,最后采用一个和社区划分比较相似的 N-Cliques 划分模型。为了应用这种方法,只考虑创建一个 N-Clique,剩余的完全子图是其他社区,目的是在一个 N-Clique 集中高质量的语义信息。采用这种方法能获得很多密连通子图,并且每个子图都包含可能的词义。在一个子图中的同一个词可能有许多词义,这就要选择最频繁的词义作为正确的词义。

6.5.2　基于社区分析的链路预测

链路预测作为数据挖掘领域的研究方向之一,在计算机领域已有较深入的研究。网络中的链路预测是指如何通过已知的网络节点以及网络结构等信息,预测网络中尚未产生连边的两个节点之间产生链接的可能性[21]。链路预测作为数据挖掘和社会网络分析研究的方向已经有一些工作在开展,不少学者利用网络的聚类信息、社区发现和演化等进行链路预测的交叉研究。

对于链路预测,划分社区有助于挖掘社会网络节点和结构属性并应用到链路预测的研究。社区内部节点连接比社区之间的连接更加紧密,同时处于同一社区的节点对的共同邻接点要比处于不同社区间的节点多,所以预测节点对受所在社区内部邻接点的影响显然要比处于其他社区的邻接点大。同时,链路预测可以帮助人们更好地了解网络的结构和演化。

以下对社区发现与演化和链路预测的交叉研究分别从基于社区结构信息的链路预测和基于社区内容信息的链路预测两方面展开介绍。

1. 基于社区结构信息的链路预测

近年来，社交网络分析越来越受关注，在社交网络中，节点和边表达了人与人之间的关系。社交网络是许多种不同类型的节点的组合，相同类型的节点之间彼此联系比较频繁，因此这些节点连接比较密切，而不同类型的节点之间的链接与此相反，链接比较稀疏。相同类型链接比较密切的节点以及链接这些节点之间的边构成的子图称为网络中的社区结构。

目前存在的算法多数利用共同邻居却忽视了社区结构信息。假设同一社区的共同邻居有比其他社区更紧密的联系，如果共同邻居不在同一社区，他们之间的链接可能性不同。Yang 等认为，利用社区结构的链路预测可以进一步区分共同邻居的贡献程度，因而可以更精确地进行链路预测。Yang 等提出一种新的基于社区结构的链路预测算法 CS，如图 6.8 所示。该算法把社区结构信息和共同邻居结合起来，利用惩罚参数区分共同邻居是否在同一社区。即便有相同的结构特征，不同的邻居如果不在同一社区，则有不同的贡献程度。

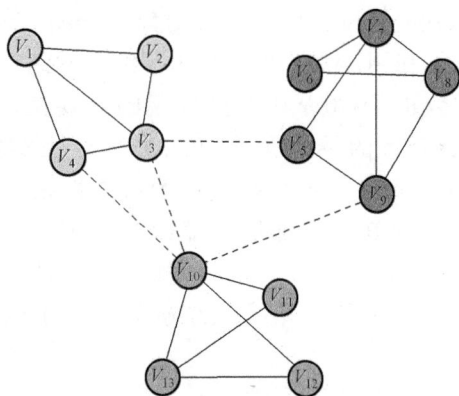

图 6.8 CS 模型的社区网络图

在无向网络 $G(V,E)$ 中，V、E 分别代表节点和边，S_{xy} 表示每对节点 $x, y \in V$ 的链接的可能性。基于社区结构模型可以表示为式 (6-17)，其中 ω 函数反映是否在同一社区，f 函数反映 CN、AA、RA 的信息。

$$S_{xy}^{CS} = \sum_{z \in \Gamma(x) \cap \Gamma(y)} \omega(z) \cdot f(z) \tag{6-17}$$

不少学者利用社区结构信息与其他网络特征相结合的方法研究链路预测。先前多数链路预测的方法是基于结构特征和监督学习方法的。对社交网络的分析侧重于用户间的关系,但是聚类和社区结构信息对提高链路的预测准确度也有很好的作用。

Valverde 等认为社交网络随着时间的推移是动态演化的[22],会有新的成员加入,或者会有人删除个人简介,这样就会增删网络中的节点和边,从而动态改变社区网络的结构。链路预测中,节点对的共同邻居是否与该节点对在同一社区对预测的结果影响不同,从而提出新的链路预测度量方法 WIC(within and inter cluster)。该方法同时考虑聚类间和聚类内,以及共同邻居在同一聚类和不同聚类对链路连接的影响。利用共同邻居在同一聚类中的集合代替传统的考虑所有共同邻居的局部相似性。在社交网络 G 中存在 $M > 1$ 个社区,表示为 $C_\alpha, C_\beta, \cdots, C_M$,存在顶点 $x \in V$ 为社区 x^C 中的节点,假设每个顶点属于单个社区,预测节点对 x、y 之间的链路链接可能值定义为

$$s_{x,y}^{\mathrm{WIC}} = \frac{\left| \varLambda_{x,y}^W \right|}{\left| \varLambda_{x,y}^{\mathrm{IC}} \right| + \delta} \tag{6-18}$$

其中,$\varLambda_{x,y}^W$ 为在同一社区内的共同邻居的集合;$\varLambda_{x,y}^{\mathrm{IC}}$ 为社区间共同邻居的集合,当 $\varLambda_{x,y}^{\mathrm{IC}} = \varnothing$ 时,$\delta \approx 0$。

Valverde 等还提出了结合局部结构相似度信息和社区结构信息提高链路预测的准确度的方法。Valverde 等以微博为研究对象,分析 Twitter 的社区结构和节点连接,主要创新有:①利用 WIC 度量方法,结合网络中节点和社区信息的相似度方法预测链路;②分析 Twitter 中社区发现的重要性,以及如何提高链路预测的准确度,而且对于流行的链路预测算法进行对比实验。对其之前提出的 WIC 度量方法进行改进,节点是否存在链路的可能性很大程度上和它们是否在一个社区有关,WIC 方法比其他局部信息度量方法(CN、Jac、AA 等)有更好的预测结果。Valverde 等应用一种基于标签传播算法的社区发现算法,其计算复杂度接近线性。实验表明,网络的聚类系统越低,基于结构相似度的链路预测算法效果越差。

文献[23]中考虑用户可以属于不同的社区,并提出三种链路预测度量方法。通过监督和非监督链路预测方法进行实验,结果表明非监督的链路预测方法更有助于提高链路预测的精确度。作者认为只使用局部或者全局信息,用户的行为信息利用得较少。该文献提出三种链路预测相似度方法:①WOCG(common neighbors within and outside of common groups)相似度用来度量节点的共同邻居是否在同一社区:

$$s_{x,y}^{\mathrm{WOCG}} = \frac{\left| \varLambda_{x,y}^{\mathrm{WCG}} \right|}{\left| \varLambda_{x,y}^{\mathrm{OCG}} \right|} \times \varOmega \tag{6-19}$$

其中,$\varLambda_{x,y}^{\mathrm{OCG}}$ 为节点 x 和 y 的共同邻居不在同一社区的集合;$\varLambda_{x,y}^{\mathrm{WCG}}$ 为 x 和 y 的共同邻居在同一社区的集合;$\varOmega$ 为网络的常数系数。②CNG(common neighbors of groups):

$s_{x,y}^{\mathrm{CNG}}=\left|A_{x,y}^{g}\right|$，用来度量 x 和 y 的共同邻居至少属于 x 和 y 的社区组的一组。其中，$A_{x,y}^{g}=\{z^{g_r}\in A_{x,y}\mid g_\alpha\bigcap g_r\neq\varnothing\vee g_\beta\bigcap g_\gamma\neq\varnothing\}$，$g_i$ 表示节点属于的各个社区的节点集合。③TPOG（common neighbors with total and partial overlapping of groups）：

$$s_{x,y}^{\mathrm{TPOG}}=\frac{\left|A_{x,y}^{\mathrm{TOG}}\right|}{\left|A_{x,y}^{\mathrm{POG}}\right|}\times\Omega \tag{6-20}$$

其中，$A_{x,y}^{\mathrm{TOG}}$ 为 x 和 y 的共同邻居中属于完全重叠的社区的共同邻居的集合（TOG）；$\left|A_{x,y}^{\mathrm{POG}}\right|$ 为它们的共同邻居部分数据重叠社区的集合。在监督方法中，每个节点对 (x,y)，如果 $s_{x,y}^{\mathrm{out}}>s_{x,y}^{\mathrm{in}}$，则 $s_{x,y}=s_{x,y}^{\mathrm{out}}$，否则 $s_{x,y}=s_{x,y}^{\mathrm{in}}$。

　　经典的链路预测方法是计算未连接节点的相似度，相似度最高的节点链接可能性越高。Soundarajan 在经典的计算相似度的方法上进行创新，在计算相似度时考虑基于社区结构的信息，利用社区的局部信息预测两节点存在链路的可能性。例如，如果两节点的共同邻居都在同一社区，则认为它们之间的链接可能性要比共同邻居不在同一社区的可能性大。Soundarajan 利用网络局部信息计算相似度，并结合网络社区信息进行链路的预测，如共同邻居、资源分配、Jaccard 相似系数等。Soundarajan 提出一种利用 Louvain 方法贪婪模块度优化方法得出具有更高模块度的社区划分。然后提出链接社区算法，在网络 N 中发现社区，先构建网络 N'，在 N' 中的节点是 N 中的边，如果在 N 中两边邻接则对应在 N' 中的两个顶点存在连边，N' 中变的权重是 N 中的相似度计算函数。用单连接聚类创建一个树状图，根据最大分区密度对节点进行分割，然后利用层次社区链路预测方法进行预测，对不同领域的 10 个数据集实验表明结合社区信息会提高预测的准确度。

　　在科技引文网络中发现隐藏的链接关系是信息检索的关键问题。一般方法是基于隐含的语义特征信息，而不是基于文献的聚类信息进行新的链接预测。Sebastian 把隐含的语义特征和社区结构特征相结合，提出一种基于网络层次结构的链路预测模型，该模型通过蒙特卡罗采样，估计节点间产生链路概率的极大似然函数进行预测。利用网页中潜在的结构特征可以有效提高信息检索的效率。在文章为节点、引用关系为连边的著作合作网络中，可以根据目录特征发现著作的语料库，也就是网络中的社区或者聚类，可以预测不同的研究领域之间以后是否存在链接。Sebastian 对不同研究领域的文章进行聚类，然后预测先前未有链接的聚类之间存在链接的可能性，提出新的相似度计算方法 LDS（latent domain similarity），该方法结合语义特征（题目和摘要中的关键词分布）和结构特征（引用和被引用的文献信息）推断两个或多个不同著作潜在的共同研究领域。Sebastian 假设看起来不同的两个著作集合发表在不相关的领域，它们可能存在一些作者不知道的共享领域，从而通过先前未连接聚类挖掘可能相互间在以后会存在引用连接。

2. 基于社区内容信息的链路预测

如果两个人具有相同的年龄、性别、职业和兴趣等，就说他们俩很相似。网络中社区内容信息越相似的节点之间更容易链接，研究发现基于社区内容信息可以更好地提高链路预测的精确度。

在同一聚类中的成员具有相似的属性，因此，聚类信息可以作为影响链路预测值的一个因素。Kim 提出一种新的链路预测算法 LPCSP，该算法通过挖掘广义的聚类信息，其中包括聚类关系和聚类演化信息，发现新的链路预测。在网络图结构中，一个聚类是关系连接紧密的一个子图。Kim 的创新在于不仅考虑静态聚类信息，而且考虑了动态演化的聚类信息。

在符号社交网络中，节点间的链接存在多种链接，除了符号预测，另一种定义节点重要性的方法是排序算法。社交网络中，表示节点间积极和消极的关系可以用符号图建模，其中消极的边有着更重要的影响，在符号图中研究消极边的关系有利于更好地了解社交网络。如何根据局部和边的行为特征精确地对边进行符号标注成为符号网络中的重要问题。Shahriary 等用社区发现的排序算法研究社交网络的带符号图中的链路预测问题。社区发现算法对具有相同或者相似属性的节点进行分组。Shahriary 提出三种符号网络的基于社区发现的排序算法，并利用它们对边的符号进行预测。作者利用声望和积极度来表征预测特征，其中声望表示节点在系统中的重要性，积极度表示一个节点对其他节点的投票类型。假设一个有向符号图 $G(V,E)$，其中 V 表示定点，E 表示边，可以取+1 或者−1。一个节点 i 的声望不仅根据指向该节点的边的符号，而且考虑该节点 i 指向其他节点的边的符号。如果其他节点指向 i 的边有更高的排序，可以认为节点 i 的声望较高，相反其声望值则低。记为 RBR_i：

$$\mathrm{RBR}_i = \frac{\left| R_{\mathrm{in}}^{(+)}(i) \right| - \left| R_{\mathrm{in}}^{(-)}(i) \right|}{\left| R_{\mathrm{in}}^{(+)}(i) \right| + \left| R_{\mathrm{in}}^{(-)}(i) \right|} \tag{6-21}$$

其中，$R_{\mathrm{in}}^{(+)}(i)$ 为指向节点 i 的正符号边的节点的排序值，$R_{\mathrm{in}}^{(-)}(i)$ 为指向节点 i 的负符号边的节点的排序值。本书提出三种基于社区发现的排序方法：PBCD、HBCD 和 RBCD。这些排序算法一般分为两个阶段：第一阶段，利用社区发现算法，把节点分到不同的社区中；第二阶段，根据点的社区中成员关系以及邻居社区与该节点的指向边的符号对每个节点进行排序计算。在维基、Epinions 和 Slashdot 数据上用三种方法分别进行实验。

经典的链路预测方法一般是计算两个节点的相似度，相似度最高的节点存在链接的可能性较高。现实中社交网络中的边可以表示多种关系，利用现有的多关系链路预测和社区发现算法，计算每个社区的多种关系的链路预测分数。该方法把异质网络分成多个社区，然后在每个社区中使用监督链路预测算法。作者发现合理利用社区信息可以提高链路预测的精确度，认为边的特征向量可以用节点的拓扑特征表示，如度、共同邻居、AA 等，然后通过建立分类学习模型对两个节点的链接形式进行预测。本书的主要方法是首先把异质网络进行聚类，然后利用多关系监督链路预测算法在每个聚类上做预测。使用 PMM(principal modularity maximization)算法对多关系网络进行聚类，然后利用多关系链路预测算法 MR-HPLP 并行实现各个聚类的分数计算，并对链路进行预测。

文献[24]认为大多链路预测只考虑局部或者全局的信息，融合两方面特征的方法较少，该文献提出一种新的链路预测算法，该算法利用联合聚类算法对社区层面的链接密度进行评估，并结合邻接点的即时链接信息和节点相似度特征的局部模型，这些方法融合起来进行链路的预测。此算法最大的特点是把节点特征、即时邻居和社区结构融合起来。联合聚类提供原始的社区密度信息，可以提供最佳的全局压缩信息，但是，如果不结合节点特征和局部的链接信息就不能预测个体间链接的有无。该算法分两个层面进行链路预测：第一层面，利用局部模型计算节点的相似度，结合联合聚类的输出作为非局部特征建立特征值；第二层面，利用联合聚类方法调整特征值。在社交网络图 $G(V,E)$ 中，LP(link prediction)问题可以看作分类问题，对于一对节点 u、v 的链接，可以分为有连边和无连边两类。节点的特征向量 $f(u,v) \in \mathcal{R}^d$ 表示适用的 d 种特征，$f(u,v)[AA]$ 表示 Adamic-Adar 分数，$f(u,v)[LL]$ 表示局部相似信息，$f(u,v)[CC]$ 表示联合聚类得到的特征。经证明，这些特征信息不同且可以互相补充，$y(u,v) \in \{0,1\}$ 表示节点 u、v 的边的状态，作者通过支持向量机(support vector machine，SVM)学习各种特征的权重，然后根据 $y_{uv} = \text{sign}[v \cdot f(u,v)]$ 对节点间的连边进行分类预测。

在论文合作网络中，很少根据研究文档的摘要信息中隐含的语义信息进行隐含的合作关系。Sachan 等提出一种链路预测方法，该方法构建以作者为节点，合作关系为连边的作者合作网络，利用构建的合作网络的结构信息，联合题目和摘要中隐含的语义和事件信息，从而提高预测的精确度。作者发现研究者更容易和自己同在紧密社区中的研究者合作，从而发现紧密社区中的作者链接有助于提高链接精度。该方法首先根据语义和事件特征从已有的协作图中提取结构属性，然后利用这些特征进行无监督学习，预测未来合作的报告。该方法除了提取经典的结构和非结构属性，还加入节点属性信息，包括摘要信息、社区定位和网络密度。首先，对摘要中的"the""a"等停止词进行消除，然后用 Jaccard 系数计算两篇摘要的相似度。在对题目和发表刊物等关键词匹配上融合此特征。另一种结构属性基于 EM 模型。Clusting Index $u = 3 \times \Delta u / |P(u_1,u_2)|$，其中 Δu 表示图中与节点 u 的连边形成的三角形的个数，$|P(u_1,u_2)|$ 表示 u 的邻接点不通过 u 与网络中其他节点连边的个数。然后，利用决策树进行监督学习对链路预测有意义的属性信息。

除了社区和图的内容信息，属性信息的利用使得链路预测的准确度极大提升。

越来越多的人乐于分享所在的地址位置信息。Scellato 等提出基于社交网络位置信息的链路预测方法。该方法不仅考虑传统的节点与节点之间的关系，而且考虑节点的位置属性。社交网络的用户节点不一定有着共同邻居的用户节点，但是他们可能会去同一个地点，因此，Scellato 定义预测特征为量化用户节点的位置信息和这些位置信息的属性，如果不同用户访问了相同的地点，认为他们之间产生链接的可能性就大。

利用局部网络共同邻居刻画节点对之间的拓扑关系，越来越多的学者开始利用全局网络信息提高链路预测的精度，利用全局网络特征的拓扑信息计算节点之间的拓扑相似性。在作者合作网中，研究领域相似的作者合作的可能性大，这些全局信息可以通过对节点的聚类分析得到。Coskun 等利用社交网络的全局信息作链路预测，他认为通过分析节点聚类包含的语义信息可以对分析节点间的链路有帮助，并结合网络的稀疏性和模块度提出了降维新方法。

6.6　本 章 小 结

在线社交网络中的虚拟社区是社交网络分析的重要内容，通过分析社交网络中社区结构及社区构成有助于研究社交网络拓扑结构特点、发现用户聚集模式及影响因素，促进社交网络上信息检索、信息推荐、信息传播控制、公共安全事件管控等诸多应用的发展。因此，社区分析与交叉领域的研究具有重要的社会意义和应用价值。本章分析社区分析与其他领域的交叉研究，分领域、分章节展开介绍和分析，分别从社区分析在推荐系统的应用、社区分析在实体消歧领域的应用、基于社区分析的链路预测、视频图像分析与社区分析的交叉研究、基于排序的网络聚类研究和可视化与社区分析的交叉研究展开介绍，包括近年来社区分析与其他领域交叉研究的论文成果介绍、相关算法论述。可以看出社区分析不仅与如视频图像分析等传统领域有交叉研究，更多在推荐系统、链路预测等的新兴领域中有大量的应用研究。

参 考 文 献

[1]　La Fond T, Neville J. Randomization tests for distinguishing social influence and homophily effects [C]//Proceedings of the International World Wide Web Conference, USA: Springer, 2010: 601-610.

[2]　Golbeck J, Hendler J. Inferring binary trust relationships in web-based social networks [J]. ACM Transactions on Internet Technology（TOIT），2006, 6（4）：497-529.

[3]　Golbeck J. Generating predictive movie recommendations from trust in social networks [C]. International Conference on Trust Management. Berlin: Springer, 2006: 93-104.

[4]　Zhang W Y, Wu B, Liu Y. Cluster-level trust prediction based on multi-modal social networks [J].

Neurocomputing, 2016, 210: 206-216.

[5]　Sun Y, Han J. Mining heterogeneous information networks: A structural analysis approach[J]. SIGKDD Explorations, 2012, 14(2): 20-28.

[6]　Tsai M H, Aggarwal C, Huang T. Ranking in heterogeneous social media[C]// Proceedings of the 7th ACM International Conference on Web Search and Data Mining, 2014: 613-622.

[7]　Ma H, Yang H, Lyu M R, et al. SoRec: Social recommendation using probabilistic matrix factorization[C]. International Conference on Information and Knowledge Management (CIKM), 2008.

[8]　Yang X, Steck H, Guo Y, et al. On top-k recommendation using social networks[C]. ACM Conference on Recommender Systems (Rec-Sys'12), 2012.

[9]　Ma H, King I, Lyu M R. Learning to recommend with social trust ensemble[C]. ACM Conference on Research and Development in Information Retrieval (SIGIR), 2009.

[10]　Jamali M, Ester M. A matrix factorization technique with trust propagation for recommendation in social networks[C]// Proceedings of the 2010 ACM Conference on Recommender Systems (RecSys), 2010.

[11]　Jamali M, Ester M. Using a trust network to improve top-n recommendation[C]. ACM Conference on Recommender Systems (RecSys), 2009.

[12]　Blei D M, Lafferty J D. Correlated topic models[C]. DBLP, 2006: 113-120.

[13]　Xue G R, Lin C, Yang Q, et al. Scalable collaborative filtering using cluster-based smoothing[C]// Proceedings of the 28th Annual International ACM SIGIR Conference on Research and Development in Information Retrieval, 2005: 114-121.

[14]　Reddy P K, Kitsuregawa M, Sreekanth P, et al. A graph based approach to extract a neighborhood customer community for collaborative filtering[C]. International Workshop on Databases in Networked Information Systems, Springer-Verlag, 2002: 188-200.

[15]　郎君, 秦兵, 宋巍, 等. 基于社会网络的人名检索结果重名消解[J]. 计算机学报, 2009(7): 1365-1375.

[16]　Chen C, Wang H F. Social network based cross-document personal name disambiguation[J]. Journal of Chinese Information Processing, 2011, 25(5): 75-82.

[17]　Zhou X P, Liang X, Zhang H Y, et al. Cross-platform identification of anonymous identical users in multiple social media networks[J]. TKDE, 2016, 28(2): 411-424.

[18]　Hoffart J, Yosef M A, Bordino I, et al. Robust disambiguation of named entities in text[C]. EMNLP, 2011: 782-792.

[19]　Sozio M, Gionis A. The community-search problem and how to plan a successful cocktail party[C]. SIGKDD, 2010: 939-948.

[20]　Alhelbawy A, Gaizauskas R. Graph ranking for collective named entity disambiguation[C]//

Proceedings of the 52nd Annual Meeting of the Association for Computational Linguistics, ACL, 2014: 75-80.

[21] 吕琳媛. 复杂网络链路预测[J]. 电子科技大学学报, 2010, 39(5): 651-661.

[22] Valverde-Rebaza J, De A L A. Structural link prediction using community information on twitter[C]. International Conference on Computational Aspects of Social Networks, 2012: 132 - 137.

[23] Valverde-Rebaza J C, Lopes A D A. Link prediction in online social networks using group information[C]// Proceedings of the 14th International Conference on Computational Science and its Applications, 2014: 31-45.

[24] de A, Ganguly N, Chakrabarti S. Discriminative link prediction using local links, node features and community structure[C]. IEEE 13th International Conference on Data Mining, 2013: 1009-1018.

第7章 社区发现与演化分析快速计算方法

在线社交网络研究中,社区结构的发现及演化分析是一个十分关键的核心问题,它对于分析社交网络中的隐结构特征、预测演化趋势、掌控网络势态、发现网络异常群体事件等具有重要意义。然而随着信息技术的发展,现实生活中数十亿顶点级别的大规模网络越来越常见,如大规模社交网络、基因网络、蛋白质网络等。传统的基于单机的分析方法逐渐不能满足当前分析的需求,这也推动着图数据处理的研究重心由单机图算法逐渐转向分布式并行大图处理的优化,越来越多的研究人员关注如何设计框架、优化算法,以针对这种大规模的网络进行快速计算。

7.1 图并行计算框架

7.1.1 面向大图数据的并行计算模型

在大数据时代背景下,数十亿顶点级别的大规模图并不少见,在以后的发展过程中,这样的大数据处理将更为常见且必要,因此这也推动着图数据处理的研究重心由单机图算法的高度优化逐渐转向分布式并行大图处理的优化。目前,大图数据处理存在两种典型的模式:一是采用通用的海量数据分布式并行计算框架MapReduce 进行处理;二是采用完全面向图结构设计的专用大图计算框架。由于MapReduce 在应用定位与设计目标上主要是针对模式自由的数据对象进行批量处理,没有特定的处理大图数据,所以没有有效的处理大图的内部机制。而对于专用大图并行计算模型,它有针对性地考虑了图计算的基本特征,框架内部就已经提供了对大图处理的支持,例如,对图计算中最常见的迭代操作的支持和实现了直观易用的以定点为中心的编程对象,从而获得了较好的性能。

1)计算模式

从计算模式上,可以将大图并行计算模型分为同步与异步两种模型,著名的BSP(bulk synchronous parallel)计算模型对数据竞争是免疫的,无须特别的调度来保证程序执行结果的确定性,大量的图计算系统[1-5]采用 BSP 计算模型。虽然 BSP 计算模型有许多优点,但是模型本身也存在自身所固有的性能瓶颈:通信与同步。在成本量化中,相比于通信,BSP 计算模型固有的同步开销在整体计算成本中所占的比例相对更高。因此异步执行机制的出现很好地缓和了该问题,基于共享内存的

GraphLab[6]及其分布式版本 Distributed GraphLab[7]是同时期具有代表性的异步大图处理系统。相比于只能使用上轮迭代获得的输入进行计算的同步模型，异步执行模型可以使用最新的数据作为计算输入，因此其能够加快迭代的收敛速度。

2）存储框架

此外，从存储架构上还可以将大图并行计算模型分为面向分布内存架构以及面向单机多核共享内存架构两类。在分布式内存架构下，目前具有代表性的大图并行计算模型有 Pregel、HAMA、Graph、Distributed GraphLab 以及 Trinity 等。由于图结构的高耦合性，分布式环境下图计算的网络通信代价很高，图划分是优化分布式大图计算通信开销的有效手段。部分大图处理系统采用经典的划分方法，如 ParMetisTM，也有其他一些系统探索了新的划分方法，如 GraphX 和 Power Graph 均采用 vertex-cut 的划分方法[8,9]缓解自然图中高度数(high-degree)顶点通信集中的问题；Trinity 采用多层标签传递的划分方法[10]，借助图的语义有效支持了十亿顶点级别大图的划分；而 GPS 和 Mizan 都利用动态的划分方法[11]缓解了大图计算过程中负载失衡时的顶点重分配的问题。

3）Apache Hadoop 云平台

Apache Hadoop 是一种基于批处理技术的开源与计算平台，由 Java 编写，运行在 Linux 操作系统之上，核心是 HDFS(hadoop distribute file system)和 MapReduce 两个核心部件组成[12]。

MapReduce 是 Google 于 2004 年提出的能并发处理海量数据的并行编程模型，同时也是一种高效的任务调度模型。MapReduce 的最大优势在于评比底层实现细节，有效降低并行编程难度，提高编程效率。开发人员只需将精力放在应用程序本身，而关于集群的处理问题，如数据分块、资源分配调度、负载平衡、容错处理、节点通信等则交由平台来处理。

"Map""Reduce"的概念和主要思想，都是从函数式编程语言借鉴而来的。Map 函数负责分块数据的处理，Reduce 函数负责对分块数据处理的中间结果进行规约。MapReduce 其实就是 Divide/Conquer 的过程，通过把问题 Divide，是这些 Divide 后的 Map 运算高度并行，再将 Map 后的结果进行 Reduce，得到最终结果，如图 7.1。

正是由于 MapReduce 有函数式和矢量编程语言的共性，这种编程模式特别适合于海量数据的搜索、挖掘、分析和机器智能学习等。MapReduce 可以处理 TB 和 PB 量级的数据，并在处理 TB 级别以上海量数据的业务上有着明显的优势。

作为 Hadoop 的核心技术之一，HDFS 是分布式计算中数据存储管理的基础。它所具有的高容错可靠性、高可扩展性、高获得性、高吞吐率等特征为海量数据提供了不怕故障的存储，为超大数据集的应用处理带来了很多便利。对外部客户机而言，HDFS 就像一个传统的分级文件系统。可以创建、删除、移动或重命名文件等。

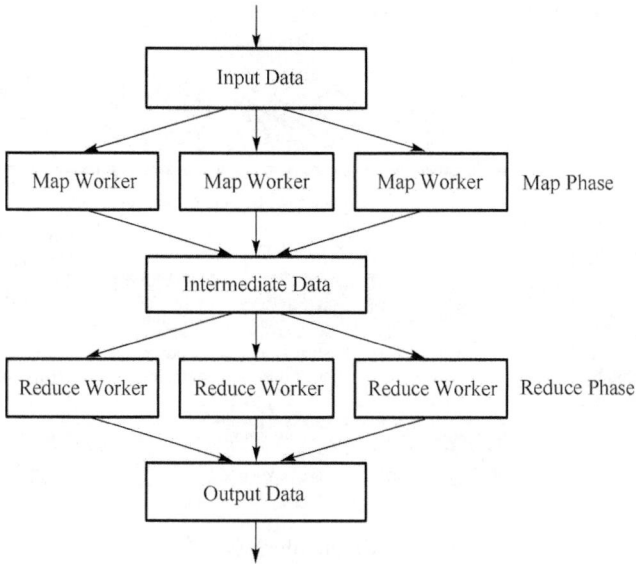

图 7.1　MapReduce 的工作原理

但是 HDFS 的架构是基于一组特定的节点构建的,这是由它自身的特点决定的。这些节点包括 NameNode(仅一个),它在 HDFS 内部提供元数据服务;DataNode 为 HDFS 提供存储块。由于仅存在一个 NameNode,这是 HDFS 的一个缺点(单点失败)。

　　存储在 HDFS 中的文件被分成块,然后将这些块复制到多个计算机中(DataNode)。这与传统的 RAID 架构大不相同。块的大小(通常为 64MB)和复制的块数量在创建文件时由客户机决定。NameNode 可以控制所有文件操作。HDFS 内部的所有通信都基于标准的 TCP/IP。

　　4)大图计算框架——GraphLab

　　GraphLab(图 7.2)是由 CMU(卡内基梅隆大学)的 Select 实验室在 2010 年提出的一个基于图像处理模型的开源图计算框架,框架使用 C++语言开发实现。该框架是面向机器学习(ML)的流处理并行计算框架,可以运行在多处理机的单机系统、集群或是 Amazon 的 EC2 等多种环境下。框架的设计目标是,像 MapReduce 一样高度抽象,可以高效执行与机器学习相关的、具有稀疏的计算依赖特性的迭代性算法,并且保证计算过程中数据的高度一致性和高效的并行计算性能。该框架最初是为处理大规模机器学习任务而开发的,但是该框架也同样适用于许多数据挖掘方面的计算任务。在并行图计算领域,该框架在性能上高出很多其他并行计算框架(如 MapReduce、Mahout)几个数量级。GraphLab 自成立以来就是一个发展很迅速的开源项目,其用户涉及的范围也相当广泛,全球有 2000 多个企业、机构使用 GraphLab。

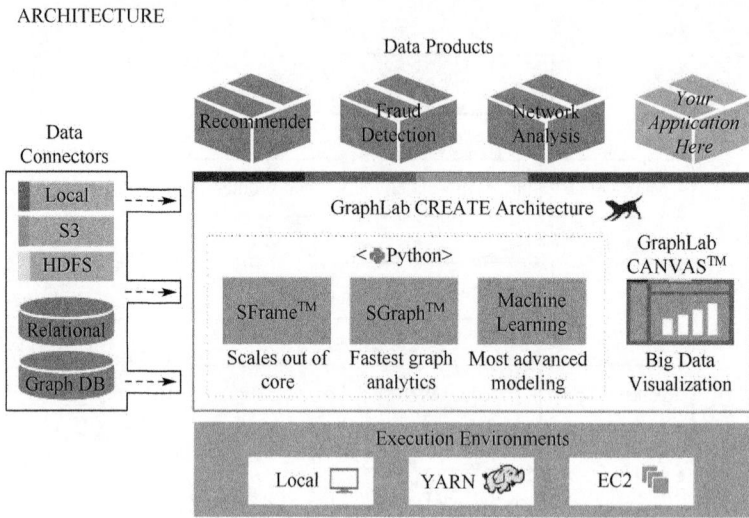

图 7.2　GraphLab 基本架构

当前被广泛使用的 MapReduce 计算框架，在并行执行多任务时，要求各个任务之间相互独立，任务执行期间相互之间不需要进行数据通信，所以 MapReduce 不适合数据依赖性强的任务，而且 MapReduce 并行计算模型也不能高效表达迭代型算法。这种计算模型在处理如日志分析、数据统计等数据独立性的任务时具有明显的优势，但是在机器学习领域，MapReduce 框架并不能很好地满足机器学习计算任务。

GraphLab 的出现不是对 MapReduce 算法的替代，相反，GraphLab 借鉴了 MapReduce 的思想，将 MapReduce 并行计算模型推广到了对数据重叠性、数据依赖性和迭代型算法适用的领域。本质上，GraphLab 填补了高度抽象的 MapReduce 并行计算模型和底层消息传递、多线程模型(如 MPI 和 PThread)之间的空隙。

GraphLab 模拟了 MapReduce 的抽象过程。对 MapReduce 的 Map 操作，通过称为更新函数(update function)的过程进行模拟，更新函数能够读取和修改用户定义的图结构数据集。用户提供的数据图代表了程序在内存中和图的顶点、边相关联的内存状态，更新函数能够递归地触发更新操作，从而使更新操作作用在其他图节点上进行动态的迭代式计算。GraphLab 提供了强大的控制原语，以保证更新函数的执行顺序。GraphLab 对 MapReduce 的 Reduce 操作也通过称为同步操作(sync operation)的过程进行模拟。同步操作能够在后台计算任务进行的过程中执行合并(reductions)，和 GraphLab 提供的更新函数一样，同步操作能够同时并行处理多条记录，这也保证了同步操作能够在大规模独立环境下运行。

GraphLab 作为一个基于图处理的并行计算框架，能够高效地执行机器学习相关的数据依赖性强的迭代型算法，其设计具有如下特点和优点。

（1）统一的 API 接口。对于多核处理器和分布式环境，采用统一的 API 接口，一次编写程序即可高效地运行在共享内存环境或者分布式集群上。

（2）高性能。优化 C++执行引擎，在大量多线程操作和同步 I/O 操作之间进行了很好的平衡。

（3）可伸缩性强。GraphLab 能够智能地选择存储和计算的节点，原因是 GraphLab 对于数据的存储与计算都使用了精心设计的优良算法。

（4）集成 HDFS。GraphLab 内置对 HDFS 的支持，GraphLab 能够直接从 HDFS 中读数据或者将计算结果数据直接写入 HDFS。

（5）功能强大的机器学习类工具集。GraphLab 在自身提供的 API 接口之上实现了大量的开箱即用的工具集。

图 7.3 示例中，需要完成对 V_0 邻接顶点的求和计算，串行实现中，V_0 对其所有的邻接点进行遍历，累加求和。而 GraphLab 中，将顶点 V_0 进行切分，将 V_0 的边关系以及对应的邻接点部署在两台处理器上，各台机器上并行进行部分求和运算，然后通过 master 顶点和 mirror 顶点的通信完成最终的计算，如图 7.4 所示。

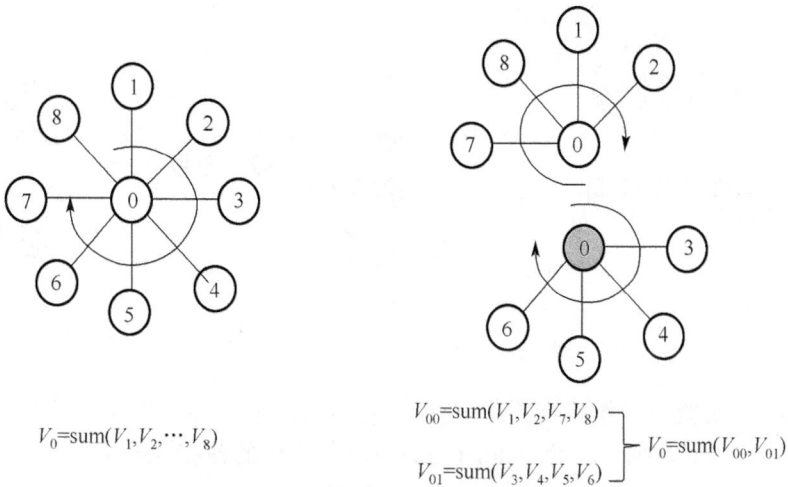

$$V_0=\text{sum}(V_1,V_2,\cdots,V_8)$$

$$V_{00}=\text{sum}(V_1,V_2,V_7,V_8)$$
$$V_{01}=\text{sum}(V_3,V_4,V_5,V_6)$$
$$\Bigg\} V_0=\text{sum}(V_{00},V_{01})$$

图 7.3　GraphLab 处理图数据示例

顶点是其最小并行粒度和通信粒度，边是机器学习算法中数据依赖性的表现方式。对于某个顶点，其被部署到多台机器，一台机器作为 master 顶点，其余机器作为 mirror。Master 作为所有 mirror 的管理者，负责给 mirror 安排具体计算任务；mirror 作为该顶点在各台机器上的代理执行者，与 master 数据保持同步。对于某条边，GraphLab 将其唯一部署在某一台机器上，而对边关联的顶点进行多份存储，解决了边数数量大的问题。同一台机器上的所有 edge 和 vertex 构成 local graph，在每台机器上，存在本地 id 到全局 id 的映射表。vertex 是一个进程上所有线程共享的，在并行计算过程中，各个线程分摊进程中所有顶点的 gather→apply→scatter 操作。每个顶点每一轮迭代经过 gather→apply→scatter 三个阶段，如图 7.5 所示。

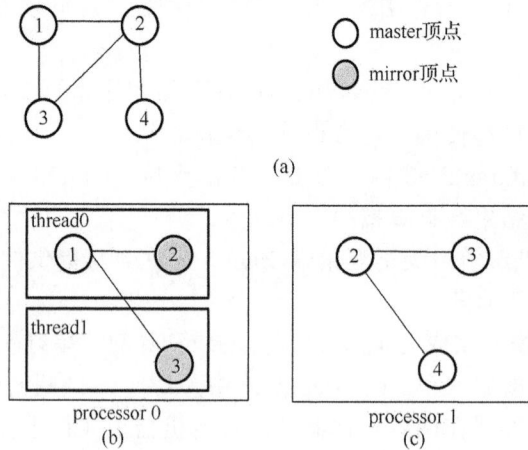

(a)

processor 0　　　　　　　　　　　　processor 1
(b)　　　　　　　　　　　　　　　(c)

图 7.4　master 顶点和 mirror 顶点的通信示例

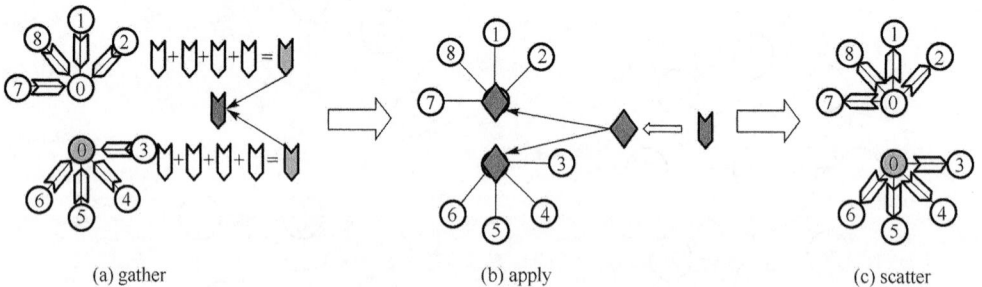

(a) gather　　　　　　　　(b) apply　　　　　　　(c) scatter

图 7.5　每个顶点每一轮迭代阶段

（1）gather 阶段。工作顶点的边(可能是所有边，也有可能是入边或者出边)从邻接顶点和自身收集数据，记为 gather_data_i，各个边的数据 GraphLab 求和，记为 sum_data。这一阶段对工作顶点、边都是只读的。

（2）apply 阶段。Mirror 将 gather 计算的结果 sum_data 发送给 master 顶点，master 汇总为 total。master 利用 total 和上一步的顶点数据，按照业务需求进行进一步的计算，然后更新 master 的顶点数据，并同步 mirror。apply 阶段中，工作顶点可修改，边不可修改。

（3）scatter 阶段。工作顶点更新完成之后，更新边上的数据，并通知对其有依赖的邻接顶点更新状态。在 scatter 过程中，工作顶点只读，边上数据可写。

在执行模型中，GraphLab 通过控制三个阶段的读写权限达到互斥的目的。在 gather 阶段只读，apply 对顶点只写，scatter 对边只写。并行计算的同步通过 master

和 mirror 实现，mirror 相当于每个顶点对外的一个接口，它将复杂的数据通信抽象成顶点的行为。

7.1.2　基于内存的并行计算模型

大数据的海量特征一直在强调有限的存储空间无法容纳数据密集型应用的全部工作负载，但是使用基于磁盘的分布式存储环境又难以满足性能上的实时需求，而随着 SCM(software configuration management)技术的快速发展，内存容量越来越大，同时价格越来越便宜，目前适用于内存计算的拥有 TB 级内存容量的服务器正在逐步普及，为内存计算提供了物理条件上的保障。因此基于内存的面向大数据的分布式并行计算模型研究是大势所趋。

1)Spark 并行计算框架

在当下最具有代表性的是 CBerkeley 的 Spark[13]，Spark 是发源于美国加州大学伯克利分校 AMPLab 的集群计算平台。它立足于内存计算，从多迭代批量处理出发，兼收并蓄数据仓库、流处理和图计算等多种计算范式，是罕见的全能选手。Spark 采用函数式编程语言 Scala 实现,同时支持 Java、Python 等语言接口,克服 MapReduce 在迭代式计算和交互计算中的不足。

Spark 最初是为了处理迭代算法(如机器学习、图挖掘算法)和交互式数据挖掘算法而开发的，在这两种场景中，Spark 的运行速度可达 Hadoop 的百倍以上。另外，也可使用 Spark 操作 HDFS 数据，运行普通数据分析流程，这依赖于一个第三方的集群框架——Mesos。基于 Spark、AMPLab 开发了 Shark，一个与 Apache-Hive 完全兼容的数据仓库系统，速度比 Hive 快百倍以上。尽管 Spark 是一个新的引擎，它能处理任何 Hadoop 支持的数据源。

目前多数集群编程模型都基于无循环的数据流，从一个数据源向另一个数据源倒数据，示例如图 7.6 所示。

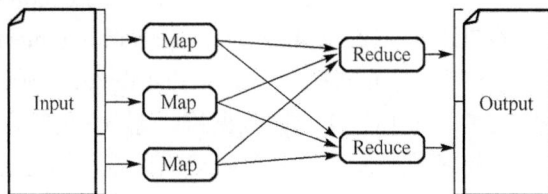

图 7.6　多数集群编程模型样例

这样做的好处在于系统可以自行决定在何处运行任务，并有较高的容错性。但这种非循环的数据流在重复使用数据的应用中表现不佳，例如：

(1)迭代算法。机器学习算法和图挖掘算法。

(2)交互式数据挖掘。这种场景下用户需要快速查询数据。

(3)OLAP(on line analysis processing)。需要对同一个数据进行多次聚集查询。

在现有的并行计算框架中,某些应用需要开启多个 job,每个 job 都需要从数据源(分布式存储系统)读取数据,然后再写到文件系统中,重复地从文件系统读取和写入数据浪费了大量时间。

Spark 引入了基于内存的集群计算,它允许应用在内存中保存工作集以便高效地重复利用,它支持多种数据处理应用,同时它也保存了 MapReduce 的重要特性,如高容错性、数据本地化和大规模处理等。Spark 提出了弹性分布式数据集(resilient distributed datasets,RDD)[14]的概念,描述如下。

(1)RDD 表现为一个 Scala 对象,可由一个文件创建而来;

(2)分布在一个集群内的、不可变的对象切分集;

(3)通过并行处理(Map、filter、groupby、Join)固定数据(base RDD)创建模型,生成 Transformed RDD;

(4)故障时可使用 RDD 血统(lineage)信息重建;

(5)可高速缓存,以便再利用。

Spark 引入 RDD 作为数据对象,可以很好地解决传统 MapReduce 模型在处理迭代计算时需要反复读写 HDFS 导致系统性能过低的问题。RDD 是一个分布在一组节点之间的只读的对象集合。这些集合是弹性的,能够在部分数据集丢失的情况下利用血统容错机制进行重建。它是对集群上并行处理数据的分布式内存抽象,RDD 主要有 Transformation 和 Action 两大类型的操作,并且当前 RDD 与上一个 RDD 会有依赖关系,Spark 的每个作业会将各个 RDD 串联起来形成有向无环图,从而可以更加高效地执行,因此 Spark 特别擅长运行迭代类型的算法,在处理迭代式作业时的速度超过 Hadoop 大约 20 倍。Spark 提供了多种 Transforms 和 Actions 操作,相对于 MapReduce 的 Map 函数和 Reduce 函数更为多样化,可以在很大程度上简化用户的编程。基于 Spark 的内存计算分析生态系统,现在已有了和 Hive 类似的类 SQL 命令接口 Spark,处理流数据的 Spark streaming,用于大图计算的 GraphX 等,GraphX 是一个运行在 Spark 框架下的图计算 API(application programming interface)。它扩展 Spark 中的 RDD 数据抽象,提出弹性分布式图(resilient distributed graph,RDG)。GraphX 使用点分割方式代替常见的边分割方式对图数据进行划分,更符合大规模图数据的特点。需要指出的是,内存数据管理并不是一个全新的话题,但是在大数据背景下,该研究领域的外延和内涵都在发生变化,因此这些也会在未来得到更充实的发展。

MapReduce 与 Spark 相比,有以下不同。

(1)由于 MapReduce 的作业启动需要一定的时间,这使得 MapReduce 并不适合小数据量的运算。然而 Spark 并没有这个限制,即使数据量比较小时,同样能得到较高的执行效率。

(2)由于 Spark 可以将程序运行的中间结果数据放入内存,这使得 Spark 适合于迭代式数据挖掘和交互式数据挖掘。Spark 可以在程序中随意选取将中间数据放入内存，这是非常灵活和有用的。Spark 节省了 I/O 读取和中间结果写入硬盘的时间，而这些时间在 MapReduce 程序中占了很大一部分。

(3) Spark 尤其适用于重复适用特定数据集的情况。在数据集基本不变或者变化很小的情况下，非常适合 Spark。然而如果数据集不断变化，Spark 相对于 MapReduce 的优势就会削弱。

Spark 适合于 I/O 密集型的操作。极端情况下，数据量很大，但是我们只是单纯的统计 10 次数据行数，这种情况下，Spark 优势会非常明显。如果算法是计算密集型的，算法逻辑运算时间远远长于 I/O 时间，那么 Spark 的优势就不会那么明显。

在大数据环境下，从吞吐量到响应时间，从可扩展性到可容错性，从易用性到高性价比，这些指标无一不给传统社区分析算法带来重大挑战，而分布式并行处理是解决大数据处理问题的主要技术手段，分布式并行计算模型在多个指标上有针对性的优化和平衡则是推动分布式并行计算在大数据环境下成功应用的关键所在。因此，将传统社区分析算法基于分布式并行计算模型的实现在社区分析并行化计算中起到了中流砥柱的作用，并将在未来的研究中得到不断的发展。

2) Spark GraphX 分布式图处理框架

Spark GraphX 是一个分布式图处理框架，它基于 Spark 平台提供对图计算和图挖掘简洁易用而丰富的接口，极大地方便了对分布式图处理的需求。众所周知，社交网络中人与人之间有很多关系链，如 Twitter、Facebook、微博和微信等，这些都是大数据产生的地方都需要图计算，现在的图处理基本都是分布式的图处理，而并非单机处理。Spark GraphX 底层是基于 Spark 来处理的，所以天然就是一个分布式的图处理系统。

图的分布式或者并行处理其实是把图拆分成很多的子图，然后分别对这些子图进行计算，计算时可以分别迭代进行分阶段的计算，即对图进行并行计算。下面看一下图计算的简单示例，如图 7.7 所示。

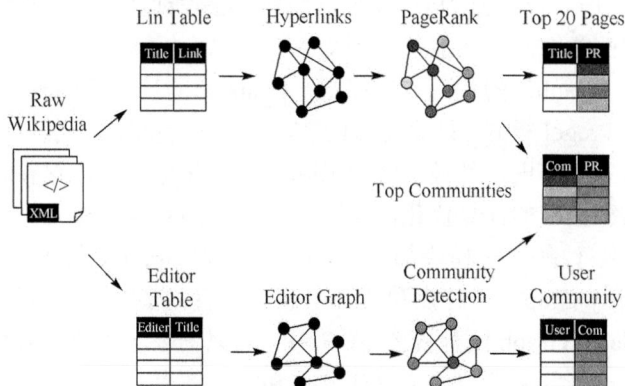

图 7.7 Wikipedia 数据图计算样例

从图 7.7 可以看出：拿到 Wikipedia 的文档以后，可以变成 Link Table 形式的视图，然后基于 Link Table 形式的视图可以分析成 Hyperlinks 超链接，最后可以使用 PageRank 分析得出 Top Communities。在下面路径中的 Editor Graph 到 Community，这个过程可以称为 Triangle Computation，这是计算三角形的一个算法，基于此会发现一个社区。从上面的分析中可以发现图计算有很多的做法和算法，同时也发现图和表格可以做互相的转换。

Spark GraphX 的优势在于能够把表格和图进行互相转换，这一点可以带来非常多的优势，现在很多框架也在渐渐地往这方面发展，例如，GraphLab 已经实现了可以读取 Graph 中的 Data，也可以读取 Table 中的 Data，也可以读取 Text 中的 Data 即文本中的内容等，与此同时，Spark GraphX 基于 Spark 也为 GraphX 增添了额外的优势，例如，和 mllib、Spark SQL 协作等。

目前基于图的并行计算框架已经有很多，例如，来自 Google 的 Pregel、来自 Apache 开源的图计算框架 Giraph，以及最著名的 GraphLab，当然也包含 HAMA，其中 Pregel、HAMA、Giraph 都是非常类似的，都是基于 BSP 模型的，BSP 模型实现了 SuperStep，即超步，BSP 首先进行本地计算，然后进行全局通信，然后进行全局的 Barrier；BSP 最大的好处是编程简单，而其问题在于一些情况下 BSP 运算的性能非常差，因为有一个全局 Barrier 存在，所以系统速度取决于最慢的计算，也就把木桶原理体现无遗，另外，很多现实生活中的网络是符合幂律分布的，也就是定点、边等分布式很不均匀，所以在这种情况下，BSP 的木桶原理导致了性能问题会得到很大的放大，对这个问题的解决，以 GraphLab 为例，使用了一种异步的概念而没有全部的 Barrier；最后，不得不提的一点是在 Spark GraphX 中可以用极为简洁的代码非常方便的使用 Pregel 的 API。基于图的计算框架的共同特点是抽象出了一批 API，以其简化基于图的编程，这往往比一般的 data-parellel 系统的性能高出很多倍。

设计 GraphX 时，点分割和 GAS 都已成熟，在设计和编码中针对它们进行了优化，并在功能和性能之间寻找最佳的平衡点。

如同 Spark，GraphX 的代码非常简洁。GraphX 的核心代码只有 3000 多行，而在此之上实现的 Pregel 模式，只要短短的 20 多行。GraphX 的代码结构整体如图 7.8 所示，其中大部分的实现，都是围绕 Partition 的优化进行的。这在某种程度上说明了点分割的存储和相应的计算优化，是图计算框架的重点和难点。

如同 Spark 本身，每个子模块都有一个核心抽象。GraphX 的核心抽象是 Resilient Distributed Property Graph，一种点和边都带属性的有向多重图。它扩展了 Spark RDD 的抽象，有 Table 和 Graph 两种视图（图 7.9），而只需要一份物理存储。两种视图都有自己独有的操作符，从而获得了灵活操作和执行效率。

GraphX 的底层设计有以下几个关键点。

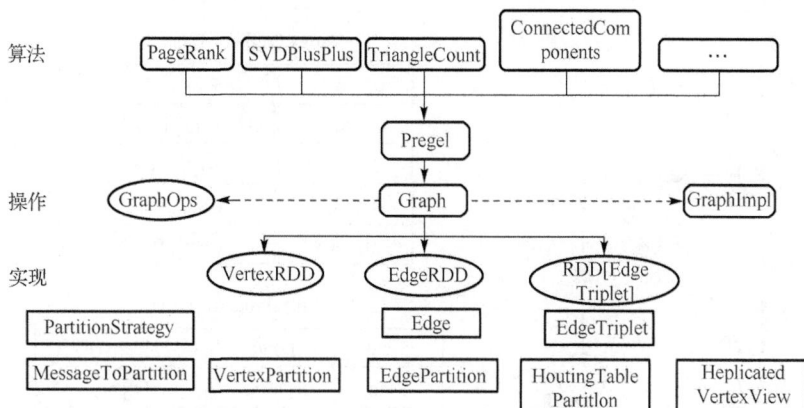

图 7.8　GraphX 结构图

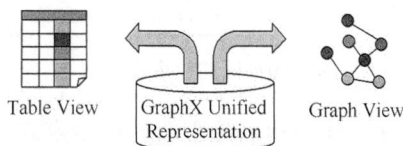

图 7.9　GraphX 的两种视图

对 Graph 视图的所有操作,最终都会转换成其关联的 Table 视图的 RDD 操作来完成。这样对一个图的计算,最终在逻辑上,等价于一系列 RDD 的转换过程。因此,Graph 最终具备了 RDD 的 3 个关键特性:Immutable、Distributed 和 Fault-Tolerant。其中最关键的是 Immutable(不变性)。逻辑上,所有图的转换和操作都产生了一个新图;物理上,GraphX 会有一定程度的不变顶点和边的复用优化,对用户透明。

如图 7.10 所示,两种视图底层共用的物理数据,由 RDD[Vertex Partition]和 RDD[Edge Partition]这两个 RDD 组成。点和边实际都不是以表 Collection[tuple]的形式存储的,而是由 Vertex Partition/Edge Partition 在内部存储一个带索引结构的分片数据块,以加速不同视图下的遍历速度。不变的索引结构在 RDD 转换过程中是共用的,降低了计算和存储开销。

图的分布式存储采用点分割模式,而且使用 Partition By 方法,由用户指定不同的划分策略(Partition Strategy)。划分策略会将边分配到各个 Edge Partition,顶点 Master 分配到各个 Vertex Partition,Edge Partition 也会缓存本地边关联点的 Ghost 副本。划分策略的不同会影响所需要缓存的 Ghost 副本数量,以及每个 Edge Partition 分配的边的均衡程度,需要根据图的结构特征选取最佳策略。目前有 Edge Partition 2、Edge Partition 1d、Random Vertex Cut 和 Canonical Random Vertex Cut 这四种策略。

大图存储模式如下。

Property Graph

Vertex Property Table

Id	Property(V)
Rxin	(Stu., Berk)
Jegonzal	(PstDoc, Berk)
Franklin	(Prof., Berk)
Istoica	(Prof., Berk)

Edge Property Table

SrcId	DstId	Property(E)
Rxin	Jegonzal	Friend
Franklin	Rxin	Advisor
Istoica	Franklin	Coworker
Franklin	Jegonzal	PI

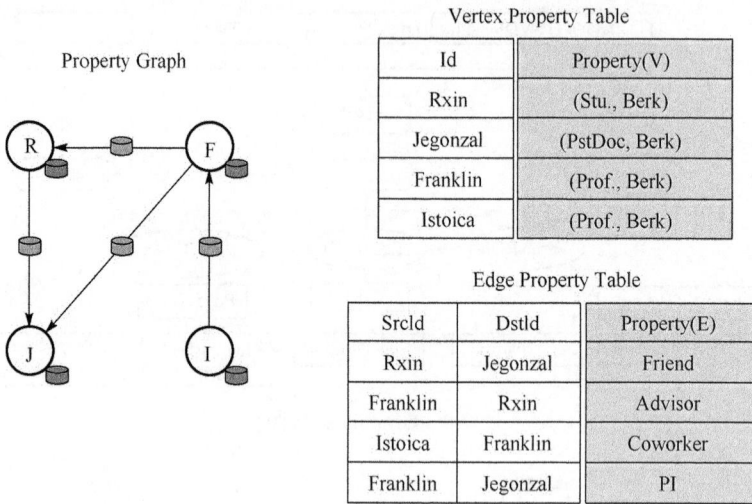

图 7.10　图的点表与边表

巨型图的存储总体上有边分割和点分割两种存储方式。2013 年，Graph Lab 2.0 将其存储方式由边分割变为点分割，在性能上取得重大提升，目前基本上被业界广泛接受并使用。

边分割（Edge-Cut）：每个顶点都存储一次，但有的边会被打断分到两台机器上。这样做的好处是节省存储空间；坏处是对图进行基于边的计算时，对于一条两个顶点被分到不同机器上的边来说，要跨机器通信传输数据，内网通信流量大。

点分割（Vertex-Cut）：每条边只存储一次，都只会出现在一台机器上。邻居多的点会被复制到多台机器上，增加了存储开销，同时会引发数据同步问题。好处是可以大幅减少内网通信量。

点分割与边分割的示意图如图 7.11 所示。

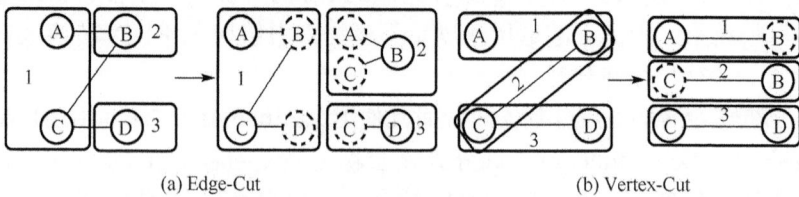

(a) Edge-Cut　　　　　　　　　　(b) Vertex-Cut

图 7.11　点分割与边分割

GraphX 借鉴 Power Graph，使用的是 Vertex-Cut（点分割）方式存储图，用三个 RDD 存储图数据信息，如图 7.12 所示。

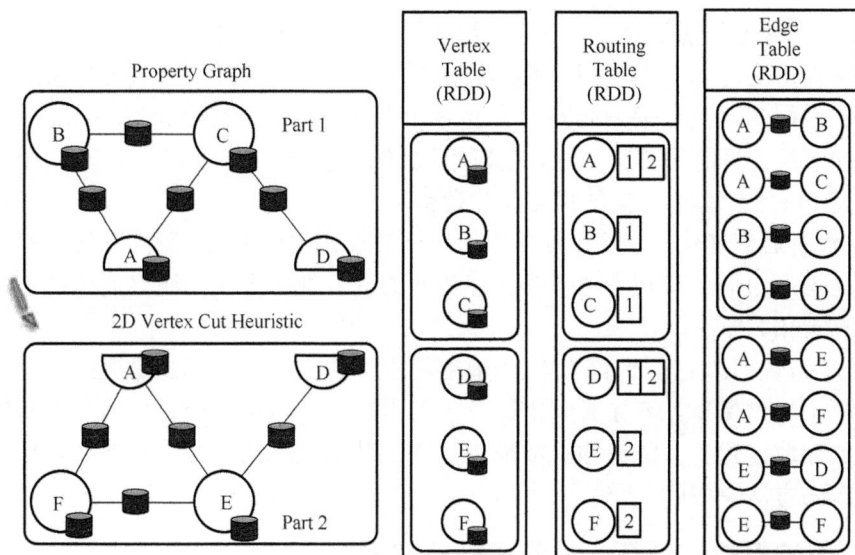

图 7.12　点分割存储

7.2　图挖掘的快速计算

7.2.1　大规模图数据处理问题

以社交网络为例，近十几年来，随着社交网络工具的不断发展，例如，全球最大的社交网络 Facebook，已约有 7 亿用户，而国内的如 QQ 空间、人人网等也发展极其迅猛，真实世界中图数据规模迅速增长，动辄有数十亿个顶点和上万亿条边，这样大规模的图，对海量数据处理技术提出巨大挑战，以搜索引擎中常用的 PageRank 计算为例，一个网页的 PageRank 得分根据网页之间相互的超链接关系计算而得到。网页用图顶点表示，网页之间的链接关系用有向边表示，按邻接表形式存储 100 亿个图顶点和 600 亿条边，假设每个顶点及出度边的存储空间占 100 字节，那么整个图的存储空间将超过 1TB。

因此，在云计算环境下进行大规模图数据的处理能很好地解决这个问题，涉及图算法以及云计算领域的多个方面。目前的研究重点主要集中在以下五方面。

(1)大规模图分割。云计算环境下的大图分割，需要提高子图内部的连通，降低子图间的连通性，维持子图之间数据规模和图拓扑结构的均衡性，同时应该有较小的时间复杂度。

(2)大规模图索引结构。大规模图的数据管理，虽然依靠云计算环境的分布式并行处理机制，可以提高效率，但是索引的加入，无疑将使管理效率有一个大幅度的提升。

(3)查询处理与磁盘存储。在云计算环境下的大规模图查询处理，正处于开发阶段，还有很大的性能提升空间，而且像子图挖掘、图模式匹配查询等复杂应用，尚没有得到很好的解决方案。此外，基于 BSP 模型 Pregel、HAMA 和 Giraph 等大规模图处理系统，目前均基于内存，限制了数据处理规模，将硬盘存储融入 BSP 模型并对磁盘 I/O 进行有针对性的优化，是急需解决的问题。

(4)消息通信优化。在云计算环境下进行大规模图处理时，制约系统效率的重要瓶颈就是消息通信，特别是由于存在任务间的耦合性，大量的网络通信使云计算的效率大打折扣。

(5)容错管理。在云计算领域，当前容错管理的主流设计思想是通过硬盘读写和冗余备份来提供保障。容错管理需要考虑的内容主要包括冗余备份的写入时机、冗余备份的存放位置、故障侦测、故障恢复等。其中故障的侦测，目前均是采用"心跳"报告的方法完成的。

7.2.2　图挖掘快速计算：增量式计算实例

1. 图聚类的常见算法

图聚类的目标是在一个大规模的图中，将点划分到几个簇中。划分的依据包括点的连通性，邻接点的相似性等。图聚类的典型应用包括在社会网络中进行社区检测等。许多已经存在的图聚类方法主要关注一个图的拓扑结构，因此每个划分都有一个有结合力的内部结构。这样的聚类方法主要基于归一化切分、模块化、结构密度。另外，还有一种图聚类方法是依据属性相似度对图进行划分，因此有相同属性值的节点将被划分到同一个簇中。

在许多实际应用中，图的拓扑结构和点的属性都很重要。例如，在社会网络中，点的属性描述了一个人的角色、身份。而图的拓扑结构描述了一群人之间的相互关系。在上述提及的两个聚类方法中，仅考虑了图的属性的一个方面，但是忽略了另一个方面。因此，在产生的聚簇中，要么点的属性随机分布，要么聚簇会有一个非常松散的内部结构。一个完美的图聚类过程应该产生内部结构紧密，同时点的属性同质的聚簇。

图聚类问题的几个主要概念如下。

1)属性增量图

定义 1　属性图　属性图表示为 $G=(V,E,\varLambda)$，V 表示点的集合，E 表示边的集合，$\varLambda=\{a_1,\cdots,a_m\}$ 是描述 V 中的点的性质的 m 个属性。一个点 $v\in V$ 和一个属性向量 $[a_1(v),\ \cdots,\ a_m(v)]$ 相关联，$a_j(v)$ 是点 v 在属性 a_j 的属性值。

一个属性图的期望的聚类结果应该平衡下面两个目标：①聚簇中的点之间连接得更加紧密，聚簇间点的连接比较疏远。②聚簇中的点有相似的属性值，聚簇间的点有非常不同的属性值。

定义 2　属性增量图　对于一个属性图 $G=(V,E,\Lambda)$，属性集 $\Lambda=\{a_1,\cdots,a_m\}$，属性 a_i 的值域 $\mathrm{Dom}(a_i)=\{a_{i1},\cdots,a_{in_i}\}$，$\mathrm{Dom}(a_i)$ 的大小记作 n_i。一个属性增量图表示为 $G_a=(V\cup V_a,\ E\cup E_a)$，$V_a=\{v_{ij}\}\dfrac{m,n_i}{i=1,j=1}$ 是属性点的集合，$E_a\subseteq V\times V_a$ 是属性 $a_j(v_i)=a_{jk}$ 集合。一个属性点 $v_{ij}\in V_a$ 代表属性 a_i 取第 j 个值。当 $a_j(v_i)=a_{jk}$ 时，属性边 $(v_i,v_{jk})\in E_a$。同时，一个点 $v\in V$ 称为结构点，一条边 $(v_i,v_j)\in E$ 称为结构边。一个共著网络的属性增量示例图如图 7.13 所示。

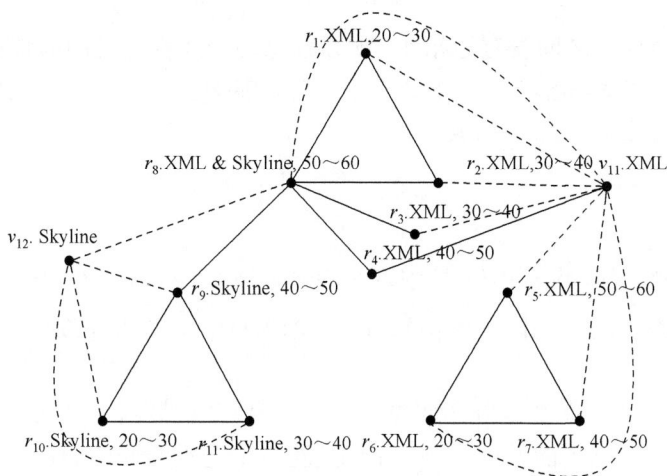

图 7.13　共著网络的属性增量图

2) 统一随机游走距离

两个点 v_i，$v_j\in V$ 之间的随机游走距离基于这两个点之间结构边和属性边的路径。它有效地将两个点之间的结构相似度和属性相似度整合到一个统一的量度之中。下面定义 G_a 的转移概率矩阵 P_A。

一条结构边 $(v_i,v_j)\in E$ 和属性边 $(v_i,v_{jk})\in E_a$ 是不同类型的。m 个属性可能有不同的重要性。因此，它们可能对随机游走距离 w_0 有不同程度的贡献。不失一般性，假设一条结构边有一个权重 w_0，和 a_1，a_2，$\cdots$，a_m 相关的属性边各自的权重为 w_1，w_2，$\cdots$，w_m。因此，通过一条结构边，从点 v_i 到点 v_j 的转移概率为

$$p_{v_i,v_j}=\begin{cases}\dfrac{w_0}{|N(v_i)|w_0+w_1+\cdots+w_m}, & (v_i,v_j)\in E\\ 0, & 否则\end{cases}\tag{7-1}$$

$N(v_i)$ 代表和点 v_i 有连接的结构边的集合。从点 v_i 通过一条属性边到点 v_{jk} 的转移概率为

$$p_{v_i,v_{jk}} = \begin{cases} \dfrac{w_j}{|N(v_i)|w_0 + w_1 + \cdots + w_m}, & (v_i, v_{jk}) \in E_a \\ 0, & \text{否则} \end{cases} \quad (7\text{-}2)$$

从点 v_{ik} 通过一条属性边到点 v_j 的转移概率为

$$p_{v_{ik},v_j} = \begin{cases} \dfrac{1}{|N(v_{ik})|}, & (v_i, v_{jk}) \in E_a \\ 0, & \text{否则} \end{cases} \quad (7\text{-}3)$$

由于两个属性点之间没有边相连,所以任意两个属性点之间的转移概率都为 0。

转移概率矩阵 P_A 是 $|V \cup V_a| \times |V \cup V_a|$ 的矩阵,前 $|V|$ 行(列)和结构点相关,余下 $|V_a|$ 行(列)和属性点相关。P_A 可以表示为

$$P_A = \begin{bmatrix} P_{V_1} & A_1 \\ B_1 & O \end{bmatrix} \quad (7\text{-}4)$$

P_{V_1} 是 $|V| \times |V|$ 矩阵,代表式(7-1)中定义的转移概率。A_1 是 $|V| \times |V_a|$ 矩阵,代表式(7-2)中定义的转移概率。B_1 是 $|V_a| \times |V|$ 矩阵,代表式(7-3)中定义的转移概率。O 是 $|V_a| \times |V_a|$ 的 0 矩阵。

定义 3 随机游走距离矩阵　假设 P_A 是一个属性增量图 G_a 的转移概率矩阵,L 是一次随机游走可以走的长度,$c \in (0,1)$ 是随机游走重新开始的概率,统一邻接随机游走距离矩阵 R_A 为

$$R_A = \sum_{l=1}^{L} c(1-c)^l P_A^l \quad (7\text{-}5)$$

3)SA-Cluster 算法

SA-Cluster 算法采用了 *k*-Medoids 聚类算法的框架。在初始化聚簇中心点,以及在聚类过程的开始计算随机游走距离之后,算法重复下面 4 个步骤直到收敛。

(1)将点分配给距离最近的中心点的簇。

(2)更新聚簇中心点。

(3)调整属性边权重 $\{w_1, \cdots, w_m\}$。

(4)重新计算随机游走距离矩阵 R_A。

SA-Cluster 算法,通过统一的距离测量,将结构和属性相似性结合起来。SA-Cluster 使用矩阵乘法来计算图中节点对之间的随机游走距离。在每次迭代过程中,通过调整边的权重来平衡结构和属性相似性,然后在聚类过程中再次使用矩阵乘法来计算节点对之间的随机游走距离。在原始图中,加入属性点和属性边。在这样的增量图中,属性相似性被转换成了图中的临近点。有共同属性值的两个点和一

个共同的属性点相连接。邻接随机游走模型，通过结构边和属性边，在增量图中测量点的邻近性，将两个相似性进行了统一。SA-Cluster 算法使用随机游走距离作为点相似性的测量方法，并且使用 k-Medoids 框架进行聚类。由于不同的属性可能有不同的重要程度，因此关于属性 a_i 的属性边被分配一个权值 w_i，权值 w_i 被初始化为1.0。在聚类过程的每轮迭代中，属性边的权值被更新，来反映不同属性的重要程度。通过自动调整属性边权重 $\{w_1, \cdots, w_m\}$ 反映不同属性的聚集趋势。有更好的聚集趋势的属性的权值将被提升，反之则被削弱。当边的权重 $\{w_1, \cdots, w_m\}$ 改变了，转移概率矩阵 P_A 也会改变，因此邻接随机游走距离矩阵 R_A 也会改变。在每轮迭代过程中，属性边的调整会影响图的转移概率。结果，在每轮迭代过程中，随机游走距离矩阵需要重新计算。由于随机游走距离计算包括矩阵乘法，时间复杂度为 $O(n_3)$。在 SA-Cluster 算法中，重复的随机游走距离计算造成了最主要的计算花销，占据了聚类时间的98%。SA-Cluster 算法的花销可以表示为

$$t \cdot (T_{\text{random\_walk}} + T_{\text{centroid\_update}} + T_{\text{assign}}) \tag{7-6}$$

其中，t 为聚类过程的迭代次数；$T_{\text{random\_walk}}$ 为计算随机游走距离矩阵 R_A 的花销；$T_{\text{centroid\_update}}$ 为更新聚类中心点的花销；T_{assign} 为将所有的点分配到聚簇的花销。

因为 $T_{\text{centroid\_update}}$ 和 T_{assign} 两个操作线性搜寻图中的点，所以这两个操作的时间复杂度是 $O(n)$，$n=|V|$是点的个数。另外，随机游走距离计算由矩阵加法和矩阵乘法组成，$T_{\text{random\_walk}}$ 的时间复杂度为 $O(L \cdot n_a^3)$，$n_a=|V \cup V_a|$是转移概率矩阵 P_A 的行(列)数。很明显 $T_{\text{random\_walk}}$ 是聚类过程的主导因素。在每次迭代过程中随机游走距离的重复计算，导致 SA-Cluster 算法的效率相对较低。可以发现，计算随机游走距离占了 SA-Cluster 算法整个聚类时间的98%。

在随机游走距离计算上的计算瓶颈促使我们寻找另外的，开销相对较低的解决方案。一个很自然的方向是探索在聚集过程中能否避免重复计算随机游走的距离。我们的目标是减少随机游走距离计算的次数。可以发现，属性权重的调整仅改变了属性边的转移概率，但没有改变结构边的转移概率。这暗示了随机游走距离矩阵中的很多元素可能并没有改变。可以设计一个增量计算方法，在迭代过程中更新随机游走距离矩阵 R_A。也就是，给定原始的随机游走距离矩阵 R_A 和权重的增量 $\{\Delta w_1, \cdots, \Delta w_m\}$，高效率地计算增量矩阵 ΔR_A，然后更新随机游走距离矩阵 R_N，$A = R_A + \Delta R_A$。在这个过程中，仅计算 ΔR_A 中的非零元素，也就是被改变的边权重影响的元素。忽略原始矩阵中未受影响的部分。如果矩阵元素中受影响的部分很小，这个增量方法将会大大提高算法的效率。

经过仔细研究权值的白调整机制，发现权值的增量仅影响了属性边，结构边没有被影响。因此，目标定位在改善 SA-Cluster 算法的效率和可扩展性。使用 Inc-Cluster ——一种有效率的增量计算算法，更新随机游走距离矩阵。Inc-Cluster 能随着边权

重的增加增量式地更新随机游走距离。核心想法是，仅在聚类过程的一开始计算完整的随机游走距离矩阵。在每次迭代过程中，随着属性权值的更新，使用 Inc-Cluster 算法更新原始的随机游走距离矩阵，而不是重新计算矩阵。这个增量计算问题非常有挑战性。已经存在的增量方法，不能被直接应用到我们的问题中。因为它们将图划分成了已改变的部分和不变的部分，而我们的问题很难找到已改变和未改变部分的清晰的界限。因为在几次迭代后，边权重调整的影响将广泛传播到整个图中。任意一对节点之间的距离都可能受到影响。使用 Inc-Cluster 算法，可以将图聚类算法划分为两个阶段。在聚类过程一开始的离线阶段，计算相对昂贵的完整的随机游走距离矩阵。在快速迭代的线上阶段，进行相对便宜的增量矩阵计算。在大规模图中，Inc-Cluster 算法相比 SA-Cluster 算法可以实现效率的提升，并且在考虑结构和属性值的情况下可以实现相同的聚类质量。

2. Inc-Cluster 增量算法

下面描述增量算法。R_A 是一系列矩阵 P_A^l 的加权之和，P_A^l 是转移概率矩阵 P_A 的 l 次方，$l = 1, \cdots, L$。计算 ΔR_A 的问题可以分解成对不同 l 值计算 ΔP_A^l 的子问题。因此，我们的目标是，给定原始矩阵 P_A^l 和边权重增量 $\{\Delta w_1, \cdots, \Delta w_m\}$，计算增量 ΔP_A^l。

1）计算增量矩阵 ΔP_A^1

转移概率矩阵 P_A 可以用四个子矩阵 P_{v_i}、A_1、B_1 和 O 表达。基于 w_0 是固定的，$\sum_{i=1}^m w_i = m$，可以很容易证明属性权值增量仅影响转移概率矩阵中的 A_1，其他 3 个子矩阵没有改变。因此，转移概率矩阵的增量 ΔP_A^1 可以表示为

$$\Delta P_A^1 = \begin{bmatrix} O & \Delta A_1 \\ O & O \end{bmatrix} \tag{7-7}$$

考虑概率 $p(v_i, v_{jk})$，给定一个新的权重 $w'_j = w_j + \Delta w_j$，概率增量为

$$\Delta p(v_i, v_{jk}) = \frac{\Delta w_j}{|N(v_i)| w_0 + w_1 + \cdots + w_m} = \Delta w_j \cdot p(v_i, v_{jk}) \tag{7-8}$$

因为 $w_j = 1.0$，$\sum_{i=1}^m w_i = m$，因此式（7-7）成立。假设 $A_1 = [A_{a_1}, A_{a_2}, \cdots, A_{a_m}]$，$A_{a_i}$ 是一个 $|V| \times n_i$ 矩阵，它表示从 V 中的结构点到和属性 a_i 相关的属性点的转移概率。列号 n_i 表示 $\mathrm{Dom}(a_i)$ 中有 n_i 个可能的值。一个元素 $A_{a_i}(p, q)$ 代表从第 p 个点 $v_p \in V$ 到 a_i 的第 q 个值 a_{i_q}。那么 ΔA_1 为

$$\Delta A_1 = \begin{bmatrix} \Delta w_1 \cdot A_{a_1}, \Delta w_2 \cdot A_{a_2}, \cdots, \Delta w_m \cdot A_{a_m} \end{bmatrix} \tag{7-9}$$

其中，$\Delta w_i \cdot A_{a_i}$ 为标量乘法。边的权重改变之后，新的转移概率矩阵 $P_{N,A}$ 可以表示为

$$P_{N,A} = \begin{bmatrix} P_{V_1} & A_1 + \Delta A_1 \\ B_1 & O \end{bmatrix} = \begin{bmatrix} P_{V_1} & A_{N,1} \\ B_1 & O \end{bmatrix} \tag{7-10}$$

2) 计算 l 次增量矩阵 ΔP_A^l

和计算 ΔP_A^1 的过程相似，用稍微复杂的计算可以计算出 ΔP_A^l （$l \geqslant 2$）。$P^l = P^{l-1} \times P_A$ 可以表示为

$$\begin{aligned} P_A^l &= \begin{bmatrix} P_{V_{l-1}} & A_{l-1} \\ B_{l-1} & C_{l-1} \end{bmatrix} \times \begin{bmatrix} P_{V_1} & A_1 \\ B_1 & O \end{bmatrix} \\ &= \begin{bmatrix} P_{V_{l-1}}P_{V_1} + A_{l-1}B_1 & P_{V_{l-1}}A_1 \\ B_{l-1}P_{V_1} + A_{l-1}B_1 & B_{l-1}A_1 \end{bmatrix} \end{aligned} \tag{7-11}$$

相似地，在给定权值增量 $\{\Delta w_1, \cdots, \Delta w_m\}$ 的情况下，新的矩阵 $P^l = P^{l-1} \times P_{N,A}$ 可以表示为

$$\begin{aligned} P_A^l &= \begin{bmatrix} P_{N,V_{l-1}} & A_{N,l-1} \\ B_{N,l-1} & C_{N,l-1} \end{bmatrix} \times \begin{bmatrix} P_{V_1} & A_{N,1} \\ B_1 & O \end{bmatrix} \\ &= \begin{bmatrix} P_{N,V_{l-1}}P_{V_1} + A_{N,l-1}B_1 & P_{N,V_{l-1}}A_{N,1} \\ B_{,N,l-1}P_{V_1} + C_{N,l-1}B_1 & B_{N,l-1}A_{N,1} \end{bmatrix} \end{aligned} \tag{7-12}$$

次转移概率矩阵增量可以表示为

$$\Delta P_A^l = \begin{bmatrix} \Delta P_{V_l} & \Delta A_l \\ \Delta B_l & \Delta C_l \end{bmatrix} \tag{7-13}$$

基于原始矩阵 P_A^l 和新矩阵 $P_{N,A}^l$，增量 ΔP_{V_l} 可以表示为

$$\begin{aligned} \Delta P_{V_l} &= (P_{N,V_{l-1}}P_{V_1} + A_{N,l-1}B_1) - (P_{V_{l-1}}P_{V_1} + A_{l-1}B_1) \\ &= (P_{V_{l-1}} + \Delta P_{V_{l-1}})P_{V_1} + (A_{l-1} + \Delta A_{l-1})B_1 - (P_{V_{l-1}}P_{V_1} + A_{l-1}B_1) \\ &= \Delta P_{V_{l-1}}P_{V_1} + \Delta A_{l-1}B_1 \end{aligned} \tag{7-14}$$

增量 ΔB_l 可以表示为

$$\begin{aligned} \Delta B_l &= (B_{N,l-1}P_{V_1} + C_{N,l-1}B_1) - (B_{l-1}P_{V_1} + C_{l-1}B_1) \\ &= (B_{l-1} + \Delta B_{l-1})P_{V_1} + (C_{l-1} + \Delta C_{l-1})B_1 - (B_{l-1}P_{V_1} + C_{l-1}B_1) \\ &= \Delta B_{l-1}P_{V_1} + \Delta C_{l-1}B_1 \end{aligned} \tag{7-15}$$

增量 ΔA_l 可以表示为

$$\begin{aligned}
\Delta A_l &= P_{N,V_{l-1}} A_{N,1} - P_{V_{l-1}} A_1 \\
&= (P_{V_{l-1}} + \Delta P_{V_{l-1}}) A_{N,1} - P_{V_{l-1}} A_1 \\
&= P_{V_{l-1}} \Delta A_1 + \Delta P_{V_{l-1}} A_{N,1}
\end{aligned} \tag{7-16}$$

还有一个组件 $P_{V_{l-1}} \Delta A_1$，由于 $\Delta A_1 = [\Delta w_1 \cdot A_{a_1}, \cdots, \Delta w_m \cdot A_{a_m}]$，所以有

$$\begin{aligned}
P_{V_{l-1}} \Delta A_1 &= P_{V_{l-1}} \left[\Delta w_1 \cdot A_{a_1}, \cdots, \Delta w_m \cdot A_{a_m} \right] \\
&= \left[\Delta w_1 \cdot P_{V_{l-1}} A_{a_1}, \cdots, \Delta w_m \cdot P_{V_{l-1}} A_{a_m} \right]
\end{aligned} \tag{7-17}$$

P_A^l 中的子矩阵 A_l 由下面的子矩阵乘法计算而得

$$A_l = P_{V_{l-1}} A_1 + A_{l-1} O = P_{V_{l-1}} A_1 \tag{7-18}$$

如果重写 A_l 为一系列 $|V| \times n_i$ 子矩阵，$A_l = [A_{l,a_1}, A_{l,a_2}, \cdots, A_{l,a_m}]$，然后 $A_{l,a_i} = P_{V_{l-1}} A_{a_i}$。结果，$P_{V_{l-1}} \Delta A_1$ 可以被表达为

$$\begin{aligned}
P_{V_{l-1}} \Delta A_1 &= \left[\Delta w_1 \cdot P_{V_{l-1}} A_{a_1}, \cdots, \Delta w_m \cdot P_{V_{l-1}} A_{a_m} \right] \\
&= \left[\Delta w_1 \cdot A_{l,a_1}, \cdots, \Delta w_m \cdot A_{l,a_m} \right]
\end{aligned} \tag{7-19}$$

因此，为了计算 $P_{V_{l-1}} \Delta A_1$，仅需要计算 $[\Delta w_1 \cdot A_{l,a_1}, \cdots, \Delta w_m \cdot A_{l,a_m}]$。有利条件是 $\Delta w_i \cdot A_{l,a_i}$ 是标量乘法，比矩阵乘法 $P_{V_{l-1}} \Delta A_1$ 计算上廉价很多。将上面的等式整合起来，有

$$\Delta A_l = \left[\Delta w_1 \cdot A_{l,a_1}, \cdots, \Delta w_m \cdot A_{l,a_m} \right] + \Delta P_{V_{l-1}} A_{N,1} \tag{7-20}$$

第一部分代表属性增量，第二部分代表从 $\Delta P_{V_{l-1}}$ 而来的累积增量。

相似，假设 $C_l = [C_{l,a_1}, C_{l,a_2}, \cdots, C_{l,a_m}]$，增量 ΔC_l 为

$$\begin{aligned}
\Delta C_l &= B_{N,l-1} A_{N,1} - B_{l-1} A_1 \\
&= (B_{l-1} + \Delta B_{l-1}) A_{N,1} - B_{l-1} A_1 \\
&= B_{l-1} \Delta A_1 + \Delta B_{l-1} A_{N,1} \\
&= [\Delta w_1 \cdot A_{l,a_1}, \cdots, \Delta w_m \cdot A_{l,a_m}] + \Delta B_{l-1} A_{N,1}
\end{aligned} \tag{7-21}$$

3）增量算法

表 7.1 描述了给定原始矩阵 R_A，权值增量 $\{\Delta w_1, \cdots, \Delta w_m\}$，计算新的随机游走距离矩阵 $R_{N,A}$ 的增量算法。算法迭代地计算当 $l=1, \cdots, L$ 时的增量 ΔP_A^l，并累积它们到增量矩阵 ΔR_A。最后，返回新的随机游走距离矩阵 $R_{N,A} = R_A + \Delta R_A$。

使用 Inc-Cluster 算法的聚类过程的总的运行时间可以被表达为

$$T_{random\_walk} + (t-1) \cdot T_{inc} + t \cdot (T_{centroid\_update} + T_{assign}) \tag{7-22}$$

表 7.1　Inc-Cluster 算法

算法　　The Incremental Algorithm Inc-Cluster
Input: The original matrices $R_a, P_a, A_1, C_1, l=2, \cdots, L$
The attribute edge weight increments $\{\Delta w_1, \cdots, \Delta W_m\}$
Output: The new random walk distance matrix $R_{N,A}$
1.　　　Calculate ΔP_A^1 according to Eq.(8);
2.　　　$\Delta R_A = c(1-c)\Delta P_A^1$;
3.　　　for $l= 2, \cdots, L$
4.　　　　$\Delta P_{V_l} = \Delta P_{V_{l-1}} P_{V_l} + \Delta A_{l-1} B_1$;
5.　　　　$\Delta B_l = \Delta B_{l-1} P_{V_l} + \Delta C_{l-1} B_1$;
6.　　　　$\Delta A_l = \left[\Delta w_1 \cdot A_{l,a_1}, \cdots, \Delta w_m \cdot A_{l,a_m}\right] + \Delta P_{V_{l-1}} A_{N,1}$;
7.　　　　$\Delta C_l = \left[\Delta w_1 \cdot C_{l,a_1}, \cdots, \Delta w_m \cdot C_{l,a_m}\right] + \Delta B_{l-1} A_{N,1}$;
8.　　　　$\Delta R_A += c(1-c)^l \Delta P_A^l$;
9.　　　end for
10.　　return $R_{N,A} = R_A + \Delta R_A$;

T_{inc} 是增量计算的时间，$T_{\text{random\_walk}}$ 是在聚类过程一开始计算随机游走距离矩阵的时间。SA-Cluster 和 Inc-Cluster 之间的加速比 r 为

$$\frac{t(T_{\text{random\_walk}} + T_{\text{centroid\_update}} + T_{\text{assign}})}{T_{\text{random\_walk}} + (t-1)T_{\text{inc}} + t(T_{\text{centroid\_update}} + T_{\text{assign}})} \tag{7-23}$$

由于 T_{inc}，$T_{\text{centroid\_update}}$，$T_{\text{assign}} \ll T_{\text{random\_walk}}$，加速比 r 为

$$r \approx \frac{t \cdot T_{\text{random\_walk}}}{T_{\text{random\_walk}}} = t \tag{7-24}$$

因此，Inc-Cluster 比 SA-Cluster 的运行时间节省了 t 倍，其中 t 是聚集过程迭代的次数。

7.2.3　图挖掘快速计算：并行计算实例

在本小节中，介绍两种图挖掘算法通过不同的分布式计算框架实现并行计算。

1. 图数据处理算法：SimRank

SimRank 算法利用图中各个顶点间的相互关系，计算图中任意两个顶点之间的相似度。SimRank 算法被广泛应用在社交网络、引用关系网络、推荐系统等众多领域中。例如，SimRank 算法可用于评估购物网络中产品的相似性，再根据相似度进行商品推荐。在社交网络中，可以利用 SimRank 算法计算朋友之间的相似度，进而可以进行好友推荐。

SimRank 算法的基本思想是：如果两个对象与相同的对象或相似的对象有关系，

那么它们就是相似的。如果将对象作为一个顶点，对象间的关系当作一条边，就可以得到一张对象图 $G=(V,E)$。其中 V 为对象的集合，E 为关系的集合。SimRank 算法基于图 G 进行相似度的计算。如果将对象 a 与对象 b 之间的相似度记为 $S(a,b)$，SimRank 算法的迭代计算公式为

$$S^{k+1}(a,b) = \begin{cases} 1, & a=b \\ \dfrac{C}{|I(a)||I(b)|} \sum_{\substack{c\in I(a) \\ d\in I(b)}} S^k(c,d), & a \neq b \end{cases} \tag{7-25}$$

其中，$I(a)$ 和 $I(b)$ 分别为顶点 a 和顶点 b 的指入顶点集合；$S(a,b)$ 的取值范围为[0,1]；C 为阻尼系数，其取值范围为 $(0,1)$。当 $a=b$ 时，$S(a,b)$ 恒为 1。当 $a\neq b$ 时，$S_0(a,b)=0$。由式(7-25)经多次迭代，就可以得到最终的顶点间的相似度。

　　下面介绍如何使用 MapReduce 编程模型将 SimRank 算法并行化[15]（表 7.2）。SimRank 算法可以在分布式编程模型上，以消息传递的方式实现。因此，可以将 SimRank 算法应用到大规模数据集，进行大规模数据集上的相似度计算。这样做的好处是可以充分利用分布式的资源，提高计算的效率。

表 7.2　MapReduce 上实现的 SimRank 算法

算法	MapReduce 上实现的 SimRank 算法
输入：图 G，初始值集合 S^0	
输出：相似度值结果集合 S^*	
1.	for $t=0$ to $T-1$
2.	mapphase 输入：<key(a,b),value=$S^t(a,b)$>;
3.	for each (c,d) | $c\in O(a)$, $d\in O(b)$;
4.	发送<key(a,b),value=$S^t(a,b)$>;
5.	end for
6.	reducephase 输入：<key(c,d),value=vs[]>;
7.	/*vs[]为相同 key 值的所有 value 值构成的数组*/
8.	if $c=d$
9.	$S^{t+1}(c,d)=1$
10.	else
11.	$S^{t+1}(c,d) = \dfrac{c}{\text{len(vs)}} \text{sum(vs)}$;
12.	end if
13.	输出<key(c,d),value=$S^{t+1}(c,d)$>;
14.	$S^t=S^{t+1}$;
15.	end for
16.	$S^*=S^{T-1}$
17.	输出 S^*

　　该算法是一个不断迭代的算法，MapReduce 编程模型将每次迭代作为一个 Job 来完成。第一次迭代时以 $S^0(a,b)$ 作为输入，$S^1(a,b)$ 作为输出。之后的每次迭代过程中，以上一次迭代的输出作为输入。即当 $t \geqslant 1$ 时，第 t 次迭代以 $S^{t-1}(a,b)$ 作为输入，并输出 $S^t(a,b)$。在每次迭代过程中的 Map 阶段，将每对顶点及其相似度值分发到各个计算节点中。在各个计算节点中，遍历该对顶点的所有指出顶点对，并将自己的相似度值发向该顶点对。在 Reduce 阶段，每个计算节点收集一个顶点对收到的其他顶点对发来的相似度值，并累加起来计算出本次迭代该顶点对的相似度值并将结果输出。

　　假设经过 T 次迭代后，算法收敛，经过计算可以得到各个顶点对的相似度值。

2. 图的频繁挖掘子图算法：FSMBUS

　　下面介绍一种基于 Spark 的大规模频繁子图的并行挖掘算法——FSMBUS 算法[16]。

　　给定一个图 G 以及一个最小支持度 k，设 S 为图 G 的一个子图，当图 S 在图 G 中的同构图的计数大于 k 时，S 即 G 的一个频繁子图。频繁子图是图挖掘算法研究中的一项重要的研究工作，广泛应用于生物信息学、化学信息学、社交网络、万维网等领域中。例如，在社交网络中，帮助辨别不同群体内部的关系，有助于理解它们的社交行为。在对图数据进行频繁子图挖掘后，其结果还可以直接用于图数据的分类、聚类、索引的建立等。

　　FSMBUS 算法通过次优树构建并行计算的候选子图，在给定最小支持度时挖掘出所有的频繁子图，并利用非频繁检测和搜索顺序选择实现优化，还设计了一种名为 Sorted-Greedy 的轻量级数据划分方法。实验结果表明，FSMBUS 的效率要比现有单图上最新的算法快一个数量级，并支持更低、最小支持度阈值以及更大规模图数据的挖掘，同时 FSMBUS 比 Hadoop 的移植版要快 2～4 倍。

　　次优树是一种高效的子图生长策略。每个图使用邻接矩阵 M 存储，其中矩阵的对角线上存储顶点的标签，非对角线存储顶点与顶点相连的边的标签，0 表示两个顶点之间没有边相连。给定一个 $n \times n$ 的邻接矩阵 M，表示有 n 个顶点的图 G，定义 M 的编码为该矩阵的下三角（含对角线）按顺序 $m_{1,1}, m_{2,1}, m_{2,2}, \cdots, m_{n,1}, m_{n,2}, \cdots,$ $m_{n,n-1}, m_{n,n}$ 构成的序列，记作 $\mathrm{code}(M)$，其中按字典序比较得到的 $\max[\mathrm{code}(M)]$ 称为标准编码，其对应的表示矩阵称为标准邻接矩阵，记作 CAM。

　　当图 G 的矩阵 M 的极大子矩阵是另一个图的标准邻接矩阵时，该矩阵 M 称为次优邻接矩阵，记作次优 CAM，这里每一个 CAM 同时也是次优 CAM，由次优 CAM 构成的树称为次优树。

　　给定 2 个次优邻接矩阵 M 和 N，通过 M 与 N 的连接操作可以生成新矩阵，称为 FFSM-Join，M 或 N 扩展频繁边生成新矩阵，称为 FFSM-Extension，现以空为根节点、频繁边为第 1 层叶节点，频繁边可以通过这两大算子生成次优邻接矩阵，将其作为第 2 层叶子节点,第 2 层叶子节点同样可以通过这两大算子生成第 3 层叶子,不断迭代此操作就可以生成次优树,即枚举出不重复的候选子图,如图 7.14 所示。

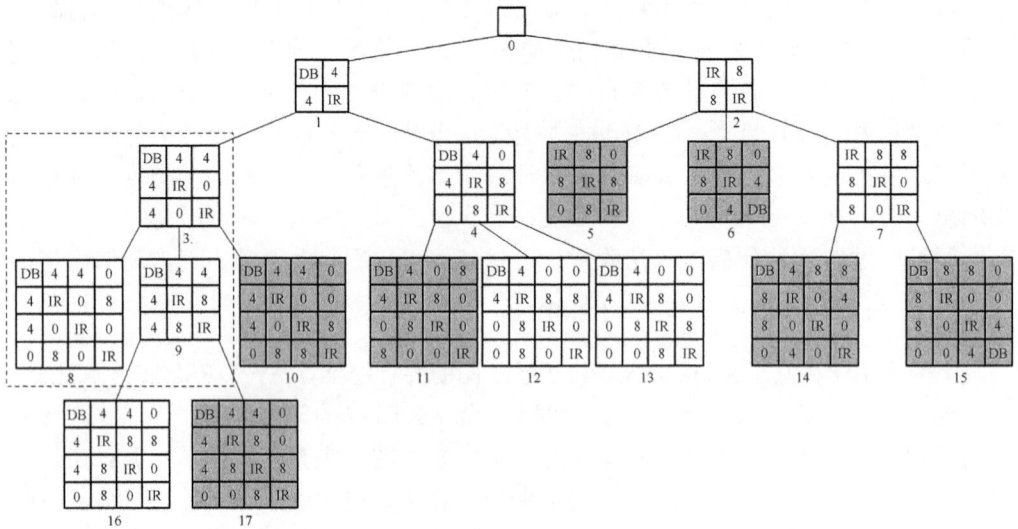

图 7.14　次优树(DB 的字典序大于 IR 的字典序)

FSMBUS 算法是基于 Spark 中迭代的 RDD 设计的,以候选子图的边的数量作为 2 次迭代的增量,使用次优树作为候选子图的生长策略。树的每一层的子图含有相同数量的边,在支持度的计算上互不影响,当前候选子图是否频繁将直接影响子节点。

FSMBUS 算法的流程框架图如图 7.15 所示。将次优树按广度搜索进行生长,并行计算每一层中 CAM 所表示的候选子图是否频繁。剪枝非频繁的候选子图,继续生长次优树,进入下一轮迭代。第 i 次迭代生成边数为 $i+2$ 的频繁子图并且作为第 $i+1$ 次迭代的输入,直到候选子图全部为非频繁时。算法主要解决了候选搜索数据域的构建以及支持度计算这两大难点。

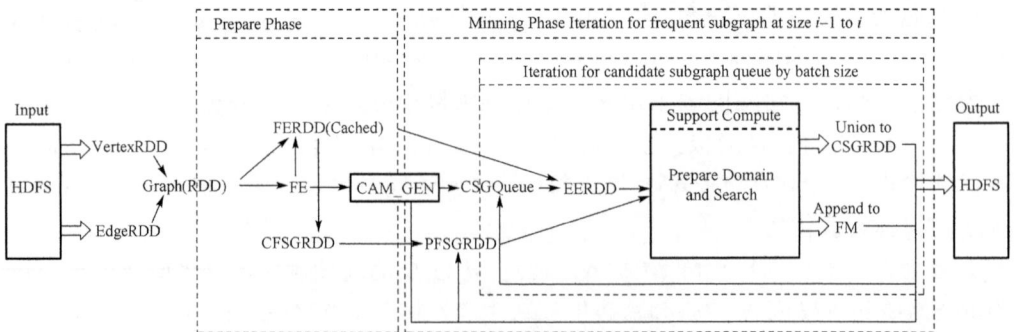

图 7.15　FSMBUS 算法的流程框架图

在得到输入图后，首先根据支持度策略过滤非频繁边，将计算得到的频繁边按三元组（起始标签 srcLabel，边标签 attr，目标标签 dstLabel）的格式进行存储，这些频繁边即次优树中的第 1 层的频繁子图，同时使用频繁边 RDD 存储频繁边 2 端所对应的顶点映射。

在第 i 次迭代由第 $i-1$ 次迭代产生的频繁子图进行 FFSM-Join 和 FFSM-Extend 后产生候选子图。之后，使用增量的方式构建当前候选子图的对应顶点数据，称为候选搜索数据域。在上述两个步骤完成后，进行支持度计算。支持度计算是频繁子图挖掘的核心。FSMBUS 通过对候选搜索数据域进行搜索计算支持度，采用启发式方法进行搜索，其伪代码如表 7.3 所示。

表 7.3　支持度计算算法

算法　支持度计算 isFrequent(D,k)
输入：D 表示当前候选子图的候选搜索数据域，k 表示最小支持度
输出：如果该候选子图的支持度大于 k，返回 true，否则返回 false

```
1.    val solDomain, nonCandidateMap;/*分别存储有效分配实例和无效分配项*/
2.    val searchIndexOrder=getOrder(D);/*获取搜索顺序*/
3.    for each iin searchIndexOrder
4.      if ChechFrequent(solDomain) return true;
5.      for each v in D(i)
6.        if v 包含在 solDomain(i)中
            go to next v;
7.          instance=SearchBackTracking(v);/*使用回溯进行有效分配搜索*/
8.        if instance=empty
9.          nonCandidateMap(i).add(v);
10.       if D(i).size-nonCandidateMap(i)
11.         Size<k return false;
12.       else
13.         solDomain.add(instance)
14.         If solDomain(i).size>=k goto next i;
15.     if solDomain(i).size<=k return false;
16.     if checkFrequent(solDomain) return true;
17.   return true;
```

支持度计算时逐个遍历变量 X 的数据域，构建深度优先搜索路径进行有效分配的搜索，直至支持度大于 k 或者当前变量的有效分配与候选项个数之和小于 k 时。在表 7.3 中，第 3～5 行遍历数据域，第 7 行搜索有效分配，第 8～15 行是频繁、非频繁条件判断的剪枝。计算过程完成后，如果得到的结果是频繁子图，整个搜索数据域将会根据 non-CandidateMap 进行剪枝，以减少生成候选子图的搜索空间，同时减少 RDD 的存储空间。

FSMBUS 算法的伪代码如表 7.4 所示。

表 7.4　FSMBUS 算法

算法　FSMBUS
输入：v_path, e_path 分别表示输入图顶点和边的文件存储路径，k 表示最小支持度
输出：S 为返回的频繁子图的集合

```
1.      val G=Graph(v_path,e_paht);
2.      val FE=G.groupby.filter.map.filter.filter.collet;/*检测输入图中的频繁边*/
3.      val FERDD=(G,FE).filter.flapMap.groupby.filter.map.cache;/*获取频繁边的信息*/
4.      val CFSGRDD=FERDD.map.cache;/*初始化频繁边数据集*/
5.      val matrixMap=Cam_init(ConnectSplit(FE));/*将频繁边分割并转为矩阵*/
6.      while matrixMap.size>0
7.        S.union(matrixMap.matrix);/*添加频繁子图*/
8.        matrixMap=Cam_Gener(matrixMap);/*使用 CamCode 进行连接和扩展*/
9.        val candidateSubGQueue=matrixMap.enqueue;/*形成候选子图队列*/
10.       val PRSGRDD=CFSGRDD;
11.       while candidateSubGQueue.size>0
12.         val batchFreqSubGRDD=sc.parallelize(candidateSubGQueue.dequeue
                (batch-Size)).join(FERDD).map.join(PFSGRDD).map{
13.         D=Domain_Construct();/*候选子图候选数据域构建*/
14.         InFrequent_detect();/*非频繁检测*/
15.         IsFrequent(D,k);
16.       If batchFreqSubGRDD.count>0
17.         matrixMap.add(batchFreqSub-GRDD.matrix);
18.         CFSGRDD.union(batchFreqSub-GRDD);
19.    return S;
```

表 7.4 第 1~5 行为数据准备阶段，第 6~19 行为最核心的挖掘部分，非频繁检测优化为第 15 行，搜索顺序选择在表 7.4 算法的第 2 行。第 9~12 行可以了解 FSMBUS 算法并不是将所有的候选子图同时进行并行计算，而是先将候选子图压入队列，再批量从队列中取出进行计算，这是因为存储候选子图的 Domain 数据需要消耗不少的内存空间，如果同时将所有候选子图的 Domain 数据进行存储很容易造成集群内存溢出，所以 FSMBUS 算法以队列的形式进行批处理操作，控制批处理参数 BatchSize 可以有效地避免内存溢出的异常，这也说明了 FSMBUS 算法拥有良好的鲁棒性。

经过实验分析，以及和其他算法进行对比，发现 FSMBUS 算法支持更低支持度阈值和更大规模数据集，运算速度较高，整体性能比较好，且适合运行在迭代能力强的 Spark 平台上。

7.3　并行社区发现与演化分析

7.3.1　基于 Spark 的并行大型多维网络分析

20 世纪 90 年代，人们在以 OLAP 为主的数据仓库技术方面做了很多研究。传统的 OLAP 的发展已经有 20 多年，技术已经比较成熟和规范。然而对于多维网络数据的

Graph OLAP，相关研究还处在探索的阶段。对于多属性图的分析，除了传统图分析方法，如最短路径、中介性、模式匹配等，OLAP 查询用来作信息发现和决策制定也有很大的发挥空间，其可以从多维网络数据中挖掘出更深层次的信息并进行分析。

2015 年 Wang 等[17]和 Zhang 等[18]针对异质网络分析能力不足的问题，引入了关系元路径的概念，设计了 TSMH Graph Cube 模型(Two-Two-Step Multi-dimensional Heterogeneous Graph Cube Model)并且扩展了上卷下钻的语义，给出了优化的物化策略，并基于 Spark 框架设计了相关算法，细化了 GraphOLAP 操作，丰富了框架的分析角度，提高了对多维网络的分析能力。

本书提出了 TSMH Graph Cube 模型，能够对多维异质信息网络进行更丰富的 OLAP 操作。TSMH 中使用多源关系路径指引网络聚集，通过二元关系元路径聚集网络，最终得到的是只有起点和终点类型的网络。当节点与终点类型不同时，得到的是异质网络，当节点与终点的类型相同时，可以得到同质网络。

TSMH Graph Cube 模型的定义如下，给定一个多维异质信息网络 $N = (V, E, T, A, L)$，网络中有 n 种不同类型的节点，对于 T_i 种类型的节点，有 $|A_i|$ 种不同的维度属性，TSMN Graph Cube 模型就是通过对这些不同类型节点以及不同维度进行所有可能的聚集组合得到的。将得到的这些聚集组合分成两个部分，形成实体超立方体与维度立方体。第一步是实体超立方体，方体是由 n 个节点类型的集合 $PSet(T_1, \cdots, T_n, \text{list})$，通过某一 n 元关系元路径 $P(T_1, \cdots, T_n, \text{list})$，得到 n 元关系元路径聚集网络；第二步是维度立方体，对第一步得到的关系元路径聚集网络进行某一维度的聚集，选定特定的维度集合 A'，得到维度聚集网络。

与传统 OLAP 与 Graph OLAP 的立方体模型都不同，TSMH Graph Cube 模型首先利用关系元路径指导网络的聚集形成实体超立方体，立方体的每个方体是对应的 n 元关系元路径合集，每一个实体超立方体可以产生 $2|T| - 1$ 个聚集方体，但是由于每一个方体对应的 n 元关系元路径集合包含的关系元路径的数目不确定，所以聚集网络的数量不能确定。对于维度立方体，对 n 元关系元路径聚集网络进一步聚集，有 n 种节点类型 $T_1, \cdots, T_n$，对应维度 $A_1, \cdots, A_n$，有 $2\sum_{i=1}^{n}|A_i| - 1$ 个聚集方体。

上卷下钻操作是 OLAP 中最重要的两个操作，通过上卷下钻操作可以得到不同层次不同粒度的 views。与传统 OLAP 维度上卷下钻的概念类似，在 TSMH Graph Cube 模型中，上卷下钻可以根据实体超立方体与维度立方体的方体维度赋予新的语义。

实体超立方体的上卷下钻：根据实体超立方体的方体关系，从底层的 n 元关系元路径，聚集得到相应 $n-m$ 元关系元路径聚集网络($0 < m < n$)。对应的逆向操作为下钻操作。

维度立方体的上卷下钻：将多维网络的维度集合 A，按照定义 2 的描述，得到在维度集合 A' 的聚集网络。对应的逆向操作为下钻操作。

除此之外，本书还定义了一种新的操作——维度属性转换操作。

属性转换：给定一个多维异质信息网络 $N=(V,E,T,A,L)$，选定某一类型节点集合 T_i，对每一个节点类型 T_{ti} 与维度集合 A_i 中的 m 个维度属性 $\{A_{ij},1\le j\le m\}$，将这 m 个维度属性值变换成节点加入节点集合成新的节点集合 V' 与类型集合 T'。对于新节点 A_{ij} 与 A'_{ij}，若属于同一节点或者隶属的节点之间存在边，则建立两者之间的边关系并加入边集形成 E' 与节点类型关系集合 L'。若不保留原始节点与边关系最终得到属性转换网络 $N'=(V',E',T',A,L')$。若保留原始节点边关系，则 $V''=V'\cup V,E''=E'\cup E,T''=T'\cup T,L''=L'\cup L$，得到属性转换网络 $N''=(V'',E'',T'',L'')$。

实体超立方体的上卷下钻操作需要将网络根据关系元路径重组网络节点，计算的复杂度比较高。对于维度立方体的上卷下钻操作，需要将节点表与边表连接操作，对于大规模的网络，这样的操作是十分耗时的。本书提出三方面的优化策略，对模型进行优化。

(1)二元关系元路径聚集操作将网络中的多个实体属性在二元关系元路径 $P(T_1,\cdots,T_n,\text{list})$ 的指导下，形成起点与终点类型的网络。可以将相邻的节点作 Join 操作，逐步合并中间路径节点，最终得到 $T_1\xrightarrow{\text{list}}T_n$ 的网络。Join 的复杂度和边的大小和计算方法有关系，其中遍历边的循环很容易使用 Spark 的 Map 函数生成边的 RDD，最后利用 RDD 的 Join 函数，可以并行优化算法。

(2)立方体的物化可以减少立方体操作的重复计算，物化策略分为不物化、部分物化以及完全物化。为了提高查询效率，同时也兼顾空间占用，TSMH Graph Cube 模型使用了部分物化策略与随用随物化的策略。

(3)对节点的维度进行编码，并存入边表，这样在进行维度操作时，可以只进行边表的计算，不再需要边表与维度表的连接操作。模型使用位运算与二进制，对节点名称、节点类型、节点维度依次进行等位编码，最终形成节点，存入边表中。编码形式为：节点类型编码+节点名称编码+节点维度编码。

7.3.2　一种可扩展的非重叠社区发现算法框架

这里介绍一种并行且可扩展的非重叠社区发现算法框架[19]，在该框架中，首先用多级 K-路图划分方法把 Network G 划分为 n 个子 Network 并且存储到 HDFS 中，每个子 Network 对应一个 Map Phase，对于每一个 Mapper，它从 HDFS 中读取一个子 Network 数据，并进行任意一个优秀的非重叠社区发现算法的算法应用，将每一个子 Network 的社区发现结果送给 m 个 Reducer，通过 Reducer 进行结果的综合，从而达到在 Network G 中的非重叠社区发现目的。

在过去的 10 年中，数以百计的以社区发现为主题的论文刊登发行，从这些文章中挑选了 3 个较为优秀的非重叠社区发现算进行并行。

OSLOM(order statistics local optimization method)[20]是由 Lancichinetti 在 2011 年提出的，它是基于局部聚类统计特性的最优化问题的社区发现算法，其中聚类的统计特性被定义为此聚类在随机化的网络中出现的可能性(假设在随机化的网络中不存在社区结构)。

BGLL(Louvain method)是由 Blondel、Guillaume 和 Lambiotte 在 2008 年提出的。它是基于最优化模块度问题的社区发现算法，该算法主要包括两步：第一步，每一个节点被认为是一个社区，然后搜索它的邻接点，找到当将其加入当前节点后本社区的模块度变大的点，将其加入该节点所在的社区。第二步，将在第一步归为一个社区的点合并，用一个点取代，从而构建新的网络。然后依次这样迭代，直到一个网络中社区的模块度最大。

InfoH(Infohiermap)[21]方法是由 Rosvall 和 Bergstrom 基于他们于 2008 年提出的 Infomap 方法在 2011 年提出的。InfoH 用多级编码策略来编码每一层，最底层的是节点，之上一层是由节点组成的社区，再上一层则是由社区组成的超社区(super-community)，每一层都用信息编码策略编码，这需要对网络中信息流最小描述长度作为目标，并把社区发现算法转化为寻找最佳编码模式问题。

使用 LFR benchmark 生成 4 个包含不同参数的数据集，见表 7.5。

表 7.5　LFR benchmark 生成 4 个包含不同参数的数据集

Data set	n	avg(d)	max(d)	γ	β	u	Community size
D_1	200 000	35	100	2	1	0.3,0.45,0.60,0.75	[30,120]
D_2	200 000	35	100	2	2	0.3,0.45,0.60,0.75	[30,120]
D_3	200 000	35	100	3	1	0.3,0.45,0.60,0.75	[30,120]
D_4	200 000	35	100	3	2	0.3,0.45,0.60,0.75	[30,120]

用 NMI 评价并行社区发现算法的性能，得到了很好的实验效果，从效率上看，划分个数越多，社区发现时间越短，效率越高。

7.3.3　基于 MapReduce 框架的社区发现并行计算方法 InfoMR

2007 年，Rosvall 等提出了一种基于信息编码的社区发现算法 Infomap[22]。该方法首先在网络中进行随机游走，然后使用信息编码的方法将网络中形成的概率流进行压缩。压缩的结果是一个网络结构的抽象图(map)。通过对抽象图进行分析就可以呈现网络中的社区结构。该方法把社区发现问题转换为信息最优编码问题。虽然该方面有较低的时间复杂度且具有较高的社区发现能力，但随着社会媒体的快速发展，Infomap 算法无法有效地应对大规模的网络，因此 Jin[23]等借助 MapReduce 并行计算框架实现了将 Infomap 算法思想应用到处理大规模社会网络中，并经实验证明并行 InfoMR 算法拥有高准确率, 低计算复杂度和较高的扩展性等优点, 如图 7.16 所示。

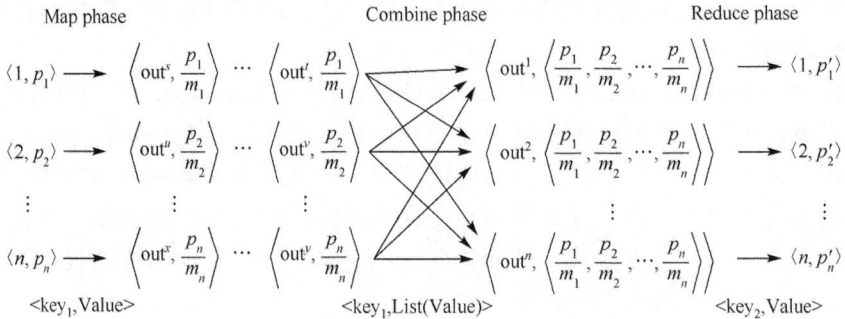

图 7.16　并行处理节点的可达概率矩阵

7.3.4　基于链路图的大规模网络并行重叠社区发现算法

重叠社区发现算法是社会网络分析中的一个重要领域, 所谓的重叠社区发现, 就是网络中的点可以归属于多个(大于一个)社区。基于边图的重叠社区发现往往需要在社区发现过程前对原图进行转换, 无法在原图上进行重叠的社区发现。在将原图转换为边图后, 可以采用非重叠社区发现方法或重叠社区发现方法进行基于边的社区发现, 得到每一条边的社区归属, 将每一条边映射为其连接的两点, 就可以发现基于点的重叠社区。

SHRINK[24]算法在发现非重叠社区方面表现突出且解决了基于密度类社区发现方法对于两类参数及其敏感的问题。此外, SHRINK 算法指出如果将中心点归属到其连接的每一个社区, 该算法也可以进行重叠社区发现。然而仅仅把中心点归为重叠社区中的点经实验证明往往效果不好, 很难发现较多的重叠社区, 包括包含型的重叠社区。尹丁艺等[25]基于 SHRINK 算法结合边图提出了 LinkSHRINK 算法, 很好地解决了这个问题。

LinkSHRINK 主要分四部分: ①原图转换为边图; ②在边图上进行基于 SHRINK 方法的社区发现; ③将发现的边社区还原为对应的点社区; ④对已发现的点社区进行用户自定义的社区合并。

1. 边图转换

给定图 $G = (V, E)$, 其中 $V = \{v_1, v_2, \cdots, v_n\}$表示节点集合, $E = \{e_1, e_2, \cdots, e_m\}$表示边结合。$e = (u, v)$表示节点 u、v 之间有边相连且 $e \in E$。点图转边图的规则为原图中的一条边 $e(u,v)$ 对应于边图中的一个点 $v(u,v)$, 边图中若两点有边则这两个点所对应与原图中的两条边必有公共的顶点, 如图 7.17 所示。

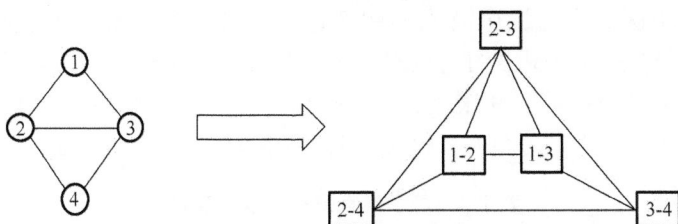

图 7.17　点图转边图示例

该过程的伪码如表 7.6 所示。

表 7.6　边图转换算法

算法　边图转换

```
Input: a graph G = (V, E)
Output: theLink-Graph LC (G) = (V′, E′)
/* create Node v′ for Link-Graph LC(G)*/
1. for each edge(vₐ, v_b)∈E do
2.       insert v_{e(a, b)}into V′
3. end for
/*create Edge e′ for Link-Graph LC(G)*/
4. for each edge(vₐ, v_b)∈E do
5.     create N(vₐ)= {vₓ │ e_{(a, x)}∈E }
6.     create N(v_b)= {v_y│ e_{(b, y)}∈E }
7.     for each vₓ∈N(vₐ)\{v_b}do
8. insert (v_{e(a, x)}, v_{e(a, b)})into E′
9.     end for
10.    for each v_y ∈N(v_b)\{vₐ}do
11. insert (v_{e(b, y)}, v_{e(a, b)})into E′
12. end for
13. end for
Return LC(G)
```

2. 发现边社区

经过表 7.6 算法的运行，原图已经转换为边图，LinkSHRINK 基于 SHRINK 算法在边图上进行非重叠的社区发现，在计算结构相似度时，由于 LinkSHRINK 算法需要在边图上进行结构相似度计算，算法需要在边图上计算两点的结构相似度同时代表着这两点所对应于原图中两条边的结构相似度，所以采用的公式如下：

$$\sigma_l(e,l) = \frac{|\Gamma(v) \bigcap \Gamma(w)|}{|\Gamma(v) \bigcup \Gamma(w)|} \tag{7-26}$$

其中，$e=(u,v)$ 为原图中 u 到 v 的边；$l=(u,w)$ 为原图中 u 到 w 的边，边图中 e、l 两点之间的结构相似度为 v、w 两点在原图中的共同邻居数量除以 v、w 两点总邻居数量，即边图中两点在原图中对应的两条边的非公共顶点之间的相似度。对应到 LinkSHRINK，算法中边图中的两点对应的原图中两条边的非公共点之间可以没有连边，综上 LinkSHRINK 算法采用式(7-26)作为边图中计算节点之间结构相似度的方式。LinkSHRINK 基于边图的社区划分算法的伪代码如表 7.7 所示。

表 7.7　基于密度的社区发现算法

算法　基于密度的社区发现算法

```
Input:  A link-graph LC(G) = (V', E')
Output: Set of clusters RLC = {C₁, C₂, …, Cₖ}
1. RLC ← {{vᵢ} | vᵢ ∈ V'}
2. while true do
    /* Step 1: 寻找可以合并的微社区*/
3.    ΔQₛ ← 0;
4. for each v ∈ V' do
5.        C(v) ← ∅;
6.        Queue q;
7.        q.insert(v);
8.        ε ← max{σ(v, x) | x ∈ Γ(v) − {v}};
9.        while q.empty() ≠ true do
10.           u ← q.pop();
11.           if u = v max{σ(u, x) | x ∈ Γ(u) − {u}} = ε
12.           then
13.                   C(v) ← C(v) ∪ {u};
14.                   for each w ∈ Γ(u) − {u} do
15.                       if σ(w, u) = ε then
16.                               q.insert(w);
17.                       end if
18.                   end for
19.           end if
20.       end while
          /*Step 2: 合并为社区构建超网络*/
21.       if |C(v)| > 1 ∧ ΔQₛ(C(v)) > 0 then
22.           ṽ ← {v | v ∈ C(v)};
23.           RLC ← (RLC − ⋃_{vᵢ∈C(v)} {{vᵢ}}) ∪ {ṽ};
24.           V' ← (V' − ṽ) ∪ {v₁ | v₁ ∈ C(v)};
25.           ΔQₛ ← ΔQₛ + ΔQₛ(C(v));
26.       end if
27. end for
28. if ΔQₛ = 0 then
29.     break;
30. end if
31. end while
    Return RLC
```

算法过程如图 7.18。

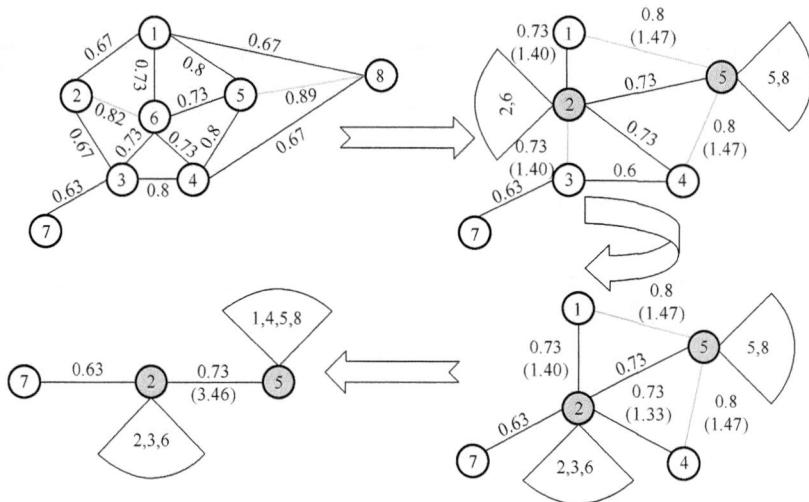

图 7.18　LinkSHRINK 社区发现过程

3. 社区映射与合并

在经历过表 7.8 的算法之后，LinkSHRINK 可以发现最原始边的社区划分，为此需要将边社区映射为原图中的点社区。方法很简单，将边图中点的社区归属复制给该点在原图中对应的边所连接的两点，即给定边 $e_{(v_i,v_j)} \in C \Rightarrow v_i \in C \land v_j \in C$。映射至点社区之后，实验发现初始的点社区归属找到较多的重叠点，为了找到具有不同重叠度的社区结构，LinkSHRINK 提出一个新概念社区重叠度 ϑ，其定义如下：给定点社区划分 CR = {C_1，C_2，$\cdots$，C_j}，C_1 表示其中一个社区，社区 C_i 和 C_j 之间的社区重叠度 $\vartheta(C_i, C_j)$ 计算公式为

$$\vartheta(C_i, C_j) = \frac{\left| C_i \bigcap C_j \right|}{\min(|C_i|, |C_j|)} \tag{7-27}$$

其中，$\left| C_i \bigcap C_j \right|$ 为社区 C_i 和社区 C_j 中重叠的点的个数；$\min(|C_i|, |C_j|)$ 为社区 C_i 和社区 C_j 中节点个数的最小值。基于社区重叠度，LinkSHRINK 算法进行最后一步社区合并，为了发现具有不同重叠度的社区结构，LinkSHRINK 算法可以根据用户指定的社区重叠度阈值参数 ω 来进行社区合并。该步算法的伪代码如表 7.8 表示。

表 7.8　社区合并算法

算法　社区合并算法
INPUT: set of clusters NC = { C_1, C_2, …, C_k }
parameter ω for adjusting the overlap degree
OUTPUT: Set of final clusters OC = {C_1, C_2, $\cdots$, C_k}
1. x ← true;

```
2. whilex = true do
/* Step 1: set Queue of the community overlap degree */
3. for each clusters Cᵢ∈ NC do
4.      create N(Cᵢ)= {Cⱼ | Cᵢ connects to Cⱼ ∧ i≠ j};
5.          Queue Qᵢ;
6.          x ← false;
7.          for each Cⱼ∈ N(Cᵢ)do
8.              if ℋ(Cᵢ, Cⱼ)≥ω∧ |Cᵢ|<|Cⱼ| then
9.                              Qᵢ.insert(Cⱼ);
10.                     x ←true;
11.             end if
12.         end for
13. end for
/* Step 2: merge communities with ℐ larger than ω */
14. for each clusters Cᵤ∈ NC do
15.      whileQᵤ.empty()≠true do
16. Cᵥ←Qᵤ.pop();
17.         Cᵥ ←Cᵥ∪Cᵤ;
18.      end while
19. NC ← NC −Cᵤ
20. end for
21.  adjust the edge-structure in NC
22. end while
    Return NC
```

需要注意的是，本算法中的 NC = {C_1, C_2, …, C_k}实际上是有网络结构的，为算法 5 的输出并转换到点社区之后的超网络，这样在寻找可以合并的社区结构时可以只寻找与该社区相连的社区。相比于遍历社区结构，极大地节省了社区合并的时间开销，缩小了算法时间复杂度，从而提高了算法的性能。由于用户自定义重叠度阈值参数 ω，只有当社区重叠度 $\mathscr{H}(C_i, C_j) > \omega$ 时，社区 C_i、C_j 才能合并，因此给定不同的 ω，LinkSHRINK 算法可以发现不同的社区结构，如图 7.19 所示。

4. 基于 Spark 并行 LinkSHRINK 算法：PLinkSHRINK

为了提高算法的计算能力，作者在 Hadoop 和 Spark 框架中实现了 LinkSHRINK 算法：MLinkSHRINK 与 PLinkSHRINK。不像 MLinkSHRINK 算法直接采用的是基于 Hadoop 平台的 MapReduce 并行计算模型。PLinkSHRINK 算法同样使用 Spark 提供的专门为图计算提供的 API GraphX 并行化 LinkSHRINK 算法，其大致过程有如下几步。

(1)将转换后且经过图抽样的得到的边图构建为 Graph RDD。

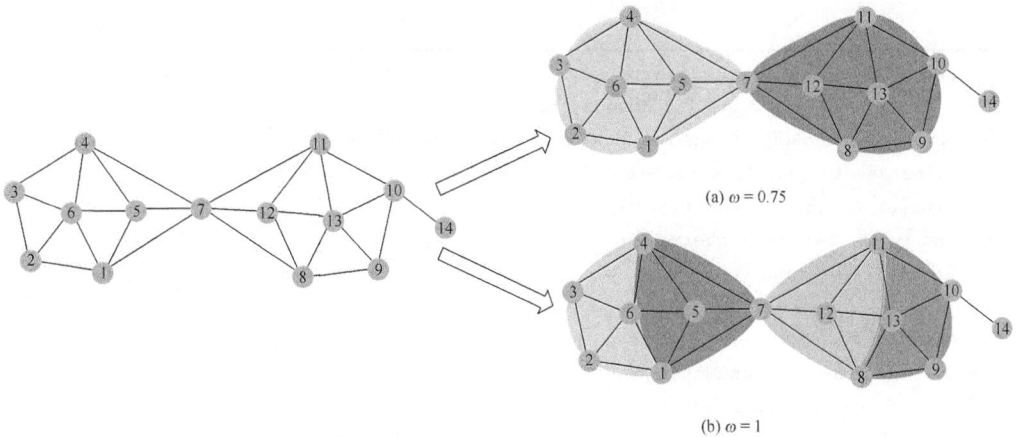

(a) $\omega = 0.75$

(b) $\omega = 1$

图 7.19　LinkSHRINK 发现的具有不同重叠度的社区结构

(2) 通过 Graph RDD 中的 Edge RDD 进行边图中的节点结构相似度计算，生成边属性为节点结构相似度的新 Graph RDD。

(3) 找到需要合并的微社区，构建形如 (节点 ID，社区归属号) 类型的 RDD。

(4) 合并微社区：通过将上一次迭代得到的图 Graph RDD 和步骤 (3) 得到的社区归属 RDD 进行两次 leftOuterJoin 操作即可得到本次迭代微社区合并。

(5) 进行相应属性更新计算 (如 DS 值、US 值等)，并利用步骤 (4) 得到的 RDD 进行新图构建，该图 (超网络) 即下次迭代的输入图 Graph RDD。

(6) 不断迭代上述 (3)～(5) 步，直到步骤 (3) 的结果 RDD 为空，没有微社区可以合并，算法结束。

PLinkSHRINK 算法较为详细过程的伪代码如表 7.9 所示。

表 7.9　PLinkSHRINK 算法

算法　PLinkSHRINK 算法
Input: a new original graph with new edges $G' = (V, E)$
Link-Graph LG = (V', E')
label data like (V'id, srcId_dstId)
Output: Set of final clusters OC = $\{C_1, C_2, \cdots, C_k\}$
// Calculate similarity for Link-Graph
1. Generate original graph RDD: G'RDD from G'
2. Generate link graph RDD: LG'RDD from LG' and label data where VD of vertex A is equal to the set of nodes connected by the edge which maps to A in Link-Graph
3. Generate similarityOfNodeGraph RDD: simRDD by API aggregateMessages()and OuterJoinVertices()
4. Generate simGraphRDD where key = nodes connected by edge in Original graph, value = similarity between them.

```
5. Generate linkGraphPRDD where key = nodes in original graph mapped by edge in
Link-Graph, value = edge (srcId, dstId)in Link-Graph.
6. Generate edgeRDD: finalGraphRDD by linkGraphPRDD.leftOuterJoin(simGraphRDD)
7.  Generate GraphRDD: finalGraph by Graph.fromEdges(edgeRDD)
// Cluster on Link-Graph finalGraph
8. The graph for each iteration G(V,E)←finalGraph
9. orginallinkCommuniy ←G.vertices.map()
10. Q ← 1
11.  while(Q > 0)do
12.     message← G.sendMessage
13.     G ← G.join(message)
14.     G sendMessage generate the neighborRDD with node information
15.     G ← G.join(neighborRDD)
16.     Calculate delta Q by G.triplets()then generate VRDD to be merged
17.     commitiyRDD ← VRDD.map()
18.     edgeRDD ← G.edges.map()
19.     ISGraph ← G.join(VRDD)
20.     edgeMerge ← ISGraph.triplets()
21.     IsRDD ← ISGraph.sendMessage()
22.     count ← VRDD.count()
23.     if(count > 0)then
24. new_edgeRDD ← edgeRDD.leftOuterJoin(commnityRDD).leftOuterJoin(commnityRDD)
25.        new_edgeRDD merge repeated edges and fliter edge.srcId == edge.dstId
// generate IS value for new Graph
26.         G ← Graph.fromEdges(new_edgeRDD)
27.  orginallinkCommuniy ← orginallinkCommuniy.leftOuterJoin(communityId)
28.         G ← G.join(IsRDD).join(edgeMerge)// achieve new graph with IS value
29.      else
30.         Q = 0
31.   end while
32.   transform orginallinkCommunity to nodesCommunity OC = {C₁, C₂, …, Cₖ}
33.  output: OC
```

可以看到，PLinkSHRINK 算法的过程和 LinkSHRINK 算法的过程大体相同，主要的不同点（也是改进点）在于 LinkSHRINK 算法每次迭代只合并一个密集对（两个微社区），而 PLinkSHRINK 算法每次迭代可以合并该次迭代发现的所有密集对（多个微社区）。这在很大程度上减少了 LinkSHRINK 算法的运行时间，提升了算法性能。合并社区的方法为将上次迭代得到的图 Graph RDD 和上步得到的社区归属 RDD 进行两次 leftOuterJoin 操作即可，如图 7.20 所示。

图 7.20 左上侧的图为上一次迭代得到的超网络 GraphRDD，两列分别为边的起点和终点；左下侧的图为本次迭代得到的判定之后最新的社区归属 Community

Division RDD，两列分别为节点 ID 和社区归属号。可以看到，通过使超网络 Graph RDD 连续两次左连接(leftOuterJoin)Community Division RDD，最终得到合并之后超网络结构如图 7.20 最右侧的图。

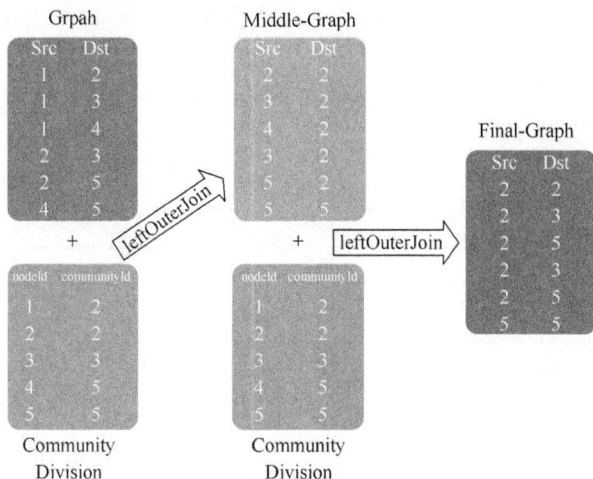

图 7.20　合并微社区过程

7.3.5　基于 GraphLab 框架的重叠社区发现并行计算方法：DOCVN

对于非重叠社区的划分算法已经相对成熟，但是真实世界的网络和这种理想状态相去甚远，经常有某些节点同时具有多个社区的特性，属于多个社区，在这种状况之下，对于重叠社区的划分明显更有意义，更贴近真实世界，也因此成为近年来新的研究热点。

GraphLab 是近年来兴起的基于内存共享机制的分布式机器学习框架，支持图数据的异步迭代计算，解决了 MapReduce 不适应需要频繁数据交换的迭代机器学习算法，用户只需要考虑算法的实现逻辑，无须关心数据的图模型表示、集群节点之间的通信、一致性和容错性等细节问题。DOCVN 算法在该并行模型上实现分为三步：①重要节点的选择；②节点归属度的计算；③基于重要节点的社区合并。

1. 重要节点的选取

重要节点即网络图中用来扩展识别社区的节点。本书选用能考虑全局拓扑结构特性且易并行的 PageRank 算法，作为重要节点的选择策略，形式如下：

$$PR_n(A) = 0.15 + 0.85 \times \left[\sum_{i=1}^{m} \frac{PR_{n-1}(T_i)}{C(T_i)} \right] \tag{7-28}$$

其中，$PR_{n-1}(T_i)$ 为与节点 A 相连节点 T_i 在第 $n-1$ 次迭代中的 PageRank 值；$C(T_i)$ 为

节点 T_i 的度。通过节点 PageRank 值的大小判断节点在整个网络图中的重要度，PageRank 值高的节点重要性强，为了限制重要节点的选取数量，文中设置一个阈值 β，当节点的 PageRank 值大于 β 时，记该节点为重要节点，阈值 β 的设置成为重要节点选择的关键。为了社区识别的准确性，提出一个限制参数 α，可根据 α 的变化确定最符合条件的 β 值，β 可表示为

$$\beta = \alpha \times \mathrm{PR}(A)_{\max}, \quad 0 < \alpha < 1 \tag{7-29}$$

伪代码描述如表 7.10 所示。

表 7.10　重要节点选择

算法　重要节点选择

输入：载入网络图 $G(V, E)$ 到 GraphLab 模型
输出：$U = \{u_1, u_2, \cdots, u_m\}$ //重要节点集合

1. Gather: Gather(contest, vertex, edge) //进入 GraphLab 模型的 GAS 三步更新处理阶段
return $\mathrm{PR}_{n-1}(T_i)$ / $C(T_i)$
2. Apply: //Apply(vertex, total) //更新顶点 T_i 中的 PageRank 值
  preval= $\mathrm{PR}_{n-1}(A)$; newval=total*0.85+0.15;
  if($|$preval − newval$|$ < 1E − 3)
  perfom_scatter-true; n.push_back(newval)
3. Scatter: Scatter(context, vertex, edge) //判断是否进入下次更新
  if(perfom_scatter) $T = T \cup T_i$; //T 为下次迭代更新的节点集合
  else return null
4. sort(m.begin(), m.end(), form large to small);
$\mathrm{PR}(A)_{\max}$ =max($\mathrm{PR}_{n-1}(T_m)$);
5. if($T_i \cdot$ PageRank $> \beta$) $U = U \bigcup T(i)$;
6. fprintf$\{u_1, u_2, \cdots, u_i\}$

2. 节点归属度计算

节点分配度：记节点 u 为网络图 $G(V, E)$ 中的重要节点，以 u 为起始节点的任一 k 长度路径 L，经过无重复节点 v_1，v_2，$\cdots$，v_{k-1}，k 长度可达终止节点 v_k，则重要节点 u 对节点 v_k 的节点分配度为

$$\xi(u \xrightarrow{k} v_k) = \frac{1}{d(u)d(v_1)d(v_2)\cdots d(v_{k-1})} \tag{7-30}$$

节点的 k 长度归属值：网络图 $G(V, E)$ 中路径 L 为 u 到 v 的 k 长度路径，其中 u 为重要节点，n_i 为 u 到 v 的 k 长度路径数量，则节点 v 归属到重要节点 u 的 k 长度归属值用 $p(v \xrightarrow{k} u)$ 表示：

$$p(v \xrightarrow{k} u) = \sum_{j=1}^{n_i} \xi_j(u \xrightarrow{k} v) \tag{7-31}$$

其中，$\xi_j(u \xrightarrow{k} v)$ 指 v 到 u 的第 j 条路径上重要节点 u 对节点 v 的节点分配度。

节点归属度：网络图 $G(V, E)$ 中 u 为重要节点，v 为任意节点，v 到 u 的最大路径长度为 $\max l$，则 v 归属于 u 的节点归属度为该节点所有 k 度归属值之和，用 $P(v \to u)$ 表示：

$$P(v \to u) = \sum_{k=1}^{\max l} p\left(v \xrightarrow{k} u\right) \tag{7-32}$$

节点归属度值越大表明节点与该重要节点的关系越近；归属度值越小说明节点与该重要节点的关系越远。本书设置一个节点归属度阈值 λ，当节点归属度值小于阈值 λ 时，该节点相对于这个重要节点的作用非常小，将其过滤。

伪代码描述如表 7.11 所示。

表 7.11　节点归属度计算

算法　节点归属度计算
输入：图 G' //经过算法 1 更新后的图 G
输出：$\{v_{id}, \{\langle u_{id}, P(v_{id} \to u_{id}) \rangle\}\}$ //每个顶点所归属的重要节点及归属度值信息
Gather: //计算节点到重要节点的每条路径节点分配度 ξ 和节点 k 长度归属值信息
int i, k;
While($k < \max l$) //每个顶点所归属的重要节点及归属度值信息
do{for($i = 1; i <= k; i++$)
$\xi(u \xrightarrow{i} v_k) = \dfrac{1}{d(u)d(v_1)d(v_2)\cdots d(v_{k-1})}$;
$\qquad\qquad p(v_k \xrightarrow{i} u) = p(v_k \xrightarrow{i} u) + \xi(u \xrightarrow{i} v_k)$
$\qquad\qquad k++\};$
Apply: //Apply 阶段更新节点 v_k 到重要节点 u 的节点归属度 P
$\qquad\qquad P_j(v_k \to u) = P_j(v_k \to u) + \displaystyle\sum_{k=1}^{\max l} p(v_k \to u)$
if($|P_j - P_{j-1}| < 1E-3$)perform$_{scatter}$ = true
Scatter: //判断是否进入下一次迭代计算
if(perfom_scatter) $T = T \cup v_k$; //T 为下次迭代更新的节点集合
else return null
if($P(v_k \to u) > \lambda$)fprintf$\{v_k, \{\langle u, P(v_k \to u)\rangle\}\}$

节点归属度计算结束后，根据节点到相应重要节点的归属度值可实现重要节点的扩展识别，从而以重要节点为核心形成相应的核心社区与扩展社区。

3. 社区合并策略

基于重要节点形成核心社区和扩展社区后，需要对社区进一步合并处理。本书采用的社区合并策略是将关系紧密的重要节点所形成的核心社区及扩展社区进行合并，从而减少冗余。

(1)重要节点比率。节点比率 $\eta(u_j \in C_j)$ 就是社区内的某一重要节点在该社区内的全部重要节点中所占的比重，其计算公式表示如下：

$$\eta(u_j \in C_i) = \frac{\sum P(v_m \to u_j)}{\sum \sum P(v_m \to u_j)}$$ (7-33)

其中，v_m 为社区 C_i 中与重要节点 u_j 存在归属度值的节点，且 $v_m \neq u_j$。

（2）节点重要度。若节点 v_x 属于社区 C_i，节点 v_x 在社区 C_i 里的重要程度 $Q(v_x \in C_i)$ 称为节点重要度。

$$Q(v_x \in C_i) = \sum [P(v_x \to u_j) \times \eta(u_j \in C_i)]$$ (7-34)

其中，$P(v_x \to u_j)$ 为 C_i 里的节点 v_x 到重要节点 u_j 的节点归属度。

社区合并阶段的伪代码描述如表 7.12 所示。

表 7.12　社区合并

算法　社区合并
输入：$U, A, C = \varnothing$ 　//U 为重要节点关系数据集，A 为重要节点的核心社区及扩展社区集合
输出：$C = \{C_i, \{[k, Q(k \to C_i)]\}\}$ //输出合并后社区，每个社区内的节点表示为 [节点k, k在C_i的节点重要度]
1. While($U \neq \varnothing$)
do{if($u_j \in U_{ui}$ & & max($P(u_i \to u_x)$) = $P(u_i \to u_j)$)
$C_{(ui,uj)} = A_{ui} \bigcup A_{uj}; U = U - \{u_i\}$} //第一次合并后的社区 C
2. Itvt = C.begin();
While(itvt!=C.end()&&i!=u&&i!=w&&j!=u&&j!=w)do
{if($i=u$ || $i=w$ || $j=u$ || $j=w$) $C_{(x,y)} = C_{(i,j)} \bigcup C_{(u,w)}$ //x, y 为 i, j, u, w 中不相等的两个值
Itvt ++; }//i, j, u, w 为社区 $C_{(i,j)}$，$C_{(u,w)}$ 的下标
3. for(i = 1; i < n; i++)
$C_i = C_{(x,j)}; Q(k \to C_i) = Q(k \to C_i) + \sum P(k \to u_j) \times \eta(u_i \in C_i);$
4. fprintf $C = \{C_i, \{[k, Q(k \to C_i)]\}\}$

DOCVN 算法在不同真实网络图中的社区质量分析图如图 7.21 所示。

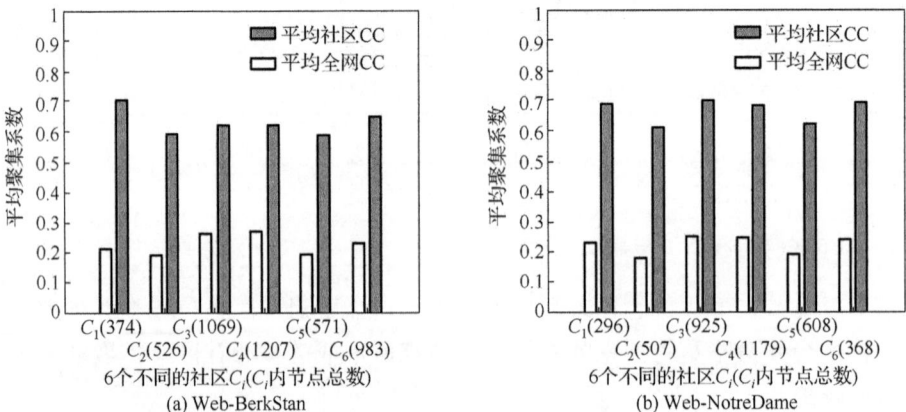

(a) Web-BerkStan　　　　　　　　　　(b) Web-NotreDame

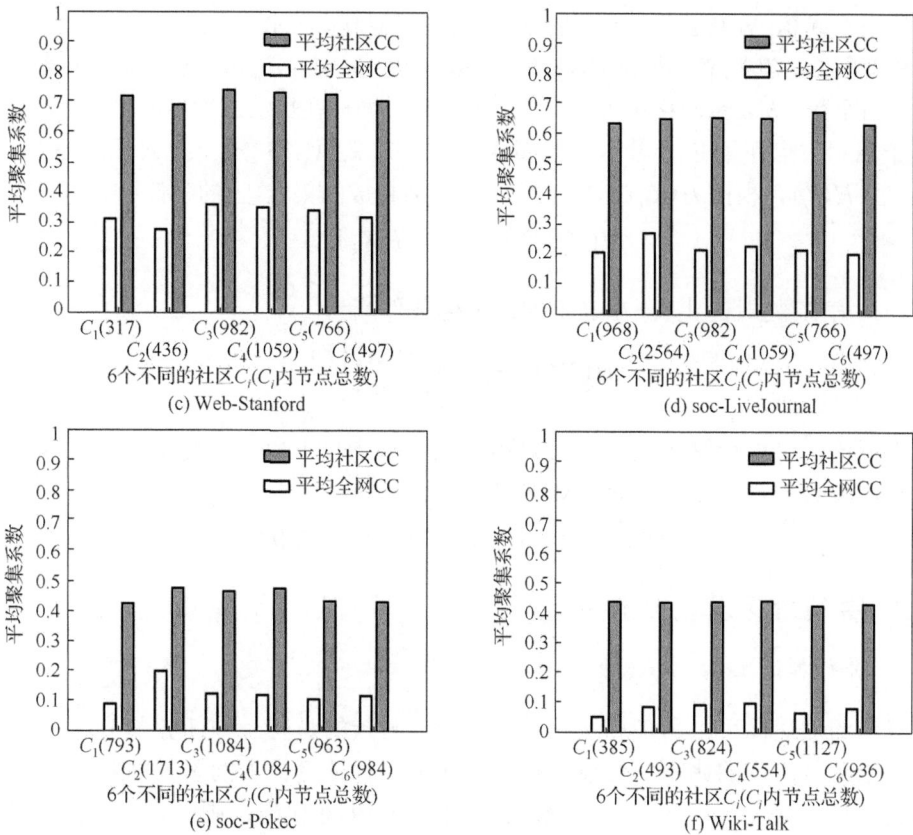

图 7.21　社区质量分析图

社区识别在复杂网络分析中扮演着重要角色，可以看到，DOCVN 算法充分利用了 GraphLab 异步并行化和分布式计算框架的特点，解决了单机算法不能处理的网络规模问题，实现了对大规模复杂网络的重叠社区识别。已有实验证明，当网络节点规模在百万以上时，本算法在不降低所识别社区准确性的前提下表现出了更好的运行效率。

7.4　并行社区发现评估及应用

7.4.1　传统社区发现评价指标

对于并行社区发现算法的评估目前主要从两方面入手：一方面是对于社区发现准确率的评估，一般采用 NMI 作为评价标准对各种算法进行比较。假设网络中真实的社区集合为 C，节点 i 的社区隶属关系可以用一个长度为 $|C|$ 的二元向量 x_i 表示，$(x_i)_k$

的取值为 1 或 0，分别表示节点 i 是否属于第 k 个社区。可以将 x_i 的第 k 个元素看作一个随机变量 x_k，其概率分布为 $P(x_k=1)=n_k/n$，$P(x_k=0)=1-n_k/n$，其中 n_k 表示第 k 个社区中节点个数，n 表示网络包含所有节点的个数。同样在算法所发现的社区集合 C' 中，Y_l 用于表示节点在第 l 个社区中的概率分布。定义 X_k 在 Y_l 上的条件熵 $H(X_k|Y_l)=H(X_k,Y_l)-H(Y_l)$，根据 $H(X_k|Y_l)$，X_k 在 Y（所有 Y_l 构成的集合）上的条件熵 $H(X_k|Y)$ 为

$$H(X_k|Y)=\min_{l\in\{1,2,\cdots\}}H(X_k|Y_l) \tag{7-35}$$

X（所有 X_k 构成的集合）在 Y 上的规范化条件熵为

$$H(X|Y)=\frac{1}{|C|}\sum_k\frac{H(X_k|Y)}{H(X_k)} \tag{7-36}$$

类似地，可以计算 Y 在 X 上的规范化条件熵 $H(Y|X)$。最终根据式 (7-37) 计算两个社区集合的规范化互信息 $\mathrm{NMI}(X|Y)$：

$$\mathrm{NMI}(X|Y)=1-[H(X|Y)+H(Y|X)]/2 \tag{7-37}$$

7.4.2　并行社区发现评价指标

1．并行加速比

算法的加速比可以衡量算法的并行性能，它指的是同一个任务单节点运行时间与多节点运行时间的比率。假设串行程序在某并行计算机上的单处理器上的运行时间为 T_s，相应的并行程序在 P 个处理器上的运行时间为 T_p，则并行加速比定义为

$$S=\frac{T_s}{T_p} \tag{7-38}$$

例如，文献[26]中并行 SFLA-FCM 算法中选择完整版数据，将原数据分成 3 个样本，大小分别为 0.5GB、1.0GB、1.5GB，分别在 2、3、4、5 个节点上使用并行的 SFLA-FCM 算法进行聚类，如图 7.22 所示。

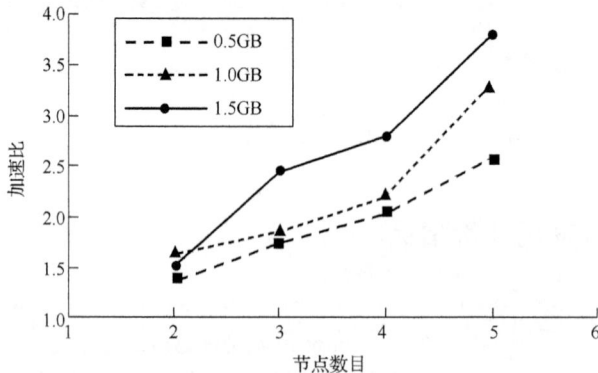

图 7.22　SFLA-FCM 算法随节点数目的加速比

从图 7.22 中可以看出，随着节点数目的增加，该算法具有良好的加速比，随着数据规模的增加，加速比上升趋势更加明显，证明并行 SFLA-FCM 算法在处理较大规模的数据时，性能良好。

文献[27]中在基于 MapReduce 的快速 Newman 算法中，给出了 1 亿数据在不同节点上的运行时间(一次循环所需的平均时间)，其并行加速比如图 7.23 所示，图中 n 为集群节点数；ε 为并引加速比。

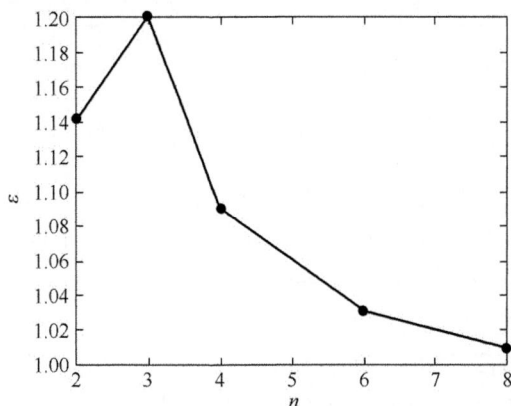

图 7.23　1 亿数据在不同节点上的运行时间

2. 可扩展性

算法的扩展性体现在算法能够随着节点数目和处理数据规模的增加表现出良好的计算性能。随着节点数目和数据规模的增加，算法的运行效率能基本保持稳定，则表现出良好的扩展性。并行 SFLA-FCM 算法中同样选择完整版数据，将原数据分成 3 个样本，大小分别为 0.5GB、1.0GB、1.5GB，分别在 2、3、4、5 个节点上使用并行 SFLA-FCM 算法进行聚类，如图 7.24 所示。

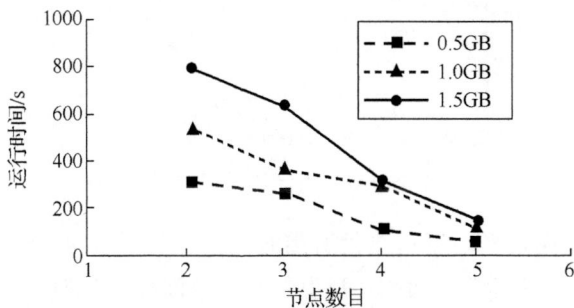

图 7.24　SFLA-FCM 算法在不同数据集上随节点数目运行时间的变化

在文献[28]中，SPA-MRA 的可扩展性实验中，采用来自于 Stanford Large

Network Dataset Collection 上的 ca-GrQc 和 ca-HepTH 两组数据集,为了显示 SPA-MRA 的可扩展性,经过一次迭代的同时 Reducer 的数量从 1 变为 32,结果 如图 7.25 所示。

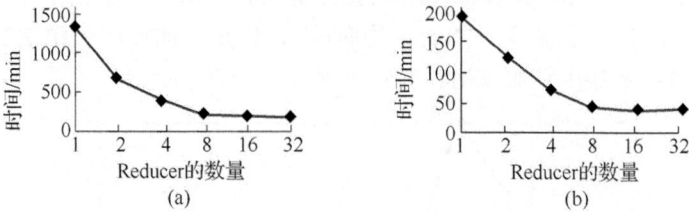

图 7.25　经过一次迭代 Reducer 数量减少时间的变化

图 7.25(a) 为 ca-HepTH 的结果,(b) 为 ca-GrQc 的结果。结果显示,随着 Reducer 增加到 8,所用的时间呈线性减少,对于这些数据集,Reducer 的数量是足够的,过 多的 Reducer 数量就会变得无效。ca-HepTH 的大小是 ca-GrQc 的两倍,而图 7.25(b) 中的曲线要比图(a)率先变得平缓。

在进行并行算法的运算时,快速 Newman 并行算法的结果评估中也考虑不同数 据量下每轮迭代运算的平均时间,如图 7.26 所示为 8 个节点上不同数量的数据运行 时间,其中 N 为数据量,t 为运行时间。

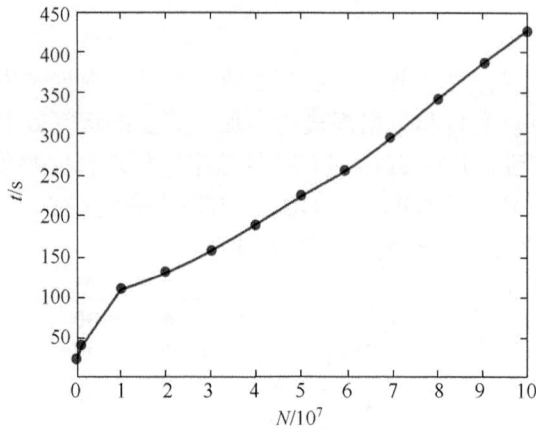

图 7.26　8 个节点上不同数量的数据运行时间

图 7.26 纵坐标代表平均每轮迭代所需时间,每轮均有 4 个 MapReduce 作业, 取其平均执行时间。当数据量小于 1×10^4 时,串行程序执行时间较短,这是因为 MapReduce 作业建立以及分布式系统通信要消耗一定时间。当数据量超过 1×10^{-4} 时, 单机由于内存限制无法处理,并行程序则表现出良好的伸缩性,运行时间与数据规 模几乎成线性关系,且能处理更大规模的问题。

3. 并行计算效率

P 个处理器上的并行计算效率 E 定义为在 P 个处理器上获得的并行加速比 S_P 与处理器个数 P 的比值，即

$$E = \frac{S_P}{P} \tag{7-39}$$

参 考 文 献

[1]　Malewicz G, Austern M H, Bik A J C, et al. Pregel: A system for large-scale graph processing[C]//Proceedings of the ACM SIGMOD International Conference on Management of Data(SIGMOD 2010). ACM, 2010: 135-146.

[2]　Shao B, Wang H, Li Y. Trinity: A distributed graph engine on a memory cloud[C]//Proceedings of the ACM SIGMOD International Conference on Management of Data(SIGMOD 2013). ACM, 2013: 505-516.

[3]　Martella C, Shaposhnik R, Logothetis D, et al. Practical graph analytics with apache giraph[M]. Berkeley: Apress, 2015.

[4]　Siddique K, Akhtar Z, Kim Y. Researching Apache Hama: A pure BSP computing framework[M]// Advanced Multimedia and Ubiquitous Engineering. Singapore: Springer, 2016: 215-221.

[5]　Salihoglu S, Widom J. GPS: A graph processing system[C]// Proceedings of the International Conferenceon Scientific and Statistical Database Management(SSDBM 2013), Baltimore, Maryland, 2013: 1-12.

[6]　Low Y, Gonzalez J, Kyrola A, et al. GraphLab: A new parallel framework for machine learning[C]. Conference on Uncertainty in Artificial Intelligence(UAI 2010). Catalina Island, CA, USA, 2010: 340-349.

[7]　Low Y, Blckson D, Gonzalez J, et al. Distributed graphLab: A framework for machine learning and data-mining in the cloud[C]// Proceedings of the VLDB Endowment(VLDB 2012), 2012, 5(8): 716-727.

[8]　Gonzalez J E, Low Y, Gu H, et al. PowerGraph: Distributed graph-parallel computation on natural graphs[C]// Proceedings of the USENIX Conference on Operating Systems Design and Implementation(OSDI 2012). Hollywood, 2012: 17-30.

[9]　Xin R S, Gonzalez J E, Franklin M J, et al. GraphX: A resilient distributed graph system on Spark[C]. First International Workshop on Graph Data Management Experiences and Systems(GRADES 2013). ACM, 2013: 1-6.

[10] Wang L, Xiao Y, Shao B, et al. How to partition a billion-node graphi[C]//Proceedings of the IEEE International Conference on Data Engineering, 2014.

[11] Khayyat Z, Awara K, Alonazi A, et al. Mizan: A system for dynamic load balancing in large-scale graphprocessing[C]//Proceedings of the ACM European Conference on Computer Systems(EuroSys 2013). ACM, 2013: 169-182.

[12] Dean J, Ghemawat S. MapReduce: Simplified data processing on large clusters[J]. Communications of the ACM, 2008, 51(1): 107-113.

[13] Zaharia M, Chowdhury M, Franklin M J, et al. Spark: Cluster computing with working sets[J]. HotCloud, 2010, 10(10): 95.

[14] Zaharia M, Chowdhury M, Das T, et al. Resilient distributed datasets: A fault-tolerant abstraction for in-memory cluster computing[C]//Proceedings of the USENIX Conference on Networked Systems Design and Implementation(NSDI 2012). San Jose, 2012: 2.

[15] 王春磊, 张岩峰, 鲍玉斌, 等. Asyn-SimRank: 一种可异步执行的大规模 SimRank 算法[J]. 计算机研究与发展, 2015(7): 1567-1579.

[16] 严玉良, 董一鸿, 何贤芒, 等. FSMBUS: 一种基于 Spark 的大规模频繁子图挖掘算法[J]. 计算机研究与发展, 2015(8): 1768-1783.

[17] Wang P, Wu B, Wang B. TSMH Graph Cube: A novel framework for large scale multi-dimensional network analysis[C]. IEEE International Conference on Data Science and Advanced Analytics (DSAA), 2015: 1-10.

[18] 张子兴, 吴斌, 吴心宇, 等. 路径-维度 GraphOLAP 大规模多维网络并行分析框架[J]. 软件学报, 2018, 29(3): 545-568.

[19] Jin S C, Zhang Y C, Nie Y P, et al. A parallel and scalable framework for non-overlapping community detection algorithms[J]. Lecture Notes in Computer Science, 2014, 8710: 115-126.

[20] Lancichinetti A, Radicchi F, Ramasco J J, et al. Finding statisticallysignificant communities in networks[J]. PloS one, 2011, 6(4): e18961.

[21] Rosvall M, Bergstrom C T. Multilevel compression of random walks on networks reveals hierarchical organization in large integrated systems[J]. PloS one, 2011, 6(4): e18209.

[22] Martin R, Bergstrom C T. Maps of random walks on complex networks reveal community structure[J]. Proceedings of the National Academy of Sciences of the United States of America, 2007, 105(4): 1118-1123.

[23] Jin S C, Li A P, Yang S Q, et al. A MapReduce and information compression based social community structure mining method[C]. 2013 IEEE 16th International Conference on Computational Science and Engineering (CSE). IEEE Computer Society, 2013: 971-980.

[24] Huang J, Sun H, Han J, et al. SHRINK: A structural clustering algorithm for detecting hierarchical communities in networks[C]// Proceedings of 2010 ACM International Conference

on Information and Knowledge Management（CIKM'10），Toronto, Canada, 2010.

[25] Yin D Y, Wu B, Zhang Y L. LinkSHRINK: Overlapping community detection with Link-Graph[C].
IEEE DSC 2016 IEEE International Conference on Data Science in Cyberspace, 2016: 44-53.

[26] 苟杰, 马自堂. 基于 MapReduce 的并行 SFLA-FCM 聚类算法[J]. 计算机工程与应用, 2016,
52（1）: 66-70.

[27] 唐艳琴, 潘志松, 吴君青. 基于 MapReduce 的快速 Newman 并行算法[J]. 华中科技大学学报
（自然科学版）, 2012（S1）: 58-61.

[28] 于静雯, 杨冰. 基于 MapReduce 框架下的复杂网络社区发现算法[J]. 微型机与应用,
2014（22）: 74-76.

第8章　社区分析算法评测平台

随着互联网的高速发展，我们已逐步进入大数据时代。现实世界中许多系统都可以用网络来描述，如电力与交通网络、论文引用网络、万维网、神经网络等。网络规模日益增大，网络结构越来越复杂。复杂网络方面的研究逐渐成为目前科研的热点。

实际网络往往可以视为由若干个社区构成，每个社区内部的节点之间的连接相对较为紧密，但是各个社区之间的连接相对比较稀疏。近年来，有关社区发现和网络演化的新算法不断涌现，对于新兴算法的评价指标也越来越丰富。

把社区检测算法应用于实际网络分析，算法的好坏取决于两点：计算复杂性和社区划分质量。目前为止，对于已提出的算法往往有相应的计算复杂性分析，而对于不同算法的性能比较并无统一的标准，不同的评价指标各有侧重。因此，如何简单、方便、快捷地对新兴方法进行评价成为一个新的课题。大规模社区评测原型系统正是在上述背景下应运而生的。本章将介绍大规模社区评测原型系统的设计与实现。

8.1　评测平台综述

大规模社区评测原型系统用多个指标客观评测社区发现方法[1-2]。可以将评测结果综合起来对新兴方法的整体特性进行全面把握。与此同时，还可以利用评价指标的结果对新兴方法的改进提供指导，具有一定的参考意义。

8.1.1　现有的评测方法与平台

1. 主要的评测方法

社区结构发现从一般的数据挖掘方法来看属于聚类。但与简单的聚类不同的是，目前有的社会网络中带有内嵌的社区结构，即相关的社区结构已经确定。因此，目前对于社区结构的评价一般分为两方面。

(1) 带有基准(with benchmark)的社区结构评价，即外部标准。

(2) 不带基准(without benchmark)的社区结构评价，即内部标准。

带有基准的社区评价其实质是将社区发现算法发现的社区划分和原本内嵌的基准社区作为两个聚类结果，通过衡量两种聚类结果的相似程度来衡量社区发现算法的优劣。经典的带有基准的社区结构评价标准如 NMI (normalized mutual information)、ARI (adjusted rand index)，介绍如下。

1) NMI[3]

NMI 是一个以信息论为依据的评估社区发现精确度的通用评价方法。它被定义为

$$
\text{NMI} = \frac{-2\sum_{i,j} N_{i,j} \log_2 \frac{N_{ij} N_t}{N_{i.} N_{.j}}}{\sum_i N_{i.} \log_2 \frac{N_{i.}}{N_t} + \sum_j N_{.j} \log_2 \frac{N_{.j}}{N_t}}
\tag{8-1}
$$

其中，N 为一个含混矩阵，它的元素 $N_{i,j}$ 是被测社区 C_i 和带有基准的社区 C_j' 中的共有成员数。$N_{i.}$ 和 $N_{.j}$ 分别为第 i 行和第 j 列的求和，并且 $N_t = \sum_i \sum_j N_{ij}$。

2) ARI[4]

ARI 是一种在统计学中，衡量两种聚类相似性的方法。

$$
\text{ARI} = \frac{\sum_{i,j} \binom{n_{ij}}{2} - \frac{\left[\sum_i \binom{a_i}{2} \sum_j \binom{b_i}{2}\right]}{\binom{n}{2}}}{\frac{1}{2}\left[\sum_i \binom{a_i}{2} + \sum_j \binom{b_i}{2}\right] - \frac{\left[\sum_i \binom{a_i}{2} \sum_j \binom{b_i}{2}\right]}{\binom{n}{2}}}
\tag{8-2}
$$

其中，n_{ij} 为在两种划分中，分别被划分为第一种划分的 i 类和第二种划分的 j 类的样本数；a_i 为被划分到第一种划分的 i 类的样本数；b_i 为被划分到第二种划分的 j 类的样本数。

不带基准的评价指标大都从社区的通俗定义入手。一般来说，社区划分越趋向于内部节点，连接越紧密，不同社区节点连接松散，其评价结果越好。经典的不带基准的社区结构评价标准如 Modularity、Conductance，介绍如下。

3) Modularity[5]

模块度定义为该网络的社区内部边数与相应的零模型的社区内部边数之差占整个网络边数 M 的比例。

$$
Q = \sum_{v=1}^{n_c} \left[\frac{l_v}{M} - \left(\frac{d_v}{2M} \right)^2 \right]
\tag{8-3}
$$

其中，l_v 为社区 v 内部的边数；d_v 为社区 v 中所有节点的度值之和；M 为总度数。

2. 相关平台

1) SNAP[6]

SNAP(Stanford network analysis platform)是一个通用的能够分析和处理大规模网络的高性能系统。它由斯坦福大学的 Leskovec 攻读博士学位时所开发,于 2009 年 11 月发表了第一个版本。其支持多种的网络类型,目前广泛应用于学术研究和产业项目中。

SNAP 的核心库是用 C++语言编写的,并尽可能做到紧凑图表示和性能最优化。它可以很容易地测量有亿万个节点、十亿条边的大规模网络,并高效处理大图,计算结构属性,生成随机图。除了可将图进行扩展的优势,一个附加优势就是图中的节点、边和属性可以在计算的过程中动态改变。

SNAP 几乎是自控制的,对其他的软件包需求很少。相对较常用的包有 Gnuplot、Graphviz、NodeXL 等。

2) NetworkX[7]

NetworkX 是一个 Python 语言软件包,用来发现、探索、学习复杂网络的结构、功能和动态情况。它由纽约州立大学石溪分校开发。NetworkX 能存储标准或不标准数据格式的网络,形成多种类型的随机网络和经典网络,分析网络结构,建立网络模型,设计新的网络算法,描绘网络等功能。它还为网络或图提供数据结构、图算法、生成器和描绘工具。

NetworkX 主要由包、生成器、I/O 程序、算法模块及基本绘图工具构成。其中,软件包提供了图对象的类,生成器用于创建标准图,I/O 程序用于读取现有数据集,算法模块用于分析、观察网络。

NetworkX 提供了适用于多种应用程序的标准程序接口和图实现,并为 C 语言、C++语言、FORTRAN 语言的代码提供了接口,因而为协作工程、多学科项目提供了一个快捷的开发环境。

3) X-RIME[8]

X-RIME 是由 IBM 中国研究院和北京邮电大学合作开发的一个基于 Hadoop 的开源社会网络分析工具。依赖于 Hadoop 提供的大规模数据并行处理能力,X-RIME 实现了对十几种网络分析算法的并行化,提供了一整套用于对大规模社会网络进行分析处理的解决方案。

X-RIME 主要由 HDFS 层、X-RIME 数据模型层、X-RIME 算法库层以及基于社交网络分析的商业智能分析应用层组成。其中,X-RIME 数据模型层主要包括基于 Hadoop 的对社会网络中的点、边等抽象概念的具体数据结构表示;X-RIME 算法库层基于 MapReduce 实现了 10 余种分布式社交网络处理算法,是 X-RIME 的核心组成部分。

通过使用 X-RIME，用户可以方便快捷地对海量社会网络数据进行分析，从这些海量社会网络数据中获取更深层次的有用信息，从而进一步挖掘商业价值，支持商业决策以及发现新的业务增长点。

4) Gephi[9]

Gephi 是在 Netbeans 平台上用 Java 语言开发的一款开源免费跨平台基于 JVM (java virtual machine) 的复杂网络分析软件，其主要用于各种网络和复杂系统、动态和分层图的交互可视化与探测开源工具，使用 OpenGL 作为它的可视化引擎。

Gephi 是数据分析师和科学家热衷的用于探索和理解图的工具，有些像 Photoshop，但是它处理的是图数据。可用作探索性数据分析、链接分析、社交网络分析、生物网络分析等。用户可以和界面进行交互，操纵网络结构、网络形状和网络颜色显示隐藏的图案。Gephi 的设计目标是帮助数据分析师作出假设，直观地发现模式，在数据采集的过程中孤立出奇异值点。

Gephi 是一种开源软件，允许开发者扩展和重复使用。依赖于它的应用程序接口，开发者可以编写自己感兴趣的插件，创建新功能。

5) Pajek[10]

Pajek 是用于研究目前所存在的各种复杂非线性网络的有力工具。最早于 1996 年应用 Delphi 语言开发，由斯洛文尼亚的卢布尔雅那大学数学学院的 Vladimir Batagelj 和社会科学学院的 Andrej Mrvar 开发。

Pajek 支持将大型网络分解成几个较小的网络，以便使用更有效的方法进一步处理。Pajek 还可执行分析大型网络有效算法，并向使用者提供一些强大的可视化操作工具。除普通网络(有向、无向、混合网络)外，Pajek 还支持多关系网络，2-mode 网络(网络由两类异质节点构成)，以及暂时性网络(网络随时间演化)。

在目前的版本中，Pajek 可以处理多达 9 亿个顶点的网络文件。Pajek 本身统计分析功能很弱。但是它提供了探索网络结构的途径，同时配备了 R 软件接口，以满足网络分析技术的应用需求。为方便使用者上手，Pajek 配备了教程供使用者循序渐进地学习。

8.1.2　本平台的设计目标

本平台的设计目标是对社区发现和网络演化算法进行评测，通过多种量化指标对衡量相关算法的质量及性能提供参考。

社区结构评测平台具备以下功能。

(1)提供丰富的具备社区结构的数据。

(2)提供适用于大规模数据的社区结构发现的算法。

(3)提供反应社区结构的评价指标。

(4)使用耦合度低的系统架构,提供简单的、方便的、扩展性较强的可编程接口。
社区结构评测平台具备的特点如下。

易用性:平台采用 B/S 架构,用户通过浏览器即可完成平台提供的所有功能。

可靠性:平台的作业均通过 YARN(yet another resource negotiator)进行管理,对
于作业的容错性、扩展性提供了保障。

易于编程:平台提供了相关的编程接口,用户无须关注作业的具体过程。因此,
用户可以将更多的精力投入算法本身,从而提高了开发效率。

可扩展性:平台底层依托于 Hadoop、Spark 等并行计算框架。用户可以在改动
很小的情况下(在极端情况下,甚至无须修改),即可将已有的并行算法改造为平台
可以运行的并行算法。

8.2　平台框架与功能设计

8.2.1　技术背景

1. HDFS

HDFS 是一个具有高度容错性的分布式文件系统,适合部署在廉价的机器上。
HDFS 能提供高吞吐量的数据访问,非常适合在大规模数据集上应用[11]。

HDFS 是一个典型的主/从架构,包括一个 NameNode 节点(主节点)和多个
DataNode 节点(从节点),并提供应用程序访问接口。NameNode 是整个文件系统的
管理节点,并提供应用程序访问接口。NameNode 是整个文件系统的管理节点,它
负责文件系统名字空间(Namespace)的管理与维护,同时负责客户端文件操作的控
制以及具体存储任务的管理与分配;DataNode 提供真实文件数据的存储服务。HDFS
的系统架构如图 8.1 所示。

HDFS 有两种数据:文件数据和元数据。

1)文件数据

文件数据是指用户保存在 HDFS 上的文件的具体内容,HDFS 将用户保存的文
件按照固定大小进行分块,保存在各个 DataNode 上,每一块可能会有多个副本,
具体个数可以由用户指定,相同块对应的副本通常保存在不同的 DataNode 上,通
过副本机制,可以有效地保证文件数据的可靠性。

2)元数据

元数据是指数据的数据,HDFS 与传统的文件系统一样,提供了一个分级的文
件组织形式,维护这个文件系统所需要的信息就称为 HDFS 的元数据。

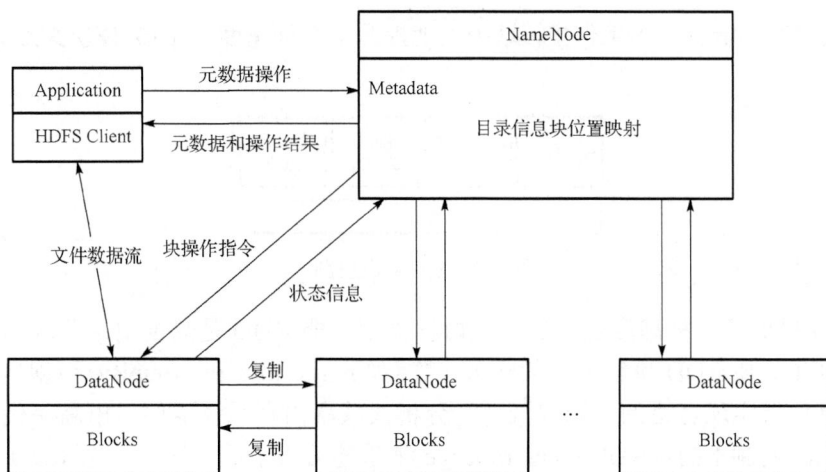

图 8.1 HDFS 架构

元数据由 NameNode 进行维护和管理，NameNode 在启动时，会从磁盘加载元数据文件到内存，并且等待 DataNode 上报其他元数据信息，形成最终的元数据结构。由于 NameNode 是单节点，一但 NameNode 无法正常服务，将导致整个 HDFS 无法正常服务。

HDFS 在很大程度上借鉴了 Google GFS 文件系统的设计思想，本系统采用 HDFS 作为社区评测系统的底层基础设施，为系统提供高可靠、高性能的存储服务。

2. Spark[12]

Spark 是一种快速、通用、可扩展的大数据分析引擎。它是不断壮大的大数据分析解决方案家族中备受关注的明星成员，为分布式数据集的处理提供了一个有效框架，并以高效的方式处理分布式数据集。Spark 集批处理、实时流处理、交互式查询与图计算于一体，避免了多种运算场景下需要部署不同集群带来的资源浪费。Spark 具有速度快、易用性高、通用性强、可融合性强的特点，在过去的一年中获得了极大关注，并得到广泛应用。Spark 社区也成为大数据领域和 Apache 软件基金会最活跃的项目之一，其活跃度甚至远超 Hadoop。

尽管非循环数据流是一种很强大的抽象方法，但仍然有些应用无法使用这种方式描述。这类应用包括：①机器学习和图应用中常用的迭代算法（每一步对数据执行相似的函数）；②交互式数据挖掘工具（用户反复查询一个数据子集）。基于数据流的框架并不明确支持工作集，所以需要将数据输出到磁盘，然后每次查询时重新加载，这会带来较大的开销。针对上述问题，Spark 实现了一种分布式的内存抽象，称为 RDD。它支持基于工作集的应用，同时具有数据流模型的特点：自动容错、位置感知性调度和可伸缩性。RDD 允许用户在执行多个查询时显式地将工作集缓存在内存中，后续的查询能够重用工作集，这极大地提升了查询速度。Spark 模块大致如图 8.2 所示。

图 8.2　Spark 模块图

　　RDD 提供了一种高度受限的共享内存模型，即 RDD 是只读记录分区的集合，只能通过在其他 RDD 执行确定的转换操作(如 map、join 和 groupBy)而创建，然而这些限制使得实现容错的开销很低。与分析式共享内存系统需要付出高昂代价的检查点和回滚机制不同，RDD 通过 Lineage 来重建丢失了的分区：一个 RDD 中包含了如果从其他 RDD 衍生所必需的相关信息，从而不需要检查点操作就可以重建丢失的数据分区。尽管 RDD 不是一个通用的共享内存抽象，但它具备了良好的描述能力、可伸缩性和可靠性，能够广泛适用于数据并行类应用。

　　本系统利用高性能的 Spark 技术作为资源支撑，以保障系统的高效性。

　　3．YARN[13]

　　随着互联网的高速发展，基于数据密集型应用的计算框架不断出现，从支持离线处理的 MapReduce，到支持在线处理的 Storm，从迭代式计算框架 Spark 到流式处理框架 S4，各种框架诞生于不同的公司或者实验室，它们各有所长，各自解决了某一类应用问题。而在大部分互联网公司中，这几种框架可能同时采用。考虑到资源利用率、运维成本、数据共享等因素，公司一般希望将所有这些框架都部署到一个公共的集群中，让它们共享集群的资源，并对资源进行统一使用，同时采用某种资源隔离方案对各个人物进行隔离，这样便诞生了轻量级弹性计算平台。资源利用率高、运维成本低、数据共享的 YARN 便是弹性计算平台的典型代表。

　　YARN 的设计目标已经不再局限于支持 MapReduce 一种计算框架，而是朝着多种框架进行统一管理的方向发展。图 8.3 描述了 YARN 的基本组成结构。

　　YARN 主要由 Resource Manager、Node Manager、Application Master 和 Container 等几个组件构成。YARN 总体上仍然是 Master/Slave 结构，在整个资源管理框架中，Resource Manager 为 Master，Node Manager 为 Slave，Resource Manager 负责对各个 Node Manager 的资源进行统一管理和调度。当用户提交一个应用程序时，需要提供一个用以跟踪和管理这个程序的 Application Master，它负责向 Resource Manager 申请资源，并要求 Node Manger 启动可以占用一定资源的任务。由于不同的 Application Master 被分布到不同的节点上，所以它们之间不会相互影响。

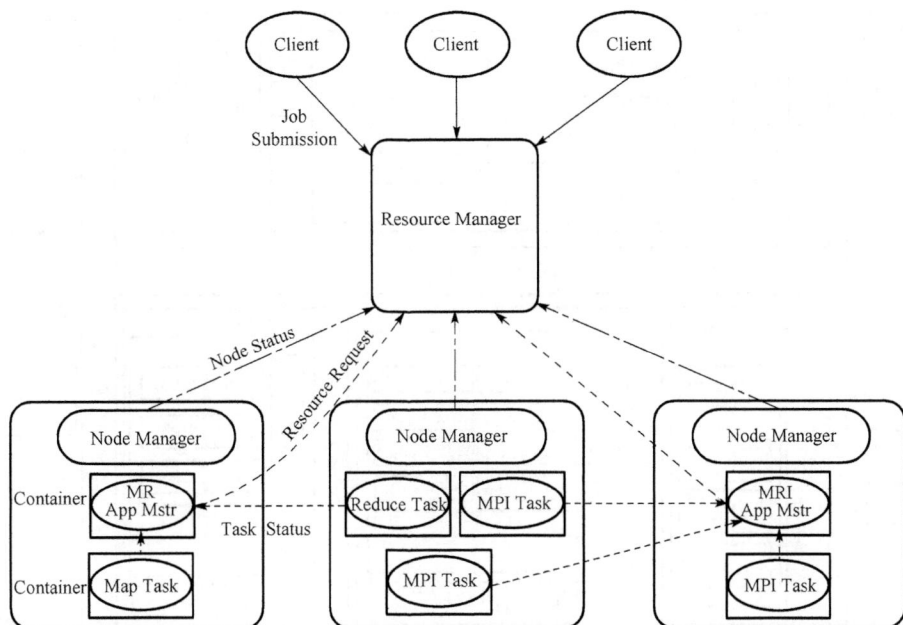

图 8.3　YARN 的基本组成结构

8.2.2　整体设计

评测平台可分为 5 个部分，各层之间的整体架构如图 8.4 所示，具体说明如下。

（1）资源支撑层。该层利用高性能的集群为平台提供运算能力的支撑，利用高可靠的分布式存储系统为平台内的数据提供安全保障。同时，在硬件之上，利用目前应用非常广泛的分布式计算环境对于平台内的分布式算法提供技术支撑。

（2）接口层。该层目前设计有三类接口。

① 算法导入接口：利用该接口可以向平台内导入备测算法。

② 数据导入接口：利用该接口可以向平台内导入外部评测数据，该评测数据需要符合平台的数据格式要求。

③ 资源配置接口：利用该接口，可以实现对于资源支撑层的配置和调度。

（3）核心层。评测环境、评测算法、评测数据是评测的三个必备条件。即在指定的评测环境下利用指定的评测数据评测指定的评测算法是本系统的核心功能。

① 评测环境包括四部分：硬件、系统、网络、模式。

② 评测算法包括：备测算法，利用算法导入接口引入的算法；内嵌算法，平台内部提供的经典算法，如 GN（Girvan_Newman）、CNM（改进 Newman 贪婪算法）、BGLL（多层次、贪婪层次聚类算法）、LPA（标记传播（社区发现）算法）、MCL（马尔可夫（随机游走）聚类算法）、CPM（极大团过滤算法）、ABL（自下而上的链接层次聚类算法）。

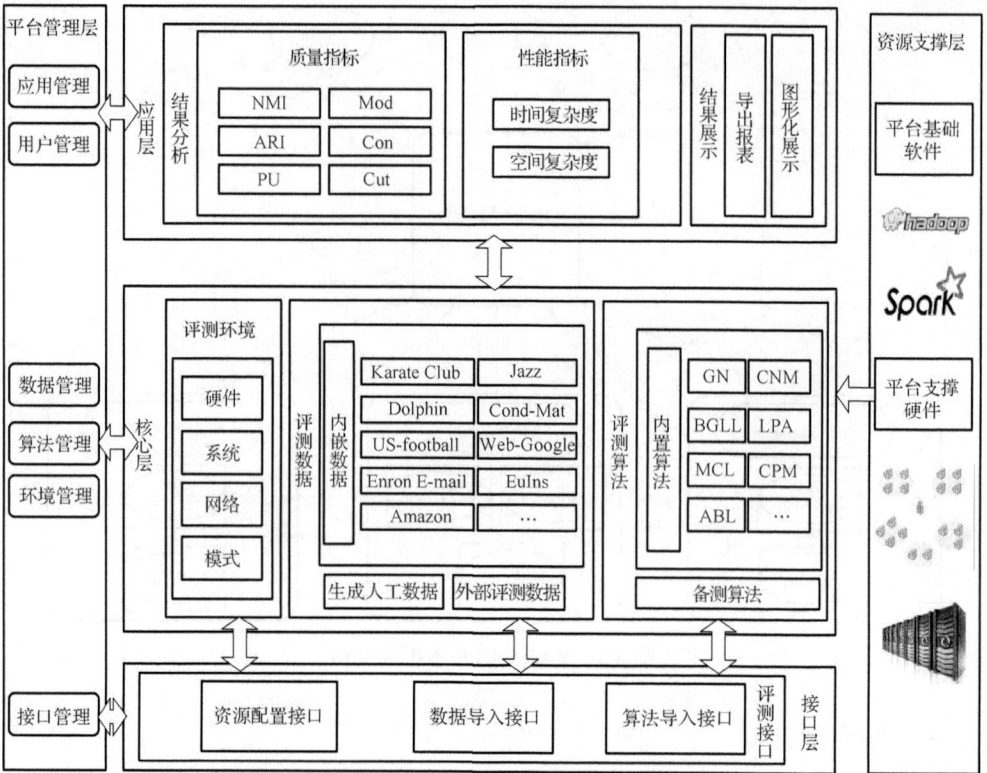

图 8.4　社区发现与演化算法评测平台整体架构图

③ 评测数据包括：外部评测数据，利用数据导入接口引入的外部数据；内嵌数据，平台内部提供的经典数据集，如 Karate Club(空手道俱乐部)、Dolphin(宽吻海豚网络)、US-football(美国大学足球队网络)、Enron E-mail(安然公司的 E-mail 网络)、Amazon(亚马逊的商品购买网络快照)、EuIns(一个欧洲研究机构的 E-mail 网络)、Jazz(爵士乐音乐家网络)、Cond-Mat(高分子物理学作者合作网络)、Web-Google(Google 提供的 Web 网络)。

(4)应用层。应用层通过相关的指标对社区发现算法进行 Mod(modularity)模块度、Con(conductance)、Cut(cut-ratio)、NMI(normalized mutual information)归一化互信息、ARI、PU(Purity)、时间复杂度(计算时间)、空间复杂度(计算时的所需内存)的评价。评测结果可以通过报表或可视化的形式进行展示或导出。

(5)平台管理层。利用该层可以实现对于平台的整体管理。包含应用管理、用户管理、数据管理、算法管理、评测环境管理及接口管理。

1. 资源管理设计

平台的资源管理涉及对底层硬件的抽象封装，资源的申请、分配、释放。目前主流的分布式应用系统大多采用虚拟化技术。本系统采用 OpenStack 融合 Docker 的方式来完成整体平台底层资源的虚拟化。

OpenStack是一个开源软件, 它提供了一个部署云的平台。为虚拟计算或存储服务的公有/私有云提供可扩展的、灵活的云计算。 OpenStack 包含了一组由社区维护的开源项目, 主要项目有 Compute(Nova), Object Storage(Swift), Image Service(Glance)。Nova 提供虚拟计算服务, Swift 提供存储服务, Glance 提供虚拟机镜像的注册、分发服务。OpenStack 能帮人们建立自己的 IaaS, 提供类似 Amazon Web Service 的服务给用户: 普通用户可以通过它注册云服务, 查看运行和计费情况; 开发和运维人员可以创建和存储他们应用的自定义镜像, 并通过这些镜像启动、监控和终止实例; 平台的管理人员能够配置和操作网络存储等基础架构。

Docker 是一个开源项目, 诞生于 2013 年初, 最初是 dotCloud 公司内部的一个业余项目。它基于 Google 公司推出的 Go 语言实现。项目后来加入了 Linux 基金会, 遵从 Apache 2.0 协议, 项目代码在GitHub上进行维护。Docker 自开源后受到广泛的关注和讨论, 以至于 dotCloud 公司后来改名为 Docker Inc。Redhat 已经在其 RHEL6.5 中集中支持 Docker; Google 也在其 PaaS 产品中广泛应用。Docker 项目的目标是实现轻量级的操作系统虚拟化解决方案。Docker 的基础是 Linux 容器(LXC)等技术。

作为一种新兴的虚拟化方式, Docker 跟传统的虚拟化方式相比具有众多的优势。首先, Docker 容器的启动可以在秒级实现, 这相比传统的虚拟机方式要快得多。其次, Docker 对系统资源的利用率很高, 一台主机上可以同时运行数千个 Docker 容器。容器除了运行其中的应用, 基本不消耗额外的系统资源, 应用的性能很高, 同时系统的开销尽量小。传统虚拟机方式运行 10 个不同的应用就要启动 10 个虚拟机, 而 Docker 只需要启动 10 个隔离的应用即可。

OpenStack 和 Docker 结合如图 8.5 所示。Docker 容器独立于真正的物理机, 但却使用物理机的资源, 或几个 Docker 容器共享一台或几台物理机的资源; OpenStack 作为资源管理者, 管理 Docker 容器, 控制 Docker 容器的开关等; 在每个 Docker 容器里可以独立运行一系列进程, 而 Docker 容器之间相互不受影响, 或者分布式应用基于 Docker 容器, 把它们看成真正的物理机, 执行分布式的应用程序。

下面介绍底层架构。

在 Docker 中, 通过编写 Dockerfile 来产生镜像。Dockerfile 是一种被 Docker 程序解释的脚本, Dockerfile 由一条一条的指令组成, 每条指令对应 Linux 下面的一条命令。Docker 程序将 Dockerfile 指令翻译成真正的 Linux 命令。Dockerfile 有自己的书写格式和支持命令, Docker 程序解决这些命令间的依赖关系, 类似于 Makefile。Docker 程序将读取 Dockerfile,根据指令生成定制的 Image。相比 Image 这种黑盒子, Dockerfile 这种显而易见的脚本更容易被使用者接受, 它明确地表明 Image 是怎么

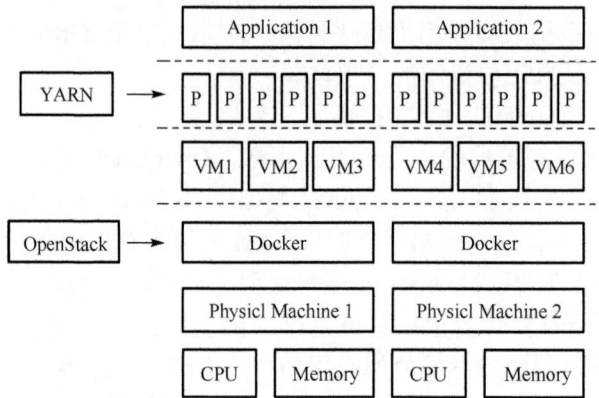

图 8.5　OpenStack 和 Docker 结合

产生的。有了 Dockerfile，当需要定制自己额外的需求时，只需要在 Dockerfile 上添加或者修改指令，重新生成 Image 即可，省去了输入命令的麻烦。

Dockerfile 是软件的原材料，Docker 镜像是软件的交付品，而 Docker 容器则可以认为是软件的运行态。从应用软件的角度来看，Dockerfile、Docker 镜像与 Docker 容器分别代表软件的三个不同阶段，Dockerfile 面向开发，Docker 镜像成为交付标准，Docker 容器则涉及部署与运维，三者缺一不可，合力充当 Docker 体系的基石。简单来讲，Dockerfile 构建出 Docker 镜像，通过 Docker 镜像运行 Docker 容器。

一个 Docker 镜像可以构建于另一个 Docker 镜像之上，这种层叠关系可以是多层的。第一层的镜像层称为基础镜像(base image)，其他层的镜像(除了最顶层)称为父层镜像(parent image)。这些镜像继承了它们的父层镜像的所有属性和设置，并在 Dockerfile 中添加了自己的配置。

有了镜像，就可以使用镜像来启动容器。可以用同一个镜像启动多个 Docker 容器，这些容器启动后都是活动的，彼此还是相互隔离的。对其中一个容器所做的变更只会局限于那个容器本身。当使用 Docker Run 启动容器时，它会在所有的镜像层之上增加一个可写层。这个可写层有运行在 CPU 上的进程，而且有两个不同的状态：运行态(running)和退出态(exited)。这就是 Docker 容器。当使用 Docker Run 启动容器，Docker 容器就进入运行态，当停止 Docker 容器时，它就进入退出态。

当有一个正在运行的 Docker 容器时，从运行态到停止态，对它所做的一切变更都会永久地写到容器的文件系统中。对容器的变更是写入容器的文件系统的，而不是写入 Docker 镜像中。如果对容器的底层镜像进行修改，那么当前正在运行的容器是不受影响的，不会发生自动更新现象。如果想更新容器到其镜像的新版本，那么必须当心，确保以正确的方式构建数据结构，否则可能会导致容器中所有数据损失。

Docker 还不算是一套功能全面的虚拟化环境，在安全性方面存在多种严重局限。我们需要 OpenStack 来控制 Docker。OpenStack 是一个旨在为公共及私有云的建设与管理提供软件的开源项目，是一个云操作系统。OpenStack 项目的首要任务是简化云的部署过程并为其带来良好的可扩展性。

　　下面介绍一个实例，如图 8.6 所示。OpenStack 负责调度，管理集群计算机。Docker 负责在实际的物理计算机上进行虚拟化。假设 Image1 中搭建好了 Hadoop2.6.0，Image2 中搭建好了 Hadoop2.4.0。在实际的生产环境中，可能需要不同版本的 Hadoop 平台。然后，从 Image1 启动 3 个容器，并将这三台虚拟机搭建成了 Hadoop2.6.0 集群。从 Image2 启动 3 个容器，并将这三台虚拟机搭建成了 Hadoop2.4.0 集群。此时，我们只知道在逻辑上有 6 台 Docker 虚拟出来的虚拟机，底层实际物理机器的状况我们并不清楚。这 6 台虚拟机，有可能运行在 1 台物理宿主主机上，也有可能分散在不同的物理宿主主机上。这些都由 OpenStack 负责进行管理和调度。我们只关注逻辑上的虚拟主机。

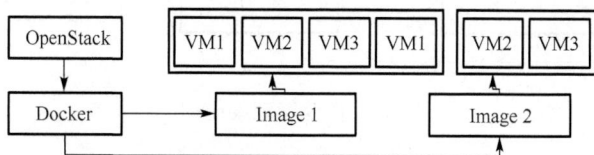

图 8.6　初始资源分配图

　　现在，假设 Hadoop2.6.0 集群需要更多的计算资源。而 Hadoop2.4.0 集群则在计算资源上比较闲置。可以提高 Hadoop2.6.0 容器的逻辑虚拟机数量，以提高 Hadoop2.6.0 集群的并行度。减少 Hadoop2.4.0 容器的逻辑虚拟机数量，减少 Hadoop2.4.0 集群的并行度。那么，OpenStack 负责关闭 Hadoop2.4.0 集群中的 VM3，并从 Image1 中启动一个新的 Hadoop2.6.0 容器，之后再加入 Hadoop2.6.0 集群中，以满足需求。通过 OpenStack，可以实现资源的动态调配。图 8.7 和图 8.8 分别显示了动态分配情况和调度结果。

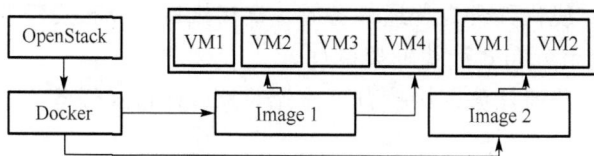

图 8.7　动态资源分配

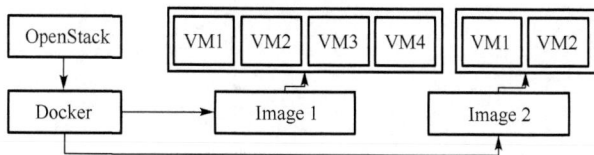

图 8.8　动态调度结果

2. 作业生命周期设计

本平台的任务平台的作业的输入和输出均来自于稳定的、可靠的 HDFS。图 8.9 表示一个完整的作业在系统中的生命周期。

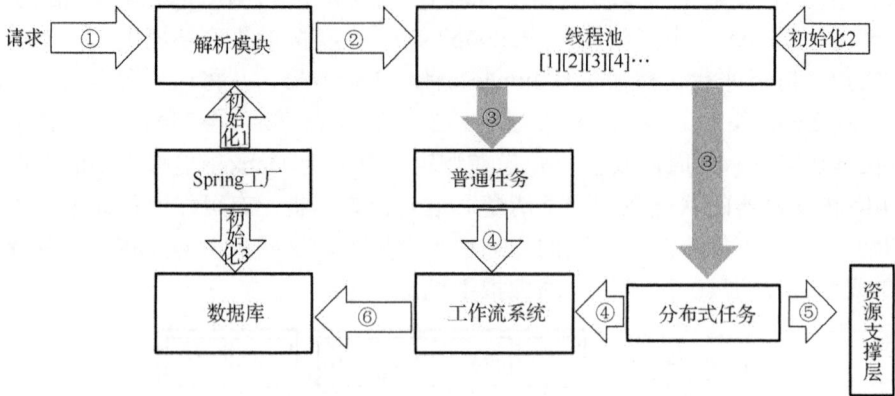

图 8.9 作业管理架构图

任务由用户提交模块发起，系统解析任务参数，通过申请线程池来执行任务，任务在执行的过程中会结合工作流系统将执行信息持久化至数据库中。

具体步骤说明如下。

初始化 1：Spring 工厂初始化解析模块，注入所需对象实例。

初始化 2：初始化任务执行线程池，默认数为 20。

初始化 3：初始化数据库连接线程。

(1)用户请求到来，由解析模块解析算法、指标、数据的 ID，通过 ID 加载指定信息。

(2)从线程池中取一个 Ready 状态的线程，注入用户配置信息后执行。

(3)普通任务：线程任务为普通任务时，直接执行。分布式任务：线程任务为分布式任务时，提交至分布式计算框架执行。

(4)普通任务：普通任务直接持有工作流对象。分布式任务：分布式任务间接持有工作流对象。

(5)任务在执行分布式计算时利用资源支撑层执行任务。

(6)利用工作流系统把任务执行信息持久化到数据库中。

8.2.3 功能设计

1. 设计原则

根据现有相关平台结合实际需要，本平台的设计原则具有以下特点：统一性、透明性、可扩展性、开放性。其关系如图 8.10 所示。

1）统一性

顾名思义，统一性是指系统作为一个整体面向用户提供服务。统一性是系统的设计核心。统一性对用户来说可以系统地安装、使用、维护成本。对于系统本身来说，通过统一的应用提供服务，可以避免暴露更多的系统内部细节，为透明性、可扩展性、开放性提供了可能。

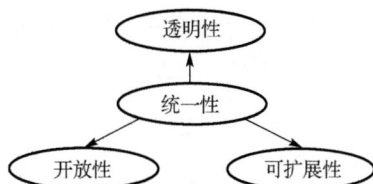

图 8.10　平台设计原则

本系统从多个角度体现了统一性的特点。从系统内部来说，各个模块、服务、应用等都是整个系统的一部分。从系统外部来说，用户面向的是一个统一的系统，用户通过系统提供的应用使用系统的服务。从开发人员来看，平台提供了一个统一的开发接口，通过开发接口，开发人员可以开发定制的算法或指标，通过统一的提交接口，定制算法或指标可以被系统调用。从宏观来看，系统提供的算法和用户开发的算法是高度统一的。

2）透明性

计算机领域内的透明性指计算机中存在的，但对于某些开发人员而言又不需要了解的东西。涉及应用系统层面，可以类比为系统中提供的、但对于用户来说不需要理解和掌握的东西。这些服务可以在系统内部被单独或组合使用，而用户并不需要理解这些服务的具体逻辑或实现方法，即仿佛这些服务对于用户来说是"透明"的。

本系统在多个层面采用了透明性的设计原则。力图在对用户暴露最小系统信息的前提下，尽可能多地封装系统服务。

3）可扩展性

在实际应用中，系统的需求有可能随着业务的拓展或项目的升级而有所扩展。因此要求系统具有可扩展性的特点。当未来有扩展需求时，可以在现有系统的基础上，花费较少的代价，完成系统的升级扩展。

在本系统中，扩展性主要表现在两个层面：①基础硬件的扩；②系统应用的扩展。设计核心思想是利用模块化的思想，将系统各层切分，明确各模块所处的系统层级，细化各模块的功能边界。在未来扩展时，尽可能多地保证大量非扩展模块的稳定，降低了系统的扩展难度。

4）开放性

随着信息化的发展，各行各业都进行了大量的信息化建设，其中蕴含了一个普遍的问题——"孤岛现象"。孤岛可以细化为数据孤岛、信息孤岛、应用孤岛等。其特点在于数据可以在成熟、完整的系统内进行分析挖掘。但各个孤岛内部开放，对外封闭，相互之间彼此并不连通。出现这种现象的原因是这些系统在设计之初并没有考虑开放性的原则。

本系统在开放性上的主要表示为采用高可靠的、分布式的开源框架。在采集、运算、存储上具有统一的标准接口，具有与其他信息系统进行数据交换和数据共享的能力。

2. 数据角度

本小节从数据角度阐释如何体现设计原则：数据具有统一的访问存储格式，采用分布式存储方案，数据来源对用户透明，物理存储地址对用户透明，对资源调度可见，数据格式在系统内部通用，为用户留有上传数据接口和自定义接口，保持系统的开放性和可扩展性。

系统利用抽象的统一数据格式描述：利用 JSON 格式进行数据的描述。JSON 是一种轻量级的数据交换格式，可以表示各种复杂的结构。数据描述如表 8.1 所示。

表 8.1　数据描述表

数据集名称	系统提供或者用户定义
全局唯一 ID	Universal User ID
图类型	有向、无向、带权、不带权
数据类型	带参数、不带参数
社区标签	有、无
描述	系统或用户提供
逻辑位置	用户或系统指定
物理存储位置	系统提供
社区标签位置	系统提供

本平台的静态数据利用 LFR 模型生成。LFR 模型是目前比较通用的人工网络合成模型，其在 L-分隔模型的基础之上考虑了网络节点度和社区大小的分布情况。主要利用的参数如表 8.2 所示。

表 8.2　LFR 参数表

参数	描述
N	网络节点数量
k	平均度
k_{max}	最大节点度
γ	网络度幂律分布的指数
C_{max}	最大社区规模
C_{min}	最小社区规模
μ	混合参数

在系统的人工网络模型中，系统并不直接存储整个网络，而是利用 JSON 格式存储人工网络的属性特性。也就是说，系统只存储描述网络的信息，通过这种方式，

可以极大地减少系统的存储压力，真正的人工网络只有在第一次使用时才被构建，同时会设定一个时间戳，用于检测是否过期。当人工网络长时间未被再次使用时，将其设定为过期，从存储设备中删除，释放存储空间。

本平台的动态网络数据利用基于事件演化率的扩展 LFR 算法。在静态算法的基础上，系统引入了演化率（α）描述动态网络的演化事件。

$$\alpha = \left| \frac{N_C(t) - N_C(t-1)}{N_C(t-1)} \right| = \left| \frac{N_C(t)}{N_C(t-1)} - 1 \right| \tag{8-4}$$

其中，$0 \leqslant \alpha < 1$，为某个时刻影响节点数量与社区结构节点总数的百分比，同时也表示对不同规模的社区要达到相同的影响程度，需要改变（影响）的社区中的节点数目不同。例如，对于不同规模的社区的扩张，尽管演化率 α 的取值相同，但是同一时刻不同规模的社区新加入的节点数量是不同的。为了保证演化具有一定的平滑性，限定了 α 的取值在 [0,1) 范围内，这使得网络结构一定程度上不会产生剧烈的变化。有了演化率的引入，可以更加准备地控制社区变化程度。当 $\alpha > 0$ 时，随着时间的推移，社区规模会在演化行为发生后扩张或者收缩；当 $\alpha = 0$ 时，社区规模不改变。对于同一行为，演化率 α 的取值相同。通过不同时刻向网络中注入不同的行为，设定相应的演化率，从而合成一个包含各个事件并且事件可控的人工合成动态社区网络。

在描述演化事件时，采用了如下方法生成动态网络。首先利用 LFR 方法，通过设定其指定的参数生成初始时刻的静态网络，该网络同时包含内嵌的社区信息。通过在某时刻插入演化事件，从而得到整个时间序列的动态网络。其中，三种演化事件的描述和定义如下。

(1) 节点的产生和消失。首先，考虑社区的节点产生和消失的情况。随机地选取占原网络社区数量的 $p(0 < p \leqslant \alpha)$ 个社区，每个时间步中，随机地增加或者隐藏占社区比例 α 的节点。例如，$\alpha = 0.1$，某一社区 10% 的节点将被在该时刻嵌入社区内部。新加入的节点的度将按照整个网络的度幂律进行随机分配，保证网络中节点的度分布仍处于幂律。节点的消失会导致节点和其所连接的所有边一块移除。

(2) 扩张和收缩。为了验证社区的扩张和收缩，随机地选取占原网络社区数量的 $p(0 < p \leqslant \alpha)$ 个社区，选取的社区将被分成两个近似相等的社区集合（S_1——扩大的社区集合，S_2——收缩的社区集合），S_1 中的社区以 α 的比例逐渐扩大，扩大的方式是将其他不在 S_1 社区集合中的点吸收进该社区，S_2 中的社区以 α 的比例不断收缩，收缩的方式是将该社区的点驱逐到其他不在 S_2 社区集合中的社区。

(3) 合并和分裂。为了验证社区的合并和分裂，随机地选取占原网络社区数量的 $p(0 < p \leqslant \alpha)$ 个社区，选取的社区被分成两个近似相等的社区集合（S_1——分裂的社区集合，S_2——合并的社区集合），S_1 中的社区以 α 比例，不断脱离原社区，或者随机地加入 S_2 中的社区，或者产生新的社区（新的社区不属于 S_1 和 S_2 集合）。

以上(2)(3)中只有点的社区归属发生变化、点的度数及出边、入边均没有变化。将同一时间片的不同自定义事件融合进同一时间片网络。对于同一社区，任意时刻最多仅能发生一个事件。例如，某一时刻，事件 E_1 要求 80%的社区进行分裂合并事件，同时另一事件 E_2 要求 80%的社区进行扩大缩小事件，那么 E_2 在进行注册时会被拒绝执行。

根据演化率的不同，同一事件会持续一个或多个时间片，如 $\alpha=0.2$，表示该事件将会在包括当前时间片在内的 $1/0.2 = 5$ 个时间片进行演化。不同的事件会在同一时间片按注入顺序发生，这样可以模拟真实网络演化过程的复杂性。在每一个事件片结束时，为了保证网络特性符合定义的参数特性，会对整体网络进行一系列调整。确保点的总度数不变，但是对出边和入边的比例进行调整，确保每个节点的 mix parameter(μ)在设定值附近。需要注意的是，调整不会改变社区的成员归属。

所有的静态和动态网络的生成均由系统根据用户的输入参数自动生成，不需要用户进行任何的代码编写。通过系统提供的人工网络生成应用，可以方便地定制用户自定义的人工网络。

3. 算法角度

本节从算法角度阐释如何体现设计原则。抽象出社区发现的算法共有的相关特点，利用统一的框架对算法进行描述和定制，具体算法在不同阶段的系统调用，资源分配对用户透明，对用户提供开放的算法接口，用户进行定制算法的开发，保留了扩展性和开放性。

抽象的统一算法框架：Wang 等对社交网络的社区发现进行了细致的研究，提出了一个统一的、面向过程的框架(以下简称基础框架)对社区发现的算法进行了归纳。图 8.11 是基础框架示意图。

在图 8.11 所示的基础框架的基础上，对常见的社区发现算法进行归纳和总结，结果如图 8.12 所示。

本系统所使用的抽象的统一算法框架(统一框架)是在本书的基础上，结合大数据处理的实际需要分析改进而来的。在保证算法框架的完整性、通用性的同时，增加了其对于大数据的支持。扩展了该框架的应用领域和使用价值。

社区发现从宏观上来说属于聚类中的图计算。因此很多社区发现算法的具体细节可以映射为在图模型上的操作。图模型领域内已经有了多个高性能的分布式框架，对分布式图模型进行了良好的封装。但这些模型对于社区发现算法的支持并不够。基础框架中对社区发现算法归纳了统一的执行框架，但其并没有涉及大数据处理，因此为了满足大数据的处理需求，需要对基础框架和现有的分布式图模型进行有机的融合。图 8.13 显示了图处理与社区发现的关系。

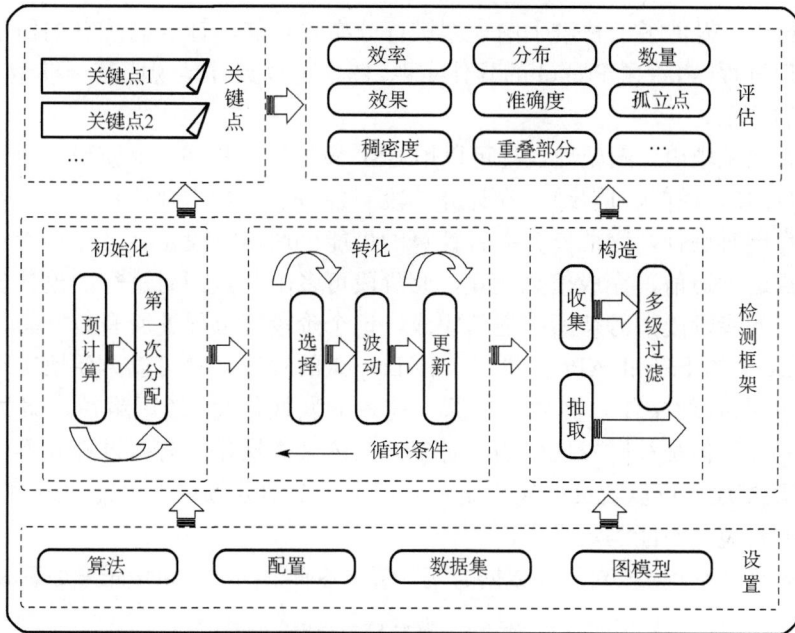

图 8.11　基础框架示意图

算法	预计算	第一次分配	选择	波动	更新	终止	收集&多级过滤	抽取
CNM	↦	→	↻	→	→	↻	⇢	↦
Radicchi	↦	→	↻	→	→	∿	⇢	⇢
Spectral	↦	→	↻	→	→	↻	⇢	⇢
LPA	⇢	↦	↻	→	→	↻	⇢	↦
HANP	⇢	↦	↻	→	→	↻	⇢	↦
TopLeaders	↦	→	⇢	↻	→	∿	⇢	↦
SCP	⇢	→	↻	→	→	↻	⇢	↦
M-KMF	↦	⇢	↻	→	→	↻	⇢	↦
MB-DSGE	↦	→	↻	→	⇢	↻	⇢	↦
gCluSkeleton	↦	→	↻	→	⇢	↻	↦	⇢

↦ : start step
→ : normal step
↻ : into the iteration
↻ : iterate to T_{max}
↻ : break when optimal
∿ : break when stable
→ : end step
⇢ : skipped step

图 8.12　不同算法应用基础算法的对比

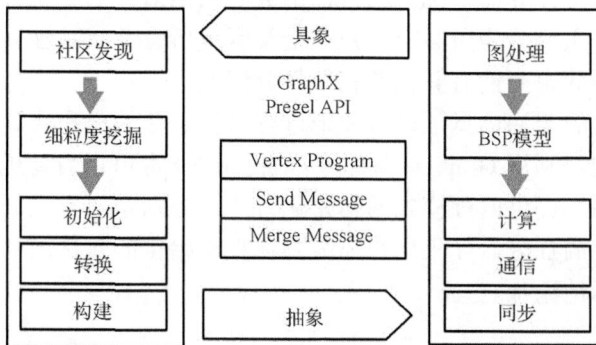

图 8.13　图处理和社区发现的关系图

GraphX 是现有的分布式图计算模型的代表。其依托于目前炙手可热的分布式计算框架 Spark,提供了一种对于图模型进行分布式存储、计算的统一编程模式。其对于图处理过程,内置了 Pregel 的具体实现。图中可以具体地说明统一模型、GraphX 和图处理的关系。

在分布式领域内,图处理过程可以用 BSP 模型进行描述。该模型将图处理分为三个过程(计算、通信、同步)。在计算阶段,各节点进行本地计算,这一阶段可以在多个节点同时进行,因此具备并行计算的可能。通信阶段是各节点将自身的信息与其他节点进行通信,完成信息交互,此阶段可多个节点同时进行,也具备并行计算的可能。同步阶段,等待所有通信完成,这个阶段可以保证所有数据的一致性。

GraphX 中的 Pregel API 提供了一种 Pregel 的实现。它可以方便地实现抽象到 BSP 模型的图处理操作。例如,计算一些图的属性信息(最短路径、聚类系数、PageRank 等)。但是社区发现作为一种复杂的图聚类操作,有些过程并不一定能够用 BSP 模型描述。可以说社区发现是图处理中一个细分领域,单纯利用 GraphX 对于图处理的封装并不能满足需求。

基础框架中各个阶段对于大数据的支持情况各有不同,各阶段难度如表 8.3 所示。

表 8.3　各阶段难度表

初始化	预计算	易
	第一次分配	易
转换	选择	中
	波动	难
	更新	难
	终止	易
构造	收集和多层选择	中
	抽取	易

1) 初始化阶段

预计算阶段用于计算需要优化的目标函数的初始值,第一次分配表示进行初始的社区标号分配,主要分为所有节点是一个社区或所有节点是独立社区两种情况,根据目标函数的不同也可能有其他的初始划分情况。

利用初始网络的全局信息可以方便地进行目标函数的分布式计算,同时对于初次的社区标号分配,利用 GraphX 本身的 Graph RDD 也可以方便地完成。

统一框架为用户提供两种模式的初始化方式,分别是所有点划分为一个社区和所有点划分为独立的社区。如果用户还需要计算初始化的目标函数,可以通过自定义函数的方式显示地添加。

2) 转换阶段

很多算法最核心的计算过程大部分集中在转换阶段。在基础框架中,总结概括了不同算法在转换阶段的操作。在这些操作中,很多都需要在迭代计算过程中保存中间结果。因此需要对算法提供一定的存储空间保留中间结果。表 8.4 显示了算法类别与存储信息对应表。

表 8.4　算法类别与存储信息对应表

算法类别	主要需要通信和存储的信息
Hierarchy Clustering	依赖于具体目标函数
Direct Partitioning	共同邻居
Label Propagation	节点邻居标签
Leadership Expansion	多跳邻居信息
Clique Percolation	多跳邻居，稠密子图信息
Matrix Blocking	邻接矩阵信息
Skeleton Clustering	核心连通分量

从上述算法所需的主要存储信息中，可以归纳出 3 个比较核心的信息。

(1)图本身的拓扑结构。

(2)各点、边的信息(用于计算目标函数)。

(3)额外的点、边的关系和信息。

其中，信息(1)(2)更多地与目标函数的计算相关，可以通过复用 GraphX 中的图模型实现。信息(3)根据不同的算法，需要的中间存储信息和存储形式各不相同，是实现算法并行化的难点。统一框架在转化阶段提供了两种内部的中间结果的访问方式，可以在一定程度上解决中间结果的目标函数和拓扑结构访问的问题。

(1)分布式社区的转换。

在目标函数的计算上，有的算法针对某一节点，需要其所在社区的节点信息。有的算法需要对每个单独社区计算目标函数再求和。

分布式社区中需要保持的信息有社区标号、社区内部的结构、社区之间的连接关系。主要的并行化思路为利用 GraphX 的子图抽取功能，在分布式社区内保持保留社区内部的关联关系，在分布式社区之间保留社区拓扑结构。通过这种方式，系统对用户屏蔽了分布式社区的构建过程和存储方式,用户在计算复杂的目标函数时,可以直接对分布式社区进行并行计算。利用这种数据结构，可以降低社区领域内复杂计算的难度。

如图 8.14 所示，图中分为两个社区分别为左侧社区(*a*、*b*、*c*、*d*、*e*、*f*)和右侧社区(*g*、*h*、*i*、*j*)。如果某一算法的目标函数是模块度。需要利用模块度计算公式来进行计算。计算公式如下：

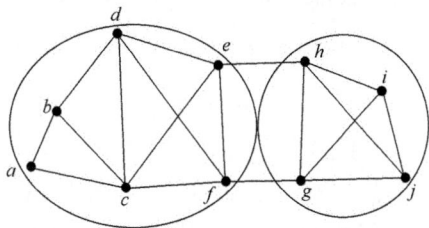

图 8.14　分布式社区示意图

$$Q = \sum_{v=1}^{n_c} \left[\frac{l_v}{M} - \left(\frac{d_v}{2M} \right)^2 \right] \tag{8-5}$$

常规的做法是，首先对每一个社区进行模块度计算，在计算时需要统计每个社区的内部边数和(l_v)与社区内部的点的度数之和(d_v)，以及总度数(M)。之后将每个社区的模块度相加得到全网络的模块度。在上述的计算过程中，每一步都是串行计算的。当网络规模逐渐增大时，寻找每一个社区内部的点和边的操作会花费大量时间。而当利用分布式社区后，可以方便地对每一个社区的模块度进行并行计算后相加。这极大地简化了计算难度，同时由于分布式社区底层基于 GraphX 的图模型，可以高效地进行并行计算，降低了计算时间。

(2)两跳邻居的转换。

在很多的迭代计算中，需要访问某一节点的一定范围内的邻居，这会涉及对两跳乃至多跳邻居的并发访问。提供两条邻居的并行访问势必要增加统一框架的计算压力，但从用户角度考虑，可以极大地简化编程难度。通过综合考虑，目前本系统只提供两跳邻居的访问。

目前使用的通用方法是：第一次遍历，所有节点向邻居节点传播一个带自身 ID、生命值为 2 的消息；第二次遍历，所有点将收到的消息向邻居点再转发一次，生命值为 1；最终统计所有点上接收到的生命值为 1 的 ID，并进行分组汇总，得到所有点的二跳邻居。

值得注意的是，进行这个计算之前，需要借助度分布将图中的超级节点去掉，不纳入二跳邻居数的计算。否则，这些超级节点会在第一轮传播后收到过多的消息而爆掉，同时它们参与计算，会影响与它们有一跳邻居关系的顶点，导致不能得到真正有效的二跳邻居数。

3) 构建阶段

往往需要从中间的结果中抽取出最终的社区结构。在这个过程中，有的算法涉及图的多层次选择。在此阶段利用分布式社区概念结合并行化的连通分量检测，可以完成大部分算法在构建阶段的并行化实现。

4. 指标角度

本小节从评价指标角度阐释如何体现设计原则。对于社区发现的评价指标多种多样，其中很多指标可以作为某些算法的目标函数。系统抽象出社区发现指标的共同特点，(利用基础的图数据结构)提供对于基础指标的直接访问(如图中节点数、边数、社区数目等)，实际的指定评测环境的配置、调度、加载、执行对用户透明，系统同时提供对于评价指标的开发接口。

评价指标大概分为两类：一类为需要网络结构或社区结构。如模块度，此类指标大多以每个社区作为计算的基础，因此分布式社区结构在指标计算的角度也能起到非常大的作用。另一类指标大多是从信息论或聚类的角度评价，更多的类似相似度的计算。如 MI，在这些指标的计算过程中，往往需要一个评价矩阵。评分矩阵的存储空间会随着社区个数的增加呈指数增长，大多数的空间复杂度会大于等于 n^2。因此在进行大规模社区的指标计算时，往往需要考虑存储空间不足的问题。以 MI 为例，通过分析 MI 的公式：

$$\sum_{y\in Y}\sum_{x\in X}p(x,y)\log_2\left[\frac{p(x,y)}{p(x)p(y)}\right] \tag{8-6}$$

可以发现，双重求和符号在常规运算中表示的是笛卡儿积的意思，转化为数学运算可以表示为二维数组对每一项的求和，但是这个二维数组在社区个数比较多时，会呈现出非常稀疏的特点。利用这个特点，可以对双重求和符号进行转化，降低所需的存储空间。首先对于两组针对同一数据集的不同划分进行排序，使得两组划分对应维度表示同一个节点。利用 Spark 的 zip 操作使两组划分按照对应维度绑定。之后将相同的 (x,y) 对进行合并，并将合并结果通过开发接口暴露给用户。用户通过该接口，可以方便地实现基于双重求和的指标的并行计算，在调用接口时，用户完全不需要理解系统对于双重求和的分布式计算的原理。

8.3　平台的扩展

本小节分别介绍算法开发接口和评价标准开发接口及相关注解，让用户了解系统的可拓展性及拓展系统的方法。由于算法分为非并行化算法和并行化算法，下面对这两种算法的接口分别进行介绍。

1. 算法开发接口

1）非并行化算法

算法所需实现的主要接口是一个 Evaluable 接口，平台将作业执行所需的资源通过 objContext 对象传递给用户，用户利用 objContext 获得相关参数，利用参数进行算法的计算。相关的伪代码示例如下：

```
publicclass BGLL implementsEvaluable{
public String calculateAlgorithm(objectParmsobjContext){
    init(params...)          //算法初始化,通过objContext获得相关参数
    calculate(params...)     //执行算法,通过objContext获得相关参数
    save(params...)          //保存结果,通过objContext获得相关参数
    ...
  }
}
```

本系统同时兼容了 NeSVA 基础图处理类库简化算法的开发,用户可以通过下载 NeSVA 类库进行图处理及社区发现算法的开发。

2) 分布式算法

本系统的分布式算法主要通过注解和接口实现。表 8.5 显示了不同阶段系统提供的注解。

表 8.5　系统提供的注解

阶段	提供的注解
初始化	预计算,第一次分配
转换	分布式社区,两跳邻居
构造	连通分量,直接抽取

主要的分布式接口:

```
interface EvaluableInParallel{
    public Graph initialization(Graph g)
    public Graph transformation(Graph g)
    public Graph construction(Graph g)
}
```

系统提供并行社区发现接口的默认实现类,同时和注解搭配使用,降低开发难度,用户可以利用注解选择性地在不同步骤进行配置,选择系统默认提供的方法实现或者进行方法的自定义。下面以一个常规的社区发现算法——LPA 为例,阐释在原始 Spark 和利用统一框架进行开发的步骤的不同,具体如表 8.6 所示。

表 8.6　算法原始 Spark 和利用统一框架进行开发的步骤对比表

步骤	原始 LPA	统一框架下的 LPA
进行 SparkConf、SparkContext 等 Spark 必需的资源配置	用户显示指定	系统自动注入
读入分布式图数据	用户显示指定	系统自动注入
LPA 核心代码初始化分配社区	用户显示指定	利用注解由系统自动完成
LPA 核心代码由邻居社区决定新的社区归属	用户显示指定	用户显示指定
LPA 核心代码根据最终停止时刻的社区归属,抽取出最终的网络社区结构	用户显示指定	利用注解由系统自动完成
保存结果	用户显示指定	系统自动完成

从表 8.6 可以看出,本系统能够帮助用户自动完成算法的核心步骤开始前的资源配置工作和算法结束后的结果保存,使用户可以专注于算法的核心步骤的开发。在开发核心步骤时,本系统对于一些社区常用步骤,提供了相应的注解,通过用户配置,可以由系统自动完成。因此,在利用本系统的开发接口时,用户只需要关注

具体算法中特定的步骤即可。利用本平台进行并行社区发现算法的开发，受制于框架本身的限制，在降低开发难度的同时可能会有性能上的损失。系统同时支持原生的 Spark 开发，用户可以选择直接编写完整的 Spark 程序。系统对于这种原生算法，会将其直接提交运行，不会在统一框架内执行。在这种情况下，用户算法的性能几乎不会有损失。

2. 评价标准开发接口

1）普通算法

指标所需实现的主要接口是一个 Metrical 接口，平台将作业执行所需的资源通过 objContext 对象传递给用户，用户利用 objContext 获得相关参数，利用参数进行相应指标的计算。相关的伪代码示例如下：

```
Public class NMI implements Metrical{
public String calculateMetric(objectParmsobjContext){
    init(params...)//指标计算初始化阶段，通过 objContext 获得相关参数
    evaluate(params...)//计算指标，通过 objContext 获得相关参数
    save(params...)//保存结果，通过 objContext 获得相关参数
    ...
}
}
```

2）分布式算法

主要的分布式接口相关的伪代码示例如下：

```
interface MetricalInParallel {
    public Parmsinitialization(Graph g, Partition classes, Partition
        clusters)
    public Parmscalculation(Graph g, Parms objContext)
    public voidcombination(Graph g, Result objContext)
}
```

系统提供并行指标计算接口的默认实现类，同时和注解搭配使用，降低开发难度，用户可以利用注解选择性地在不同步骤进行配置，选择系统默认提供的方法实现或者进行方法的自定义。下面以一个常规的社区发现指标——NMI 为例，阐释在原始 Spark 和利用统一框架进行开发的步骤的不同，如表 8.7 所示。

从表 8.7 可以看出，本系统能够帮助用户自动完成指标计算的核心步骤开始前的资源配置工作和指标计算后的结果保存。这使得用户可以专注于计算指标的核心步骤的开发。在开发核心步骤时，本系统对于一些计算指标常用的信息，提供了相应的注解，通过用户配置，可以由系统自动完成，并通过 objContext 供用户访问。

因此，在利用本系统的开发接口时，用户只需要关注具体指标中的特定的计算过程即可。与社区发现算法类似，利用本平台进行并行指标计算的开发，受制于框架本身的限制，在降低开发难度的同时可能会有性能上的损失。系统同时支持原生的 Spark 开发，用户可以选择直接编写完整的 Spark 程序。系统对于这种原生指标计算程序，会将其直接提交运行，不会在统一框架内执行。在这种情况下，指标计算从性能来说几乎不会有损失。

表 8.7　原生 Spark 和统一框架指标计算的步骤对比表

步骤	原始 NMI	统一框架下的 NMI
进行 SparkConf、SparkContext 等 Spark 必需的资源配置	用户显示指定	系统自动注入
读入分布式图数据和社区划分结果	用户显示指定	系统自动注入
NMI 核心代码计算 $H(X)$，$H(Y)$	用户显示指定	利用注解由系统自动完成
NMI 核心代码计算 $I(X,Y)$	用户显示指定，需要处理空间复杂度为 n^2 的二维矩阵的运算和存储	利用系统对于二维矩阵运算的支持，通过配置注解的方式，只需要关注二维数组中的每一项的计算
NMI 核心代码计算 NMI(X,Y)	用户显示指定	用户显示指定
保存结果	用户显示指定	系统自动完成

8.4　平台操作案例

结合实例分别从三个角度进行说明。

8.4.1　数据角度

利用本平台的数据生成模型可以方便的产生包含丰富信息的人工网络数据。本节主要产生如何利用动态网络模型生成包含演化事件的网络时间片序列。

用户通过 Web 页面进行人工网络参数的设置，可以设置初始参数。动态数据与静态相比，增加了多个时间片之间的联系，这种联系是通过网络中蕴含的演化事件来构建的。在进行动态人工网络的配置时，用户可以显式地指定相邻时间片之间所发生的演化事件。本节以一个具体的演化网络的生成过程来详细说明动态网络生成模型的应用。网络的基本参数如表 8.8 所示。

表 8.8　初始参数配置表

参数	属性值
N	2000
k	10

续表

参数	属性值
k_{max}	20
γ	2
C_{max}	60
C_{min}	20
β	1
μ	0.2

平台首先利用 LFR 模型，生成初始时间片的网络，此步骤可能会对有冲突的属性值进行动态的调整，尽可能地使各个参数符合用户的定义。生成的初始网络的实际参数分别如表 8.9～表 8.11 所示。

表 8.9　度值幂律比例表

度值	比例
12.459	0.10675
14.48	0.075
16.4689	0.06025
18.4826	0.05025
20.4545	0.0385
22.9351	0.0308333
25.9728	0.0245
29.3893	0.018625
33.5444	0.01125
37.8396	0.0106

表 8.10　社区幂律比例表

社区大小	比例	社区大小	比例	社区大小	比例
20	4	31	1	43	3
21	2	32	2	45	2
22	2	34	1	46	3
23	3	35	2	47	1
24	2	36	4	48	1
25	1	37	1	49	1
26	2	38	1	52	1
27	2	39	3	53	2
28	1	40	1	54	1
29	3	42	3	57	1

表 8.11　混合参数幂律表

混合参数	比例
0.0714286	0.0005
0.151301	0.0695
0.193761	0.7225
0.235293	0.206
0.299107	0.001
0.333333	0.0005

从表 8.11 中可以看出，实际的参数值与初始值有差别。例如，混合参数设定值为 0.2，但是从比例来看，72% 的点的混合参数接近 0.2。这是为了尽可能地解决某些用户设定参数之间的冲突。

在生成动态网络时，用户可以对每个时间片间隔设定单独的配置信息，包括发生的事件及其演化率。平台通过解析用户的配置信息，将用户设定的事件按照时间顺序逐一注册到动态网络中。在注册时，系统会检测每一种事件发生的前置条件，只有满足条件的事件才会真正发生。系统会通过日志的方式反馈给用户真正通过检测的事件。例如，用户希望在第一个时间间隔完成合并事件，演化率为 0.2，其配置信息和系统日志分别如表 8.12 和表 8.13 所示。

表 8.12　用户配置信息示例表

时间片	事件	演化率
1	合并	0.2

表 8.13　系统日志表

日志信息	属性值
事件开始时间	1
事件类型	合并
事件的演化率	0.2
受影响的社区	9，28

日志信息记录了通过检测后注册到动态网络的信息,包括定义事件的开始时间、类型、演化率和真正受到本事件影响的社区信息。在本系统内，任意时刻同一社区只能发生一种事件。通过对用户设定的所有配置信息进行注册，得到了一个具有特定演化性质的动态网络数据集。同时，日志信息也可以作为标准的演化事件来评价社区演化算法的准确性。

8.4.2　算法角度

以一个完整的算法 TopLeaders 说明统一模型的算法开发接口的应用。TopLeaders

算法具备了一定的代表性。①它同时具有 k-means 和 LPA 的特点。②它的算法步骤结构清晰，适合于说明统一框架的开发和应用过程。

1. TopLeaders 简介

TopLeaders 算法将网络中的节点分为两类：第一类是 k 个称为 Leader 的代表性节点，第二类是 Follower 节点，即除了 Leader 之外的节点。每个 Follower 节点需要分配到其所属的 Leader 节点以形成社区。每次分配完之后，每个社区重新选择新的 Leader，Follower 节点重新分配到新的 Leader 所属社区当中，反复迭代，直至找到最优 Leader，并且每个节点都分配最合适的 2Leader 即达到收敛。

这个算法最初受了著名聚类算法 k-means 算法的启发。与 k-means 算法的差别是，TopLeaders 算法可以检测奇异点（不被分给任何社区的点）。TopLeaders 算法是一个初始值敏感的算法。一开始选取哪 k 个点为 Leaders 会对算法性能造成一定的影响。

1) 算法流程

一开始选择区的 Leader 是社区中最中间的点，每个社区都由一个 Leader 和分配给它的 Follower 组成。网络中那些不属于任何 Leader 的点也不属于任何社区，称这些点为奇异点（outliers）。

TopLeaders 算法的基本思想是先找到 k 个社区的 Leader，然后根据其他节点与 Leader 节点的关系判断它是否属于某个 Leader 的社区。算法的伪代码如表 8.14 所示。

表 8.14　TopLeads 算法

算法 1　TopLeaders 算法
Input: A social network G, and k the number of desired communities
Initialize k leaders
repeat
{finding communities}
For all Node $n \in G$ do
If $n \notin$ leaders then
Associate n to a leader{Algorithm 2}
End if
End for
{updating leaders}
For all $l \in$ leaders do
$l \leftarrow \mathrm{argmax}_{n \in \mathrm{Community}(l)}$ Centrality(n)
End for
Until there is no change in the leaders

表 8.14 标识出了 TopLeaders 算法的主要步骤。第一步就是选取 k 个节点作为初

始化的 k 个 Leader。第二步是一个分配 Followers 和选取新 Leader 的迭代过程。首先说明，节点只能被分配给一个 Leader 或成为奇异点(outliers)。这一步会在后面详细说明。其次，当网络中所有的节点都被处理后，需在每个社区中选取新的 Leader。在每个社区中，将中心性最高的点赋值为新的 Leader，即

$$\text{argmax}_{n \in \text{Community}(t)} \text{Centrality}(n) \tag{8-7}$$

社区中节点的中心性描述了这个节点在此社区的关系重要性。在此算法中，节点的中心性由度中心性表示。对于一个有 N 个节点的社区 C，节点 n 在 C 的度中心性 $\text{DC}(n)$ 表示如下：

$$\text{DC}(n) = \frac{\deg(n,C)}{N-1} \tag{8-8}$$

其中，$\deg(n,C)$ 为节点 n 在社区 C 中边的个数。当计算完社区中每个节点的度中心性之后，拥有最高的中心度的节点被选为新的 Leader。

2)算法实现细节

(1) k 个 Leader 的选取。当得到网络图 C 之后，计算各节点的度中心性，选取度中心性最高的一个点先作为 Leader1。之后选取度中心性第二高的点，计算它的邻居与 Leader1 邻居的交集，如交集数不大于 5，则将其视为 Leader2；否则取中心性第三高的点继续进行计算，以此类推。候选 Leader 点需要与所有确定为 Leader 的节点均邻居交集不大于 5 才可成为 Leader。直至 k 个 Leader 产生。

(2) 如何将 Follower 分配给对应的 Leader。每个 Leader 都是社区的代表，社区中除了 Leader，剩下的节点(Follower)需分配给附近的 Leader。对于每个节点 n，它分配给哪个 Leader(用 L 表示)，取决于 n 的邻接点和哪个 Leader 的邻接点的节点交集大，即 n 的邻接点和哪个 Leader 有更多相同的邻居，如图 8.15 所示。

在图 8.15 中，节点 n 应该分配到 L_1 所在的社区中。因为：①对于图 8.15(a)，n 与 L_1 有更多相似的邻居。②对于图 8.15(b)，尽管 n 和 L_1、L_2 有相同的邻居数，但是如果扩充到 n 邻居的邻居，则 n 与 L_1 拥有更多相同的邻居，所以 n 将划分给 L_1。

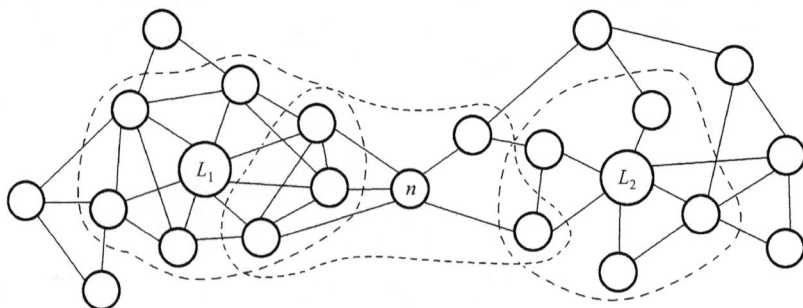

(a) 邻居的交集

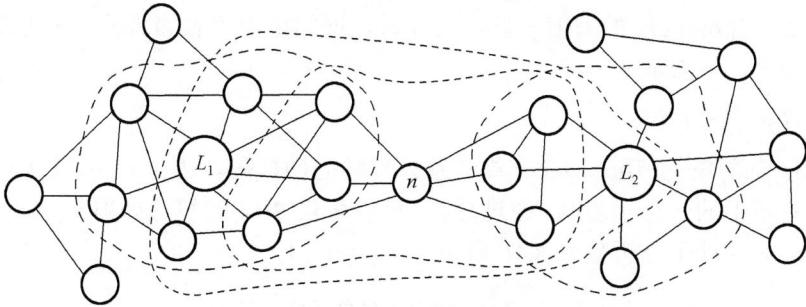

(b) 扩充邻居

图 8.15　扩充邻居示意图

为了找到给定节点 n 的 Leader，需考虑到它不同层级的邻居连接情况。假定邻居层级为 1，即考虑与 n 直接相连的点。如果在邻居层级为 1 的情况下，这个节点可以划分给 1 个以上的 Leader，扩充节点的邻居层级，即考虑其邻居的邻居与 Leader 节点邻居的交集。持续扩充邻居层级直至其达到邻居深度阈值 δ。表示如何将给定节点分配到 Leader 的算法如表 8.15 所示。

表 8.15　关联节点及其 Leader 算法

算法 2　Associate n to its leader

```
Input: Social network G, node n, set of k leaders
depth←1
    CanList← leaders
    repeat
        CanList ← argmax_{c∈CandList∧|𝒩(n₁,d)∩𝒩(n₂,d)|>γ} |𝒩(n₁, d) ∩ 𝒩(n₂, d)|
        depth←depth+1
    Until |CanList|≤1∨depth>δ
    if |CanList|=0 then {No candidate leader}
        Associate n as an outlier
  else if |CanList|>1 then {Many candidates}
        associate n as a hub
    else {Only one candidate leader in CanList}
        Associate n to CanList
    end if
```

其中，$\aleph(n,d)$ 表示节点 n 的邻居深度为 d 的邻居节点集。$|S|$ 表示集合 S 的基数。

为了检测网络中的奇异点 (outliers)，定义 outliers 的阈值 γ。只有和给定节点有大于 γ 个邻居的 Leader 可以收纳该节点。如果达到邻居深度阈值 δ 后，节点还没有被划分给某个 Leader，那么这些点称为奇异点。Hub 是跟随 2 个及以上 Leader 的节点。它们一般坐落在社区的交集中。TopLeaders 算法对邻居深度阈值 δ 不敏感，δ

值一般为 2。当 outliers 的阈值 γ 设置为 0 时，网络中不存在奇异点。γ 的设置依据网络密度而定，一般取 1～4。

3）并行化的实现

表 8.14 的算法是 TopLeaders 算法总体步骤的伪代码，表 8.15 的算法是总体算法中迭代更新中的一个子步骤。通过分析，可以将表 8.14 的算法映射到统一模型中。TopLeaders 的并行化分析如表 8.16 所示。

表 8.16　TopLeaders 的并行化分析表

初始化	预计算	所有点的度中心性
	第一次分配	启发式确定 k 的 leader
转换	选择	以每个点为起点，确定社区归属
	波动	不断扩大跳数，增大邻居范围，寻找新的中心点
	更新	根据当前社区内节点的度中心性确定新的中心点
	终止	中心点不再变化
构造	收集和多层选择	Skip
	抽取	直接抽取出每个点的社区

根据表 8.16，可以方便地进行 TopLeaders 的并行化分析。

（1）预计算。通过 GraphX 提供的类库，可以很方便地实现对于所有节点度中心性的计算。在这之中，将每个节点的度中心性保存在节点属性内。

（2）第一次分配。第一次分配用于寻找初始的中心点。寻找的方式共分为 4 种模式，如表 8.17 所示。

表 8.17　初始中心点设定的 4 种方法描述

名称	描述
朴素方法	类似 k-means，随机选择 k 个节点，作为中心点
全局最大	对所有节点按照度中心性排序，选择最大的 k 个作为中心点
非相邻全局最大	对所有节点按照度中心性排序，选择最大的 k 个作为中心点，但需要保证 k 个最大的中心点彼此不直接相邻
较少共同邻居的全局最大	对所有节点按照度中心性排序，选择最大的 k 个作为中心点，但需要保证 k 个最大的中心点彼此之间在不相邻的基础上，所共有的邻居数量不超过阈值

前两种方法的并行化实现比较简单，直接利用 GraphX 提供的类库（sort，top）即可完成。第 3 种方法和第 4 种方法需要利用网络中的拓扑结构来完成分配。第 3 种方法可以看成第 4 种方法的一个特例，即非相邻全局最大是在两中心点相距为 1、共同邻居阈值为 0 的较少共同邻居的全局最大。因此第 3 和第 4 种方法的并行化思路一致。首先对所有点按照度中心性排序。把每个节点当作独立的中心点，分别以自己为中心向邻居扩散。每次扩散一跳，达到指定跳数后终止。在这个过程中，每

个节点同时收集自己邻居范围内的其他中心的度中心性。如果某一节点收集到的节点度中心性都小于自己，那么说明在它的邻居范围内，没有更大的中心点与其产生冲突。那么该点可以作为初始中心点的候选。将这些候选的中心点及其邻居范围内的节点从全图中过滤掉。在剩下的图中再次寻找新的候选中心点。这时将所有的候选中心点按照度中心性排序。选择前 k 个作为初始中心点。后两种选择中心点的方式属于启发式选择。其好处是可以避免随机选取的局部最优情况和直接选择全局最大所引起的稠密社区分裂。在启发式选择中的操作(节点信息扩散、子图过滤、排序等)都可以方便地实现并行计算。

(3)选择和波动。在原始算法中，选择和波动对于每个节点来说都是串行的操作。通过分析算法的本质，可以将该操作通过一种转换方式实现该阶段的并行化。在原始算法中，每个节点的社区归属取决于它的邻居范围内的归属于 TopLeaders 的数量。在这个定义上，可以转化为将每个 Leader 作为传播源，在网络中广播自己。每个节点作为接收者，接收自己邻居范围内的 Leader 信息。从宏观来看，Leader 的数量在整个网络中的比例很小(k 个)。因此从 Leader 的角度处理比从节点的角度处理可以节省更多的计算量。通过这种方式，每个在 Leader 邻居范围内的点都具有了社区归属。在此过程中，Leader 传播和节点社区确定可以通过 GraphX 的类库和同一模型中的两跳邻居来实现。

(4)更新。在更新阶段，TopLeaders 算法选择每一个社区内的度中心点的最大值作为新的中心点。这个过程可以结合统一框架的分布式社区概念来完成。

(5)终止。TopLeaders 算法的终止条件是前后两次的中心点不再变化，这说明网络迭代结构稳定。这个阶段相当于求两个社区集合的对称差。在这个阶段，即使不使用并行框架，所需要的计算时间也非常短。

(6)收集和多层选择。TopLeaders 算法不需要该阶段，可以直接跳过。

(7)抽取。当转化阶段终止时，每个节点已经确定了最终的节点归属，因此在抽取阶段，只需要将每个节点的社区信息从节点属性中抽取出来即可。在此步骤中，利用 GraphX 的 MapVertex 操作可以进行高效的并行计算。

上述分析阐述了将社区发现算法 TopLeaders 按照统一框架的步骤进行分析，转化为并行算法的过程，反映了本系统所提供的基于 GraphX 的社区发现统一框架的整体开发步骤。

8.4.3　指标角度

本小节以一个完整的社区发现评价算法 NMI 说明评价标准开发接口的应用。NMI 算法具备一定的代表性。它的计算公式中需要用到对于双重求和的计算，即对于二维矩阵的求和运算，可以清晰地说明本系统所提供的双重求和计算框架的并行化设计思想。

$$\text{NMI} = \frac{-2\sum_{i,j} N_{i,j}\log_2 \dfrac{N_{ij}N_t}{N_i.N_{.j}}}{\sum_i N_i.\log_2 \dfrac{N_i.}{N_t} + \sum_J N_{.j}\log_2 \dfrac{N_{.j}}{N_t}} \qquad (8\text{-}9)$$

NMI 的计算公式可以看成由三部分组成, 分别对应混淆矩阵的每行 $N_i.$、每列 $N_{.j}$ 和每一项 $N_{i,j}$, 表示对每一行运算、每一列运算、每一项运算。NMI 公式的运算形式大都集中于求和式(包括双重求和), 每个求和式内部的计算互相独立, 这使得并行化计算成为可能。

表 8.18　NMI 划分示意表

项目	划分 I	划分 J
Item	1　2　3	1　2　3
Class	1　2　3	2　3　1

表 8.19　NMI 划分示意表

项目		划分 J			N_j
		1	2	3	
划分 I	1	0	1	0	1
	2	0	0	1	1
	3	1	0	0	1
$N_i.$		1	1	1	3

表 8.18 中有两个划分(划分 I 和划分 J), 每个划分将 Item 划分为不同的 Class。利用划分 I 与划分 J 可以构建出混淆矩阵。通过混淆矩阵可以利用公式计算出 NMI 值, 该值用来反映两个划分之间的相似程度。当数据量较小时, 使用二维数组存储混淆矩阵, 如表 8.19 所示, 通过对各行各列及二维矩阵中的每一项进行求和。相关的伪代码如表 8.20 所示。

表 8.20　传统方法

```
算法3　传统方法
Input: I[], J[] //两种社区划分
Output: NMI
1.初始化 Nᵢ[], Nⱼ[], Nᵢⱼ[][]  //Nₜ为样本总数
2.forevery sample do:
3.计算 Nᵢ[i], Nⱼ[j], Nᵢⱼ[i][j]
4. numerator ← 0 //分子
5. for i in I do:
6.  for j in J do:
```
$$\text{7.}\quad \text{numerator} \mathrel{+}= N_{ij}[i][j]\log \frac{N_{ij}[i][j]N_t}{N_i[i] * N_j[j]}$$

续表

```
8. denominator← 0 //分母
9. for i in I do:
```

10.denominator += $N_i[i]\log\dfrac{N_i[i]}{N_t}$

```
11. for j in J do:
```

12.denominator += $N_j[j]\log\dfrac{N_j[j]}{N_t}$

```
13. NMI = 2 * numerator / denominator
```

在表 8.20 中，N_i 和 N_j 数组的空间复杂度是 $O(N_t)$，N_{ij} 的空间复杂度是 $O(N_t^2)$，在进行大规模网络的处理时，用户需要自主处理大规模的矩阵存储与访问，这需要用户具有较强的计算机基础和编程经验。本系统提供了对于双重求和运算的封装，对用户屏蔽了底层细节。

表 8.21　利用系统的双重求和式算法

算法 4　利用系统的双重求和式算法

```
Input: I[], J[] //两种社区划分
Output: NMI
def innerFunction =  //定义双重求和式的内部函数
  { case ((x,y),(xV ,yV ,xboundyV))=>1.0 * xboundyV *math.log(1.0 * xboundyV * Nt /
(xV * yV))}
/*其中 xV,yV,xBoundyV,分别对应于二维矩阵中(x,y)的行求和,列求和,及自身的值,这些值通过系统自
动注入。*/
def xFunction = {case (x,v)=>1.0 * v * math.log(1.0 * v / Nt)}} def yFunction =
{case (y,v)=>1.0 * v * math.log(1.0 * v / Nt)}
//利用系统的求和函数来完成 NMI 的计算
NMI = -2 * doublesigma(innerFunction)/ (rowsigma (xFunction)+ colsigma (yFunction))
```

如表 8.21 的算法 4，在利用系统提供的求和函数进行计算时，用户只需要定义每个求和项内部的计算公式。通过这种方式，系统对用户屏蔽了大规模矩阵的存储细节，降低了对用户编程能力的要求。

通过下面的实验对比说明本系统的双重求和式对于大规模基于二维矩阵计算的优势。对比的算法为 Scikit-learn[14] 中聚类模块的 NMI 算法。针对不同规模（5k、40k、100k）的聚类结果，计算 NMI，并统计计算时间。Scikit-learn 与本系统的 NMI 计算时间对比如表 8.22 所示。

表 8.22　Scikit-learn 与本系统的 NMI 计算时间对比表

规模	Scikit-learn	本系统
5k	<1s	约 30s
40k	约 4min	约 30s
100k	Out of Memory	约 30s

通过上述对比可以看出，随着实验规模的扩大，Scikit-learn 模块中的 NMI 算法计算时间会逐渐增加，当处理规模达到 100k 时，受制于机器内存的限制，无法计算出结果。通过分析该模块实现细节，可以发现该模块内部在计算 NMI 时，会构建一个二维矩阵。空间复杂度为 $O(n^2)$，而实际上如果利用稀疏矩阵进行存储，空间复杂度会降低到 $O(n)$。本系统提供的双重求和式类似于一种稀疏矩阵，在进行计算时，能够充分利用求和算法的特点(满足交换律和结合律)，进行并行计算。

8.5　平台使用实例

本原型系统信息页面如图 8.16～图 8.18 所示，分别可以查看算法信息、数据集信息、评价指标信息。在这些页面中提供了平台概览的功能。可以看到平台内嵌的算法、平台内嵌的数据集及平台内嵌的指标。平台算法会标注算法主类信息，并提示算法类型。平台数据集可显示数据集的类型(有向图、无向图)及数据组信息(独立还是系列)。平台指标信息显示了指标的主类名称和指标类型。

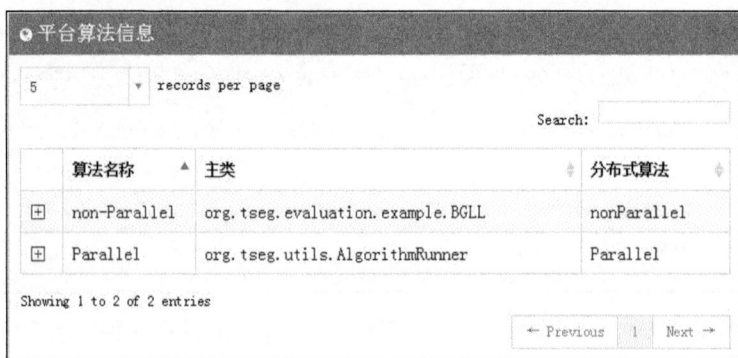

图 8.16　平台算法信息概览图

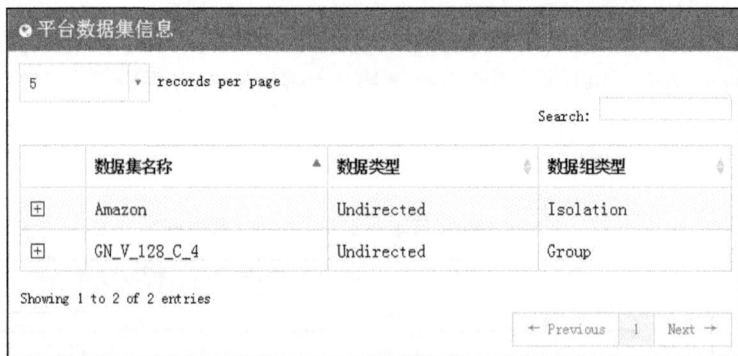

图 8.17　平台数据集信息概览图

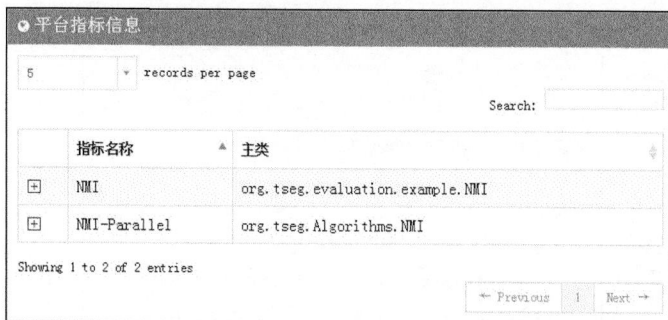

图 8.18　平台指标信息概览图

任务提交界面如图 8.19 和图 8.20 所示。图 8.19 为普通算法的提交页面，用户可命名提交 Job 名称，并选择算法、数据集和指标进行任务提交。普通任务会在服务器本地通过注入线程池的方式运行。图 8.20(a)～(d) 为分布式任务提交页面，用户通过提交页面分别选择算法参数、指标参数、程序参数。提交页面提供了参数总览功能，用于用户提交前的最终确认。

图 8.19　普通程序提交页面

(a)

(b)

(c)

(d)

图 8.20　分布式程序提交页面

　　图 8.21 为任务监控界面，此页面中可以看到正在执行任务的详细状态，包括任务名称、任务状态及任务时间。图 8.22 显示了已经结束的任务。该页面能够显示启动时间和终止时间及详细信息的入口链接。

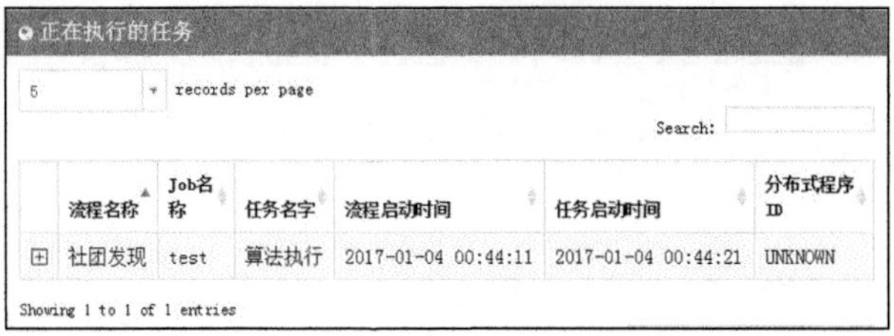
正在执行的任务

5 records per page

Search:

	流程名称	Job名称	任务名字	流程启动时间	任务启动时间	分布式程序ID
⊞	社团发现	test	算法执行	2017-01-04 00:44:11	2017-01-04 00:44:21	UNKNOWN

Showing 1 to 1 of 1 entries

图 8.21　任务监控页面

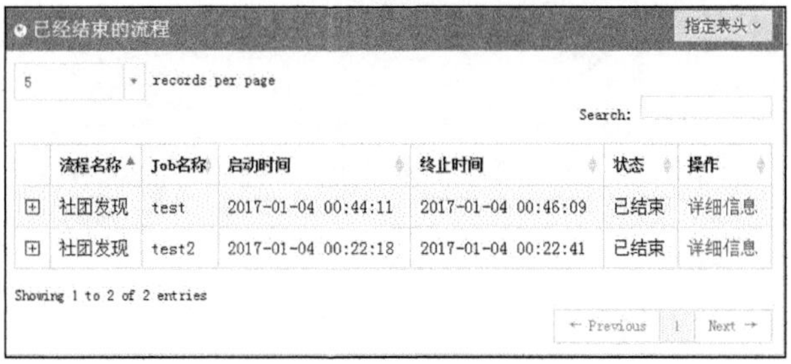
已经结束的流程　指定表头

5 records per page

Search:

	流程名称	Job名称	启动时间	终止时间	状态	操作
⊞	社团发现	test	2017-01-04 00:44:11	2017-01-04 00:46:09	已结束	详细信息
⊞	社团发现	test2	2017-01-04 00:22:18	2017-01-04 00:22:41	已结束	详细信息

Showing 1 to 2 of 2 entries

← Previous 1 Next →

图 8.22　已完成任务监控图

图 8.23 为任务详细信息页面。页面中显示了具体指标值的信息。用户可以通过多种方式将此表格导出(包括 PDF、CSV、EXCEL 等多种格式)。

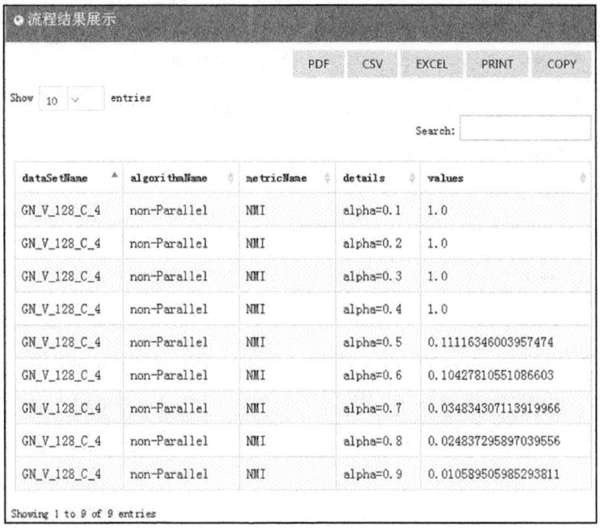
流程结果展示

PDF CSV EXCEL PRINT COPY

Show 10 entries

Search:

dataSetName	algorithmName	metricName	details	values
GN_V_128_C_4	non-Parallel	NMI	alpha=0.1	1.0
GN_V_128_C_4	non-Parallel	NMI	alpha=0.2	1.0
GN_V_128_C_4	non-Parallel	NMI	alpha=0.3	1.0
GN_V_128_C_4	non-Parallel	NMI	alpha=0.4	1.0
GN_V_128_C_4	non-Parallel	NMI	alpha=0.5	0.11116346003957474
GN_V_128_C_4	non-Parallel	NMI	alpha=0.6	0.10427810551086603
GN_V_128_C_4	non-Parallel	NMI	alpha=0.7	0.034834307113919966
GN_V_128_C_4	non-Parallel	NMI	alpha=0.8	0.024837295897039556
GN_V_128_C_4	non-Parallel	NMI	alpha=0.9	0.010589505985293811

Showing 1 to 9 of 9 entries

图 8.23　任务详细信息页面

图 8.24 为任务的评价指标折线图，横坐标为不同组数据，纵坐标为 NMI 值。图表直观刻画了 NMI 值随不同数据的变化情况。用户点击操作按钮可以下载折线图到本地，方便用户对评测结果进行进一步处理。

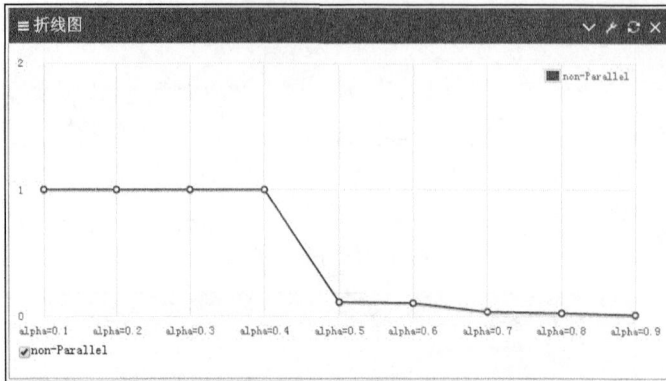

图 8.24　评价指标折线图

参 考 文 献

[1]　Wu B, Tong X, Guo Q. CES: A system for community evaluation[C]//Proceedings of the 2017 IEEE/ACM International Conference on Advances in Social Networks Analysis and Mining. ACM, 2017: 597-600.

[2]　郭谦. 社团结构评测系统中关键技术的研究与实现[M]. 北京：北京邮电大学, 2017.

[3]　Danon L, Díazguilera A, Duch J, et al. Comparing community structure identification[J]. Journal of Statistical Mechanics Theory & Experiment, 2005(9): 09008.

[4]　Hubert L, Arabie P. Comparing partitions[J]. Journal of Classification, 1985, 2(1): 193-218.

[5]　Newman M E. Modularity and community structure in networks[C]. APS March Meeting. American Physical Society, 2006: 8577-8582.

[6]　Leskovec J, Sosič R. SNAP: A general purpose network analysis and graph mining library[J]. ACM Transactions on Intelligent Systems & Technology, 2016, 8(1): 1.

[7]　Hagberg A, Schult D, Swart P. Exploring network structure, dynamics, and function[C]. SciPy, 2008: 11-15.

[8]　Xue W, Shi J W, Yang B. X-RIME: Cloud-based large scale social network analysis[C]. IEEE International Conference on Broadband Network and Multimedia Technology. IEEE, 2011: 506-513.

[9]　Bastian M, Heymann S, Jacomy M. Gephi: An open source software for exploring and manipulating networks[C]. Third International AAAI Conference On Weblogs and Social Media, 2009.

[10]　Alhajj R, Rokne J. Encyclopedia of Social Network Analysis and Mining[M]. Springer: New York, 2014.

[11] 董西成. Hadoop 技术内幕: 深入解析 MapReduce 架构设计与实现原理[M]. 北京: 机械工业出版社, 2013.

[12] Zaharia M, Chowdhury M, Franklin M J, et al. Spark: Cluster computing with working sets[C]. USENIX Conference on Hot Topics in Cloud Computing. USENIX Association, 2010: 10.

[13] 董西成. Hadoop 技术内幕: 深入解析 YARN 架构设计与实现原理[M]. 北京: 机械工业出版社, 2014.

[14] Pedregosa F, Gramfort A, Michel V, et al. Scikit-learn: Machine learning in python[J]. Journal of Machine Learning Research, 2013, 12(10): 2825-2830.

第 9 章　总　　结

作为一个新兴的研究领域，近几十年，网络科学已经取得了显著进展。目前，网络科学已经被应用到各领域，涉及物理、生物、社会等众多科学领域。在网络科学研究的众多问题中，虚拟社区发现与演化是一个典型问题，也是一个热点问题。随着互联网、移动网络、物联网、社交网等技术的迅猛发展，人们获得了庞大的真实的网络数据，网络科学可以对这些数据进行建模，以数据中的对象为节点，对象之间的联系为连边，在分析这些网络的过程中，得到网络的宏观特征之后，若需进一步分析网络，则需要进行网络划分。而虚拟社区发现与演化就是从不同角度进一步深刻理解网络的一种工具和方法，其指导人们设计网络、控制网络，并最终服务社会。本书的主要目的是总结目前社区发现及演化的成果，内容覆盖了社区分析基本知识、社区发现经典和新兴方法、虚拟社区演化、社区分析与其他领域的交叉研究、社区发现与演化分析快速计算方法及社区分析算法评测平台等内容。

(1)社区分析基本知识中首先介绍了大多学者承认的社区的非形式化定义，即内部连接紧密，外部连接稀疏的节点集合。其次介绍了社区发现方法的分类，根据网络节点是否属于多个社区，社区发现方法分为非重叠和重叠社区发现。然后介绍了社区发现中常用的经典数据集和人工数据集，其中，经典数据集包括 Karate Club、Dolphin 网络、DBLP 科研合作网络等，人工数据集包括了 GN 基准网络和 LFR 基准网络。最后介绍了评价社区发现方法的指标，包括模块度、正确率、Jaccard 系数等。

(2)社区发现经典算法章节中包含传统基于图分割和谱分析的社区发现算法(KL 算法、谱划分)、基于图聚类的社区发现算法(基于划分聚类、基于层次聚类、基于密度聚类)、社区评估指标及目标优化常用方法(单目标优化、多目标优化)、基于信息论和概率的社区发现算法(标签传播、信息编码算法、贝叶斯概率模型、基于随机游走模型的图分割)和基于物理模型的社区发现算法(派系过滤算法、电阻网络电压谱分割方法、自旋模型、基于拓扑势的网络社区发现方法)。

(3)社区发现新兴方法章节包含非重叠社区发现、重叠社区发现以及属性网络的社区发现方法。其中非重叠社区发现方法主要包括基于进化多目标的动态社区发现方法、基于遗传算法的社区发现方法、基于稳定度的社区发现方法、基于后验方法的社区发现方法、基于截断 PageRank 的社区发现方法、基于果蝇爬山策略的社区发现方法、基于密度的社区发现方法、基于动态距离学的社区发现方法及其他社区发现方法。重叠社区的研究成果，主要包括结合隐式链接偏好的重叠社区发现方法、利用链路空间变换的重叠社区发现方法、从局部谱子空间检测重叠社区方法、重叠社区检测的局部种子选择方法、基于边聚类的重叠社区发现方法、基于最大团的重叠社区发现方法。在属性网络社区发现方面，首先详细地描述了属性网络的定义，并介绍了基于数据融合角度的大规模网络重叠社区发现方法及其他方法。

(4)虚拟社区演化章节中包含动态网络的定义、社区演化模型、演化社区发现方法、演化分析框架及社区演化评价。将社区演化模型分为三种：基于核节点的社区演化模型、带权社区的涌现模型以及基于图模体的 GMM 模型。演化社区发现方法的研究成果主要包括基于动态增量的演化社区发现、基于距离增量的演化社区发现、基于博弈论的社会网络动态社区检测、基于多模式聚类的演化社区发现、基于拉普拉斯动力学方法的演化社区发现、基于差分演化的演化社区发现、基于相邻时刻相似度比较的演化社区发现。演化分析框架的研究成果，主要包括基于事件的社区网络演化分析、基于角色的社会网络演化分析、基于独立社区发现的演化分析、基于网络融合的演化分析、基于演化聚类平滑性的演化分析、基于节点行为的社区演化分析、基于张量分解的社区演化分析等方法。在社区演化评价方面，研究成果主要包括基于时空独立评价的方法、基于时空集成评价的方法、基于统一评价的方法。

(5)社区分析与其他领域交叉研究章节包含了与社区情感，链路预测、网络排序与推荐系统的交叉研究。在线社交网络中的虚拟社区是社交网络分析的重要内容，通过分析社交网络中社区结构及社区构成有助于研究社交网络拓扑结构特点、发现用户聚集模式及影响因素，促进社交网络上信息检索、信息推荐、信息传播控制、公共安全事件管控等诸多应用的发展。因此，社区分析与交叉领域的研究具有重要的社会意义和应用价值。分别从社区分析在推荐系统的应用、社区分析在实体消歧领域的应用、基于社区分析的链路预测、视频图像分析与社区分析的交叉研究、基于排序的网络聚类研究和可视化与社区分析的交叉研究展开介绍。包括近年来社区分析与其他领域交叉研究的论文成果介绍、相关算法论述。可以看出社区分析不仅与视频图像分析等传统领域有交叉，更多在推荐系统、链路预测等新兴领域中有大量应用研究。

(6)社区发现与演化分析快速计算方法章节包含图并行计算框架、图挖掘的快速计算、并行社区发现与演化分析、并行社区发现评估及应用。图并行计算框架包含面向大图数据的并行计算模型(BSP、GraphLab、Hadoop 等)和基于内存的并行计算模型(Spark、GraphX 等)；并行社区发现与演化分析包含基于 MapReduce、GraphLab 的社区发现、重叠社区发现的方法；并行社区发现评估及应用包含传统社区发现评价指标(NMI、模块度等)和并行社区发现评价指标(并行加速比、可扩展性、并行计算效率等)。

(7)社区领域的研究大致分为 3 部分，包括网络模型的研究、社区发现算法的研究、社区评价指标的研究。研究并实现了社区结构评测原型系统。社区分析算法评测平台章节首先介绍了社区分析评测的大背景，描述了本系统的设计目标与原则，介绍了目前主流的分布式框架，包括分布式文件系统、分布式计算框架、分布式资源管理框架。同时还从数据、算法、指标 3 个角度说明了本系统的设计理念。之后从数据、算法、指标方面分别用 LFR 人工网络合成方法、并行化 TopLeaders 算法和并行化 NMI 指标描述了系统的实现案例。与其他的算法或评价标准的开发进行对比，说明了本系统的在开发方面的便捷性和计算方面的高效性等优势。本系统以多个指标的客观评测方法，在系统中通过数据、算法、指标在各方面阐述了原型系统在大规模数据背景下的优势。其能够作为社区领域研究的有力补充。

目前，网络科学中的社区发现与演化仍然是一个热点问题[1,2]，仍然有很多问题待研究解决。①随着表示学习的发展，通过表示学习的方法将网络中的目标信息映射到低维向量中，进而提升算法的效率，目前已有相关方法，如 DeepWalk[3]、Line[4]、Metapath2vec[5]等。②目前大多数社区发现算法考虑的对象是网络中的节点或边，很少考虑网络的高阶组织方式，如团，最近，Benson 等[6]发表了关于 motif 与社区之间联系的文章，进一步揭示了社区与网络高阶组织形式之间的联系。③在异质信息网络中，社区发现与演化也是一个值得研究的问题，Shi 等[7]发表了一系列关于异质信息网络中的分类、聚类及预测问题的文章，探索异质信息网络中的社区发现也是未来的研究工作。④社区分析与其他领域交叉研究范围甚广，如复杂网络相关知识与概念可以和知识传播相结合。通过构建知识传播理论模型，探究虚拟社区中知识传播效果的内在影响机制[8]。⑤融合更多的数据源，使得发现的社区具有更丰富的信息，比如文本信息、图片信息和视频信息等[9]。⑥在社区发现算法评测方面，将社区演化事件[10]的分析评测融入算法评测平台中，用户复杂的时间演化行为促使网络结构和社区结构随之发生变化。从日益复杂的社会网络中挖掘出社区结构以及分析动态网络中的演化模型具有重要意义。社区发现算法评测平台融入社区演化事件的分析评测并展示社区演化事件的过程可以使该平台在评测方面功能更加完善。

参 考 文 献

[1]　Fortunato S, Hric D. Community detection in networks: A user guide[J]. Physics Reports, 2016, 659:1-44.

[2]　Schaub M T, Delvenne J C, Rosvall M, et al. The many facets of community detection in complex networks[J]. Applied Network Science, 2017, 2(1):4.

[3]　Perozzi B, Al-Rfou R, Skiena S. Deepwalk: Online learning of social representations[C]// Proceedings of the 20th ACM SIGKDD International Conference on Knowledge Discovery and Data Mining. ACM, 2014: 701-710.

[4]　Tang J, Qu M, Wang M, et al. Line: Large-scale information network embedding[C]// Proceedings of the 24th International Conference on World Wide Web. ACM, 2015: 1067-1077.

[5] Dong Y, Chawla N V, Swami A. Metapath2vec: Scalable representation learning for heterogeneous networks[C]//Proceedings of the 23rd ACM SIGKDD International Conference on Knowledge Discovery and Data Mining. ACM, 2017: 135-144.

[6] Benson A R, Gleich D F, Leskovec J. Higher-order organization of complex networks[J]. Science, 2016, 353(6295): 163-166.

[7] Shi C, Li Y, Zhang J, et al. A survey of heterogeneous information network analysis[J]. IEEE Transactions on Knowledge and Data Engineering, 2017, 29(1): 17-37.

[8] Zhou W, Jia Y. Predicting links based on knowledge dissemination in complex network[J]. Physica A Statistical Mechanics & its Applications, 2016, 471:561-568.

[9] Lv J, Liu W, Zhang M, et al. Multi-feature fusion for predicting social media popularity[C]// Proceedings of the 2017 ACM on Multimedia Conference. ACM, 2017: 1883-1888.

[10] Zheng J, Gong J, Li R, et al. Community evolution analysis based on co-author network: A case study of academic communities of the journal of "Annals of the Association of American Geographers"[J]. Scientometrics, 2017(4):1-21.